Anneliese tum Suden-Weickmann (Hrsg.)

Physiotherapie in der Geriatrie

Grundlagen und Praxis

FACHBUCHREIHE KRANKENGYMNASTIK
Physikalische Therapie – Prävention – Rehabilitation
Herausgeberin: Anneliese tum Suden-Weickmann

A. tum Suden-Weickmann (Hrsg.)

Physiotherapie in der Geriatrie

Grundlagen und Praxis

Mit Beiträgen von

G. Axnick, U. Bayen,
B. Dickreiter,
B. Fischer, G. Haag,
W. Heipertz,
E. Idel-Krause, K. Knauth,
U. Kontner, M. Matheja,
H. G. Petzold,
A. tum Suden-Weickmann,
N. Tiedt, H. Werner

Pflaum Verlag München

Die Deutsche Bibliothek – CIP-Einheitsaufnahme

Physiotherapie der Geriatrie : Grundlagen und Praxis /
Anneliese tum Suden-Weickmann (Hrsg.). – München ; Bad
Kissingen ; Baden-Baden ; Berlin ; Düsseldorf ; Heidelberg :
Pflaum, 1993
(Fachbuchreihe Krankengymnastik)
ISBN 3-7905-0618-4
NE: tumSuden-Weickmann, Anneliese [Hrsg.]

ISBN 3-7905-0618-4

Zum Titelbild: Lebensbaum nach Abb. 1, Seite 30.
Satz und Bindung: Pustet, Regensburg
Druck: Pflaum, München

Inhalt

PRAXIS

Autoren

Gerhard Axnick, Ltd. Krankengymnast, Fachklinik Enzensberg, Höhenstr. 56, 8958 Hopfen am See

Ute J. Bayen, Diplom-Psychologin, College of Health and Human Development, The Pennsylvania State University, S-100 Henderson Building, University Park, PA 16802 USA

Dr. med. Bernd Dickreiter, Oberarzt der Rehabilitationsklinik Klausenbach der LVA Baden, 7618 Nordrach-Klausenbach

Prof. Dr. med. Bernd Fischer, Chefarzt der Rehabilitationsklinik Klausenbach der LVA Baden, 7618 Nordrach-Klausenbach

Prof. Dr. med. Dipl. Psych. Gunther Haag, Psychologisches Institut der Universität Freiburg, Lehrstuhl für Rehabilitationspsychologie, Belfortstr. 16, 7800 Freiburg

Prof. Dr. med. Wolfgang Heipertz, em. Ordinarius für Orthopädie und Direktor der Orthopädischen Universitätsklinik Friedrichsheim, Marienburgstr. 2, 6000 Frankfurt am Main 71

Erika Idel-Krause, Ltd. Ergotherapeutin, Geriatrisches Krankenhaus Elbroich, Am Falder 6, 4000 Düsseldorf 13

Katharina Knauth, Krankengymnastin, Fachphysiotherapeutin, Paradiesstr. 46 513–23, 8122 Radebeul (Dresden)

Ursula Kontner, Diplom-Soziologin, Sozial- und Arbeitsmedizinische Akademie Baden-Württemberg, Rotebühlstr. 131, 7000 Stuttgart 1

Marion Matheja, Krankengymnastin, Geriatrische Tagesklinik an den Städtischen Kliniken Frankfurt am Main/Höchst, Gotenstr. 6–8, 6230 Frankfurt am Main 80

Prof. Dr. Hilarion G. Petzold, Europäische Akademie für psychosoziale Gesundheit, Brehmstr. 9, 4000 Düsseldorf

Anneliese tum Suden-Weickmann, ehem. Ltd. Krankengymnastin der Orthopädischen Universitätsklinik Friedrichsheim, Frankfurt am Main, Lehrerin für Krankengymnastik, Giselastr. 7, 8130 Starnberg

Prof. Dr. med. Norbert Tiedt, em. Ordinarius für Pathophysiologie und Direktor des Institutes für Pathophysiologie, Medizinische Akademie Erfurt, Nordhäuserstr. 74, 5010 Erfurt

Dr. med. Hans-Jörg Werner, Oberarzt der Klinik für Innere Medizin an den Städtischen Kliniken Frankfurt am Main/Höchst, Gotenstr. 6–8, 6230 Frankfurt am Main 80

Geleitwort

Die Physiotherapie hat in Klinik und Praxis einen hohen Stellenwert erlangt; ihre weitere Verbreitung ist mit ständiger Differenzierung der physiotherapeutischen Methoden einhergegangen. Krankengymnastik ist vor allem in der Therapie und in der Rehabilitation älterer Menschen unverzichtbar. Bei ihnen geht es nicht nur um die Behandlung von im Alter häufigen Erkrankungen, um die Linderung von Altersbeschwerden und den Ausgleich damit zusammenhängender Behinderungen, sondern auch vor allem um die Erhaltung ihrer Selbständigkeit.
Das erfordert körperliche und seelische Aktivierung betagter Patienten und soweit möglich – mit prophylaktischer Zielsetzung und zur Festigung des Behandlungsergebnisses – eine Umstellung des Alltags.
Patienten höheren Alters stellen aufgrund von Multimorbidität und psychischer Situation hohe Anforderungen an die Therapeuten; hier bewährt sich interdisziplinäre Arbeit im Team. Das setzt ein Grundwissen in der Geriatrie bei allen Mitarbeitern voraus.
Unter diesen Gesichtspunkten hat Frau Anneliese tum Suden-Weickmann aufgrund ihrer langjährigen Erfahrungen als Ltd. Krankengymnastin und Lehrkraft an der Orthopädischen Universitätsklinik Frankfurt am Main das vorliegende Buch konzipiert und erfahrene Autoren zur Mitarbeit gewonnen. In einzelnen und in sich abgeschlossenen Kapiteln enthält es Grundsätzliches zu Alterung und Degeneration aus physiologischer, internistischer, orthopädischer und psychologischer Sicht, zur Physiotherapie betagter Patienten, vor allem ihrer krankengymnastischen Behandlung bei den im Alter wichtigen Erkrankungen an Inneren Organen und am Bewegungssystem einschließlich der alterstypischen Verletzungen.
In Anbetracht des wachsenden Anteils älterer Mitbürger in unserer Gesellschaft und damit ebenso unter den Patienten verdient die Geriatrie auch unter volkswirtschaftlichen Aspekten besondere Aufmerksamkeit. Dieses Buch erfüllt deshalb über das ursprüngliche Anliegen hinaus eine wichtige Aufgabe: Es enthält das Rüstzeug für Vorbereitung und Arbeit der Physiotherapeuten in der Geriatrie sowie für Ärzte, die mit den angesprochenen Bereichen befaßt sind; darüber hinaus wird allen an geriatrischen Problemen Interessierten reiche Information geboten.
Der Herausgeberin, den Autoren und dem Verlag verdanken wir ein Werk, dem eine weite Verbreitung zum Nutzen der uns anvertrauten Patienten zu wünschen ist.

Prof. Dr. med. Wolfgang Heipertz

Vorwort

Die Intention, ein Buch zu dieser Thematik aufzulegen, wurde durch viele Fragen besonders jüngerer KollegInnen und SchülerInnen der Krankengymnastik ausgelöst, deren Arbeitsbereich sich zunehmend auf alternde und alte Patienten erstreckt. Die Probleme liegen in der Diskrepanz zwischen hochqualifiziertem Behandeln-Wollen und den tatsächlichen Möglichkeiten. Dieses Buch will helfen, diese Lücke zu füllen.
Im ersten Teil »Grundlagen« werden die Alterungsvorgänge im physischen und psychischen Bereich dargestellt. Für diese sowie für die Pathologie im Alter soll Verständnis geweckt werden, um das eigene Therapiereservoir adäquat einsetzen zu können. Kenntnisse in der Krankengymnastik werden vorausgesetzt.
Der zweite Teil »Praxis« befaßt sich mit Klinik und Therapie der Organsysteme, die dem Alterungsprozeß vorwiegend unterliegen und einer krankengymnastischen Therapie direkt zugänglich sind: Halte- und Bewegungsapparat, Herz-Kreislauf-Atemsystem. Dazu werden Krankheitsabläufe dargestellt, die für das Alter typisch sind und gehäuft auftreten. Therapievorschläge, die von realisierbaren Zielen ausgehen und sich bewährt haben, werden gegeben.
Im dritten Teil werden »Ausgewählte Themen« angeboten, deren Kenntnisse für die Krankengymnastik in der Geriatrie wichtig sind und die über entsprechende Maßnahmen eine Erweiterung der Behandlungsstrategien bedeuten.
Die einzelnen Fachbereiche wurden gesondert bearbeitet und stehen dem Leser unter der jeweiligen Thematik als eigenständiges Kapitel zur Verfügung. Wiederholungen sind daher nicht immer vermeidbar.
Allen Autorinnen und Autoren, die zu diesem Band beigetragen haben, bin ich zu großem Dank verpflichtet.
Einen besonderen Dank spreche ich Herrn Professor Heipertz aus, der mir viele wertvolle Ratschläge für die redaktionelle Überarbeitung gab.
Der Dank gilt weiterhin den PatientInnen, die sich für Fotoaufnahmen zur Verfügung stellten.
Allen ungenannten MitarbeiterInnen, die die Manuskripte erstellten, sei ebenfalls gedankt.
Ich hoffe, daß wir Autoren durch die Herausgabe dieses Buches im Pflaum Verlag dazu beitragen können, die Lebensqualität unserer alten kranken Menschen verbessern zu helfen.

Sommer 1992 *Anneliese tum Suden-Weickmann*

GRUNDLAGEN

1
Wandel der Erkrankungen und der therapeutischen Vorstellungen beim älteren Menschen

B. Dickreiter

1 ALTERSMEDIZIN IMMER WICHTIGER

Die Altersmedizin und die damit zusammenhängenden Fragen kommen im Gesamtbereich der Medizin immer mehr in den Vordergrund. Die Lebenserwartung des einzelnen hat sich deutlich erhöht. Vor 100 Jahren betrug die durchschnittliche Lebenserwartung in Mitteleuropa ca. 37 Jahre. Heute liegt sie bei etwa 75 Lebensjahren. Es kommt somit zu einer zahlenmäßigen Zunahme von älteren Menschen und durch gleichzeitig weniger junge Menschen zu einer Verschiebung der Alterspyramide. Der Anteil der über 60jährigen beträgt heute über 20%.

Da sich die Pflege bereits als personeller Engpaß herausstellt, sind Forderungen der Altersmedizin: Vermeidung von Pflegebedürftigkeit bzw. Erhaltung der Selbständigkeit. Das heißt andererseits, jeder einzelne sollte sich verpflichtet fühlen, alle Möglichkeiten der Prävention auszuschöpfen, um seine Gesundheit in körperlicher und geistiger Hinsicht zu erhalten und Fitness bis in das hohe Lebensalter zu bewahren. Das Ziel muß lauten: »Gesund sterben«.

Bei der Bewältigung dieser Probleme ist die aktive Mitarbeit des Patienten gefordert. Dazu braucht er Information, Motivation, Verhaltenstraining und Leitbilder.

Die Lehre der Krankheit muß durch die Lehre der Gesundheit ergänzt werden. »Wie erhalte ich mich gesund – wie kann ich Gesundheit bewahren – welche Faktoren wirken positiv oder negativ auf die Gesundheit?«

In den nächsten Jahrzehnten werden sich die Schwerpunkte innerhalb der Medizin nach Aussagen von Zukunftsforschern deutlich ändern. Ihre Prognose lautet für das Jahr 2000, daß ca. ¾ aller ärztlichen Bemühungen

präventiven Charakter haben werden. Nur ¼ aller ärztlichen Bemühungen sollten dann noch kurativ sein.
Dies führt zu eine Wandlung der Rolle des Arztes und des Patienten.

2 WANDEL DER ERKRANKUNGEN IN UNSEREM JAHRHUNDERT

2.1 INFEKTIONSKRANKHEITEN

Historisch gesehen hat sich in den letzten 50–70 Jahren ein grundlegender Wandel der Erkrankungen vollzogen. Zahlenmäßig relevant waren früher die Infektionskrankheiten wie Pest, Cholera, Tuberkulose, Typhus. Diese standen im vorigen Jahrhundert ganz und in der ersten Hälfte dieses Jahrhunderts noch im Vordergrund. Die sogenannte Innere Medizin befaßte sich in erster Linie mit diesen. Die Betreuung von Tuberkulosepatienten beherrschte die Reha- bzw. die Kurmedizin. Es gab damals noch keine Rehabilitationskliniken für Herz-Kreislauf-Erkrankungen, keine neurologisch-internistische Rehabilitationsklinik für Schlaganfallpatienten.

2.2 ZIVILISATIONSKRANKHEITEN

Heute stehen die sogenannten Zivilisationskrankheiten wie Herz-Kreislauf-Erkrankungen, Hirndurchblutungsstörungen, Stoffwechselerkrankungen wie Diabetes mellitus, Blutfetterhöhungen, Gicht oder degenerative Erkrankungen des Bewegungsapparates im Vordergrund.
Die Ursache wird in einem multifaktoriellen Geschehen gesehen. Überwiegend kommt hier ein eigenes gesundheitsschädigendes Verhalten zum Tragen. Retrospektiv sind bestimmte Faktoren wie Alkohol, Übergewicht, Rauchen, Bewegungsmangel, Fehlernährung als Teilursache bei der Entstehung von Zivilisationskrankheiten zu nennen.
Überwiegend setzen die Veränderungen an den Gefäßen an im Sinne einer Verengung. Dies führt über eine Latenz von Jahren bzw. Jahrzehnten zu chronischen Durchblutungsstörungen mit der Gefahr der akuten Dekompensation, eines Infarktes.
Da die Gefäßverengungen, die Arteriosklerose, langsam, überwiegend über Jahrzehnte fortschreiten, kommt es erst im Alter zur Manifestation von akuten oder chronischen Erkrankungen. Akute Erkrankungen sind dabei meist aufgesetzt auf diese chronischen Veränderungen.

Vorbeugen: Schon in der Schule werden die Weichen für ein gesundes Altern gestellt.

Nur durch präventive Maßnahmen werden sich die Zivilisationskrankheiten in ihrer erdrückenden Zahl eindämmen lassen. War z. B. der Herzinfarkt in Deutschland 1948 mit einer Schätzung unter 10000 eine relative Seltenheit, so werden heute ca. 350000 Neuerkrankungen pro Jahr registriert.
Sicher ist es notwendig, den Herzinfarkt optimal zu therapieren – aber noch wichtiger ist es, ihm vorzubeugen oder seine Manifestation um Jahre hinauszuschieben. Zur Vorbeugung von Erkrankungen im Alter sind die präventivmedizinischen Maßnahmen von entscheidender Bedeutung.
Die multifaktorielle Genese der Zivilisationskrankheiten erfordert neue Strategien und eine neue Art der Gesundheitsbildung.
Interessant aus heutiger Sicht ist, daß Gesundheitsbildung bereits bei der Überwindung der Infektionskrankheiten eine wesentliche Rolle gespielt hat. Schon Ende des 19. Jahrhunderts hatte die sogenannte gesundheitliche Volksbelehrung hohen Stellenwert. Gelehrt wurde Hygiene, Mütterberatung wurde eingeführt, Gesundheitsämter und Schularztsystem wurden gegründet.

Beachte: Versteckte, noch nicht ausgebrochene Erkrankungen.
Beim Älteren sinkt im Rahmen der Altersinvolution die Funktion der Organe, ohne daß bei üblichen Lebensbelastungen dadurch manifeste Störungen auftreten. Es besteht aber die Gefahr, daß sich bei stärkeren Belastungen aus einer latenten Situation eine Erkrankung herauskristallisiert.

Beispiel: Die Funktion der Niere läßt im Laufe des Lebens nach, ohne daß diese Einschränkung eine schädigende Rückwirkung auf den Gesamtorganismus hat. Bei stärkerer Anforderung jedoch kann, etwa durch eine Lungenentzündung oder durch die dabei anfallenden Gifte, durch das Fieber mit eventueller Exsikkose, sich relativ rasch eine Niereninsuffizienz entwikkeln, ohne daß vorher eine eigentliche renale Affektion bestand.

Überlegen: Multimorbidität heißt nicht Multitherapie!

Während wir es bei jüngeren Menschen meist mit einer Krankheitseinheit zu tun haben, steht beim Älteren die sogenannte Multimorbidität im Vordergrund. Es muß in der Praxis daher zwischen relevanten Erkrankungen und weniger wichtigen Erkrankungen unterschieden werden. Dies ist insbesondere für die therapeutischen Strategien von Bedeutung. Die Mehrfacherkrankung führt heute oft zu einer Mehrfachdiagnostik und zu einer Polytherapie. Diese darf sich aber nicht verselbständigen. Dieser Komplex muß immer unter dem Blickwinkel der Kompetenzerhaltung, der Verbesserung der Lebensqualität und der Befindlichkeit des älteren Menschen gesehen werden.

Konsequenz: Bei mehreren Erkrankungen steht *eine* immer an oberster Stelle.

3 BESONDERHEITEN BEIM ÄLTEREN MENSCHEN

3.1 WANDEL DER KRANKHEITSBILDER

Beim älteren Menschen kommt es häufig zu Abweichungen in den Krankheitsverläufen im Sinne einer Symptomarmut, veränderter Symptomatik, Symptomverspätung oder Symptomverlagerung. Diese sind für die Praxis besonders wichtig.
Die Ursachen dafür sind vielfältig, zum Teil noch nicht geklärt. Eine Ursache dürfte darin liegen, daß sich durch die Mehrfacherkrankungen, durch Überlagerung von Medikamenteneffekten, die Symptome abschwächen oder verändern können. Zum Teil spielen Abbauprozesse eine Rolle wie vermindertes Ansprechen der Schmerzrezeptoren oder gestörte Nervenleitungen.

Zum Beispiel: Bei einem drohenden Unterzucker kommt es zur sympathischen Gegenregulation, beim Älteren oft schleichend oder nur monosymptomatisch. Diese Tendenz kann zudem noch verschleiert werden durch die Einnahme von Betablockern.
Bei der Diagnose einer jugendlichen Zuckererkrankung stehen der manifeste Durst und das gehäufte Wasserlassen ganz im Vordergrund. Hier ist die Diagnose relativ einfach. Dagegen wird der Altersdiabetes oft zufällig entdeckt. Das Beschwerdebild ist häufig nicht eindeutig zuzuordnen. So kann sich die Symptomatik in einer depressiven Verstimmung, Abgeschlagenheit, Juckreiz, einem gesteigerten Appetit zeigen. Die Polyneuropathie kann hier das Frühsymptom eines jahrzehntelangen latenten Diabetes mellitus sein. Ebenso kann dieser oft durch Harnwegsinfekte, Lungenentzündungen oder andere akute Ereignisse demaskiert werden.
Gehäuft findet man im Alter stumme Herzinfarkte, insbesondere beim Vorliegen eines Diabetes mellitus mit begleitender Polyneuropathie. Oft finden wir eine veränderte Schmerzlokalisation, z. B. Oberbauchschmerz bei Herzinfarkt, Rückenschmerzen bei Pankreas- oder Duodenalprozessen. Die Zuordnung wird dann noch erschwert, wenn zusätzlich degenerative Veränderungen im Bereich der Wirbelsäule bestehen.
Für den Verlauf, Prognose und Letalität einer Erkrankung ist das Lebensalter ein entscheidender Faktor. So sterben doppelt so viele Patienten an Herzinfarkt, die über 70 Jahre alt sind, wie jüngere.
Bei den über 75jährigen sind typische Schmerzen seltener. Andere Symptome wie Kurzatmigkeit, akute Verwirrtheit, synkopale Anfälle, Schwindel oder Schlaganfall kommen gehäuft vor. Dazu sind begleitende Komplikationen wie Lungenentzündung bzw. thromboembolische Geschehen häufiger als bei jüngeren Patienten. Diese und die eingeschränkte Kompensationsfähigkeit lassen die Sterblichkeitsrate stark ansteigen.

Bei den über 75jährigen kommt es nach überstandenem Herzinfarkt gehäuft zu Mutlosigkeit, Angst und Depressionen. In Kombination mit der allgemein verminderten körperlichen Leistungsfähigkeit und mangelnder Adaptation erschweren diese Faktoren die Rehabilitation. Motivation und spezielle Rehabilitation für Ältere sind hier notwendig.
Akute episodische Verwirrtheitszustände beruhen häufig auf einer kardiovaskulären Störung wie Herzinsuffizienz oder Herzrhythmusstörungen, die klassisch Atemnot hervorrufen. Kardiale Komplikationen führen zu lawinenartigen pathophysiologischen Folgen für das Gehirn und die Hirndurchblutung. Die Achse Herz-Hirn gewinnt im Alter zunehmend an Bedeutung.
Dramatisch kann auch die verspätete Symptomatik werden. Zum Beispiel wird eine Altersappendizitis meist erst kurz vor der Perforation symptomatisch. Deshalb steigt die Komplikationsrate der Altersappendizitis drastisch an.
Für die Praxis des Krankengymnasten sind diese Zusammenhänge besonders wichtig, wie noch einmal an einem Beispiel verdeutlicht wird. Ein Diabetiker hat sein Euglucon eingenommen, nur sehr wenig gegessen und sich anschließend stark bewegt. Jetzt droht unter Umständen die Hypoglykämie.
Prinzipiell sollte man, je älter ein Patient ist, vermehrt Pausen in der Behandlung einlegen, eine Nachbeobachtung einrichten. Atmung und Puls müssen überwacht, vor der nächsten Therapiesitzung sollte die Auswirkung der letzten Therapie erfragt und gewertet werden.

3.2 WANDEL DER THERAPEUTISCHEN STRATEGIEN

Für die therapeutischen Strategien ist es wichtig zu differenzieren zwischen kausal zusammenhängenden Erkrankungen und solchen, die voneinander unabhängig sind. Im ersten Fall muß die Therapie bei der am Anfang stehenden Erkrankung einsetzen. Im zweiten Fall muß eine Schwerpunkttherapie durchgeführt werden, die um so strenger ausgewählt werden sollte, je älter der Patient ist.
Therapeutisch muß geachtet werden auf Anzahl der Medikamente, deren Interaktionen und die veränderte Pharmakokinetik. Die Toleranz gegenüber Arzneimitteln ist im Alter herabgesetzt. Durch Veränderung der Pharmakokinetik, der Metabolisierung und Resorption steigt die Gefahr der Kumulation.
Nebenwirkungen von Medikamenten sind im Alter 6mal häufiger als bei jungen Menschen. Es muß berücksichtigt werden, daß die Therapie einer Erkrankung nicht zu einer Verschlechterung einer 2. oder 3. Erkrankung

führt. Zum Beispiel kann die Behandlung eines arthrotischen Geschehens mit Antirheumatika bei bestehendem Magengeschwür zu schweren Komplikationen führen.
Die Berücksichtigung kausal zusammenhängender Erkrankungen ist besonders wichtig. So führt eine Verbesserung kardialer Probleme, z. B. durch Digitalis, zu einem Rückgang zerebraler Symptomatik.
Ein weiteres Beispiel: Erhöhtes Cholesterin, schlecht eingestellter Diabetes und Hypertonie bessern sich meist durch Verringerung der Adipositas mit entsprechender Bewegungstherapie.
Dieses therapeutische Denken spart Medikamente ein, reduziert Nebenwirkungen und Interaktionen. Geduld ist gefordert, denn es dauert beim älteren Patienten länger, bis sich die Symptome oder Laborparameter bessern. Eine Laborkosmetik darf nicht betrieben werden.

3.3 WANDEL DER THERAPEUTISCHEN VORSTELLUNGEN

Die im Alter vorwiegend chronischen Erkrankungen erfordern therapeutisch weniger das Heilen als das Helfen bzw. das Lindern. Kranksein muß relativiert werden im Vergleich zur akuten Erkrankung, die eine schnelle akute Intervention erfordert.
Aspekte wie Lebenszufriedenheit, Lebensbewältigung, Restleistungsvermögen sind wichtig. Diese sind bedeutsamer als ein objektiv erhobener Befund, der oft keine therapeutischen Konsequenzen nach sich zieht.
Die Erhaltung der Selbständigkeit, das Akzeptieren, sich arrangieren mit der chronischen Erkrankung, das heißt, die Ist-Situation steht zunehmend im Vordergrund. Dazu ist medizinisch-strategische Hilfe gefordert, die alle möglichen Maßnahmen einschließt aus den Bereichen Physiotherapie, Ergotherapie, Logopädie, Gehirntraining, Gesprächsführung, Ernährung.
Sämtliche Maßnahmen stehen immer unter dem Aspekt »nicht überfordern« durch die Intensität der einzelnen Anwendung und durch die Zahl der Anwendungen. Wichtig ist ein regelhaftes Einüben in den 24-Stunden-Ablauf, das heißt rhythmisieren, um Effekte zu erzielen.
Bei allen Maßnahmen im Alter hat man es mit einer verminderten Toleranz zu tun. Sie manifestiert sich in Form einer Beeinträchtigung der körperlichen wie auch seelisch-geistigen Belastbarkeit. Hier wird vom Therapeuten Einfühlungsvermögen gefordert.

3.4 REGENERATIONSZEIT UND THERAPIERISIKEN

Mit zunehmendem Alter kommt es nicht nur zu Mehrerkrankungen, sondern auch zu längerer Krankheitsdauer und zu einer verlängerten Rekonvaleszenz bzw. Regeneration. Die Mobilisierung gestaltet sich langsamer,

länger und komplizierter. Aus diesem Grund ist Inaktivität, zum Beispiel Bettruhe, eine wesentlich größere Gefahr im Alter als in der Jugend.
Therapierisiken sind:
- Bettruhe allgemein
- Bettruhe als »Wetterwinkel«, um latente Krankheiten zum Ausbruch zu bringen, z. B. Orthostase mit Schwindel, Osteoporose mit Schmerzen
- übermäßige Pflege.

Als therapeutischer Grundsatz hat zu gelten: Tagesfahrplan aufstellen – Langeweile vermeiden – Aktivität und Selbständigkeit fördern.

2 Gesundheitsbildung in der geriatrischen Krankengymnastik

U. Kontner

1 Grundannahmen

Das hier mit Gesundheitsbildung bezeichnete Aufgabenfeld tangiert die tägliche Arbeit aller betreuenden, behandelnden, beratenden Personen oder Berufsgruppen. Wichtig ist dabei der Gesundheitsbegriff, wobei unter »gesund sein« die Fähigkeit zur Lebensbewältigung verstanden wird. »Gesundheit« kann man nicht besitzen, verlieren oder wiedergewinnen. Ausschlaggebend für die Gesundheit des Menschen ist vielmehr, ob und wie er Krankheiten, Schicksalsschläge oder auch positive Anforderungen des Lebens bewältigen kann. (Sommer, 1989)
Die Aufgabenstellung der Gesundheitsbildung heißt letztendlich Hilfen zur Lebensbewältigung anzubieten. Dies soll und darf keinesfalls bedeuten, daß die Gesundheitsbildung ein psychotherapeutisches Vorgehen voraussetzt. Das Wissen über die Komplexität der menschlichen Lebenszusammenhänge ist aber für den Gesundheitsberater unbedingt erforderlich. So darf ein körperliches Gebrechen nicht isoliert betrachtet werden, sondern es muß in Verbindung mit seinen Auswirkungen auf die gesamte Lebenssituation gesehen werden.
Dieser umfassende Ansatz ist Voraussetzung für Gesundheitsbildung. Das Wissen um die Komplexität der menschlichen Lebenszusammenhänge verhilft auch dazu, die Grenzen der eigenen Beratungsfähigkeit erkennen zu können. Gesundheitsbildung macht eine gute und enge Kooperation verschiedenster Berufsgruppen erforderlich.
Als Ziele der Gesundheitsbildung können genannt werden: Anregung und Hilfestellung geben zur Förderung von:
– Selbstkompetenz (physische, psychische, soziale Bedürfnisse)

- Sachkompetenz (Eigenständigkeit)
- Sozialkompetenz (Kontaktfähigkeit)

Dies gilt insbesondere bei Einschränkungen oder drohendem Verlust dieser Eigenschaften.

Für die Gesundheitsberatung ist die Berücksichtigung folgender Sichtweisen wesentlich:

- Der Patient ist Experte im Umgang mit sich, mit seiner Gesundheit.
- Die Einstellungen und Möglichkeiten des Patienten sind die Grundlage der Gesundheitsberatung.
- Eine gemeinsame Ebene des Verständnisses zwischen zwei Experten (Gesundheitsberater und Patient) muß geschaffen werden.

2 Entwicklungstendenzen

Prävention und Rehabilitation im Alter werden künftig einen anderen Stellenwert erhalten. Vorhandene präventive und rehabilitative Möglichkeiten werden stärker eingesetzt werden, die Entwicklung neuer Strategien auf präventivem und rehabilitativem Gebiet ist zu erwarten.

Im Unterschied zu anderen Ländern ist beispielsweise in Deutschland die Rückkehrquote älterer Menschen aus stationären Pflegeeinrichtungen in die eigene Wohnung äußerst gering. (Steiner-Hummel, 1989)

Das heutige Pflegeheim als Sackgasse kann nicht die Regel sein, sondern muß die Ausnahme bleiben.

Die gesetzliche Regelung (Gesundheitsreform) sieht für die Rehabilitation vor Pflege und für die aktivierende Pflege vermehrt medizinische Leistungen vor.

Das Ziel der therapeutischen Maßnahmen im Alter ist die Wiederherstellung, Erhaltung und Erweiterung der Kompetenz. (Fischer)

Mit der zu erwartenden Entwicklung müssen für die Personalstruktur im therapeutischen Team sowohl quantitative als auch qualitative Konsequenzen verbunden sein. Gesundheitsberatung macht einerseits eine größere zeitliche Flexibilität in der therapeutischen Arbeit notwendig, andererseits erfordert sie fachkundiges Personal, das mit kompetenzerhaltenden oder kompetenzfördernden Maßnahmen vertraut ist und zumindest ansatzweise gelernt hat, ein Beratungsgespräch zu führen.

Ältere Menschen werden in der Regel von jüngerem Personal betreut oder behandelt. Auch diese Tatsache bedarf einer Reflexion, denn, wie eingangs beschrieben, sind Hilfen zur Lebensbewältigung das zentrale Gesprächsthema der Gesundheitsbildung.

Aufgrund der häufigen Diagnose »Erkrankungen des Bewegungsapparates« bei älteren Menschen, nimmt der/die Krankengymnast/in im therapeutischen Team eine entscheidende Rolle ein.

Immobilität oder eingeschränkte Mobilität kann gravierende Konsequenzen für die soziale Kontaktfähigkeit des Patienten haben. Mit dem Verlust der sozialen Kontaktfähigkeit kann weiterhin der Verlust des Willens zur Selbsthilfe verbunden sein.

Dieser mögliche Verlauf muß verhindert oder unterbrochen werden. Die Krankengymnastik hat ein breites Behandlungskonzept und weist große Erfolge auf. Vorbeugende Maßnahmen, die der Patient zur Verhinderung von Bewegungseinschränkungen ergreifen kann, der Umgang mit eingeschränkter Bewegungsfreiheit und die daraus folgenden Konsequenzen müssen im Gespräch mit dem Patienten thematisiert werden.

Das Gespräch muß ein Teil der krankengymnastischen Behandlung sein.

Ein Zeitkontingent mit entsprechender Vergütung vor, während oder nach der Behandlung muß dafür zur Verfügung stehen. Diese Forderung ist eine Bedingung für den Behandlungserfolg und eine Konsequenz aus dem umfassenden Ansatz der Gesundheitsbildung.

3 Modellvorstellungen

Die Zielsetzung und Intensität von Maßnahmen der Gesundheitsbildung für ältere Menschen sind eng verknüpft mit vorherrschenden Modellvorstellungen über das Alter.

Das Defizitmodell intendiert einen normativen Vergleich älterer Altersgruppen mit denen jüngerer. Physische und psychische Veränderungen werden auf biologisch vorherbestimmte Abbauprozesse zurückgeführt. Zwar sind diese Veränderungen vorhersehbar, nicht aber beeinflußbar. (Allmer, 1982)

Das Defizitmodell ist zwar wissenschaftlich weitgehend überwunden, seine Annahmen wirken aber noch auf die Akzeptanz von Maßnahmen der Gesundheitsbildung ein. Die Redewendung »man wird eben älter« verdeutlicht die Einstellung, einem unbeeinflußbaren Prozeß zu unterliegen.

Im Disusemodell wird die Notwendigkeit der Aktivierung zur Verhinderung von Funktionsdefiziten hervorgehoben. Es liegt die Annahme zugrunde, daß durch aktives, geistig und körperlich reges Leben, Altern positiv beeinflußt werden kann. (Dallibor)

Dem Übungsaspekt wird bei diesem Modell der zentrale Stellenwert eingeräumt. Inaktivität, körperliche *und* geistige, begünstigen das Entstehen von Defiziten.

Im Unterschied zum Defizitmodell fordert der Ansatz des Disusemodells Maßnahmen zur Gesundheitsbildung.

Das Kompetenzmodell baut auf der Disuse-Hypothese auf. Dabei ist unter »Kompetenz« das menschliche Bestreben zu verstehen, Verantwortung für das eigene Leben zu übernehmen und dieses selbst gestalten zu können, eine Aufgabe zu haben, die als Herausforderung erlebt wird, Ziele und Werte verwirklichen zu können.

Kompetenz wird insbesondere erhalten oder kann gesteigert werden durch:

- Training kognitiver Funktionen
- körperliches Training
- anregende, fordernde Umwelt
- motivierende, verstärkende soziale Kontakte.

Im Mittelpunkt der Überlegungen stehen bei diesem Modell die Anforderungen im höheren Lebensalter und damit an die eigene Kompetenz. (Dallibor)

Die Gesundheitsbildung hat dabei die Aufgabe der Förderung der Ressourcen einer Person zur Bewältigung dieser Anforderungen.

Das folgende Schaubild verdeutlicht dies.

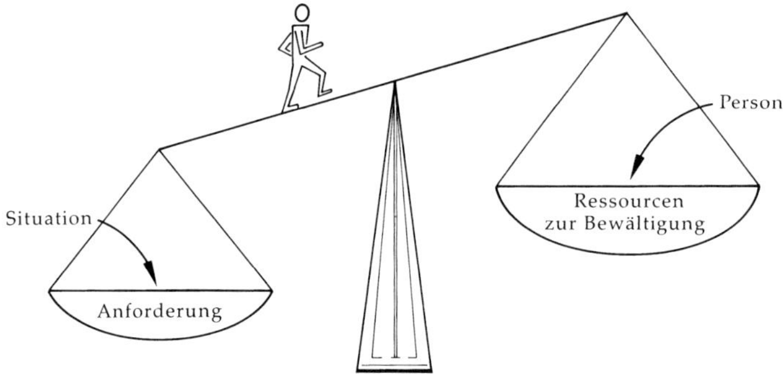

Die beschriebenen Modelle sind Grundlage für die frühere, heutige und eventuell zukünftige Beurteilung der Möglichkeiten und Notwendigkeiten der Gesundheitsbildung.

In ihren unterschiedlichen Aussagen werden aber auch deutlich Verhaltenserwartungen beschrieben. Verhaltenserwartungen der Gesellschaft oder der persönlichen Umwelt haben immer auch Einfluß auf das tatsächliche Verhalten des Einzelnen selbst.

Der gravierende Unterschied bezüglich der ableitbaren Verhaltenserwartungen im Defizitmodell und im Kompetenzmodell muß nicht näher erläutert werden.

4 Methodische Ansätze

Lernen und Motivation sind zwei Begriffe, die für das methodische Vorgehen in der Gesundheitsbildung eine zentrale Rolle spielen.
Obwohl die Lern- und Motivationsforschung seit Jahrzehnten sehr intensiv betrieben wird, fehlen Ableitungen für die praktische Arbeit noch weitgehend. Es gibt keine umfassende Motivations- oder Lerntheorie. Die Gesundheitsbildung kann sich nur Annahmen aus den einzelnen Theorien und Forschungsansätzen zunutze machen und daraus Vorgehensweisen ableiten.
Die neuere Lernforschung befaßt sich insbesondere mit dem Informationsverarbeitungs-Ansatz. Diesem Ansatz liegt der Gedanke zugrunde, daß menschliches Lernen im weitesten Sinne als Aufnahme und Verarbeitung von Informationen zu erklären ist. (Döring, 1983)
Verhaltensänderungen sind sichtbare Folgen dieses Prozesses.
Für die Aufnahme von Informationen kann das Gespräch besonders günstige Voraussetzungen schaffen. Patientengerechte Gespräche sollten partnerschaftliche Gespräche sein, die die Individualität des Patienten mit einbeziehen. Eine belehrende Haltung des Beraters oder Therapeuten ist dabei ebenso fehl am Platze, wie eine passive Konsumhaltung des Patienten.
Die Akzeptanz angebotener Informationen wird insbesondere von den individuellen Einstellungen und Erfahrungen des Patienten beeinflußt. Der Wunsch und die Suche nach Bestätigungen vorhandener Einstellungen ist ein wesentliches menschliches Anliegen. Ein Widerspruch zwischen neuen Informationen und vorhandenen Einstellungen führt häufig zu Reaktionen, die den Gesprächsverlauf negativ beeinflussen.
Eine solche Reaktion von Seiten des Patienten wäre beispielsweise Argumente zu suchen, die gegen die Informationsquelle, den Gesundheitsberater, sprechen und damit die Information selbst entwerten. Solche Argumente können sein: nicht fachkundig, zu jung, fehlende persönliche Krankheitserfahrung usw.
Vorhandene Einstellungen müssen im Beratungsgespräch thematisiert werden. Fragen des Gesundheitsberaters, die ein Überdenken der Einstellungen zur Folge haben, können zu Einstellungsänderungen führen, und diese wiederum können Verhaltensänderungen bewirken. Die Aussage: »ich habe mich mein ganzes Leben lang nicht besonders sportlich betätigt, warum sollte ich das jetzt im Alter tun?« läßt Rückschlüsse auf die dahinterliegende Einstellung zu. Information als solche, z. B. über Vorteile sportlicher Aktivitäten im Alter, kann ein Umdenken bewirken. Ein Gespräch über die erwarteten Vor- und Nachteile, die früheren Versuche, die Problematik

des Tagesablaufs, die Frage des Erreichens der Sportstätte usw. wird jedoch eine Einstellungsänderung wahrscheinlicher machen.
Eine weitere Annahme des Informationsverarbeitungs-Ansatzes geht davon aus, daß der aktiven Auseinandersetzung mit der Umwelt eine besondere Bedeutung für das menschliche Lernen zukommt. (Döring, 1983)
Die Krankengymnastik bietet hier hervorragende Ansatzmöglichkeiten. Der Patient kann und muß selbst aktiv werden. Das aktive Handeln als Ausgangspunkt für Verhaltensänderungen hat sich im Rahmen der Gesundheitsbildung als günstig erwiesen. Die Reihenfolge Psychomotorik-Emotion-Kognition wird deshalb bevorzugt angewendet. Dies heißt, daß im Verlauf einer konkreten Handlung Erfahrungen gesammelt werden, die emotional beurteilt werden können (z. B. das hat mir gut getan). (Kontner, Fischer, 1991)
Die Information über die Zusammenhänge, also das Fachwissen, wird erst im Anschluß daran angeboten. Der Patient kann aufgrund seiner Erfahrungen gezielter nachfragen und hat ein größeres Gesprächsinteresse (Betroffenheit).
Bei vielen Patienten hat diese Reihenfolge positiven Einfluß auf die Motivation zur Verhaltensänderung. Das eigene Handeln und die damit verbundenen Erfahrungen sind dabei ausschlaggebend.

LITERATUR

Allmer, H.: Kontrollierbarkeit des Alterns durch sportliche Tätigkeit. In: Zeitschrift für Gerontologie, 15, 265–271 (1982).

Dallibor, K.: Umdenken in der Gerontologie. In: Forschung und Praxis der Ärztezeitung, Jahrgang 8, Nr. 57.

Döring, K. W.: Lehren in der Erwachsenenbildung. Beltz Verlag, Weinheim und Basel 1983.

Fischer, B.: Psychotherapie im höheren Lebensalter. In: Forschung und Praxis der Ärztezeitung, Jahrgang 8, Nr. 57.

Kontner, U., B. Fischer: Strategien der Erwachsenenbildung. In: S. Gleichmann, D. Klaus, F. W. Lohmann, Springer Verlag 1991.

Steiner-Hummel, J.: Pflegequalität ist Lebensqualität. In: Blätter der Wohlfahrtspflege, 7–8/89.

Sommer, A.: Vernunftmäßige Lebensführung – Gesamtschau zur Grundlegung einer Gesundheitspädagogik. In: Gesunde Lebensführung – Gesundheitserziehung, Pädagogische Hochschule Heidelberg, 1. Auflage, 1989.

3
Physiologie und Pathophysiologie des älteren Menschen

N. Tiedt

1 PHYSIOLOGIE DES ALTERNS

1.1 Grundlagen des biologischen Alterns

Das *Altern* ist ein biologischer Prozeß, der nach der Zeugung im Uterus beginnt und mit dem Tode endet. Das *Alter* ist dagegen ein biologischer Zustand, der analog einer Fotografie zu einem bestimmten Zeitpunkt besteht. Man unterscheidet kindliches, jugendliches, mittleres und höheres Alter.

Nach allgemeiner Konvention versteht man unter dem Beginn des Alterns den Eintritt in das Ruhestandsalter. Das wesentliche Merkmal dieses Alters ist der Zustand der verminderten Angepaßtheit an physische und psychische Beanspruchungen des Lebens. Dabei ergeben sich viele offene Fragen, z. B. wann dieser Zustand »nicht mehr normal« bzw. »noch nicht abnorm« ist.

Der Biologe und Physiologe definieren ein *biologisches Alter* aufgrund der tatsächlichen Güte der Körperfunktionen im Vergleich zu dem Durchschnittsnormwert des jeweiligen kalendarischen Alters, wobei es junggebliebene Hochaltrige und frühzeitig gealterte Junge (sog. prägeriatrische Fälle) gibt.

1.1.1 ALTER UND LEBENSERWARTUNG

Die *Alterspyramide* der deutschen Bevölkerung des Jahres 1986 in Abb. 1 zeigt deutliche Auswirkungen durch Kriegs- und Krisenzeiten. Der Vergleich der heute neuen und alten Bundesländer deutet die höhere Lebenserwartung in den alten Bundesländern an. So betrug der Anteil der Menschen mit 60 und mehr Jahren 1986 in den alten Bundesländern 20,58% und in den jetzt neuen Bundesländern 18,06%. Auffallend ist der starke Einschnitt in den jüngeren

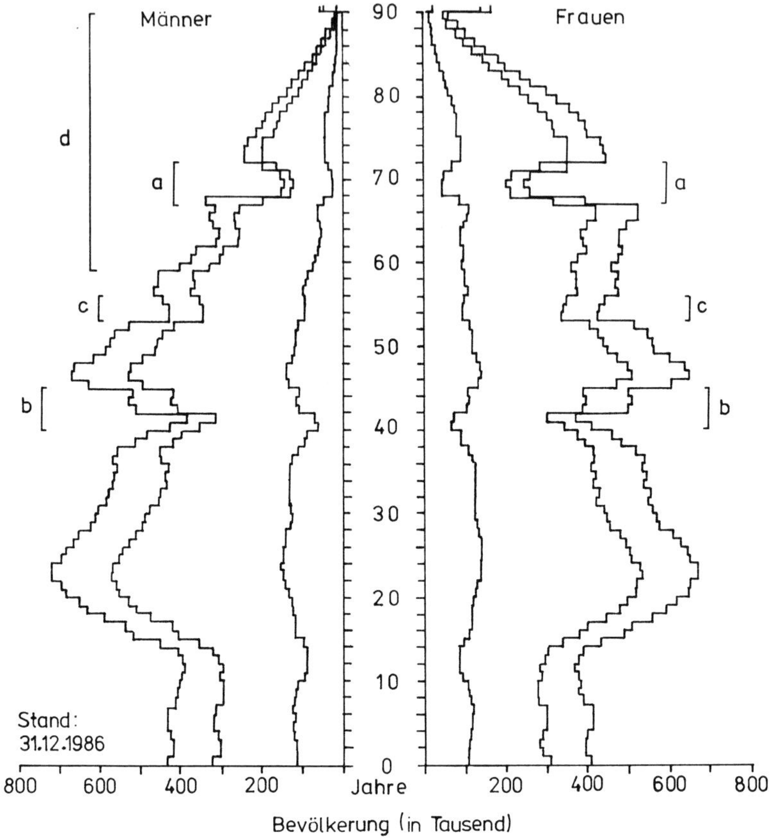

Abb. 1: Lebensbaum der deutschen Wohnbevölkerung 1986 (Stichtag 31. 12. 1986). Eingezeichnet wurden sämtliche männlichen und weiblichen Bewohner der heute alten und neuen Bundesländer (äußere Kurve), der alten Bundesländer (mittlere Kurve) und der heute neuen Bundesländer (innere Kurve). a: Geburtenausfall während des 1. Weltkrieges; b: Geburtenausfall während des 2. Weltkrieges; c: Geburtenausfall während der Weltwirtschaftskrise; d: Reduktion durch Gefallene des 2. Weltkrieges.

Altersklassen (z. T. Pillenknick), der in den neuen Bundesländern geringer ist. So beträgt der Anteil der Kinder im Alter von unter einem Jahr bis 15 Jahren in den alten Bundesländern nur 14,75%, während sich in den neuen Bundesländern mit 19,13% eine höhere Geburtenrate belegen läßt (sozial flankierende Maßnahmen).

Die *mittlere Lebenserwartung* in der Bundesrepublik Deutschland betrug 1980 nach Zahn (1987) bei Frauen 76,1 Jahre (913 Monate) und bei Männern 69,5 Jahre (832 Monate). In den neuen Bundesländern besteht eine um 3–4 Jahre geringere Lebenserwartung.

1.1.2 ALTERUNGSPROZESSE – ALTERNSTHEORIEN

Das typische äußere Bild des alten Menschen mit Adaptationsschwäche, Verlangsamung, Instabilität, Atrophie usw. findet bisher keine gesicherten vergleichbaren Alternsmerkmale auf zellulärer Ebene. An menschlichen diploiden (zweifacher, also vollständiger, Chromosomensatz) Fibroblasten konnte in Zellkulturen eine begrenzte Lebenszeit von etwa 50 Zellteilungen nachgewiesen werden. Ähnliches gilt für Zellen des Nervengewebes, des knochenbildenden Gewebes und des Herzmuskels. Das läßt sich jedoch nicht für alle Zellarten belegen. Heute gibt es zahlreiche Alternstheorien, die in nicht-genetische und in genetische unterteilt werden:

Frühere *nicht-genetische Theorien* sehen primäre Strukturveränderungen in Zellen und Geweben einschließlich des genetischen Apparates als Ursache von Verschleißerscheinungen bzw. inneren und äußeren Intoxikationen an (Bürger, 1960; Selye, 1966). Andere Meinungen gehen dahin, daß Verminderungen in der Wasseraufnahmefähigkeit und im Löslichkeitsgrad der Makromoleküle die Ursache der Funktionsstörungen von Zellen und Geweben sind.

Als *genetische Theorien* betrachtet man solche, bei denen ursächlich die primäre Beteiligung des genetischen informationsübertragenden und -realisierenden Systems in der Zelle und somit der Desoxyribonukleinsäure (DNS) angesehen wird.

Anhänger der *Mutationstheorie* (d. h. Erbänderung) sehen innere und äußere Einflüsse (Strahlen, Rauchen, Chemikalien, Pharmaka, Viren, Parasiten usw.) als Ursachen für Mutationen der DNS an, wobei deren Anhäufung das Altern bedingen soll.

Vertreter der *Fehlerkatastrophen-Theorie* gehen davon aus, daß mit zunehmendem Alter die Häufigkeit einer fehlerhaften Proteinbiosynthese ansteigt, so daß schließlich als Katastrophe der Zelltod folgt.

Bei der *Repair-Mechanismus-Theorie* soll der Zelltod vorprogrammiert sein. So läßt sich belegen, daß die unterschiedlichen Lebenslängen verschiedener Säugetiere im engen Zusammenhang mit der Fähigkeit zur Reparatur ihrer gestörten DNS stehen.

Die *Immunitätstheorie* geht davon aus, daß Alte eine reduzierte Immunitätslage haben, so daß Infektionskrankheiten und Karzinome entstehen können.

Aktuell wird die *Radikaltheorie* (radix – Wurzel, Rest; d. h. kurzlebige Reaktionsprodukte) intensiv diskutiert. Bei allen oxidativen Stoffwechselprozessen entstehen freie Sauerstoffradikale und andere freie Radikale mit toxischem zellschädigenden Charakter, die bei gehäufter Einwirkung zum Zelltod führen.

Keine Alternstheorie besitzt derzeit eine generelle Gültigkeit. Wir müssen deshalb ein vielschichtiges zelluläres Geschehen als Ursache des Alterns annehmen, wobei genetische Veränderungen bedeutend sind.

1.2 Physiologische Veränderungen im Alternsgang

Im höheren Alter kommt es zu morphologischen und funktionellen Änderungen in allen Organen und Organsystemen. Einen reinen *Alterstod* gibt es jedoch nicht. Der Tod ist immer das Ergebnis von Krankheiten vor allem des Herz-Kreislauf-Systems, der Atmung sowie von Geschwulsterkrankungen.

1.2.1 HERZ-KREISLAUF- UND ATMUNGSÄNDERUNGEN

Im *Herz* nimmt mit zunehmendem Alter die Muskelfasermasse ab und wird durch Bindegewebe ersetzt, während das Endokard dicker wird. Trotzdem bleibt nach neuesten Untersuchungen das Herzgewicht konstant, sofern der Blutdruck nicht ansteigt. Das Erregungsleitungssystem des Herzens wird teilweise durch kollagene Fasern ersetzt und die Durchlässigkeit der Zellmembranen für Ionen verschlechtert sich. Deshalb treten Herzrhythmusstörungen unterschiedlicher Ausprägung bei etwa 50% der Menschen im Alter auf. An den Koronargefäßen läßt sich auch bei gesunden Personen im Alter über 70 Jahre eine gewisse Koronarsklerose nachweisen, wobei Durchblutungsstörungen des Myokards möglich sind.
Im *Kreislauf-System* werden mit zunehmendem Alter die glatten Gefäßmuskelzellen und die elastischen Fasern der Arterien und großen Venen durch kollagene Fasern ersetzt. Die Gefäße werden damit weniger dehnbar. Eine geringe Zunahme des Blutdrucks wird auf die Wandveränderungen im arteriellen System zurückgeführt. Jedoch zeigen 30% der alten Menschen keine Blutdruckerhöhung, so daß einige Epidemiologen der Meinung sind, daß bei den übrigen Personen bereits eine leichte beschwerdefreie Hypertonie besteht.

> Arteriosklerotische Veränderungen als Folge diätetischer Fehler oder aufgrund genetischer Ursachen sind dagegen bereits als pathologisch zu werten. Bei ihnen besteht die Gefahr der Thrombose, der Embolie und des Schlaganfalls.

Das *Blut* zeigt wenig altersbedingte Änderungen. Mit 40–50 Jahren beginnt die Ersetzung des blutbildenden Knochenmarks durch Fett und Bindegewebe und nimmt im höheren Alter merklich zu. Trotzdem ist die Neubildungsrate von Erythrozyten (Erythropoese) nur gering betroffen. Von den Leukozyten sind die Lymphozyten ab dem 40. Lebensjahr um etwa ein Viertel vermindert. Das betrifft hauptsächlich die für die Immunitätslage wichtigen T-Lymphozyten.

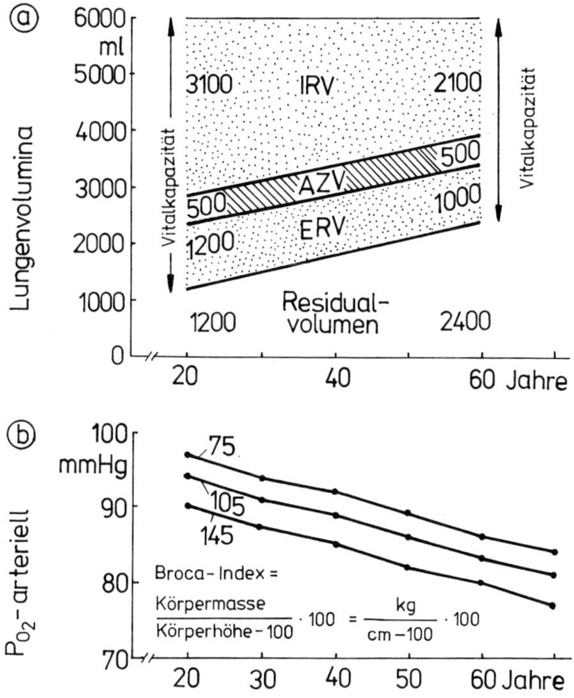

Abb. 2: Alternsgang von Atemgrößen: a: Lungenvolumina und Vitalkapazität. IRV – inspiratorisches Reservevolumen; AZV – Atemzugvolumen; ERV – exspiratorisches Reservevolumen; RV – Residualvolumen. b: Sauerstoffpartialdruck im arteriellen Blut (nach Ulmer et. al., 1976) unter Berücksichtigung von Alter und Brocaindex.

Das *Atmungssystem* zeigt im Alter eine Vergrößerung der Alveolen durch Fortfall von dünnen Alveolarsepten, wobei gleichzeitig die Zahl der Lungenkapillaren abnimmt und die Austauschfläche für Atemgase vermindert wird. Das Lungengewebe verliert dadurch einen Teil seiner Dehnbarkeit, während gleichzeitig das Thoraxskelett starrer wird. Hierdurch verringern sich die Vitalkapazität sowie das inspiratorische und exspiratorische Reservevolumen, während das Residualvolumen als der nicht austauschbare Anteil der totalen Lungenkapazität sich vergrößert (Abb. 2a). Das entstandene Altersemphysem, auch primär diffus-atrophisches Emphysem genannt, und die reduzierte Austauschfläche für Atemgase sind Ursachen der Erniedrigung des Sauerstoffpartialdruckes im arteriellen Blut (Abb. 2b).

1.2.2 VERDAUUNGS- UND AUSSCHEIDUNGSFUNKTIONEN

Im *Magen-Darm-Trakt* treten mit zunehmendem Alter häufig Störungen der Oesophagusperistaltik auf. Dazu zählt die Hiatusgleithernie bei etwa 50% der Gesunden im Alter von über 50 Jahren. Hierbei gleitet zumeist im Liegen der Mageneingang (Kardia) und ein oberer Magenabschnitt (Fornix) zeitweise durch die natürliche Zwerchfelldurchtrittsöffnung in den Thorax-

raum, um im Stehen wieder in den Bauchraum zu gelangen. Bei einem geringen Anteil dieser Personen tritt dabei Magensaft in den Oesophagus über (Refluxkrankheit), so daß Sodbrennen auftritt und evtl. eine Entzündung der Speiseröhre die Folge ist.
Die Magenschleimhaut atrophiert im Alter von über 50 Jahren, so daß das Auftreten einer atrophischen Gastritis möglich wird. Die Dickdarmmuskulatur (Muscularis propria) atrophiert und es kommt gehäuft zur Obstipation, die durch ballaststoffreiche Ernährung und körperliche Aktivierung behoben werden kann.
Die *Leber* zeigt bei abnehmendem Gewicht und reduzierter Durchblutung eine Einschränkung ihrer Enzymaktivitäten. Das hat auch eine verringerte Abbaugeschwindigkeit von Pharmaka zur Folge, was bei der Therapie zu beachten ist.
In der *Niere* wird die Anzahl der Nephrone reduziert. Sie beträgt im Alter von 70–80 Jahren nur noch 70%. Dadurch vermindert sich auch die Filtrationsrate der Glomerula.

1.2.3 ENDOKRINE UMSTELLUNGEN

Die *Nebennierenfunktion* ist gemessen am Plasmakortisolspiegel im Alter und in der Jugend identisch. Allerdings läßt sich im Harn bei alten Menschen eine verringerte Steroidmetabolit-Ausscheidung nachweisen, so daß eine um 25% verminderte Bildungsrate den Plasmaspiegel auf seinem Normwert halten kann.
Die *Schilddrüsenfunktion* ist unter Ruhebedingungen geringer und entspricht dem verminderten Bedarf im Alter. Bei Reizung kann jedoch auch im Alter die gleiche Schilddrüsenleistung wie bei Jugendlichen erreicht werden.
Bei beiden Geschlechtern läßt sich hinsichtlich der *Sexualfunktion* kein Endpunkt für sexuelles Interesse und sexuelle Kompetenz belegen.
Bei Frauen ist das Erlöschen der *Ovarienfunktion* mit etwa 50 Jahren durch das Klimakterium geprägt. Die zunächst unregelmäßigen und immer schwächer werdenden Menstruationsblutungen erlöschen mit der Menopause, der letzten Regelblutung. Das Ausbleiben der Ovulation führt zum Abfall des Oestrogen- und Progesteronspiegels im Blut bei pulsatiler Stimulation und Freisetzung des Follikel-stimulierenden Hormons (FSH) und des luteinisierenden Hormons (LH) für einige Jahre. Der Beginn eines jeden LH-Schubs ist dabei häufig von aufsteigenden Hitzewallungen, Schweißausbrüchen und depressiven Stimmungslagen begleitet. Durch das Aufhören der Oestrogenproduktion überwiegt jetzt die Wirkung der Androgene aus der Nebenniere, so daß eine gewisse Vermännlichung (Virilisierung) eintritt.
Bei Männern ist die endokrine *Hodenfunktion* bei individueller Variation

intakt. Die Testosteronsekretion ist etwas vermindert, während die Spermatogenese bis ins hohe Alter erhalten bleibt. Aus ungeklärter Ursache kommt es nach dem 55.–60. Lebensjahr häufig zu einer Prostatavergrößerung. Es handelt sich dabei um die gutartige Wucherung eines Adenoms, die zu einer Kompression des Harnweges führt und eine stoßförmige Harnentleerung mit Unterbrechung zur Folge hat.

1.2.4 ZENTRALNERVÖSE UND SINNESPHYSIOLOGISCHE VERÄNDERUNGEN

Bei gesunden alten Menschen besteht im *Gehirn* eine mäßig verminderte Durchblutung bei normalen intellektuellen Leistungen, entsprechend der interindividuellen Variabilität. Erst bei pathologischen arteriosklerotischen Prozessen kommt es zur Zerebralsklerose mit Reduktion geistiger Leistungen und Gefahr der Apoplexie.
Das *Auge* zeigt zwischen dem 45. und 55. Lebensjahr eine ausgeprägte Abnahme der Brechkraft, so daß die Akkomodationsbreite von 14 Dioptrien beim Jugendlichen durch Änderungen der Linsenelastizität im Alter auf weniger als 2 Dioptrien zurückgeht. Durch diese Altersweitsichtigkeit (Presbyopie) rückt der Nahpunkt, bei dem noch scharf gesehen werden kann, von 7 cm vor dem Auge immer weiter vom Auge weg (Lesebrille!). Eine äußerlich sichtbare Veränderung ist der Altersbogen (Arcus senilis), der auf Fetteinlagerungen im Hornhautgewebe beruht. Auf der Retina lassen sich alterskorrelierte Veränderungen durch eine gewisse Degeneration des Pigmentepithels ab 75 Jahren nachweisen. Dadurch nimmt die Sehschärfe ständig ab.
Das *Ohr* zeigt mit Beginn zwischen dem 20. und 30. Lebensjahr eine allmähliche Herabsetzung der Hörgrenze für hohe Frequenzen. Daraus ergibt sich etwa ab dem 60. Lebensjahr oder später eine Altersschwerhörigkeit, wobei auch das Sprachverständnis teilweise gestört ist.
Geruchs- und Geschmacksempfindungen sowie das *Tastgefühl* sind etwas eingeschränkt. Beispielsweise nimmt die Anzahl der Tastkörperchen in der Haut (Pacini- und Meissner-Körperchen) im hohen Alter deutlich ab. Dagegen ist die *Schmerzempfindung* – außer bei den Zahnschmerzen – nicht verändert.

1.2.5 VERÄNDERUNGEN VON KNOCHEN, MUSKELN UND HAUT (s. auch Kap. 4).

Der *Knochen* zeigt eine physiologische Verminderung seines Gewebes. Außerdem verschiebt sich beginnend mit dem 35. Lebensjahr das Gleichgewicht zwischen Knochenabbau und -aufbau in Richtung auf einen vermehrten Abbau des Eiweißgerüstes (Matrix) des Knochens. Es entwickelt sich

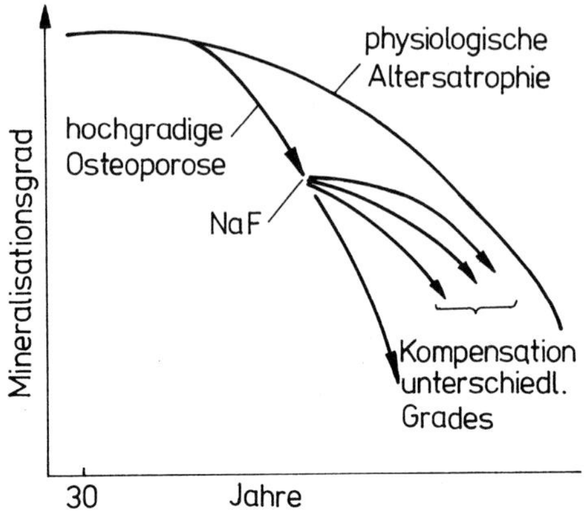

Abb. 3: Mineralisationsgrad des Knochens im Alter über 30 Jahre bei physiologischer Altersatrophie und hochgradiger Osteoporose mit Kompensationsmöglichkeiten durch Therapie. NaF – Natriumfluorid. Modifiziert nach Kuhlencordt und Kruse (1988).

eine Osteoporose (Knochenschwund) gemäß Abb. 3. Ob dieser Prozeß ebenfalls physiologisch ist oder eine Krankheit darstellt, ist nicht bekannt. Mit Sicherheit erlischt bei Frauen mit Aufhören der Oestrogenproduktion die Schutzfunktion dieses Hormons für das Knochengewebe, so daß eine verstärkte physiologische Osteoporose mit der Gefahr von Knochenbrüchen vor allem im Schenkelhalsbereich oder der Wirbelsäule auftritt. Die rechtzeitige Gabe von geringen Oestrogendosen verhindert diesen Prozeß.
Die *Muskulatur* zeigt eine gewisse Atrophie, wobei das vorrangig die gering beanspruchten Muskelpartien betrifft.
Die *Haut* verliert ihre elastischen Eigenschaften durch Zerfall der elastischen Fasern und Einbau von kollagenen Bindegewebsfasern. Gleichzeitig ist die Epidermis als oberste Schicht verdünnt. Sie hat jetzt eine altersbedingt geringere Regenerationsfähigkeit und kann abgeschilferte Zellen nicht so schnell ersetzen.

2 ALLGEMEINE GRUNDLAGEN DER KRANKHEITSLEHRE

2.1 Gesundheit, Krankheit und Tod

2.1.1 GESUNDHEIT UND KRANKHEIT

Gesundheit und Krankheit sind *dialektische Kategorien des Lebens* mit fließenden Übergängen, also dynamische Prozesse, wie das Abb. 4 verdeutlicht. Aus dem *Waagemodell* kann man drei Schlußfolgerungen ableiten:

1. Der Mensch ist mit unterschiedlicher Graduierung gesund oder krank, wobei die Extremwerte für die Gesundheit das Lebensoptimum und für die Krankheit der Tod sind. Voraussetzungen für die Erkrankung sind die allgemeine Konstitution (2.3.1) einschließlich der Immunitätslage, die

Abb. 4: Waagemodell von Gesundheit und Krankheit mit Graduierungen entsprechend dem jeweiligen Anteil von Kompensations- und Störmechanismen. Im Unschärfebereich ist keine Differenzierung möglich (nach Tiedt, 1988).

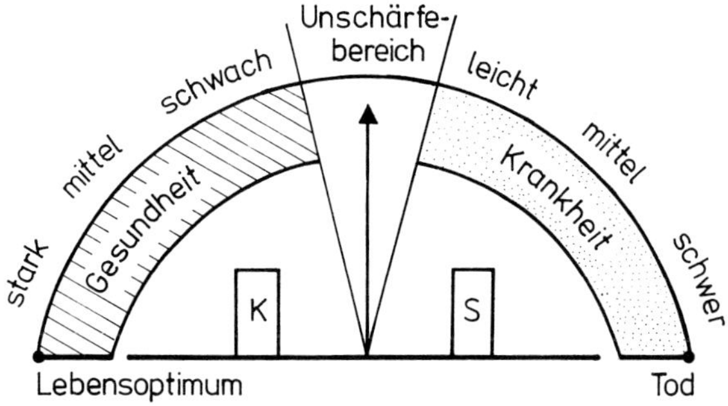

Regulationsfähigkeit (2.4) sowie die Anpassungen an Tag-Nacht- und Jahresrhythmen (2.2).

2. Im menschlichen Organismus wirken gleichzeitig Störmechanismen und Kompensationsmechanismen. Das Überwiegen der Störmechanismen führt zur Krankheit, während durch die Beseitigung der Störmechanismen bzw. durch das Überwiegen der Kompensationsmechanismen Gesundheit entsteht.
3. Beim Übergang von Gesundheit zur Krankheit gibt es einen *Unschärfebereich,* der auf diagnostischen Schwierigkeiten beruht. Manche Krankheiten, wie z. B. das Krebsgeschehen, lassen sich im Anfangsstadium noch nicht erfassen. Je exakter diagnostische Verfahren sind, um so kleiner ist der Unschärfebereich und um so früher oder genauer kann die Aussage »Gesundheit« bzw. »Krankheit« getroffen werden.

Eine *Definition der Gesundheit* wurde nach zahlreichen historischen Bemühungen durch die Weltgesundheitsorganisation erarbeitet. Sie lautet in der Neufassung von 1974:

»Gesundheit ist nicht nur das Freisein von Krankheit und Gebrechen, sondern auch der Zustand des völligen physischen, psychischen und sozialen Wohlbefindens.«

Der Vorteil der WHO-Definition beruht auf der Formulierung der drei Zustandsebenen, die in ihrer Umkehrung auch auf drei *Ebenen der Krankheit* hinweisen:

- Die *physische oder somatische Ebene* betrifft die morphologisch faßbaren Krankheiten der Zellen, Organe und Organsysteme, z. B. die des Herz-Kreislauf-Systems, der Leber, der Atmung usw.
- Die *geistige oder psychische Ebene* beinhaltet nervöse Organstörungen ohne strukturell nachweisbare Veränderungen, z. B. Neurosen, Psychosen aber auch Regulationskrankheiten.
- Die *soziale oder gesellschaftliche Ebene* erfaßt z. B. gestörte zwischenmenschliche Beziehungen in Familie und Arbeitsumwelt, die krankheitsfördernd sind. Soziale Geborgenheit wirkt stets genesungsfördernd.

Die *Bedeutung der Krankheit* liegt darin, daß physische und psychische Leistungen sowie vereinzelt auch die Fähigkeit zur sozialen Eingliederung reduziert sind. Deshalb besteht eine Einschränkung der Arbeitsfähigkeit.

2.1.2 TOD

Aus krankhaften Prozessen, als Folge von Gewalteinwirkungen oder Vergiftungen entwickelt sich mit dem Sterben als Übergangsphase bzw. entsteht plötzlich durch Reflexvorgänge der Tod. Er ist durch das Aufhören der Organfunktionen und durch das Ende des Lebens des gesamten Organismus gekennzeichnet (Tiedt, 1990).
Der *klinische Tod* ist die kurze Phase von etwa sechs Minuten mit dem Stillstand der Atem- und Kreislauf-Tätigkeit sowie einer reversiblen Änderung der Hirnfunktion (z. B. Bewußtlosigkeit). Mittels Intensivtherapie (künstliche Atmung, Herzstimulation, intraarterielle Bluttransfusion) kann dabei manchmal eine Rückkehr zum Leben erreicht werden.
Nach dem klinischen Tod folgt der irreversible Ausfall der Herz-Kreislauf-, Atem- und Hirnfunktionen sowie das allmähliche Absterben aller Organe mit dem Übergang zum *Allgemeintod.* Hierbei lassen sich sichere *Todeszeichen,* wie Totenflecke, Totenstarre, Leichenkälte, Autolyse (Selbstauflösung) von Körperorganen und Fäulnisvorgänge nachweisen.

2.2 Rhythmische Variationen der Körperfunktionen

In lebenden Organismen besteht nicht nur eine räumliche (strukturelle) sondern auch eine zeitliche Ordnung, wobei beim Menschen rhythmische Prozesse von 10^{-3}s bis zu einem Jahr meßbar sind. Hier sollen nur der 24-Stunden-Rhythmus und der Jahresrhythmus analysiert werden.
Die *Ursache* der Tag-Nacht-Rhythmik und der Jahresrhythmik ist die unterschiedliche Freisetzung des Rhythmushormons Melatonin aus der Zirbeldrüse (Glandula pinealis) im Gehirn. Das *Melatonin* wird nur bei Dunkelheit in die Blutbahn ausgeschüttet und vermittelt dann allen Organen und Organsystemen diese Information.

Der Regelungsprozeß zur Freisetzung des Hormons beginnt mit der verminderten Lichtaufnahme in der Nacht bzw. im Winter durch die Retina des Auges. Über die Sehbahn erfolgt dann die Informationsweiterleitung auf dem Nervenweg bis zum Nucleus suprachiasmaticus. Dieses Synchronisationszentrum regelt und steuert sodann seinerseits die mengenmäßige Ausschüttung von Melatonin aus der Zirbeldrüse.

2.2.1 24-STUNDEN-RHYTHMUS

Der 24-Stunden-Rhythmus ist das Resultat einer langdauernden Anpassung an den täglichen Hell-Dunkel-Wechsel im Verlauf der phylogenetischen Entwicklung und wird vererbt. Er wird auch Tag-Nacht-Rhythmus genannt.

Der Rhythmus äußert sich durch annähernd sinusförmige Änderungen des Sympathikotonus (Abb. 5a) und des Vagotonus (Abb. 5b). Der *Sympathikotonus* mit dem Maximum gegen 15.00 Uhr und dem Minimum um 3.00 Uhr ist am Tag dominierend mit einer ergotropen Reaktionslage, d. h. einer erhöhten Leistungsbereitschaft. Der *Vagotonus* zeigt entgegengesetzte Verhältnisse mit einer trophotropen Reaktionslage, d. h. einem Anwachsen der Leistungsreserven. Die Regenerationen von Muskeleiweiß und von Leberglykogen sind z. B. trophotrope Vorgänge, während die Gallensaftproduktion zur Aufspaltung von Fetten sowie die Herzfrequenz, der Blutdruck, die Atemfrequenz usw. ergotrope Funktionen sind. Bei langsamen Vorgängen liegen die Maxima und Minima später (z. B. Körperkerntemperatur gegen 18.00 und 6.00 Uhr; Abb. 5c).

Pathophysiologische Auswirkungen des 24-Stunden-Rhythmus ergeben sich 1. im normalen Ablauf des Rhythmus sowie 2. durch pathophysiologisch veränderte Rhythmen.

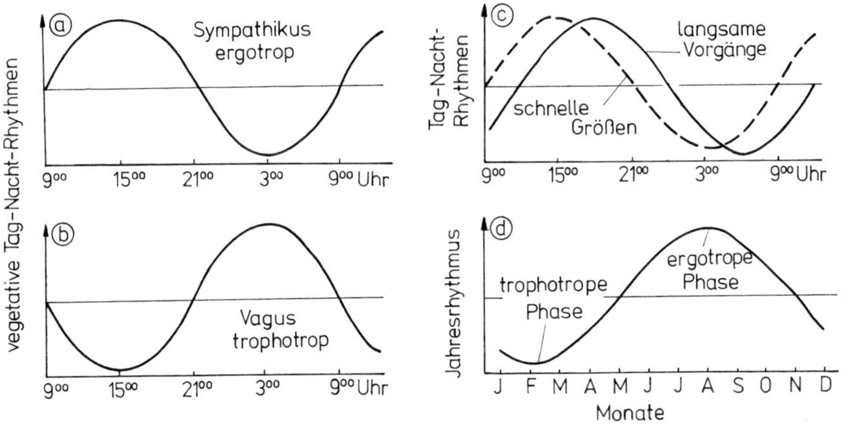

Abb. 5: Tag-Nacht-Rhythmus und Jahresrhythmus funktioneller Größen. Vegetative Tag-Nacht-Rhythmen zeigen für den Sympathikus das Maximum der ergotropen Reaktion gegen 15.00 Uhr (a) und für den Vagus das Maximum der trophotropen Reaktion gegen 3.00 Uhr (b). Die Tag-Nacht-Rhythmen bei langsamen Vorgängen (z. B. Körperkerntemperatur) haben verzögerte Maxima und Minima um ca. 3 Stunden im Vergleich zu schnellen Größen (Herzfrequenz, Blutdruck usw.) (c). Der Jahresrhythmus (d) hat das Maximum im August und das Minimum im Februar (modifiziert nach Tiedt 1988).

Im normalen Ablauf des Tag-Nacht-Rhythmus besteht eine Häufung von Beschwerden in der Nacht zum Zeitpunkt des Minimums der Rhythmen. Das ist besonders typisch für Zahnschmerzen, Schmerzen anderer Genese sowie besonders auffällig durch gehäufte schwere Anfälle von Atemnot bei Patienten mit Asthma bronchiale. Auch die häufigste Todesstunde liegt in der Nacht gegen 6.00 Uhr.

Pathophysiologische Rhythmen treten in *drei Formen* auf:

1. Es kann ein *inverser Rhythmus* bestehen, bei dem Maximum und Minimum vertauscht sind. So erfolgt z. B. bei Patienten mit Herzinsuffizienz im Gegensatz zu Gesunden die Ausscheidung von Wasser und Kalium durch die Niere überwiegend in der Nacht (Nykturie).
2. Die normale *Amplitude des Tag-Nacht-Rhythmus kann vergrößert oder vermindert sein.* Besonders typisch ist die überhöhte Schwankung des systolischen Blutdrucks zwischen Tag und Nacht mit 8–10,7 kPa (60–80 mm Hg) bei Hypertonikern im Gegensatz zu 2,7 kPa (20 mm Hg) beim Gesunden.
3. Die Maxima und Minima können zeitlich vorverlagert sein. So liegen bei Patienten mit depressiven Zuständen die angegebenen Zeiten jeweils 2,5–4 Stunden früher.

2.2.2 JAHRESRHYTHMEN

Die *Körperfunktionen* des menschlichen Organismus zeigen einen eindeutigen Jahresrhythmus mit dem Maximum im August (ergotrope Reaktionslage) und dem Minimum im Februar (trophotrope Reaktionslage) (Abb. 5 d). Die physische Leistungsfähigkeit aber auch Kureffekte haben ihr Optimum im August, während z. B. die Körpergewichtszunahme im Februar am ausgeprägtesten ist. Der Jahresrhythmus der *Todesfälle* ist im Februar besonders hoch, wobei die Atmungserkrankungen im Winterhalbjahr einen überproportional hohen Anstieg zeigen.

2.3 Krankheitsentstehung und Krankheitsverläufe

2.3.1 ÄTIOLOGIE, DISPOSITION UND KONSTITUTION

Ätiologie ist die Lehre von äußeren (exogenen) und inneren (endogenen) Krankheitsursachen.

Äußere Krankheitsursachen sind belebte (Bakterien, Würmer usw.) und biologische Ursachen (z. B. Pollenantigene), chemische Faktoren (Säuren, Luftverschmutzungen usw.), physikalische (Kälte, Strahlen usw.) und mechanische Ursachen (Unfälle), aber auch soziale Faktoren.

Innere Krankheitsursachen sind z. B. genetische Erkrankungen sowie Genmutationen.

Die *Disposition* oder Krankheitsbereitschaft ist die Summe der inneren Krankheitsbedingungen. Dazu gehören die Geschlechtsdisposition (Häufung z. B. von Gallenblasenentzündungen bei Frauen und der Ulkuskrankheit bei Männern) sowie die Altersdisposition. So sind z. B. Altersdiabetes, Arteriosklerose, Autoimmunkrankheiten und Karzinome zu beachten. Zur Disposition gehört weiterhin die *Immunitätslage* mit dem unspezifischen und dem spezifischen Immunsystem.

Das *unspezifische Immunsystem* umfaßt humorale Faktoren und Zellen. Humorale Faktoren sind lysosomale Enzyme, das Komplementsystem sowie Mediatoren wie Interferone, Interleukine, Lymphokine und Prostaglandine. Die Zellen sind Makrophagen, Monozyten, natürliche Killerzellen sowie neutrophile, basophile und eosinophile Granulozyten.

Das *spezifische Immunsystem* umfaßt als Träger die Lymphozyten, wobei die lymphoiden Stammzellen des Knochenmarks im Thymus zu T-Lymphozyten (T-Zellen) oder im Knochenmark zu B-Lymphozyten (B-Zellen) mit unterschiedlichen Eigenschaften (Effektorfunktionen) differenziert werden.

Der *Streß* ist als weiterer Bestandteil der Disposition die individualtypische Antwort des Organismus auf jede äußere Anforderung. Hierbei wird das retikuläre System im Gehirn durch Streßreize, die sog. Stressoren, erregt. Es kann Eustreß oder Distreß entstehen.

Eustreß besteht bei einem mittleren Aktivitätsniveau des retikulären Systems. Er beinhaltet eine optimale Reaktion bzw. Leistung des Gehirns. Die Ursache ist die innere Aufregung z. B. vor einem Auftritt (Lampenfieber) bei Schauspielern, Sängern oder Rednern, vor einem Einstellungsgespräch bei Bewerbern, aber auch vor Prüfungen (Prüfungsangst) bei Studenten oder Schülern. Eustreß wird als normale Reaktion stets leistungsfördernd beantwortet.

Distreß bedeutet dagegen ein überhöhtes Aktivitätsniveau des retikulären Systems mit einem Absinken der Leistungsfähigkeit und der Möglichkeit des Auftretens psychosomatischer Erkrankungen sowie plötzlicher Todesfälle, die als Vagustod gedeutet werden.

Aus dem Zusammenspiel innerer und äußerer Krankheitsursachen mit der jeweiligen Disposition ergibt sich »Krankheit«, bei geringer Disposition, also hoher Krankheitsabwehr (Konstitution) entsteht »Gesundheit«.

Die *Konstitution* ist die innere Verfassung, mit der der Organismus auf krankheitsauslösende Reize (Ursachen) reagiert. Es handelt sich um die Kombination einer geringen Disposition, einer hohen Immunitätslage, einer optimalen Reaktion auf Streßreize sowie um eine gute Reaktionsfähigkeit auf Reize im allgemeinen. Man unterscheidet eine starke oder schwache Konstitution.

2.3.2 PATHOGENESE

Pathogenese ist der Prozeß oder die Prozeßkette der Krankheitsentstehung nach der Verursachung.

Der *pathogenetische Prozeß* beginnt auf molekularer Ebene und entwickelt sich stufenweise über die zelluläre, Gewebs- und Organebene bis zur Ebene des Gesamtorganismus. Dabei kristallisiert sich als Wesen der Krankheit das sog. Pathos, der objektive Krankheitsbefund heraus. Allerdings kann dieser Prozeß beim Überwiegen der Kompensationsmechanismen des Organismus (starke Konstitution) über die Störmechanismen auf jeder Stufe vorzeitig beendet werden. In diesem Fall entwickelt sich keine Krankheit, sondern beispielsweise nur ein kleiner Entzündungsherd, ein Mikrothrombus oder ein Mikroinfarkt.

Im Verlauf der Pathogenese können *Symptome* auftreten. Zu den unspezifischen Krankheitszeichen gehören u. a. Schmerz, Fieber, Schwindel, allgemeine Schwäche, Müdigkeit, Ödem oder Rötung. Es können als sog. *Syndrom* mehrere, zumeist spezifische Symptome gleichzeitig in typischer Kombination für eine bestimmte Krankheit sprechen bzw. diagnostisch genutzt werden. Beispielsweise bezeichnet man als Meigs-Syndrom die Kombination eines Aszites und Ovarialtumors mit einem rechtsseitigen Pleuraerguß, die ein Indiz für das Ovarialfibrom sind.

2.3.3 KRANKHEITSVERLAUF UND KRANKHEITSAUSGÄNGE

Je nach dem Grad des Überwiegens von Störeinflüssen über die Kompensationsmechanismen des Organismus entsteht bei akuten Infektionskrankheiten, aber auch bei anderen Erkrankungen, ein typischer Verlauf mit *vier Krankheitsstadien* (Abb. 6):

- Das *Latenzstadium* ist der symptomfreie Krankheitsbeginn, der bei Infektionskrankheiten auch Inkubationsstadium genannt wird. In dieser Zeit läuft der Krankheitsprozeß auf den unteren Ebenen (Zelle, Gewebe) ab und kann durch Immunitätsprozesse zum Stillstand kommen. Die Dauer dieses Stadiums kann krankheitsspezifisch Tage bis Monate dauern.
- Das *Prodromalstadium* beginnt mit dem Auftreten unspezifischer Symptome (Müdigkeit, Gliederschmerzen, Fieber usw.), so daß z. B. die Verdachtsdiagnose »grippaler Infekt« gestellt werden kann.
- Das *Manifestationsstadium* ist das Hauptstadium mit funktionellen und morphologischen Änderungen, die eine exakte Diagnose gestatten. Die Manifestationsgrenze ist allerdings keine feste Grenze. Sie ist von der Güte der funktionsdiagnostischen Methoden abhängig.
- Das *Rekonvaleszenzstadium* beginnt mit dem Überschreiten des Krankheitshöhepunktes und endet nach Unterschreitung der Manifestationsgrenze

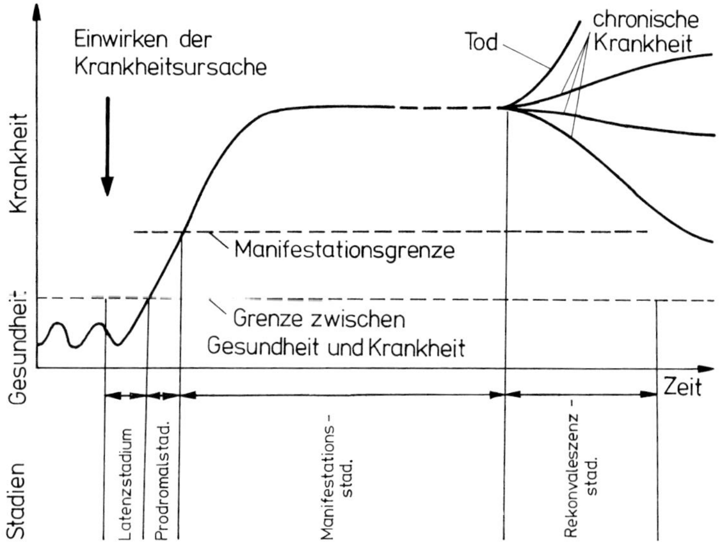

Abb. 6: Krankheitsverlauf, Krankheitsstadien und Krankheitsausgänge bei Infektionskrankheiten.

mit dem Übergang zur Gesundheit. Seine Dauer ist nicht exakt bestimmbar, da beispielsweise bei Patienten mit Virushepatitis noch 6 Monate nach Abklingen der Gelbsucht pathomorphologische Änderungen des Lebergewebes bei einer Leberpunktion nachweisbar sind.

Während des Rekonvaleszenzstadiums beginnen auch die Prozesse der *Sanogenese,* d. h. der Heilung, mit den ärztlichen Maßnahmen der Metaphylaxie (Nachsorge) in Abhängigkeit von den Krankheitsausgängen.

Durch moderne Therapiemöglichkeiten mit Antibiotika und Sulfonamiden werden chronische im Vergleich zu akuten Krankheiten häufiger, wobei die Latenz- und Prodromalstadien manchmal über Jahre verlaufen und deshalb schwer diagnostizierbar sind.

Die *Krankheitsausgänge* sind vielfältig:

- Die *Restitutio ad integrum* ist die unversehrte Heilung ohne Folgen (Narben usw.).
- Die *Restitutio cum defectu* ist die Defektheilung, bei der ggf. durch Narbenbildung Folgeerscheinungen möglich sind. Das sind z. B. Herzklappenfehler nach einer Endokarditis oder das postthrombotische Syndrom nach einer Venenthrombose.
- Die *chronische Krankheit* kann sich mit sehr unterschiedlicher Graduierung aus einer akuten entwickeln (Abb. 6).
- Der *Tod* tritt nach Versagen aller Kompensationsmechanismen und Therapiebemühungen bei schwacher Konstitution ein.

2.4 Regulationsstörungen

Lebenswichtige Körperfunktionen im menschlichen Organismus sind durch Regulationssysteme so abgesichert, daß innere und äußere Störungen gut korrigiert werden können. Das betrifft z. B. die lokale Regelung der Sauerstoffversorgung im Herzmuskel und die Konstanthaltung des arteriellen Blutdrucks sowie eine normale orthostatische Herz-Kreislauf-Regulation. Erst bei Störungen auch der beteiligten Systeme der Regelkreise können Durchblutungsstörungen des Herzens bis zum Herzinfarkt (3.1) bzw. eine Hypertonie (3.3.1) oder ein Orthostasesyndrom (3.3.3) auftreten.

2.4.1 REGELKREIS UND NEGATIVE RÜCKKOPPLUNG

Der *Regelkreis* (Abb. 7) ist ein fest strukturiertes Wirkungsgefüge, dessen Aufgabe es ist, eine zu regelnde Größe, die Regelgröße, gegen innere und äußere Störungen, die Störgröße, auf dem Sollwert zu halten.

Der Regelkreis besteht strukturell und funktionell hauptsächlich aus der Regelstrecke, also dem zu regelnden Objekt, und dem Regler als der regelnden Einrichtung. Auf der Regelstrecke wird der Istwert der Regelgröße (z. B. erhöhter Blutdruck) von Meßfühlern (Karotissinus, Aortensinus) gemessen und dieser Wert als Information durch Boten (Hormone auf Blutweg, Aktionspotentialfolgen in afferenten Nerven) an den Regler übermittelt. Dieser vergleicht den Istwert (z. B. erhöhter Blutdruck) mit dem vorgegebenen Sollwert und löst über Stellglieder (Herz, Gefäße) eine Korrektur zur Rückführung auf den Sollwert aus (negative Rückkopplung).

Die *negative Rückkopplung* ist das Wirkungsprinzip der normalen Regulation. Es besteht darin, daß Abweichungen der Regelgröße vom Sollwert durch Regelmechanismen mit entgegengesetztem Vorzeichen auf die Regelgröße zurückwirken.

Beispielsweise wird ein erhöhter arterieller Blutdruck (Pluszeichen in Abb. 7) zum Regler gemeldet, dort mit dem Sollwert verglichen und durch einen Regelbefehl über Stellglieder im Sinne einer Erniedrigung des arteriellen Blutdrucks (Minuszeichen in Abb. 7) schließlich auf den Normalwert (Sollwert) zurückgeführt.

Abweichungen des Istwertes der Regelgröße vom Sollwert können sowohl innerhalb des Regelbereichs als auch des Kompensationsbereichs im Sinne einer negativen Rückkopplung ausgeglichen werden.

Der *Regelbereich* ist der Wirkungsbereich des jeweiligen Regelsystems. Dieser liegt für die Regelung des arteriellen Blutdrucks durch Pressorezeptoren (Karotissinus) zwischen 60 mm Hg (Schwelle der Rezeptorwirkung) und 160 mm Hg (oberer Grenzwert der Ansprechbarkeit der Rezeptoren). Außerhalb dieses Regelbereichs liegende Werte des arteriellen Blutdrucks können

Abb. 7: Schematische Darstellung eines Regelkreises. Die Vorzeichen im Kreis verdeutlichen das Prinzip der negativen Rückkopplung durch entgegengesetzte Vorzeichen. Sie kennzeichnen die Rückführung der Regelgröße auf den Sollwert (z. B. erhöhter Blutdruck, Pluszeichen; Gegenregelung, Minuszeichen). Die in Klammern gesetzten gleichsinnigen Vorzeichen (Pluszeichen, Pluszeichen) kennzeichnen die positive Rückkopplung im Sinne einer Verstärkung der Störung (z. B. weitere Steigerung eines erhöhten Blutdrucks).

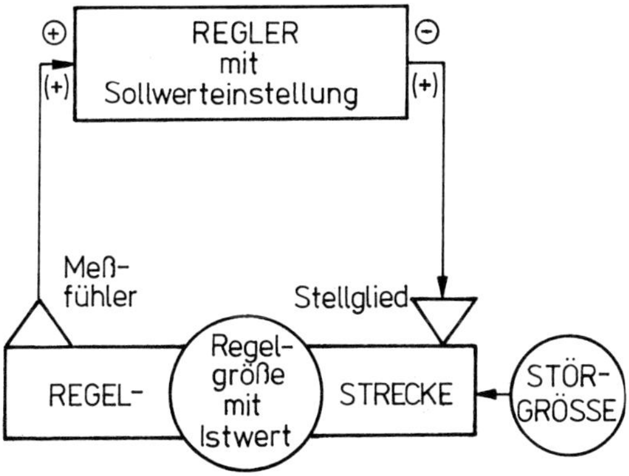

nur noch dann geregelt werden, wenn andere Regelsysteme zusätzlich wirksam werden. Dies sind unterhalb von 60 mm Hg die Chemorezeptoren und oberhalb von 160 mm Hg das Renin-Angiotensin-Aldosteron-System. Der Bereich beiderseits vom Regelbereich, in dem die Regelgröße noch durch andere Regelsysteme kompensatorisch geregelt werden kann, wird als *Kompensationsbereich* bezeichnet.

2.4.2 FORMEN DER REGULATIONSSTÖRUNGEN

Regulationsstörungen treten in unterschiedlicher Form und Intensität auf:

- Der *stark gedämpfte Einschwingprozeß* ist die stark verzögerte Wiedereinstellung der Regelgröße auf den Sollwert nach einer vorhergehenden Abweichung. Das trifft z. B. für die verzögerte Normalisierung der Herzfrequenz nach dem Treppensteigen bei Patienten mit Herzinsuffizienz zu.
- Die *negative Rückkopplung mit Regelabweichung* ist die nur teilweise Rückführung des durch Störgrößen ausgelenkten Istwertes der Regelgröße auf den zuvor vorhandenen Sollwert. Beispielsweise wird der initial stark erniedrigte arterielle Blutdruck nach dem Übergang vom Liegen zum Stehen bei Patienten mit Orthostasesyndrom nur noch teilweise kompensiert, so daß der Blutdruck dann im Stehen erniedrigt ist.
- Die *Regulationsstörung mit positiver Rückkopplung* ist dadurch charakterisiert, daß eine Abweichung der Regelgröße vom Sollwert durch die Regelkreismechanismen mit gleichem Vorzeichen auf die Regelgröße zurückwirkt. Die in Klammern gesetzten Vorzeichen in Abb. 7 verdeutlichen das. So kann bei der hypertensiven Blutdruckkrise ein angestiegener arterieller Blutdruck (Pluszeichen) mit gleichem Vorzeichen (Pluszeichen) krisenhaft weiter ansteigen.
- Der *plötzliche Zusammenbruch eines Regelkreises* erfolgt dann, wenn eine Regelgröße bei Störgrößeneinwirkung längere Zeit durch maximale An-

spannung der Stellglieder auf oder nahe dem Sollwert gehalten wird, bis die Stellglieder plötzlich versagen. So wird z. B. bei einem Patienten mit Orthostasesyndrom der Blutdruck in der Hitze längere Zeit auf einem bestimmten Niveau gehalten, bis plötzlich der orthostatische Kollaps auftritt.

2.4.3 KOMPENSATION, DEKOMPENSATION UND ADAPTATION

Langdauernde Störungen von Regelsystemen können bei fehlender Ausheilung zu Veränderungen und Anpassungen in ihren Strukturen führen.
Die *Kompensation* (Abb. 8a) ist die Anpassung an langdauernde krankhafte Prozesse (Störungen). Dies ist gekennzeichnet durch Verschiebung des Sollwertes und des Regelbereichs innerhalb des Kompensationsbereichs bei gleichzeitiger Einengung des Regelbereichs.

Beispielsweise kann das Herz eines Patienten mit einem Herzfehler (z. B. Aortenklappenstenose) unter Ruhebedingungen und bei mäßiger körperlicher Belastung noch ein ausreichendes Herzminutenvolumen fördern, während das bei einer hohen Belastung nicht mehr möglich ist.

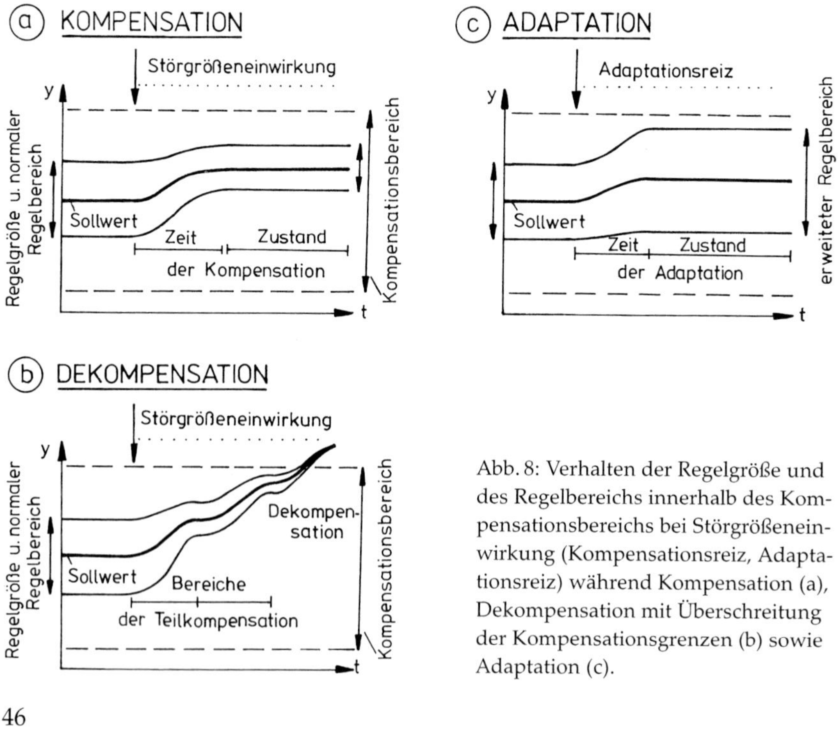

Abb. 8: Verhalten der Regelgröße und des Regelbereichs innerhalb des Kompensationsbereichs bei Störgrößeneinwirkung (Kompensationsreiz, Adaptationsreiz) während Kompensation (a), Dekompensation mit Überschreitung der Kompensationsgrenzen (b) sowie Adaptation (c).

Die *Dekompensation* (Abb. 8b) entwickelt sich aus der Kompensation, wenn die Störgröße nach der Kompensation mit hoher Intensität weiter wirkt, so daß der Sollwert der Regelgröße bei weiterer Einengung des Regelbereichs kontinuierlich oder in Stufen immer weiter an die Grenzen des Kompensationsbereichs verlagert wird und diesen schließlich überschreitet. Die Überschreitung führt zum Tode.

Die *Adaptation* (Abb. 8c) ist im Gegensatz zur Kompensation der Anpassungsprozeß eines Regelsystems an langdauernde physiologische Belastungen durch Störungsreize (Hitze, Kälte, sportliches Training). Es kommt zur Verschiebung des Sollwertes und des Regelbereichs innerhalb des Kompensationsbereichs bei Vergrößerung des Regelbereichs. Das beinhaltet z. B. eine Verbesserung der physischen Leistungsfähigkeit (Sportherzhypertrophie) bzw. der Hitze- und Kältetoleranz (Akklimatisation).

2.5 Ausgewählte Krankheitssymptome

2.5.1 SCHMERZ

Der Schmerz vermittelt als Alarmsignal Informationen über innere und äußere Noxen durch das Schmerzleitungssystem.

In modernen Industrieländern leidet mehr als ein Drittel der betroffenen Bevölkerung unter chronischen Schmerzen (Tiedt, 1990). Das trifft auch für das Alter zu, in dem allerdings Zahnschmerzen weniger ausgeprägt empfunden werden (Sauerwein, 1983).

Schmerz entsteht durch äußere Noxen (mechanische und thermische Reize) und durch algogene (schmerzerzeugend) Substanzen (Bradykinin, Serotonin und Histamin), die auf Schmerzrezeptoren (Nozizeptoren) einwirken.

Besonders charakteristische *Schmerzarten* sind nachfolgend hervorgehoben:

- *Entzündungsschmerzen* umfassen Muskelschmerzen, Zahnschmerzen, Schmerzen bei der Appendizitis usw.
- *Kopfschmerzen* sind hauptsächlich die Migräne, die nach neuesten Erkenntnissen auf einer angeborenen Schwellenerniedrigung für neurovaskuläre Störungen besteht und durch Streß moduliert wird.
- *Neuralgien* sind z. B. die Trigeminusneuralgie und Zustände nach Bandscheibenvorfall (Ischialgie, Lumbago).
- *Spastische Schmerzen* umfassen Koliken (Gallenblase, Ureter).
- Der *vasospastische Ruheherzschmerz* steigt altersbedingt mit der Zunahme koronarer Veränderungen und tritt dabei mit einer unerwarteten Häufigkeit von 95% der Herzschmerzen auf.
- Der *Krebsschmerz* ist eine der schwierigsten Aufgaben für den Arzt. Er tritt u. a. akut durch Knochenfrakturen bei Metastasen, durch Perforation in den Bauchraum und durch Kompression im Hirnraum beim Hirntumor

auf. Chronische Schmerzen beginnen schleichend und unterminieren schließlich die Moral der Patienten.

2.5.2 FIEBER

Das Fieber ist ein unspezifisches Krankheitszeichen. Es wird durch pathologische Sollwerterhöhung im Hypothalamus ausgelöst, wobei der Regelkreis der Körperkerntemperatur normal funktioniert.
Die *Auslöser* des Fiebers sind Pyrogene. Zu exogenen Pyrogenen zählen Bakterien, beim Zellzerfall freiwerdende Endotoxine (Zellbestandteile), Viren, Pilze usw., die ihrerseits auf solche Zellen wie Leukozyten oder Gewebezellen einwirken und bei deren Zerfall das endogene Pyrogen mit der wirksamsten Substanz Interleukin-1 freisetzen.
Durch Bildung des endogenen Pyrogens wird der Sollwert des Kerntemperaturreglers erhöht (Abb. 9), so daß sich die Fieberstadien entwickeln. Hierbei steigt nach einer Latenzzeit die Körperkerntemperatur auf erhöhte Werte (Stadium incrementi) an und erreicht im Stadium fastigii den Fiebergipfel. Nach Abbau der Pyrogene kommt es im Stadium decrementi zum Fieberabfall. Dieser kann allmählich (Lysis) mit günstiger Kreislaufanpassung oder steil (Krisis) mit der Gefahr des orthostatischen Kollaps erfolgen. Dabei entstehen folgende *Begleitphänomene:*

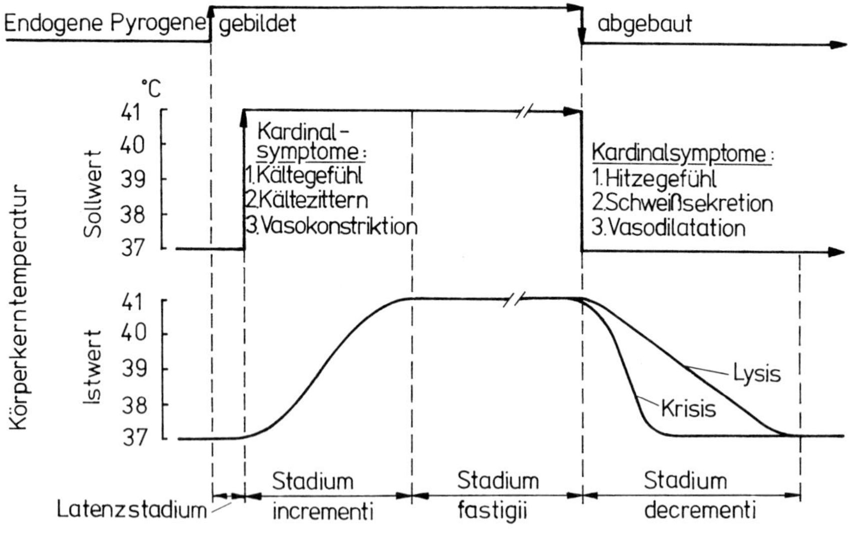

Abb. 9: Körperkerntemperaturverlauf mit Stadien beim Fieber. Erläuterungen siehe Text.

Während des Fieberanstiegs besteht gemäß Abb. 9 eine Einschränkung der Wärmeabgabe (Vasokonstriktion, kühle Haut), eine Aktivierung der Wärmebildung (Kältezittern) und ein Kältegefühl. Der Fieberabfall ist durch eine erhöhte Wärmeabgabe (Vasodilatation, Schweißsekretion, warme feuchte Haut), eine eingeschränkte Wärmebildung und ein Hitzegefühl gekennzeichnet.

2.5.3 SCHWINDEL

Jeder zweite Mensch im Alter von über 65 Jahren leidet an Schwindelanfällen, was physiotherapeutisch zu beachten ist. Man unterscheidet hauptsächlich folgende Formen:

- Ein *systematischer Schwindel* entsteht durch Störungen des vestibulären Systems (Labyrinth und Gleichgewichtsnerv) in Form von Drehschwindel und Schwankschwindel mit Unsicherheit und Schwächegefühl bei Fallneigung nach einer Seite.
- Ein *unsystematischer Schwindel* umfaßt Benommenheitsgefühle und Schwanken beim Sitzen, Stehen und Gehen, ggf. in Kombination mit einem Schwarzwerden vor den Augen bis zum orthostatischen Kollaps. Im Alter ist die arteriosklerotisch bedingte Durchblutungsverminderung im Hirnstamm die Hauptursache. Bei orthostatischen Störungen sind auch periphere Ursachen der Durchblutungsverminderung (starke Blutvolumenverlagerung in unterer Körperhälfte) zu beachten. Bei Herz-Kreislauf-Erkrankungen ist der Schwindel zu etwa 12% auf eine Hypertonie und zu 24% auf eine Hypotonie zurückzuführen. Bei 42,7% der Patienten mit Herzinfarkt lassen sich Schwindelerscheinungen vor dem Infarkt nachweisen (Claussen, 1990).

Weitere Ursachen sind Hirnstammschäden (Tumore), Enzephalitis, Meningitis oder Hirnabszesse.

3 PATHOPHYSIOLOGIE WESENTLICHER STÖRUNGEN DES HERZ-KREISLAUF-SYSTEMS

3.1 Koronare Herzkrankheit

Die koronare (oder ischämische) Herzkrankheit ist die akute oder chronische Leistungsminderung des Herzens durch ein Mißverhältnis von Sauerstoffbedarf und Sauerstoffangebot im Myokard.

Ursache ist der Sauerstoffmangel exogener (Anämie, respiratorische Insuffizienz) oder endogener Natur. Letzterer beruht

1. auf einem erhöhten Sauerstoffbedarf des Herzens bei Myokardhypertro-

phie (durch Hypertonie oder Herzfehler), Tachykardie, Streß oder Infektionen sowie
2. vor allem auf einem herabgesetzten Sauerstoffangebot bei verminderter Koronardurchblutung durch Koronarsklerose, Koronarspasmus oder Koronarthrombose.

Die *Koronarsklerose* ist Bestandteil einer arteriosklerotischen Grundkrankheit (3.4.1) und befällt am Herzen bevorzugt die großen oberflächlichen Koronararterien. Sie ist im Alter über 50 Jahren relativ häufig, obwohl die Betroffenen zumeist beschwerdefrei sind. Das ist dadurch begründet, daß die Durchblutung bei einer Lumeneinengung von 50% erst um 10% und bei einer Einengung von 90% nur um 50% vermindert ist.
Der *Koronarspasmus* der großen Herzkranzgefäße kann akut auftreten und auch Ursache des plötzlichen Herztodes sein. Er beruht auf Endothelschäden der Gefäße, die häufig, aber nicht immer in der Nachbarschaft großer arteriosklerotischer Plaques (beetförmig verhärtete Gewebeveränderung) auftreten, wobei Serotonin, Histamin, Azetylcholin und andere Substanzen den Spasmus auslösen.
Die *Koronarthrombose* entwickelt sich zumeist auf dem Boden einer Koronarsklerose mit Endotheldefekt durch eine Blutplättchenaggregation mit Freisetzung von Serotonin, Thromboxan A_2 und anderen Substanzen, die eine weitere Blutplättchenaggregation bewirken.
Das *Kardinalsymptom* der koronaren Herzkrankheit ist die Angina pectoris. Diese kann als Druckschmerz in der Herzgegend, als krampfartiger Schmerz oder mit einem Gefühl des Zudrückens der Kehle mit Atemnot bzw. bis zu einem Vernichtungsgefühl mit Todesangst empfunden werden.

Die *klinischen Formen* differenzieren anhand des Auftretens dieser Symptomatik hauptsächlich die »Ruheangina« mit plötzlichen Beschwerden beim Streß oder in der Nacht, die »Belastungsangina« bei physischer Belastung sowie eine »progrediente Angina pectoris«, auch »Präinfarktsyndrom«, mit akuter Zunahme der Häufigkeit und Dauer der Anfälle.

Der *Myokardinfarkt* als Folge eines erheblichen akuten Sauerstoffmangels im Versorgungsbereich einer Koronararterie entsteht zumeist auf dem Boden einer langdauernden koronaren Herzkrankheit durch Auslöser wie Streß, Nikotinabusus, Infekte, Bewegungsmangel und Überernährung. Er führt zum Gewebsausfall mit Ersatz durch Bindegewebe und dadurch zur Leistungsminderung des Herzens mit vermindertem Auswurf (Herzminutenvolumen, Blutdrucksenkung) und Rückstau von Blut in der Lunge. Es besteht akute Lebensgefahr (Kammerflimmern, Lungenödem, Herzinsuffizienz).

Die *Ventrikelfunktionskurve* in Abb. 10 wird durch den Infarkt in niedrigere Bereiche verlagert und kann durch Training wieder angehoben werden.

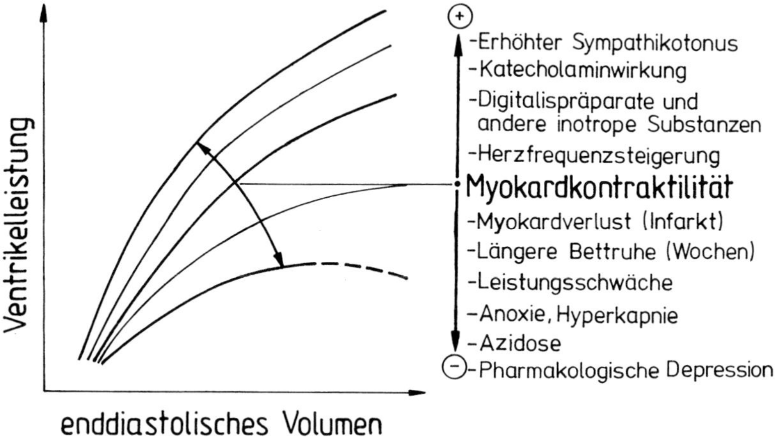

Abb. 10: Ventrikelfunktionskurven (sog. Frank-Starling-Kurven) mit Darstellung des Anstiegs der Ventrikelleistung (z. B. Herzminutenvolumen, Schlagvolumen) bei zunehmender Ventrikelfüllung in der Diastole (enddiastolisches Volumen). Die mittlere Kurve repräsentiert das Normalverhalten bei physiologischer Myokardkontraktilität. Bei erhöhter (Pluszeichen) oder erniedrigter (Minuszeichen) Myokardkontraktilität ergibt sich eine Verlagerung auf höhere oder niedrigere Ventrikelfunktionskurven.

3.2 Herzinsuffizienz

Die Herzinsuffizienz ist die herabgesetzte Auswurfleistung des Herzens nach Erschöpfung der funktionellen und morphologischen Reserven des Myokards mit der Folge einer ungenügenden Versorgung des Organismus mit Sauerstoff und energiereichen Substanzen.
Die primäre *Ätiologie* der Herzinsuffizienz ist die Überlastung des Herzens (Hypertonie, Herzklappenfehler usw.) und/oder der Substratmangel des Myokards (Katecholamin-Mangel, Vitamin-B-Mangel, Alkoholismus usw.).
Im Rahmen der *Pathogenese* antwortet der Organismus zunächst mit einer Hypertrophie des Myokards als Kompensation. Dabei verlängert sich jedoch auch die Diffusionsstrecke für Sauerstoff. Als Folge dieses O_2-Mangels entsteht auch ein Mangel an ATP und Aktivatorkalzium mit Senkung der Myokardleistung und dem allmählichen Übergang in die Dekompensation.
Sichtbarer Ausdruck der verminderten Myokardkontraktilität bzw. Ventrikelleistung ist die verminderte Sauerstoffversorgung aller Organe und die stark herabgesetzte Leistungsfähigkeit der Patienten.
Die Ventrikelleistung kann durch die *Ventrikelfunktionskurve* in Abb. 10 beschrieben werden. Sie beinhaltet eine Steigerung der Ventrikelleistung mit zunehmendem enddiastolischen Volumen (Füllungsvolumen). Dabei er-

bringen Zunahmen der Myokardkontraktilität (Hypertrophie) eine Verlagerung auf höhere Ventrikelfunktionskurven, während Abnahmen der Ventrikelleistung (Dekompensation, Herzinsuffizienz, Myokardinfarkt) durch eine Verschiebung auf niedrigere Kurven in Abb. 10 beschrieben werden können.

Als *Folgeerscheinungen* der Myokardschwäche steigt das enddiastolische Volumen des linken und/oder rechten Ventrikels weiter an, ohne daß es dabei zu einer Erhöhung der Ventrikelleistung trotz Zunahme der Herzfrequenz kommt. Bei Rechtsherzinsuffizienz treten Ödeme zunächst beiderseits im Knöchelbereich, später in weiteren Beinbereichen, in der Leber sowie als Aszites auf. Bei Linksherzinsuffizienz entwickelt sich eine Lungenstauung mit Stauungsbronchitis, Dyspnoe und gehäuftem nächtlichen Harnlassen.

3.3 Störungen der Blutdruckregulation

Der *normale Blutdruck* beträgt maximal 139/89 mm Hg (18,5/11,9 kPa) gemäß Tabelle 1. Darüberliegende Werte werden nach der WHO-Definition als hyperton angesehen, während Blutdruckwerte unter 100/60 mm Hg (13,3/8 kPa) nach allgemeiner Konvention als hypoton eingestuft werden.

3.3.1 HYPERTONIE

Die Hypertonie ist eine Störung der komplexen Blutdruckregulation mit dauernd erhöhtem Blutdruck. Mit einer Befallshäufigkeit von 15–20% ist sie eine der bedeutendsten Krankheiten.

Die *Ätiologie* der Krankheit ist weitestgehend unbekannt. Man unterscheidet eine primäre oder essentielle Hypertonie (80%) ohne bekannte Ursachen sowie eine sekundäre oder symptomatische Hypertonie (20%) mit renalen, endokrinen, kardiovaskulären oder neurogenen Ursachen, die dementsprechend zu behandeln sind.

Bei der *essentiellen Hypertonie* besteht eine Störung der komplexen Blutdruckregulation, wobei es unbekannt ist, welches Regulationssystem primär betroffen ist.

Man diskutiert mehrere *Ursachenkomplexe* (Abb. 11):

- Die *gesteigerte sympathoneuronale bzw. sympathoadrenerge Aktivität.* Sie ist durch einen Anstieg des Noradrenalin-Gehalts im Plasma und durch einen erhöhten peripheren Widerstand gekennzeichnet. Als Ursache vermutet man gehäufte Distreß-Situationen oder genetische Anlagen.
- Die *verminderte renale Na^+- oder Wasserexkretion* in der Niere. Sie geht mit einer Na^+- und Wasserretention in allen Geweben einschließlich der Zunahme des Gesamtblutvolumens und einem Blutdruckanstieg einher.

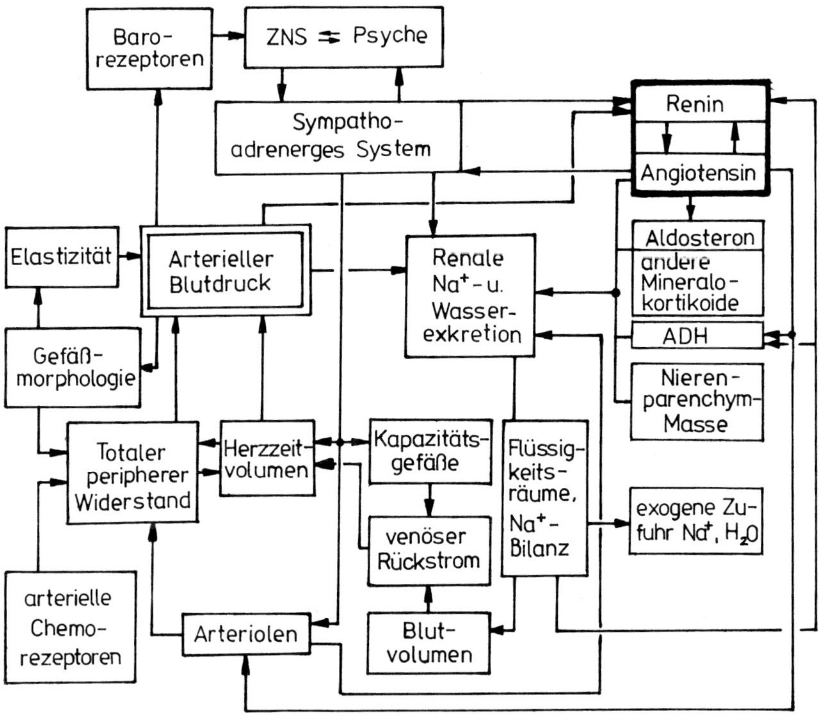

Abb. 11: Komplexe Blutdruckregulation unter Berücksichtigung verschiedener Regelmechanismen. Modifiziert nach Bock (1969) und Tiedt (1982).

Eine Kochsalzrestriktion kann die Veränderung weitestgehend normalisieren.

- Die *erhöhte Aktivität des Renin-Angiotensin-Aldosteron-Systems.* Sie entsteht durch vermehrte Freisetzung von Renin aus dem juxtaglomerulären (neben dem Glomerulum) Apparat der Niere. Das Renin wandelt Angiotensinogen aus der Leber in Angiotensin I um, das wiederum in Lunge oder Niere durch ein Converting-Enzym in Angiotensin II und nach teilweisem Abbau in Angiotensin III umgewandelt wird. Die beiden zuletzt genannten Substanzen steigern den peripheren Widerstand und erhöhen die Menge an gebildeten Aldosteron, das ebenfalls den Blutdruck steigert.
- Eine *verminderte Chemorezeptorfunktion* durch vermutlich genetische Ursachen führt reflektorisch zu einem ständigen Anstieg des peripheren Widerstands. Es wird auch eine zentrale Beeinflussung durch Schlafapnoe-

phasen mit Sauerstoffmangel bei Patienten mit Asthma bronchiale oder bei Schnarchern vor allem nach dem 50. Lebensjahr diskutiert.

- Nach neuen Erkenntnissen könnte das 1991 entdeckte Hormon der Nebennierenrinde *Ouabain* (g-Strophanthin), das als Herzmittel Verwendung findet, bei Überproduktion den Blutdruck steigern. Es blockiert in den Membranen der Gefäßwandmuskulatur das Enzym ATPase, das Natrium im Austausch gegen Kalium aus der Zelle transportiert. Die Blockade erhöht das Natrium-Konzentration in den Zellen. Natrium wird nun kompensatorisch durch Kalzium aus der Zelle befördert. Das eingeströmte Kalzium versteift die Gefäßzellen, engt das Gefäßlumen ein und erhöht den Blutdruck.

Die *Pathogenese* der Hypertonie differenziert eine zunächst bestehende labile oder Grenzwert-Hypertonie mit nur zeitweilig erhöhten Blutdruckwerten (Tab. 1) und eine sich später herausbildende stabile oder manifeste Hypertonie.

Tabelle 1: WHO-Definition der Normotonie, Grenzwert-Hypertonie und manifesten Hypertonie sowie die allgemein üblichen Werte zur Diagnose einer Hypotonie.

Klassifikationsgruppe	Systolischer Blutdruck kPa (mm Hg)	Diastolischer Blutdruck kPa (mm Hg)
Normotonie	≤ 18,5 (139)	≤ 11,9 (89)
Grenzwert-Hypertonie	18,6–21,2 (140–159)	12–12,5 (90–94)
manifeste Hypertonie	≥ 21,3 (160)	≥ 12,6 (95)
Hypotonie	< 13,3 (100)	< 8,0 (60)

Folgeerscheinungen der Hypertonie sind

- die Druckhypertrophie des Myokards bis zur Dekompensation mit Herzinsuffizienz (3.2) sowie
- die Arteriosklerose der Gefäße im Gehirn (Apoplexie), im Herzen (koronare Herzkrankheit) und in der Niere (Schrumpfniere).

3.3.2 HYPOTONIE

Hypotonie ist ein erniedrigter arterieller Blutdruck mit Werten unter 100/60 mm Hg (13,3/8 kPa) (Tab. 1).

Die Hypotonie ist immer dann ohne Krankheitswert, wenn keine Sauerstoffmangelerscheinungen in bestimmten Organen bestehen, wie das bei Kopfschmerzen, Schlaf- und Gedächtnisstörungen, schneller geistiger oder körperlicher Ermüdbarkeit usw. der Fall ist. Schwerwiegend sind Schwindelanfälle im Sinne von Orthostasestörungen.

3.3.3 ORTHOSTASESYNDROM

Das Orthostasesyndrom ist ein Krankheitsbild mit gehäuften Schwindelanfällen im Sitzen oder Stehen, die evtl. zu einem orthostatischen Kollaps aufgrund von Störungen der Kreislauf-Regulation führen.

Die *normale orthostatische Herz-Kreislauf-Regulation* in Abb. 12 zeigt nach einem kurzen Blutdruckabfall (20 s), infolge Blutvolumenverlagerung aus dem Thorax in die abhängigen Körperregionen durch reflektorische Wirkung von Dehnungsrezeptoren in den Lungengefäßen, einen physiologischen Anstieg des Sympathikotonus mit einer Normalisierung des Blutdrucks. Dabei kommt es zur Abnahme des Schlagvolumens um maximal 40%, die durch kompensatorische Zunahme der Herzfrequenz um etwa 20% nicht ausgeglichen werden kann, so daß das Herzminutenvolumen maximal um 25% reduziert ist (weitere Änderungen siehe Abb. 12).

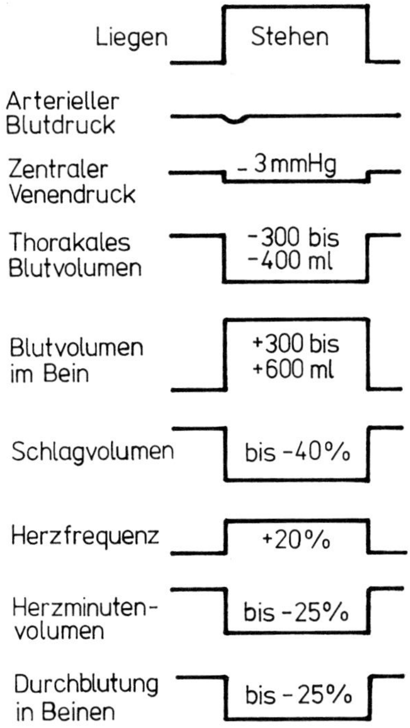

Abb. 12: Physiologische Änderungen von Herz-Kreislauf-Größen beim Übergang vom Liegen zum Stehen.

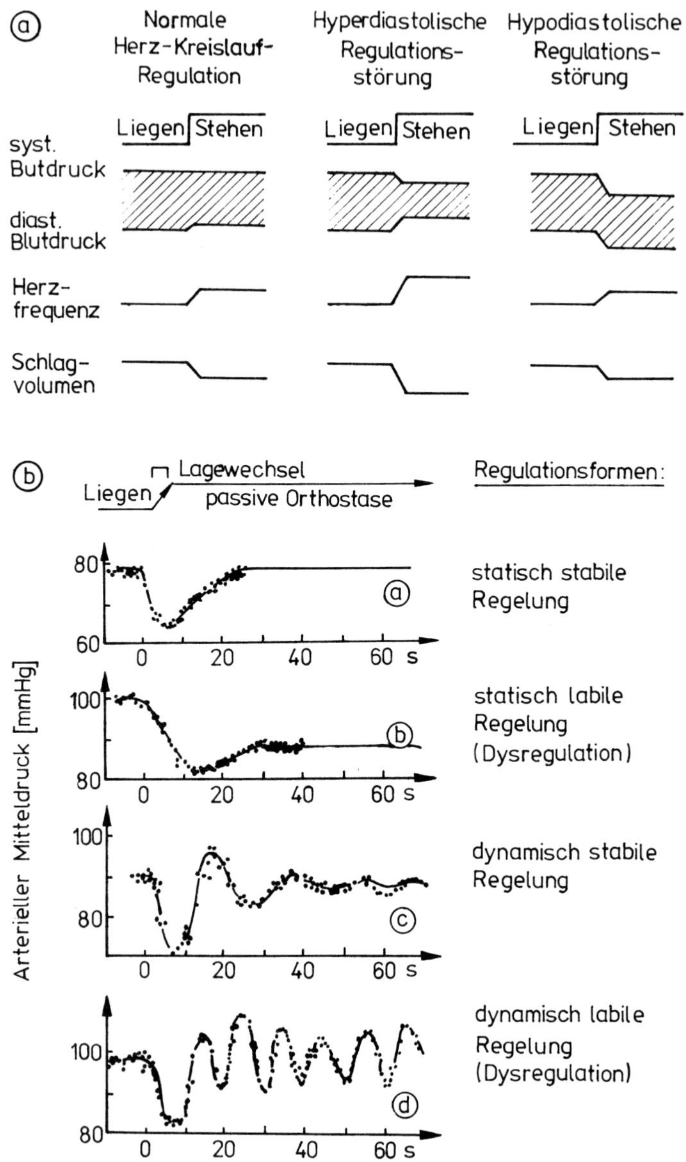

Abb. 13: Möglichkeiten zur Ermittlung der orthostatischen Dysregulation.
a: Bei diskontinuierlicher Messung ergeben sich aufgrund der Kriterien von Delius (1964) die Formen der hyperdiastolischen oder hypodiastolischen Regulationsstörung.
b: Bei kontinuierlicher Blutdruckmessung mittels invasiver Verfahren nach Mechelke und Christian (1958) sowie nichtinvasiver Erfassung nach Tiedt (1985) ergeben sich Formen der normalen Regulation (stabile Regelung) und der Dysregulation (labile Regelung).

Man unterscheidet *Frühregulationsstörungen* mit Schwindelerscheinungen (ggf. Kollaps) unmittelbar nach dem Aufstehen und *Spätregulationsstörungen,* die nach längerem Stehen zu ähnlichen Erscheinungen führen (siehe auch 2.5.3).

Sie kommen in zwei Hauptformen vor:

1. Ein starkes Versacken von Blut führt zu einer überproportionalen Erhöhung des Sympathikotonus, wobei der Blutdruck trotz kompensatorisch hohem Herzfrequenzanstieg nicht normalisiert wird, so daß die periphere Durchblutung und der venöse Rückstrom erheblich reduziert werden.
   Diese *hyperdiastolische Regulationsstörung* (Abb. 13a) hat periphere Ursachen infolge stark erweiterter Gefäße, z. B. während Schwangerschaft, nach längerem Krankenlager sowie bei toxisch oder pharmakologisch bedingter ausgeprägter Vasodilatation. Sie geht mit einem Abfall des systolischen Blutdrucks bei Erhöhung des diastolischen Blutdrucks einher.
2. Ein normales Versacken von Blut hat bei ungenügenden Gegenregulationsmechanismen nur einen geringen oder keinen Anstieg des Sympathikotonus zur Folge.
   Diese *hypodiastolische Regulationsstörung* beruht auf zentralnervösen Ursachen (Störung des Vasomotorenzentrums). Sie äußert sich in einer Abnahme des systolischen und diastolischen Blutdrucks, während die Herzfrequenz nur geringfügig ansteigt.

Die *Diagnostik* kann entweder

- als *statisches Testverfahren* durch diskontinuierliche Messung (etwa am Ende jeder Minute) analog der hyperdiastolischen bzw. hypodiastolischen Regulationsstörung in Abb. 13a vorgenommen werden, oder
- als *dynamisches Testverfahren* mit kontinuierlichem Abgriff aller Meßgrößen erfolgen. Das entspricht dem Verhalten des Blutdrucks in Abb. 13b.

Ein *physiologisches Regulationsverhalten* ist hierbei gekennzeichnet durch Wiedererreichen des normalen arteriellen Mitteldrucks als sog. statisch oder dynamisch (periodisch abklingende Schwingungen) stabile Regulation.

Ein *pathophysiologisches Regulationsverhalten* kommt dadurch zum Ausdruck, daß der Blutdruck im Stehen den Ausgangswert im Liegen nicht wieder erreicht. Bei der statisch labilen Regulation beruht das auf peripheren Störungen, während die dynamisch labile Regulation mit Daueroszillationen um den Ausgangswert auf zentralnervöse Störungen hinweist.

3.4 Störungen der arteriellen Durchblutung

Arterielle Durchblutungsstörungen im Arm oder Bein können organisch oder neurogen verursacht sein.

3.4.1 ANGIOORGANOPATHIEN – PERIPHERE ARTERIELLE VERSCHLUSSKRANKHEIT

Die *periphere arterielle Verschlußkrankheit* tritt besonders im Alter auf und ist eine Lokalisation der Arteriosklerose, die gleichermaßen Herz (Koronare Herzkrankheit) und Hirn (Apoplexie) betreffen kann. Die *Ätiologie* des Gefäßwandprozesses beginnt mit der ödematösen Verquellung der Intima und der anderen Schichten. Danach werden freie Fettsäuren, Lipoide, Cholesterol und Mukopolysaccharide eingelagert, bis es nach Bindegewebswucherungen zu Stenosen kommt. Die *Pathogenese* ist gemäß Abb. 14 durch einen Blutdruckabfall und dadurch bedingter Durchblutungsverminderung nach der Stenose mit Gewebsischämie charakterisiert. Durch die Vasodilatation (geringer Zuwachs des Druckgradienten in Abb. 14) entsteht eine gewisse Kompensation, die aber schließlich nicht mehr zur optimalen Gewebsversorgung ausreicht. Durch Sauerstoffmangel beim Gehen entstehen Schmerzen, der Patient muß stehenbleiben bis der O_2-Mangel abklingt und kann dann wieder eine gewisse Strecke gehen.

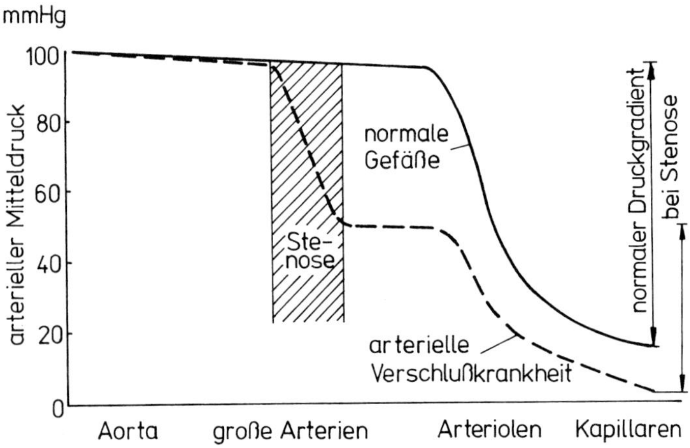

Abb. 14: Verhalten des arteriellen Mitteldrucks in verschiedenen Gefäßregionen bei peripherer arterieller Verschlußkrankheit und bei gesunden Gefäßen. Der herabgesetzte Druckgradient nach der Stenose bei der arteriellen Verschlußkrankheit ist Ursache der verminderten peripheren Durchblutung.

Zur *Diagnostik* ermittelt man die Gehstrecke bis zum Auftreten des Sauerstoffmangels, die Claudicatio intermittens (zeitweiliges Hinken). Physiotherapie zur Verbesserung der Gehstrecke ist sinnvoll (s. S. 181).

Die *Endangitis obliterans* als Gefäßentzündung durch Nikotin tritt besonders häufig bei Männern im Alter von 30–50 Jahren mit schlechter Prognose auf.

Plötzlich auftretende Durchblutungsstörungen sind ein Indiz für eine *arterielle Thrombose.*

3.4.2 ANGIONEUROPATHIEN

Primär funktionelle Störungen treten vor allem als pathologisch gesteigerte Vasodilatation oder Vasokonstriktion auf.

Das *Raynaud-Phänomen* ist eine anfallweise Vasokonstriktion mit Durchblutungsstörung und Schmerzgefühl an Fingern oder Zehen. Die Hautfarbe wird blaß, dann zyanotisch und ist schließlich mit Abklingen des Spasmus wieder gerötet.

Die *Akrozyanose* ist eine ausgeprägte Vasodilatation mit behindertem venösen Abstrom aus der Hand.

3.5 Störungen des venösen Rückstroms

Zur Aufrechterhaltung eines ausreichenden Blutangebots für das Herz muß der venöse Rückstrom durch gesunde Venen und mit einer intakten Muskelvenenpumpe aufrecht erhalten werden. Jede Störung beeinträchtigt besonders im Stehen diese Funktion. Die Hauptformen sind die Venenklappeninsuffizienz, die Varikosis, die venöse Thrombose und das postthrombotische Syndrom.

Die *Venenklappeninsuffizienz* ist eine angeborene oder durch Varikosis bzw. postthrombotisch erworbene Funktionsuntüchtigkeit der Venenklappen mit einer Insuffizienz der Muskelvenenpumpe.

Unter physiologischen Verhältnissen wird während der Kontraktion der Wadenmuskulatur (Muskelvenenpumpe) gemäß Abb. 15a das in den tiefen Venen gelegene Blut (Segment II) vorfristig entsprechend der Öffnungsrichtung der Venenklappen herzwärts (Segment III) ausgepreßt (Auspreßeffekt).

Während der Erschlaffung der Wadenmuskulatur wird ebenfalls vorfristig Blut aus tiefen peripheren Venen (Segment I) und aus Oberflächenvenen (V_O) angesaugt (Ansaugeffekt).

Unter pathophysiologischen Verhältnissen mit insuffizienten Venenklappen wird während der Wadenmuskelkontraktion in Abb. 15b links das Blut der tiefen Venen (Segment II) sowohl herzwärts (Segment III) als

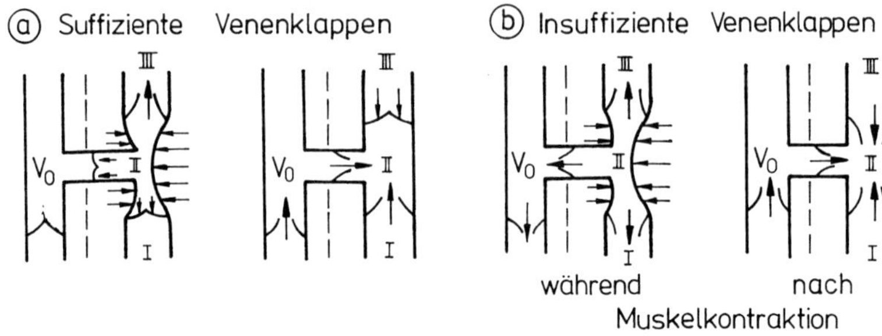

Abb. 15: Wirkung der Wadenmuskelpumpe auf den venösen Rückstrom zum Herzen bei normalen (a) und insuffizienten (b) Venenklappen. Der dargestellte Venenausschnitt umfaßt jeweils eine Oberflächenvene (V_O), eine von der Muskelfaszie (gestrichelte Linie) umgebene tiefe Vene (Segmente I, II und III) und eine Verbindungsvene.

auch retrograd in tiefe periphere Venen (Segment I) und Oberflächenvenen ausgepreßt. Während der Muskelerschlaffung wird dagegen das Blut sowohl aus peripheren Venen (Segment I und V_O; Förderung des venösen Rückstroms) als auch aus herzwärts gelegenen Venen (Segment III; retrograder Fluß) angesaugt. Ein Teil des Blutes pendelt somit ständig hin und her. Die Wirkung der Muskelvenenpumpe ist somit gering oder fehlt völlig. Es kommt zur Hemmung des venösen Rückstroms mit Stauung.

Die *Varikosis* ist eine pathophysiologische Venenerweiterung aufgrund einer Wandschwäche. Als primäre Varizen bezeichnet man die erblich bedingte, angeborene Venenwandschwäche, während sekundäre Varizen die Folgen von Abflußbehinderungen in tiefen Venen bzw. von Entzündungen der Venenwände sind.

Die *venöse Thrombose* entsteht bei erheblich verlangsamter Blutströmungsgeschwindigkeit und/oder bei erhöhter Gerinnungsneigung des Blutes entweder in tiefen Venen als Phlebothrombose ohne Entzündung, aber mit der Gefahr einer Lungenembolie oder in oberflächlichen Venen mit einer entzündlichen Venenwanderkrankung als Thrombophlebitis (selten Embolie). Bei dieser Form können ausgeprägte Blutstauungen mit nachfolgenden Ödemen auftreten.

Das *postthrombotische Syndrom* entsteht im Verlauf eines Jahres aus der venösen Thrombose. Durch Rekanalisation des Thrombus mit kleineren, ggf. geschlängelten Gefäßen ist der Durchfluß wieder möglich. Allerdings beeinträchtigen die verhärteten Venenwände und die entstandene Venenklappeninsuffizienz den venösen Rückstrom zum Herzen.

Die *chronische Veneninsuffizienz* ist der funktionelle Folgezustand nach Venenklappeninsuffizienz, Varikosis, Thrombose und postthrombotischem Syndrom (Abb. 16).

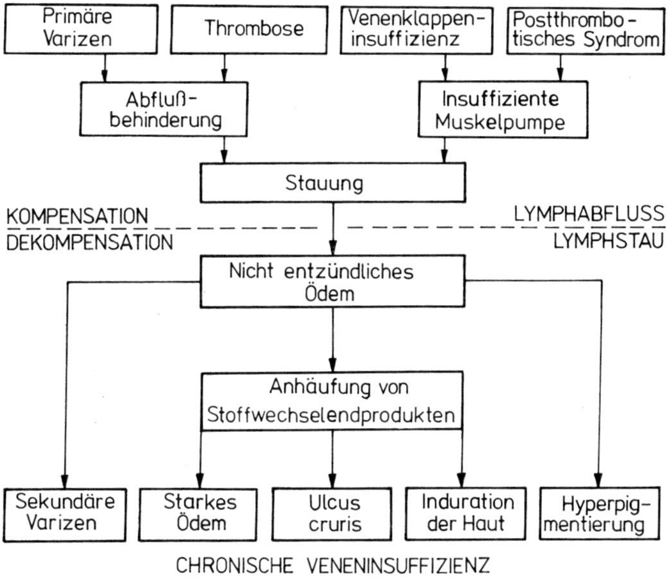

Abb. 16: Pathophysiologie der akuten Veneninsuffizienz (oben) bis zur Bildungs eines nicht entzündlichen Ödems und dessen Kompensation durch Lymphabfluß. Bei Lymphstau entwickelt sich eine chronische Veneninsuffizienz (unten) mit Folgeerscheinungen. Modifiziert nach Tiedt (1990).

Während eine akute Veneninsuffizienz mit Stauung und nicht entzündlichem Ödem durch einen Lymphabfluß kompensiert wird, ist dies bei der mit Lymphstau einhergehenden chronischen Veneninsuffizienz nicht mehr möglich. Da hierbei auch Stoffwechselendprodukte (Metabolite) nicht mehr abtransportiert werden, entsteht eine chronische Entzündung, die zum Ulcus cruris mit ausgeprägten Gewebedefekten als »offene Beine« führt. Dabei bestehen sekundäre Varizen, ein ausgeprägtes Ödem, eine Verhärtung (Induration) und eine Hyperpigmentation der Haut im Fuß- und Wadenbereich.

4 PATHOPHYSIOLOGIE DER ÄUSSEREN ATMUNG

Die äußere Atmung hat die Aufgabe, die Sauerstoffversorgung aller Organe zu gewährleisten. Die respiratorische Insuffizienz ist dementsprechend das Unvermögen der äußeren Atmung, den physiologischen Sauerstoffpartialdruck im arteriellen Blut auf seinem altersbezogenen physiologischen Normwert (Abb. 2, s. S. 33) zu halten. Hauptsächlich sind das Ventilationsstörungen.

4.1 Statische und dynamische Atemgrößen

Ventilationsstörungen kann man günstig mit den bei der Ventilation ein- und ausgeatmeten Luftvolumina in der Lunge erfassen, wobei man methodisch bei der Ventilationsprüfung statische und dynamische Atemgrößen unterscheidet.

Statische Atemgrößen sind Lungenvolumina und -kapazitäten, deren Messung ohne Berücksichtigung von Zeitbeziehungen erfolgt. Es handelt sich dabei neben dem Atemzugvolumen um folgende Größen (Abb. 17a):

1. Das inspiratorische Reservevolumen als das maximale Luftvolumen, das nach einer normalen Inspiration noch zusätzlich eingeatmet werden kann.
2. Das exspiratorische Reservevolumen. Es ist das maximale Luftvolumen, das nach einer normalen Exspiration noch zusätzlich ausgeatmet werden kann.
3. Das Residualvolumen. Es ist das Luftvolumen, das nach einer normalen Exspiration noch in der Lunge verbleibt.
4. Die Vitalkapazität.

Dynamische Atemgrößen sind Lungenvolumina und -kapazitäten, die unter Bezug auf die jeweilige Ein- und Ausatemzeit gemessen werden. Am häufigsten wird der Atemstoßtest, auch Tiffeneau-Test genannt, in zwei Modifikationen verwendet (Abb. 17b):

1. Die exspiratorische 1-Sekunden-Kapazität erfaßt nach maximaler Inspiration den Anteil der Vitalkapazität, der bei maximaler Exspiration in der ersten Sekunde ausgeatmet werden kann. Die Angabe erfolgt in $l \cdot s^{-1}$ oder in Prozent der Vitalkapazität und beträgt physiologisch 75–90%.
2. Die inspiratorische 1-Sekunden-Kapazität ist der nach maximaler Exspiration ermittelte Anteil der Vitalkapazität, der in der ersten Sekunde eingeatmet werden kann. Der Normwert beträgt ca. 90%.

Weitere Größen sind z. B. der Atemgrenzwert, d. h. das maximal in einer Minute ein- und ausgeatmete Luftvolumen.

Mit dem *Bodyplethysmograph* werden auch die Widerstandsverhältnisse in den Atemwegen geprüft. Die »*Resistance-Kurve*« gibt konkrete Hinweise auf die Art der Widerstandsverhältnisse.

4.2 Obstruktive und restriktive Ventilationsstörungen

Die Ursachen der Ventilationsstörungen sind entweder im blähungsfähigen Lungenparenchym oder in den vielverzweigten Atemwegen zu lokalisieren.

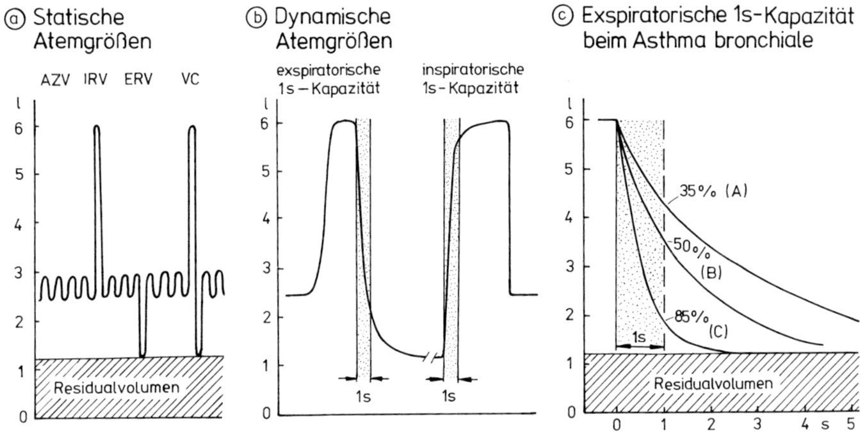

Abb. 17: Funktionsdiagnostik bei respiratorischer Insuffizienz. a: Statische Atemgrößen. AZV – Atemzugvolumen; IRV – inspiratorisches Reservevolumen; ERV – exspiratorisches Reservevolumen; VC – Vitalkapazität. b: Dynamische Atemgrößen. c: Exspiratorische 1s-Kapazität während des Asthmaanfalls (A), nach therapeutischer Bronchodilatation durch Spray (B) im Vergleich zum Normverhalten beim Gesunden (C).

Obstruktive Ventilationsstörungen sind Atemwegerkrankungen mit Erhöhungen der Strömungswiderstände in Trachea, Bronchien und Bronchiolen. Man unterscheidet lokale Stenosen in den Atemwegen, wie das bei einem Glottisödem, einem Kehlkopftumor oder einem Bronchialkarzinom der Fall ist, sowie diffuse Stenosen. Diese sind hauptsächlich in den vielverzweigten mittleren und kleinen Bronchien und Bronchiolen als Schleimhautschwellung, Bronchialkrampf, Schleim, Eiter usw. zu finden. Das trifft z. B. für das Asthma bronchiale (s. 4.3) und die Bronchitis zu.
Die Patienten können wegen der verengten oder verstopften Bronchialwände nur verzögert ausatmen. Während der verlängerten Ausatmungsphase besteht ein pfeifendes Atemgeräusch (exspiratorischer Stridor).
Bei obstruktiven Ventilationsstörungen besteht eine Einschränkung der dynamischen Atemgrößen, insbesondere der exspiratorischen 1s-Kapazität (Abb. 17c). So kann beim schweren Asthmaanfall die exspiratorische 1s-Kapazität ggf. nur 35% betragen, um nach Therapie auf etwa 50% anzusteigen (B in Abb. 17c), während gesunde Personen Werte von 85% (C) haben.
Restriktive Ventilationsstörungen sind Lungengewebserkrankungen mit einer irreversiblen oder reversiblen Verminderung des blähungsfähigen Lungenparenchyms. Ursachen sind z. B. Flüssigkeitsansammlungen in der Lunge

(Pneumonie) oder im Pleuraspalt (Pleuraerguß) sowie raumfordernde Prozesse im Bauchraum, die die Bauchatmung behindern, wie Tumoren, Aszites oder Luft (Meteorismus). Weitere Ursachen sind Lungenfibrosen, wie die Silikose usw.

Bei restriktiven Ventiliationsstörungen besteht eine Einschränkung der statischen Atemgrößen, wobei vor allem die Vitalkapazität diagnostisch genutzt wird.

4.3 Asthma bronchiale

Asthma bronchiale ist eine Erkrankung mit Anfällen von Atemnot. Sie beruht auf einem hyperreaktiven Bronchialsystem und ist durch eine verlängerte Ausatemzeit (Exspirium) gekennzeichnet.

4.3.1 FORMEN DES ASTHMA BRONCHIALE

Man unterscheidet klinisch das *akute Asthma bronchiale* mit absolut beschwerdefreien Intervallen zwischen den Atemnotphasen und das *chronische Asthma bronchiale,* bei dem auch in der anfallsfreien Zeit Ventilationsstörungen bestehen. Von einem *Status asthmaticus* spricht man, wenn Patienten einen langanhaltenden und lebensbedrohlichen Anfall haben.

Pathogenetische Formen sind das allergische oder extrinsic Asthma bronchiale mit einer immunologischen Überempfindlichkeitsreaktion am Bronchialsystem und obstruktiven Ventilationsstörungen sowie das nicht-allergische Asthma bronchiale ohne immunologische Reaktionen bei unbekannter Genese. Man nimmt heute Emotionen als Ursache an.

Es gibt noch eine zweite allergisch bedingte Form mit einer Überempfindlichkeitsreaktion an den Alveolen (sog. allergische Alveolitis). Es handelt sich um die *Taubenzüchterlunge* und die *Farmerlunge* mit ausgeprägten Störungen der O_2-Diffusion in den Alveolen.

4.3.2 ÄTIOLOGIE DES ASTHMA BRONCHIALE

Die Ursachen des Asthma bronchiale beruhen auf einem hyperreaktiven Bronchialsystem, speziellen Auslöserreizen sowie einer Insuffizienz der betaadrenergen Rezeptoren der Bronchialmuskulatur.

Das *hyperreaktive Bronchialsystem* ist das gemeinsame Merkmal aller Patienten mit Asthma bronchiale. Man nimmt an, daß es durch einen Initialreiz (z. B. Virusinfekt, ätzende Sanitärreinigungsmittel, ständige Tabakrauchinhalation oder Umweltnoxen) entsteht und danach lebenslang bestehen bleibt.

Eine Vielzahl von *Auslöserreizen* können eine Bronchialkonstriktion mit Atemnotanfall im hyperreaktiven Bronchialsystem auslösen. Das sind aller-

gische Faktoren (Blütenstaub, Hausmilben, Mehlstaub, Tierhaare), Infektionen (sog. Infektasthma), körperliche Belastungen (sog. Belastungsasthma), Streß (Streßasthma), Umweltreize (Kälte, Tabakrauch, Industrieabgase, Schwefeldioxid), Berufsnoxen (Formaldehyd, Desinfektionsmittel) und bestimmte Medikamente.
Die *Insuffizienz der betaadrenergen Rezeptoren* der Bronchialmuskulatur bringt das Wechselspiel zwischen cholinergen Rezeptoren (Mediator: Acetylcholin) und betaadrenergen Rezeptoren (Mediator: Noradrenalin und Adrenalin) durcheinander. Jetzt überwiegt die Wirkung der cholinergen Rezeptoren, so daß vorwiegend Guanyltriphosphat (GTP) zu zyklischen Guanosinmonophosphat (cGMP) abgebaut wird. Dieses cGMP vermindert die Wirkung der Kalziumpumpe in der Bronchialmuskulatur, so daß die intrazelluläre Kalziumionenkonzentration ansteigt. Dabei entwickelt sich ein Bronchospasmus. Therapeutisch kann durch betaadrenerge Wirkstoffe die Kalziumpumpe aktiviert und der Bronchospasmus gelöst werden.

4.3.3 PATHOGENESE UND KOMPLIKATIONEN DES ASTHMA BRONCHIALE

Der Bronchospasmus kann durch *vier stenosierende Mechanismen* entstehen. Diese sind 1. der Spasmus der Bronchialmuskulatur (Kalziumionenkonzentration erhöht), 2. die Anschwellung der Bronchialschleimhaut im Sinne eines Entzündungsreizes mit Hyperämie und Ödembildung, 3. die veränderte Sekretion der Schleimhaut mit Bildung eines vermehrten (Hypersekretion) und zähen (Dyskrinie) Schleims sowie 4. die Strukturzerstörung der Bronchialschleimhäute mit anschließender Narbenbildung.
Die asthmatischen Beschwerden treten vor allem in der Nacht gegen 3 Uhr (1–5 Uhr) auf und zeigen dabei eine ausgeprägte *Tag-Nacht-Rhythmik.* In der Nacht überwiegt der Vagotonus (Bronchospasmus), der Adrenalin- und Noradrenalingehalt im Blut ist auf seinem Minimum (verminderte Wirkung der Kalziumpumpe) und der Gehalt an Kortikosteroiden im Blut ist gering (verminderte Widerstandsfähigkeit mit Schleimhautschwellung).
Die entstehenden *Komplikationen* nach häufigen Asthmaanfällen beginnen mit der pulmonalen Hypertonie. Während des Asthmaanfalls besteht ein akutes Cor pulmonale, das im ungünstigen Fall in eine Rechtsherzinsuffizienz übergeht, so daß ein Herzversagen möglich ist. Ein chronisches Cor pulmonale mit einer Hypertrophie des rechten Herzens entsteht als Kompensationsvorgang bei gehäuften Atemnotanfällen.
Patienten mit chronischem Asthma bronchiale haben eine deutliche Einschränkung ihrer physischen Leistungsfähigkeit. Solange kein Belastungsasthma besteht, sind gezielte physiotherapeutische Maßnahmen mit physischer Belastung sinnvoll (s. S. 197).

LITERATUR

Bock, K. D.: Pathogenese und Verlauf des essentiellen Hochdrucks. Verh. Dtsch. Ges. Kreislaufforsch. 43 (1977), 28–40.

Bürger, M.: Altern und Krankheit. Thieme Verlag, Leipzig 1960.

Claussen, F.: Schwindel bei Herz-Kreislauf-Krankheiten. Card-Ang. Bull. 27 (1990), S. 58–70.

Delius, L.: Die vegetativen Herz- und Kreislaufstörungen. Lehmann, München 1964.

Keil, T. U., Keil, A.: Herausforderung des Alters: individuelle Reserven mobilisieren. Sandorama Congress Report 1990, S. 4–18.

Kohlencordt, F., Kruse, H.-P.: Osteoporose – Osteomalazie. In: Handbuch der Inneren Medizin, 5. Aufl., Bd. 6: Knochen, Gelenke, Muskeln Teil 1 B, S. 675, Klinische Osteologie. Springer Verlag, Berlin 1980.

Mechelke, K., Christian, P.: Vegetative Herz- und Kreislaufstörungen. In: Handbuch der Inneren Medizin. Bd. IX, Teil 4, Springer-Verlag, Berlin – Göttingen – Heidelberg 1960, S. 704–924.

Oesterreich, K.: Psychologie des älteren Menschen. In: Sauerwein, E. (Hrsg.): Alterszahnheilkunde. 2. Aufl., S. 61–81, Thieme-Verlag, Stuttgart – New York 1983.

Rosendorff, C.: The pathogenesis of fever: Neurochemical aspects. Israel J. Med. Sci. 12 (1976), S. 960–973.

Sauerwein, E. (Hrsg.): Alterszahnheilkunde. 2. Aufl., Thieme-Verlag, Stuttgart – New York 1983.

Selye, H.: The Future of Aging Research. In: Shock, N. W. (Hrsg.): Perspektives in Experimental Gerontology. Thomas Publ., Springfield 1966.

Statistisches Bundesamt: Statistisches Jahrbuch 1988 für die Bundesrepublik Deutschland. Kohlhammer Verlag, Stuttgart, Mainz 1988, S. 61.

Statistisches Jahrbuch der DDR. Staatliche Zentralverwaltung für Statistik (Hrsg.) Bd. 33, S. 347. Staatsverlag der DDR, Berlin 1988.

Tiedt, N.: Pathophysiologie für Stomatologen. Barth-Verlag, Leipzig 1990.

Tiedt, N.: Grundlagen einer allgemeinen Krankheitslehre. In: Tiedt, N., Zwiener, U.: Taschenbuch der Pathophysiologie. 2. Aufl., S. 36–74, Verlag Volk und Gesundheit, Berlin, 1988.

Tiedt, N.: Das Orthostasesyndrom – pathologische, funktionsdiagnostische und physiotherapeutische Aspekte. Z. Physiother. 37 (1985), S. 145–166.

Tiedt, N.: Pathophysiologie des Herz-Kreislauf-Systems. In: Tiedt, N., Zwiener, U.: Taschenbuch der Pathophysiologie. 1. Aufl., S. 57–213, Fischer-Verlag, Jena 1982.

Tiedt, N., Bergner, M., Gräser, T.: Koronardurchblutung, periphere Durchblutung und Endothelfunktion. Verlag Volk und Gesundheit, Berlin 1988.

Ulmer, W. T., Reichel, G. und Nolte, D.: Die Lungenfunktion. 2. Aufl., S. 91, Thieme-Verlag, Stuttgart 1976.

Zahn, R. K.: Alter und Altern. In: Schmidt, R. F., Thews, G. (Hrsg.): Physiologie des Menschen. 23. Aufl., S. 837–842, Springer-Verlag, Berlin – Heidelberg – New York – London – Paris – Tokyo 1987.

4
Altersbedingte Leistungsminderung des Stütz- und Bewegungsorgans

W. Heipertz

1 Gewebsalterung; Degeneration

Das Stütz- und Bewegungsorgan setzt sich aus Gewebesystemen zusammen, die durch Differenzierung des Binde- und Stützgewebes entsprechend seiner jeweiligen Aufgabe entstanden sind. Sehnen- und Sehnengleitgewebe, Muskulatur, Knorpel und Knochen unterscheiden sich makroskopisch wie mikroskopisch deutlich voneinander und können so den jeweils gegebenen Belastungen standhalten. Doch ist allen Bauelementen des Stütz- und Bewegungsorganes der Aufbau aus Zellen, Kollagen und ungeformter Interzellularsubstanz gemeinsam; der Knochen enthält zusätzlich kristalline Strukturen.

Die Gewebsalterung ist nicht krankhaft; die Alterungsvorgänge bedingen aber Funktionsminderung und Verlust von Anpassungsvermögen der Organe. Als Hauptursache wird eine im Laufe des Lebens nachlassende Enzymsynthese mit schlechter werdender Energieversorgung des Organismus angenommen. – Enzyme werden als biologische Katalysatoren benötigt, und nur in Anwesenheit dieser Substanzen kommt es zu chemischen Verbindungen, die den Stoffwechselumsatz ermöglichen. Da die Enzymsynthese letztlich von den Genen gesteuert wird, ist die Annahme berechtigt, daß auch die normalen Altersvorgänge im Erbgut vorprogrammiert und von dort gesteuert sind.

Die mit zunehmendem Lebensalter an allen Bauelementen des Stütz- und Bewegungsorgans fortschreitenden Verschleißerscheinungen setzen die körperliche Belastbarkeit bzw. Leistungsfähigkeit herab und sind Ursache typischer Krankheitsbilder. Für das Weichteilgewebe ist die Minderung des

Wassergehaltes im Laufe des Lebens um 10–15% von Bedeutung. Dadurch läßt die Elastizität der Gewebe nach (höhere Rißbereitschaft!), die Diffusion von Nährstoffen wird beeinträchtigt, woraus eine Minderung des Gesamtstoffwechsels resultiert.
Neben dem Wasserverlust des Organismus spielen Anhäufungen schädlicher Stoffe, Herabsetzung der Hormonproduktion, Veränderung von Eiweißsubstanzen, verminderter Gewebsschutz (gegen körpereigene Immunkörper) und Mutationshäufung sowie Verlust lebensgerechter Zellfunktionen eine Rolle für die Alterungsvorgänge. Sie äußern sich vor allem am Herz- und Kreislauf-System, in der Atmung, im Stoffwechsel sowie am Bewegungsapparat. Unter altersbedingten Veränderungen des Nervensystems leiden Informationsverarbeitung, Koordination, Konzentration und Reaktion. Das *Stütz- und Bewegungsorgan* ist im Senium durch degenerative und deformierende Gelenkveränderungen mit dadurch bedingten Funktionseinbußen sowie durch verminderte Belastbarkeit des Knochens infolge Osteoporose gekennzeichnet. Die Muskelmasse nimmt ab; sie verliert an Elastizität, Wasser und Mineralien. Im Vordergrund stehen Verschleißerscheinungen an dem aus bradytrophem Gewebe bestehenden Knorpel und Sehnengewebe.
Tempo und Ausmaß der Degeneration des Binde- und Stützgewebes wird durch exogene und endogene Faktoren beeinflußt. Zu den endogenen Faktoren gehört die Konstitution mit ererbter Qualität und individuell unterschiedlicher Belastbarkeit des Gewebes; sie ist für Entstehung und Ausdehnung degenerativer Veränderungen von entscheidender Bedeutung. Als exogene Faktoren sind vor allem Verletzungen, Fehl- und Überbelastungen sowie Entzündungen zu nennen. Bewegungsmangel z. B. führt zu schlechter Versorgung von Gelenkknorpel und Bandscheiben, weil Wechsel von Belastung und Entlastung Voraussetzung für den Stoffwechsel im bradytrophen Gewebe ist.
Durch Diffusion werden Knorpel, Bandscheiben und Sehnengewebe (letzteres zusätzlich auch durch Blutgefäße) mit Nährstoffen versorgt, während Muskulatur und Knochen über die Blutbahn in einem mehr oder weniger dichten Gefäßnetz ihre Nährstoffe erhalten. Eine gute Versorgung, die eine dem Abbau parallel verlaufende Synthese ermöglicht, sichert eine hohe Leistungsfähigkeit bei allen Geweben.

1.1 KNOCHEN

Die regressiven Veränderungen des Knochens sind Folge einer negativen Bilanz beim Knochenumbau aufgrund schlechterer Ernährung und mangelnder funktioneller Beanspruchung. Der alternde Knochen weist Kalksalzarmut, Verdünnung der Knochenrinde und Verminderung der Knochenbälkchen auf. Diese zunächst physiologische Entwicklung wird durch ungenügende Belastung verstärkt. Die Knochenatrophie ist dann häufig Ursache von Frakturen, wie sie bei alten Menschen durch Sturz – bevorzugt am Schenkelhals und an der Speiche (distal) – eintreten. Die Altersosteoporose führt zu Formveränderungen von Wirbelkörpern und »Spontanfrakturen«.

1.2 KNORPEL

Am Knorpel führt Verringerung des Wassergehaltes zur Verdichtung der Diffusionsstrecke und Behinderung der Nährsubstratzufuhr, wodurch Elastizität und Regenerationsfähigkeit abnehmen. Dann ist die Kompensationsfähigkeit des Knorpelgewebes gegenüber Schädigungen aller Art eingeschränkt, das Verhältnis zwischen Belastung und Belastbarkeit wird ungünstiger.
Knorpeldystrophie leitet arthrotische Prozesse ein. Enzyme aus absterbenden Knorpelzellen führen zu einem Abbau in der Umgebung. Mangelnde funktionelle Beanspruchung oder gar Immobilisierung des Gelenkes führen zu Wegfall der Wechseldruckbelastung und damit zur Verschlechterung der Ernährung. In Wechselbeziehung von mechanischen und enzymatischen Faktoren ist der Weg von einer Präarthrose zum ausgeprägten Krankheitsbild der Arthrosis deformans bis zu Destruktionen und schließlich hochgradigen Gelenkverformungen vorgezeichnet.

1.3 BÄNDER, SEHNEN UND FASZIEN

Bänder, Sehnen und Faszien sind wegen der langen Wege der versorgenden Gefäße nur mäßig ernährt. Dadurch sowie durch altersbedingte Verminderung der Zellzahl pro Volumeneinheit und durch Mukopolisacharid- und Wasserverlust kommt es zu Stoffwechselstörungen. Sie wirken sich nachteilig auf die mechanischen Eigenschaften der Bänder, der Sehnen sowie des Sehnengleitgewebes aus. Die durch verminderten Wassergehalt beeinträchtigte Nährsubstratdiffusion begünstigt die Ablagerung von Stoffwechselschlacken; es kann zu Nekrosen und Kalkeinlagerungen im Sehnengewebe kommen.
Durch zunehmenden Dehnungswiderstand werden die auf die Sehnen einwirkenden Impulse nicht mehr ausreichend gedämpft auf die Zug aufnehmenden Kollagenstrukturen übertragen. Hinzutretende Mikrotraumen – gehäuft und ohne äußere Krankheitszeichen überstandene Verletzungen – fördern auf dem Boden der physiologisch ablaufenden Alterungsvorgänge die Degeneration.

1.4 ZWISCHENWIRBELSCHEIBEN

Entsprechende Veränderungen im Bereich der Zwischenwirbelscheiben führen mit zunehmendem Alter zu Elastizitätsverlust, Verminderung des Spannungsdruckes, Änderung der Mikromorphologie mit Störung des differenzierten Aufbaus sowie zu Rissen und Sequestrierungen, die dann zu Ursachen vielfacher vertebragener Leiden werden.
Die nachstehende Tabelle gibt eine Übersicht über häufige degenerative Erkrankungen als Folge von physiologischer Alterung und begünstigenden Faktoren.

Gewebe	Physiologische Alterserscheinung	Pathologisch-anatomische Veränderung	Degenerative Erkrankung
Bandscheiben	Wasserverlust Abnahme der Mukopolysaccharide Quelldruckerniedrigung	Risse Lockerung Sequesterbildung	HWS- LWS- Syndrom
Gelenkknorpel	Reduzierte Permeabilität für Nährstoffe Abnahme der Mukopolysaccharide	Erweichung Erosion Risse	Arthrose
Sehnen	Abnahme der elastischen Fasern Verminderte Rißfestigkeit	Risse Teilrisse Nekrosen	Spontane Sehnenruptur Insertionstendopathie
Knochen	Entkalkung Kortikalisverdünnung Erweiterung der Trabekelabstände	Frakturen Knochensinterung	Osteoporose

1.5 MUSKULATUR

Die Muskulatur macht den größten Anteil des Stütz- und Bewegungsorganes aus und ist altersbedingten Veränderungen besonders stark unterworfen, weil sie aufgrund von Gefäßprozessen und infolge nachlassender Beanspruchung ihre Fähigkeit zur Anpassung an die jeweiligen Erfordernisse verliert. Neben einer Verminderung der Muskelmasse kommt es in minderversorgten Muskelabschnitten zu Veränderungen bis hin zur Umwandlung in Bindegewebe.

Tonusänderungen und Beeinträchtigung der Durchblutung können im Zusammenhang mit Gelenkstörungen auftreten und weisen auf eine gegenseitige ungünstige Beeinflussung (und umgekehrt auf mögliche therapeutische Ansätze!) hin.
Erwünschte muskelstimulierende Reize sind in der richtigen Dosierung zur rechten Zeit zu setzen. Es kommt darauf an, daß von den Organen, die die Sauerstoffaufnahme fördern, »Wege-Leistungen« mit Überschreitung eines bestimmten Schwellenwertes unter Einsatz von möglichst viel Muskulatur über möglichst lange Zeit und möglichst oft erbracht werden.

2 Belastbarkeit und Multimorbidität

Die physiologischen Alterungsvorgänge bedingen nicht nur eine verminderte Leistungskapazität der Organe und Organsysteme, sondern auch eine Einschränkung der Organreserven; sie ist zwangsläufig mit einer Verminderung der Belastbarkeit des alternden Menschen verbunden – das gilt für das Bewegungssystem ebenso wie für die inneren Organe (Herz und Kreislauf, Atmung). Präventiv geht es deshalb darum, für einen gemäßigten Ablauf des im mittleren Lebensalter einsetzenden Leistungsabfalls zu sorgen, kurativ möglichst um eine Anhebung der Leistungskurve.
Die Alterungsvorgänge setzen nicht zuletzt den physiotherapeutischen Maßnahmen beim älteren Menschen Grenzen. Es ist immer damit zu rechnen, daß Erkrankungen im präklinischen Stadium den Altersprozeß begleiten und daß der Begriff »gesunder alter Mensch« zunächst nicht mehr bedeuten kann, »als daß keine Erkrankung mit klinischen Symptomen unter Ruhebedingungen oder Alltagsbelastungen besteht« (Lang).
Eine oft gleichzeitig zu bewältigende medikamentöse und physikalische Therapie muß der eingeschränkten Belastbarkeit des älteren Patienten angepaßt werden; sonst kann sie Gefahren mit sich bringen, die größer sind als die der Erkrankung selbst. Immer ist der veränderten Reaktionsweise des alternden Organismus Rechnung zu tragen, oft muß man sich – z. B. beim betagten Rheumatiker – darauf beschränken, den Grad vorhandener Leistungsfähigkeit eine Weile zu erhalten.
Die Multimorbidität alter Patienten erfordert häufig die Kombination medikamentöser und physiotherapeutischer Anwendungen. Während bei internen Leiden die medikamentöse Behandlung oft Vorrang hat, fällt die Hauptaufgabe in der Behandlung von Wirbelsäulen- und Gelenkerkrankungen meist der Krankengymnastik zu. Auch beim operativen Vorgehen ist ihr Stellenwert nicht geringer als der des Eingriffes selbst; dessen Erfolg ist gerade beim älteren Patienten abhängig von der prä- und postoperativen Therapie (s. S. 145, 154).

3 Psychische Überlagerung

Wegen der im Senium zunehmenden depressiven Verstimmungen darf der Krankengymnast nicht am emotionellen Gehalt eines Beschwerdebildes vorbeisehen. Bei Erkrankungen im hohen Alter kann die psychische Komponente schwerer wiegen als die körperliche Leistungsminderung. Deshalb muß daran gedacht werden, daß selbst bei Leiden primärer Natur »der Verlauf nicht unbeträchtlich durch persönlichkeits- und erlebnisbedingte Faktoren beeinflußt sein kann, ohne daß sich das organische und pathophysiologische Substrat des Befundes am Bewegungsorgan auch nur im geringsten verändert« (Bronisch).

Das Erkennen einer hypochondrischen Depression bzw. einer endogenen Psychose ist beim älteren Menschen besonders schwierig, weil deren Symptome zurücktreten und körperliche Beschwerden das Krankheitsbild beherrschen. Das manifestiert sich besonders gern an der Wirbelsäule; sie weist natürlich altersbedingte Veränderungen auf, ihnen kommt jedoch oft keine klinische Bedeutung zu. An eine psychische oder psychosomatische Erkrankung muß dann gedacht werden, wenn »keine lokale Krankheit vorliegt und das Beschwerdebild aus der Primär-Persönlichkeit des Patienten, seiner besonderen Belastung bzw. dem besonderen Schicksal in dieser bestimmten Situation verständlich abzuleiten ist« (Bochnik). Andernfalls drohen immer neue und u. U. schädliche (!) diagnostische wie therapeutische Bemühungen. (s. auch Kap. 10)

5 Psychologische Aspekte des Alterns

U. Bayen, G. Haag

1 Einleitung

Die Gerontopsychologie fragt nach Veränderungen im Erleben und Verhalten, die mit dem Altern einhergehen, und bemüht sich um die Aufklärung der Bestimmungsgrößen, die solcherlei Veränderungen bedingen. Daß dies kein einfaches Unterfangen ist, läßt schon die alltägliche Erfahrung erahnen, die uns zeigt, daß manche betagte Menschen sehr gut mit den Anforderungen ihres Lebens zurechtkommen, vielfältige Kontakte und Hobbies pflegen und in geistiger Frische ihren Lebensabend genießen, andere jedoch unsicher und unselbständig werden, sich zunehmend zurückziehen, über Langeweile klagen und vereinsamen. Hinter dieser großen Variabilität der Alternsprozesse treten alterstypische Merkmale zurück. Die Gründe, die zu der individuellen Lebensweise des altgewordenen Menschen führen, können sehr vielfältig sein: Sein aktuelles Verhalten ist das Ergebnis all dessen, was er erlebt hat, aber auch der individuellen Verarbeitung des Erlebten; eine Rolle spielt auch seine derzeitige Umwelt, d. h. seine Wohnsituation, die zwischenmenschlichen Beziehungen, in denen er lebt, gesellschaftliche Erwartungen, die an ihn herangetragen werden, sein körperliches Befinden u. ä. Wenn ältere Menschen häufig als »Problemgruppe« dargestellt werden, so ist nicht das Altern »an sich« ein Problem, sondern bestimmte Ereignisse können erhöhte Anforderungen an die Bewältigungsmöglichkeiten des Menschen stellen. Diese werden zum Problem, wenn von der Umwelt keine adäquaten Hilfen bereitgestellt werden. Dieses Kapitel gibt einen Überblick über die Ergebnisse der bisherigen gerontopsychologischen Forschung.
Der Schwerpunkt liegt dabei auf der Entwicklung kognitiver Funktionen

(also des Gedächtnisses und des Denkens) im höheren Erwachsenenalter sowie auf dem sozialen Bereich, d. h. den zwischenmenschlichen Beziehungen des älteren Menschen. Aus diesen Erkenntnissen und den Ergebnissen der Motivationspsychologie werden Folgerungen für die krankengymnastische Arbeit mit älteren Menschen aufgezeigt und Forschungsergebnisse zur Bedeutung körperlicher Aktivität für die Psyche des älteren Menschen zusammengefaßt.

2 Intelligenz, Gedächtnis und Lernfähigkeit

Man weiß heute, daß es Teilbereiche der Intelligenz gibt, die einem Altersabbau unterliegen, während andere bis ins hohe Alter auf demselben Niveau erhalten bleiben oder sogar noch zunehmen können: Die Leistungen der »flüssigen Intelligenz« (d. h. die Fähigkeit zur Umstellung auf neue Anforderungen, abstraktes und schlußfolgerndes Denken, Orientierungsfähigkeit in neuen Situationen) fallen im Alter schwerer; die »kristallisierte Intelligenz« (das sind Erfahrungswissen, Allgemeinwissen und Sprachverständnis) hingegen nimmt mit dem Alter kaum ab.
Schwierigkeiten haben ältere Menschen vor allem bei Aufgaben, bei denen es auf Geschwindigkeit ankommt. Führt man einen Intelligenztest ohne Zeitvorgaben durch, so sind die Altersunterschiede weitaus geringer.
Die interindividuellen Unterschiede sind sehr groß. Diese unterschiedlichen Verläufe sind zu einem erheblichen Teil von biographischen Einflüssen wie der Schulbildung und der Berufstätigkeit, nicht zuletzt auch von der gegenwärtigen geistigen Aktivität abhängig. Wer »im Training« bleibt und täglich geistigen Anregungen und Anforderungen begegnet, wird das Niveau seiner intellektuellen Fähigkeiten besser erhalten können als derjenige, der in einer anregungsarmen Umwelt lebt.
Eine große Rolle spielt die Gesundheit: Vor allem Herz- und Kreislauferkrankungen gehen häufig mit schlechteren Intelligenzleistungen einher.
Mit dem Gedächtnis verhält es sich ähnlich wie mit der Intelligenz: Auch hier gibt es verschiedene Bereiche, die unterschiedlichen altersbedingten Veränderungen unterliegen:
Das sogenannte Kurzzeitgedächtnis unterliegt kaum Altersbeeinträchtigungen. Es handelt sich hierbei um ein System mit begrenztem Fassungsvermögen (etwa 7 Einheiten, also z. B. 7 Zahlen oder 7 Wörter) zum kurzfristigen Behalten, z. B. behalten wir eine Telefonnummer im Kurzzeitsprecher, bis wir sie gewählt haben. Ein Teil der Informationen gelangt vom Kurzzeitspeicher zur längerfristigen Speicherung in den »Langzeitspeicher«. Hier sind deutliche Altersunterschiede feststellbar. Zum einen haben ältere Menschen größere Probleme als jüngere bei der Aneignung von Informationen, was

z. T. darauf zurückzuführen ist, daß sie die Informationen nicht so gut ordnen (also z. B. zusammengehörende Begriffe nicht zu einem Oberbegriff zusammenfassen). Dies hängt vermutlich damit zusammen, daß ältere Menschen weniger »Verarbeitungsressourcen« zur Verfügung haben. Deshalb sind sie auch leichter störbar und ablenkbar.

Die Aneignung von Informationen ist merklich beeinträchtigt, wenn ältere Personen nicht die Möglichkeit haben, sich ganz auf diese eine Aufgabe zu konzentrieren.

Neben der Aneignung von Informationen ist auch ihr Abruf im Alter beeinträchtigt, d. h. es mag eine Gedächtnisspur vorliegen, aber sie ist nicht zugänglich. Hier können »Abrufhilfen« wie z. B. der berühmte Knoten im Taschentuch oder die Notiz im Terminkalender sehr nützlich sein. Von solchen Hilfen profitieren ältere Menschen genauso oder sogar noch mehr als jüngere. Auch Trainingsmaßnahmen zur Übung nützlicher Aneignungsstrategien sind für ältere Menschen sehr hilfreich (s. Kap. 12). Es ist völlig normal, daß das Gedächtnis im Alter nicht mehr so funktioniert wie in jüngeren Jahren und hat nichts mit den weitaus gravierenderen Gedächtniseinbußen im Rahmen krankhafter Hirnveränderungen zu tun (s. Kap. 10). Das kann aber bei manchen älteren Menschen zu diesbezüglichen Ängsten führen und Unsicherheit im Kontakt zu anderen Personen auslösen (wenn z. B. deren Name vergessen wurde).

Insgesamt steht fest, daß Intelligenz und Gedächtnis und damit die Lernfähigkeit im höheren Alter nicht genauso funktionieren wie bei jüngeren Menschen, daß aber von einer generellen Verschlechterung nicht die Rede sein kann.

3 Persönlichkeitsveränderung im Alter?

Es wird häufig behauptet, daß das Alter mit bestimmten Persönlichkeitszügen einhergehe, wie z. B. Geiz, Reizbarkeit, Rigidität und Eigensinn. Diese Vorurteile mögen teilweise dadurch begründet sein, daß von den relativ wenigen Personen, bei denen sich im höheren Lebensalter das Verhalten aufgrund hirnorganischer Beeinträchtigungen ändert, auf alle älteren Menschen geschlossen wird (s. Kap. 10). Diese Veränderungen sind aber Ausdruck von Krankheiten und keinesfalls zwangsläufige Folge des normalen Alterns.

Psychologische Längsschnittstudien haben ergeben, daß die Persönlichkeit im höheren Lebensalter eher konstant bleibt, was aber nicht bedeutet, daß nicht auch Veränderungen eintreten können. Diese hängen mehr mit Lebensereignissen, der Bildung, der Gesundheit, der finanziellen Situation und allgemeinen gesellschaftlichen Entwicklungen zusammen als mit dem

Alter. Häufig werden Verhaltensweisen, die eine verständliche Reaktion auf veränderte Lebensumstände oder verringerte körperliche Möglichkeiten darstellen, als alterstypische Persönlichkeitszüge fehlinterpretiert und tragen zu diskriminierenden Stereotypisierungen des alten Menschen bei.
Z. B. wird diesen Menschen häufig geistiges Desinteresse und Kontaktscheue nachgesagt. Dabei wird nicht berücksichtigt, daß die im Alter häufigeren Sinnesbeeinträchtigungen die aktive Teilnahme am Leben (Lesen der Tageszeitung oder Teilnahme an einer Diskussion) erheblich erschweren können.

4 Soziale Kontakte

Ältere Menschen leben häufig allein; dennoch fühlen sie sich weitaus seltener als angenommen sozial isoliert und einsam. Das Gefühl der Einsamkeit tritt nicht notwendigerweise bei geringer Kontakthäufigkeit auf, sondern dann, wenn bezüglich zwischenmenschlicher Beziehungen Wunsch und Wirklichkeit auseinanderklaffen, außerdem als Folge von Langeweile aufgrund fehlender Planung und Strukturierung des Tageslaufes. Vielen älteren Menschen gelingt es, ihre Kontaktwünsche und die tatsächliche Kontakthäufigkeit in Einklang zu bringen. Es wäre also vollkommen falsch, Alter und Einsamkeit gleichsetzen zu wollen.
Gerade im sozialen Bereich treten jedoch im höheren Alter recht häufig Ereignisse ein, die einen Verlust an sozialen Kontakten und sozialem Status bedeuten und daher Umstellungen erfordern. Hierzu gehören die Pensionierung und der Auszug der Kinder aus dem Elternhaus; mit zunehmendem Alter wird der Tod von Bezugspersonen wahrscheinlicher und evtl. können Krankheiten und Behinderungen die Mobilität und somit die Möglichkeit zu Sozialkontakten einschränken. Einige Menschen haben bestimmte soziale Fähigkeiten (z. B. ein Gespräch mit einem fremden Menschen anzuknüpfen) jahrelang nicht geübt, weil sie in ein festes Netz sozialer Beziehungen eingebunden waren. Haben sie hier nun Verluste zu beklagen, müssen sie Verhaltensweisen, die auf das Anknüpfen neuer Kontakte und Beziehungen abzielen, erst neu lernen.
Soziale Beziehungen sichern das Selbstwertgefühl und die eigene Identität. Durch ihre emotionale Unterstützung helfen sie auch über Belastungssituationen hinweg und gehören damit zu den Grundbedürfnissen des Menschen. Trotzdem kann der Wunsch nach Sozialkontakten individuelle Unterschiede zeigen. So kann z. B. der Einzelne auf bestimmte belastende Lebenssituationen auch mit einem vorübergehenden Rückzug reagieren, um sich nach einer gewissen Zeit wieder verstärkt sozialen Beziehungen zuzuwenden.

5 Psychologische Aspekte der krankengymnastischen Behandlung

5.1 DIE BERÜCKSICHTIGUNG KOGNITIVER UND SOZIALER FAKTOREN

Die oben aufgezeigten kognitiven Veränderungen im höheren Lebensalter und die sozialen Bedürfnisse des betagten Menschen haben eine Reihe von Konsequenzen für die krankengymnastische Arbeit:
KrankengymnastInnen müssen sich auf die mit dem Alter einhergehende Verlangsamung im kognitiven und psychomotorischen Bereich einstellen und unter Umständen viel Geduld aufbringen.
Untersuchungen haben ergeben, daß körperliche Aktivitäten, die in einer Gruppe ausgeführt werden, durch den sozialen Kontakt sehr motivierend für betagte Menschen sein können. Das muß bedacht werden, wenn zur Entscheidung steht, ob eine Person einzeln krankengymnastisch betreut oder in eine Gruppe eingebunden wird. Dabei darf aber nicht vergessen werden, daß mit dem Gedanken an Körperübungen in einer Gruppe auch hemmende soziale Ängste verbunden sein können: Es gibt ältere Menschen, die sich selbst körperlich unattraktiv finden oder befürchten, »eine ungeschickte Figur abzugeben«.

5.2 DIE WIRKUNG KÖRPERLICHER ÜBUNGEN AUF DIE PSYCHE

Die durch Erhaltung und Förderung der Bewegungsfähigkeit erreichte Selbständigkeit und Unabhängigkeit von fremder Hilfe bei den täglichen Verrichtungen kann wesentlich zum Wohlbefinden beitragen. Dies läßt sich psychologisch folgendermaßen erklären: Wahrgenommene Einschränkungen der körperlichen Mobilität und Unsicherheit bezüglich der eigenen körperlichen Leistungsfähigkeit können vor allem dann gravierende psychische Folgen haben, wenn das Gefühl entsteht, selbst keinen Einfluß mehr auf die Funktionsfähigkeit des eigenen Körpers nehmen zu können, also letztlich die Kontrolle über ihn und damit über die Gestaltung weiter Bereiche des eigenen Lebens zu verlieren. Die Psychologie der Kontrolle (Seligman, 1975) zeigt, daß ein solcher Kontrollverlust zum Gefühl der Hilflosigkeit und zu Depressionen führt. Gelingt es dem älteren Menschen nun, mittels angeleiteter Übung eigene körperliche Fähigkeiten wieder zu erleben, wird dies seine Unsicherheit und Angst reduzieren und letztlich sein Selbstvertrauen und sein Selbstwertgefühl heben, was dann in allen Lebensbereichen zum Tragen kommen wird. Es wird die Motivation zur Selbstversorgung wie auch die Sicherheit und Offenheit im Kontakt mit anderen Menschen erhöhen.

Festgestellt wurde, daß körperliche Übungen auch Veränderungen im kognitiven Bereich nach sich ziehen können, wie z. b. Verbesserungen der flüssigen Intelligenz (Elsayed et al., 1980) und des Gedächtnisses (Molloy et al., 1988).

Ein methodisches Problem bei der Erforschung der Zusammenhänge von körperlicher Übung mit psychologischen Variablen ist die Trennung der Effekte der körperlichen Bewegung von der Wirkung des damit verbundenen sozialen Kontaktes, sei es in einer Gruppe oder bei der krankengymnastischen Einzelbehandlung. Diese bedeutet eine Zuwendung, wie sie mancher kranke ältere Menschen sonst selten erlebt.

Krankengymnastisch mit älteren Patienten zu arbeiten bedeutet immer »ganzheitlich« an den Menschen heranzutreten und sowohl durch die Anleitung zu angemessener körperlicher Bewegung als auch durch verbale Rückmeldung und Ermutigung physisches und psychisches Wohlbefinden zu fördern.

LITERATUR

Elsayed, M., Ismail, A. J. u. Young, R. J.: Intellectual differences of adult men related to age and physical fitness before and after an exercise program. Journal of Gerontology 35 (1980), S. 385–387.

Molloy, D. W., Beerschoten, D. A., Borrie, M. J., Crilly, R. G. u. Cape, R. D. T.: Acute effects of exercise on neuropsychological function in elderly subjects. Journal of the American Geriatrics Society 36 (1988), S. 29–33.

Seligman, M. E. P.: Helplessness, Freeman, San Francisco, 1975.

Sidney, K. H. u. Shepard, R. J.: Acitivity patterns of elderly men and women. Journal of Gerontology 32 (1977), S. 25–32.

EMPFOHLENE WEITERFÜHRENDE LITERATUR

Lehr, U.: Psychologie des Alterns, 5. Aufl., Quelle und Meyer, Heidelberg 1984.

Wirsing, K.: Psychologisches Grundwissen für Altenpflegeberufe: ein praktisches Lehrbuch, Beltz Verlag, Weinheim und Basel 1984.

PRAXIS

6 Besonderheiten der Physikalischen Therapie im Alter

W. Heipertz

1 Die Physikalische Therapie

hat beim älteren Menschen die doppelte Aufgabe der Behandlung und der Aktivierung; sie ist deshalb als begleitende Therapie bei medikamentöser Behandlung unerläßlich und häufig wichtiger als diese. Physikalisch-medizinische Maßnahmen sollen so früh wie möglich im Behandlungsplan berücksichtigt werden, vor allem aktive Übungen sind durch keine andere Therapieform ersetzbar. Ihr Stellenwert wird bei rheumatischen Erkrankungen – unter Einschluß des degenerativen Rheumatismus (laut internationaler Nomenklatur) – sehr hoch angesetzt (Tabelle 1).
Dieselben Autoren sehen die zeitliche Reihenfolge im Krankheitsablauf von erforderlicher Bettruhe bis zu normaler körperlicher Belastung (Tabelle 2).
Dementsprechend gehört zu den Aufgaben der physikalischen Therapie im Krankheitsfall die Unterstützung des Heilverlaufs, auch perioperativ (Gelenkersatz!), die Prävention bzw. Frühbehandlung sowie die Rehabilitation unter Einschluß der Langzeitbehandlung chronischer Leiden. Dies ist dadurch möglich, daß geeignete Anwendungen sowohl kurzfristige Reaktionen (»Immediateffekte«) als auch länger wirkende Regulationsvorgänge (»Adaptation«) auslösen.
Vor allem Krankengymnastik und Sporttherapie sind bei entsprechender Durchführung zur Aktivierung älterer Menschen, trotz verbleibender Funktionseinschränkungen an inneren Organen und am Stütz- und Bewegungsapparat, geeignet.
Die Durchführung krankengymnastischer Übungen im Bewegungsbad erlaubt die gleichzeitige Behandlung mehrerer Patienten in einer Gruppe. Neben den heilsamen Wirkungen der Anwendung warmen und kalten

Interdisziplinärer Stellenwert und Aufgaben der physikalischen Therapie im Gesamtbehandlungsplan rheumatischer Erkrankungen	Physikalische Therapie	Medikamentöse Therapie	Operative Therapie
Beeinflussung von Schmerzen	●	●	●
Beeinflussung von Entzündungen	●	●	●
Beeinflussung von Muskelverspannungen	●	◍	◍
Beeinflussung von Durchblutungsstörungen	●	◍	◍
Beeinflussung der gestörten Funktion	●	◍	◍
Beeinflussung gestörter Trophik	●	◍	○
Beeinflussung einer pathologisch veränderten Reaktionslage (Adaptation, «Ökonomisierung», Resistenzsteigerung)	◍	◍	○
Unterstützung der Prävention	●	◍	◍
Unterstützung der Rehabilitation	●	◍	●
Beeinflussung ätiologischer Faktoren	○	◍	◍

● sehr gut möglich ◍ möglich ○ nicht möglich

Tab. 1: Stellenwert der Physikalischen Therapie in der Gesamtbehandlung rheumatischen Erkrankungen (Müller-Schilling-Schmidt, 1989)

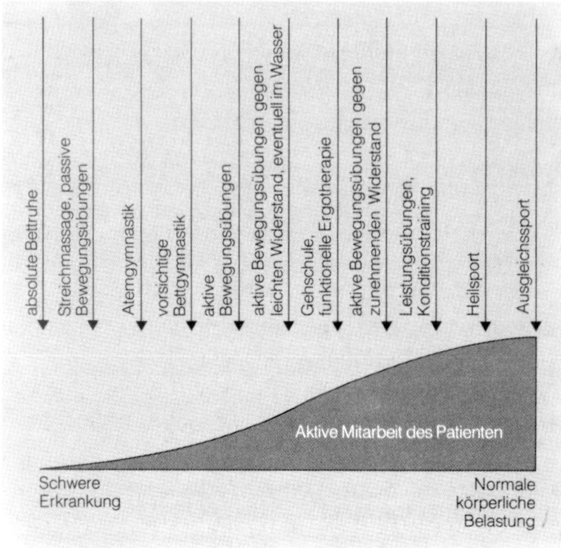

Tab. 2: Therapieablauf von Bettruhe bis zu körperlicher Belastung (Müller–Schilling-Schmidt, 1989)

Wassers wird die weitgehende Aufhebung der Körperschwere durch den Auftrieb des Wassers, aber auch dessen Widerstand genutzt. Unterschiedliche Geschwindigkeit bei der Durchführung der Übungen und die Veränderung der Widerstandsflächen gestatten eine Dosierung der aufzuwendenden Muskelkraft und der Beanspruchung von Rumpf und Gliedmaßen sowie von Herz und Kreislauf. Der weitgehende Ausgleich der Körperschwere ist dann von Nutzen, wenn volle Belastung des Skeletts bzw. Kompression der Gelenkflächen unerwünscht ist, z. B. bei der Behandlung von Aufbrauchserscheinungen in den großen Gelenken der unteren Gliedmaßen und der Wirbelsäule.

2 Maßnahmen der »engeren Physikalischen Medizin«

wie Hydrotherapie und Thermotherapie ergänzen die krankengymnastische Übungsbehandlung; auch sie müssen die eingeschränkte Reaktionsfähigkeit älterer Patienten berücksichtigen. Die Vasokonstriktion – als Schutz vor Wärmeverlusten – setzt beim alten Organismus schwächer ein als beim jüngeren. Da fast alle Anwendungen der Hydro- und Thermotherapie an der Haut direkt angreifen oder sie tangieren ist von Bedeutung, daß der Wasserhaushalt der Haut im Alter vermindert ist, was einen schlaffen Hautturgor und eine verminderte Elastizität bedingt. Die erhöhte Fragilität des Gefäßsystems und die Gefahr von Rhexisblutungen zwingen zur Reduzierung der Intensität mechanisch einwirkender Applikationen wie Unterwasserdruckstrahlmassage, Blitzgüsse oder Duschen; diese Maßnahmen sind bei Einnahme gerinnungshemmender Mittel kontraindiziert. Die verringerte Ansprechbarkeit der sensiblen Rezeptoren der Haut zwingt zu Vorsicht bei der Anwendung thermischer Maßnahmen.

2.1 WÄRMETHERAPIE

läßt sich in sehr unterschiedlicher Weise durchführen. Die einzelnen Methoden wirken bezüglich des Wärmeübergangs, der Verteilung und Tiefenwirkung von Wärme, verschieden.
Neben Hydrotherapie (Bäder, Wickel, Güsse) kommen Wärmepeloid-Packungen (Moor, Fango u. a.) sowie Paraffin, aber auch Stromanwendungen vom Rotlicht bis zur Hochfrequenz-Therapie in Betracht.
Örtliche Wärmeanwendungen werden mit den Zielen der Schmerzlinderung, der Entspannung und der Durchblutungsförderung verabfolgt – häufig in Kombination mit anderen physikalischen Therapieformen. Es wird von ihnen auch eine antiphlogistische Wirkung bei chronischen Entzündungen, eine Tonusnormalisierung der Muskulatur und eine verbesserte Dehnbarkeit des Bindegewebes erwartet. Örtliche Wärmeanwendungen können aber auch negative Effekte haben.
Bei der Behandlung älterer Menschen ist zu berücksichtigen, daß Wärmeanwendungen aller Art eine größere Belastung für Herz und Kreislauf darstellen; sie können Blutungen und Oedeme sowie entzündliche Veränderungen verstärken, aber auch in der Durchblutung der Muskulatur zu nicht erwünschten Effekten führen. Deshalb zählen arterielle und venöse Durchblutungsstörungen neben schweren Allgemeinerkrankungen und Herz-Kreislauf-Erkrankungen ebenso zu den Kontraindikationen wie akute Arthritiden und Periarthropathien, aktivierte Arthrosen sowie akute Schübe chronisch entzündlicher Wirbelsäulenerkrankungen.
Hauptindikation für lokale Wärmeanwendungen sind die degenerativen Erkrankungen der Wirbelsäule und der Gelenke (Arthrosen, chronische Arthritiden), aber auch der Weichteile (Tendinosen und Insertionstendinosen, Periarthropathien).

2.2 KÄLTETHERAPIE

Eine Kältetherapie ist als entzündungswidrige Langzeitapplikation bei akuten Gelenkentzündungen aller Art – von der Infektarthritis bis zum Gichtanfall –, auch bei der »aktivierten Arthrose« und bei stark schmerzhaften Schüben der Periarthropathie der Schulter angezeigt.
Örtliche Kälteanwendungen sind im allgemeinen weniger belastend für den Kreislauf als Wärmeanwendungen. Das einfachste Material für die Kryotherapie ist Eis, das in Packungen, als Wickel, Kompressen oder Abreibungen sowie als Abtupfung und Eiswasserbad verabfolgt wird. Daneben kommen Packungen mit tiefgekühlten Tüchern, Aufbringen leicht verdunstender

Flüssigkeiten (Kältespray), tiefgefrorene Gel-Beutel und speziell gekühlte Bandagen – möglichst 30 Minuten und länger – zur Anwendung. Bei Temperaturen unter 0° Celsius besteht besonders bei älteren Patienten die Gefahr lokaler Erfrierungen; es muß deshalb zwischen einem Gel-Beutel und der Haut immer eine Stoffschicht liegen.

Neben antiphlogistischer Wirkung sind Schmerzlinderung, Muskeldetonisierung, antihaemorrhagische und oedemhemmende Wirkung (Kältespray bei frischer Distorsion!) erwünschte Effekte. Zu den Indikationen der Kryotherapie gehören neben den genannten akuten Krankheitsbildern die subakuten Arthritiden und positiven Periarthropathien sowie postoperative Zustände nach Gelenk- und Wirbelsäuleneingriffen, wobei sowohl die Langzeit- als auch die Kurzzeitapplikation in Kombination mit Krankengymnastik in Betracht kommen.

Kontraindikationen einer lokalen Kältebehandlung stellen schwere Herz- und Kreislauf-Krankheiten, besonders aber Gefäß- bzw. Durchblutungsstörungen, Vaskulitis, Kältehaemoglobinurie u. a. sowie Nieren- und Blasenaffektionen dar.

Es ist zu beachten, daß kurzfristige Kälteapplikation eine reaktive Hyperämie zur Folge hat. Kaltreiztherapie in Form von Güssen und Duschen erfreut sich (oft im Rahmen kurmäßiger Anwendungen) großer Beliebtheit.

Kaltwaschungen eignen sich zur Stabilisierung des neurovegetativen Nervensystems; ihre Wirkung auf den Kreislauf darf im Alter nicht vernachlässigt werden. Wenn der Patient anschließend noch eine Zeit lang zugedeckt im Bett verbleibt, fördert dies die Wiedererwärmung und dadurch den Übergang in eine vagotone Phase.

Der Kneippsche Wickel wird als wärmeentziehende Maßnahme bei erhöhter Körpertemperatur eingesetzt und etwa 20 Minuten belassen; er kann bis zum gewünschten Temperaturabfall wiederholt werden. Ein länger liegender Wickel führt dagegen zum Wärmestau und hat anregende Auswirkung auf Stoffwechsel und Vegetativum. Bei der Kaltreiztherapie durch Güsse, die vegetativ stabilisierend und gefäßtrainierend wirken, aber auch bei Teilbädern sowie temperaturansteigenden/-absteigenden Bädern muß die Herzbelastung berücksichtigt werden. Bei älteren Menschen sind deshalb im allgemeinen nur Teilanwendungen angezeigt.

2.3 BALNEOTHERAPIE

Bei der Balneotherapie handelt es sich um die Anwendung ortsgebundener Heilmittel, insbesondere der Heilwässer; bei der Badekur erfolgt sie in Kombination mit zusätzlichen Behandlungsverfahren. Die Feststellung und Beachtung kardiopulmonaler Belastbarkeit unter Berücksichtigung des Lebensalters sowie der Ausschluß krankheitsbedingter Kontraindikationen sind deshalb wichtige Voraussetzungen für eine Kur. Für die Auswahl muß die unterschiedliche Reizintensität der ortsgebundenen Heilmittel (Reizskala von schwach zu stark: Kochsalzthermen – Solethermen – radioaktive Wasser – Schwefelquellen – Peloide) und des Klimas (Schonklima – Reizklima) berücksichtigt werden. Degenerative Wirbelsäulen- und Gelenkerkrankungen, aber auch chronische Formen rheumatischer Entzündung der Weichteile und ihre Folgen sowie Zustände nach Gelenk- und Wirbelsäulenoperationen gelten als Indikationen zur Kurbehandlung. Dabei kommen die therapeutischen Faktoren der Balneo- und Klimatherapie sowie weiterer physikalischer Behandlungsmaßnahmen einschließlich Krankengymnastik, ferner medikamentöse, diätetische und allgemein gesundheitsbildende Maßnahmen, aber auch die psychologische Führung zur Geltung.

Bei Badekuren ist die Adaptationsfähigkeit betagter und hochbetagter Patienten zu berücksichtigen sowohl bezüglich der Sofortwirkung als auch der Langzeitwirkung im Hinblick auf Tonusnormalisierung und Abwehrsteigerung. Absolute Kontraindikationen für tägliche Hydrotherapie stellen Koronarerkrankungen mit Arbeitsstenokardie, Ruheinsuffizienz des Herzens, aktive Karditis, dekompensierte Hypertonie (Niereninsuffizienz) und hyperthyreotische Kreislaufstörungen dar.

In der Regel sollte in höherem Lebensalter nur jeden zweiten Tag eine eingreifende physiotherapeutische Maßnahme durchgeführt werden.

2.4 ELEKTROTHERAPIE

läßt sich gut mit den verschiedenen Formen krankengymnastischer Behandlung verbinden und wird vor allem wegen ihrer schmerzlindernden und durchblutungsfördernden Wirkung eingesetzt; darüber hinaus hat galvanischer Strom eine entzündungshemmende und resorptionsfördernde Wirkung. Niederfrequenztherapie, Mittelfrequenztherapie und Hochfrequenztherapie werden voneinander unterschieden und sind von unterschiedlicher Wirkung. Ihre Anwendung muß die jeweilige Beanspruchung und Reaktionsweise des älteren Menschen berücksichtigen, je nach Stromart auch einliegende Metallgegenstände (Endoprothese) sowie elektrische Implantate (Herzschrittmacher, Insulinpumpe).

Eine Therapie mit ionisierenden (Röntgen-)Strahlen kann bei hartnäckigen rheumatischen Krankheitsbildern angezeigt sein. Röntgenbestrahlungen werden vorwiegend mit dem Ziel der Schmerzlinderung, z. B. bei Periarthropathia humeroscapularis oder bei Spondylitis ankylosans, durchgeführt; bei letzterer kommen auch intravenöse radiumhaltige Injektionen in Betracht. Eine Radium-Emanation kommt als Radon in Heilstollen vor, in die die Patienten einfahren können.

Ultraschallwellen haben sich zu diagnostischen und therapeutischen Zwek-

ken bewährt. Es handelt sich beim Ultraschall um mechanische Schwingungen, die wegen ihrer hohen Frequenz vom menschlichen Ohr nicht wahrgenommen werden; sie führen im tiefen Gewebe zu charakteristischer Wärmebildung und -verteilung und zu einer Hyperämie. Dadurch überschneidet sich das Indikationsgebiet der Ultraschalltherapie teilweise mit dem der Hochfrequenztherapie; besonders gut sprechen degenerative und chronisch entzündliche Erkrankungen – Arthrose, Spondylose, Spondylosis ankylosans –, Myalgien und Tendomyopathien sowie Insertionstendinosen, aber auch Neuralgien verschiedener Art und Lokalisation an.
Ultraschall wird auch bei schlecht heilenden Wunden (z. B. Unterschenkelgeschwüren) angewandt sowie bei Narbenkontrakturen, Dupuytren u. a. Die Sklerose von Herzkranzgefäßen stellt eine Gegenindikation wegen möglicher Herzsensationen mit Auslösung eines akuten Angina pectoris-Anfalles dar – sonst scheint die Anwendung des Ultraschalls bei sachgemäßer Technik und Dosierung gefahrlos.

3 Risiken der Anwendungen

Alle physikalischen Anwendungen und insbesondere ihre Kombination mit Übungsbehandlungen müssen gerade in der Geriatrie der Tatsache Rechnung tragen, daß physikalische Therapie eine Reiz- und Reaktionstherapie darstellt und zwangsläufig mit Belastungen des Organismus einhergeht. Dies bringt Risiken mit sich, so daß vor allem in höherem Alter bestimmte Behandlungsverfahren kontraindiziert sein können wie Unterwasserbewegungstherapie, kardial belastende Krankengymnastik, intensive große Wärmeanwendungen (einschließlich Hyperthermie) reizintensive Balneotherapie, mechanisch-apparative Traktionen und Manipulationen. Die physikalische Therapie muß von den Ausführenden und dem verantwortlichen Arzt sorgfältig überwacht werden; sie ist dem Zustand der Erkrankung, dem Alter des Patienten und seiner Belastbarkeit von seiten des Herz-Kreislauf-Systems und des Stütz- und Bewegungsorgans unter Berücksichtigung der jeweiligen Indikationen und Kontraindikationen anzupassen.

LITERATUR

Donhauser-Gruber, U., H. Mathies, A. Gruber: Rheumatologie. Pflaum Verlag, München 1988.

Müller, W., F. Schilling, K. L. Schmidt: Rheumatherapie in der Praxis. Eular Verlag, Basel 1989.

Schmidt, K. L.: Physikalische Medizin im höheren Lebensalter. Steinkopf Verlag, Darmstadt 1987.

7 Zur Krankengymnastik

A.tum Suden-Weickmann

1 PATIENT – KRANKENGYMNAST DIE BEHANDLUNGSATMOSPHÄRE

Krankengymnastik mit Patienten im höheren Alter beinhaltet in vielen Fällen mehr als nur eine korrekte Anwendung geeigneter Maßnahmen. Beim erkrankten älteren Menschen treten häufig zusätzliche Probleme auf durch gestörten Lebensrhythmus, Schwäche, Schmerzen und Unvermögen, sich selbst zu versorgen. All das kann sich als Verstärker seiner eigentlichen Erkrankung auswirken und wird besonders bedeutsam, wenn er in stationäre Behandlung kommt. Seine Situation wird außer von der medizinischen Versorgung von vielfältigen, oft unbekannten Faktoren beeinflußt: äußere Bedingungen wie neue Räume, ein veränderter Tagesrhythmus, Verlust der Bequemlichkeit etc. werden im Alter belastender empfunden und bereiten häufig größere Schwierigkeiten in der Anpassung.
Hinzu kommt eine Vielzahl fremder Menschen, neuer Gesichter, die von dem Patienten etwas wollen, ihn befragen, ihn anschauen, oder die auch nur zu nützlichen Zwecken im Zimmer auftauchen (Abb. 1).

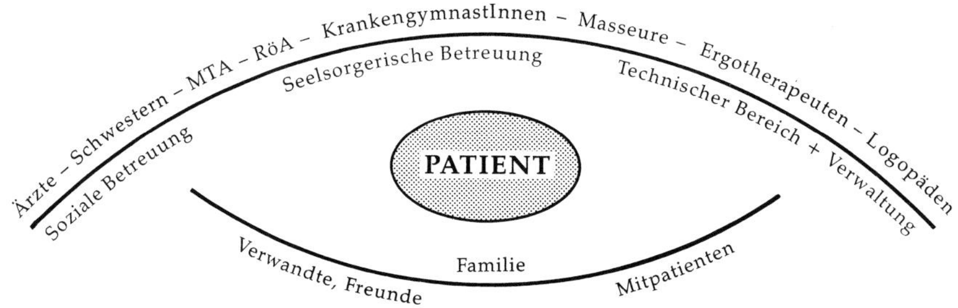

Abb. 1: Der Patient und sein Umfeld im Klinik-Bereich.

Unter diesen Personen ist eine davon der/der KrankengymnastIn. Abhängig von Vorerfahrungen des Patienten, kann sein/ihr Erscheinen unterschiedliche Empfindungen und Erwartungen auslösen.
Da die Stellung der Krankengymnastin* in dem in der Grafik dargestellten Personenkreis eine Besonderheit hat, nämlich die, daß sie üblicherweise täglich über einen längeren Zeitraum allein mit dem Patienten arbeitet, muß von vornherein ein gutes Miteinander geschaffen werden. Das kann zusätzlich zu einem besonderen Vertrauensverhältnis führen und damit den Erfolg der Behandlung begünstigen, andererseits auch gewisse Probleme aufwerfen, indem die Therapeutin zur Bezugsperson für alles wird.
Die folgenden Angaben sind sowohl für den Umgang im klinischen Bereich, als auch in der ambulanten Versorgung zu beachten, unabhängig vom Stadium der Behandlung (praeventiv, kurativ, rehabilitativ).
Die Behandlungsatmosphäre sollte durch Beachtung der menschlichen Grundbedürfnisse (Sennewald) geprägt sein, die auch und gerade beim alten Menschen zu erfüllen sind. Sie stellen die Forderung nach der Akzeptanz der individuellen Persönlichkeit.
Im einzelnen bedeutet das eine Behandlungssituation mit dem Wunsch nach
- Sicherheit und Vertrautheit
- Beachtung und Anerkennung
- Information und geistiger Teilhabe
- einem Freiraum des Handelns und Erlebens.

Für die Krankengymastin bedeutet das im Umgang mit dem Patienten:
- Freundliche Zuwendung, ruhiger Umgang, Angstfreiheit, korrekte Anrede, Vermeidung des Gefühls des »Ausgeliefert-Seins«.
- Korrektheit und Rücksicht im Umgang mit dem Körper des Patienten, z. B. beim Aufdecken, Ankleiden.
- Beachtung der Intimsphäre (ein alter Mensch hat oft andere Vorstellungen von Nacktheit einem fremden und jüngeren Menschen gegenüber).
- Wissen um die »kleine Welt« des Patienten (Bett und Nachtschrank sind ihm i. a. verblieben).
- Glaubhaft den Problemen des Patienten zuhören und soweit wie möglich Hilfestellung geben können, auch im privaten Bereich (Zukunftsangst).
- Wünschen nach Aufklärung für den Bereich der Krankengymnastik entsprechen.
- Vorschläge, Wünsche, auch Kritik zur Behandlung zulassen.
- Wunsch nach Behandlungszeit im Tagesablauf respektieren.

Um allen Anforderungen gerecht werden zu können, ist es aber für die

* Es wird in diesem Beitrag aufgrund der Autorin von Krankengymnastin gesprochen.

Therapeutin ebenso wichtig, sich der naturgegebenen Veränderungen des alternden Organismus bewußt zu werden. Dieser weist in unterschiedlichem Ausmaß typische Veränderungen sowohl im physischen als auch im psychischen Bereich auf.

Physischer Bereich:

- Bewegungsverarmung
- Bewegungseinschränkung (s. S. 90)
- Abnahme der Muskelkraft
- Abnahme der allgemeinen Mobilität im Alltag
- verlangsamte Reaktionen in der Motorik
- reduzierte Belastbarkeit des Herz-Kreislauf-Systems und Atemapparates (s. Kap. 9).

Resumée: ALLES STRENGT MEHR AN!

Psychischer Bereich:

Diese Veränderungen, unabhängig ob sie bereits im pathologischen Bereich anzuordnen sind, können häufig viel schwerer erfaßt werden und belasten die Behandlung entsprechend (s. auch Kap. 5 + 10). Bei der Beurteilung sind momentane Einflüsse der heutigen Umwelt wie Lärm, Verschmutzung der Luft sowie Wetterumschläge mit zu berücksichtigen.

Probleme des Patienten sind:

- Verlangsamung in Aufnahme / Umsetzen / Merken } von Aufträgen
- Schwierigkeiten in der Behandlung beim Umlernen bzw. Neuerlernen von Bewegungen, wenn früher keine Bewegungsvorstellung vorhanden war.
- Unverständnis für eine neue, belastende bzw. anstrengende Situation.
- Depressive Verstimmung durch die eigene Situation, d. h. niemandem zur Last fallen wollen.
- Zukunftsangst, hervorgerufen durch Familie, Allein-Sein, finanzielle Probleme.
- Zweifel an sich und anderen Personen.

Diese Probleme können dazu führen, daß sich eine Abwehrhaltung entwikkelt, soziale Kontakte abgelehnt werden, eine körperliche Vernachlässigung entsteht. Andererseits können sie aber zu einer besonderen Bindung an die Therapeutin führen im Sinne von ständigem Betreuer. Beide Formen sind von Nachteil, und man muß sich als Behandler üben, den richtigen Weg in einer ausgeglichenen Atmosphäre zu finden. So muß man z. B. ständig die Motivation erneuern, Beschimpfungen abfangen, Verständnis aufbringen, gut zureden und auch überreden können. Das alles bei einer i. a. schweren körperlichen Arbeit.

Es muß an dieser Stelle auch die Motivation der Therapeutin angesprochen werden. Nicht immer ist es der Krankengymnastin möglich, allem gerecht zu werden, die Kraft aufzubringen, alle »Ideale« zu verwirklichen. In Team-Besprechungen, Balint-Gruppen oder auch durch persönliche Gespräche mit z. B. Psychologen, Klinik-Seelsorger o. ä. Personen können Probleme offengelegt, Lösungen gesucht und Mut zu neuen Taten gefunden werden (s. auch S. 173).

2 DIE FUNKTIONELLE BESCHAFFENHEIT DES BEWEGUNGSAPPARATES IM ALTER

Bei der Beurteilung einzelner oder globaler Funktionen des alternden Bewegungsapparates sind nachfolgende Angaben zu berücksichtigen, um zu einem realistischen Behandlungskonzept und entsprechender Zielsetzung zu gelangen (Abb. 2).
Es ist eine Tatsache, daß die Beweglichkeit mit zunehmendem Alter bei einem Durchschnittsmenschen abnimmt. Die Elastizität der Muskulatur läßt nach, somit das Bewegungsausmaß der Gelenke. Eine gewisse Trägheit, abhängig von den Anforderungen, die das Leben an den Menschen noch stellt, setzt ein. Seniorensport, Seniorenturnen und weitere Aktivitäten versuchen dem Einhalt zu gebieten. Sobald sich aber geringe Behinderungen (Arthrosen) einstellen, lassen auch diese Aktivitäten nach und der Prozeß funktioneller Reduktionen kommt in Gang.

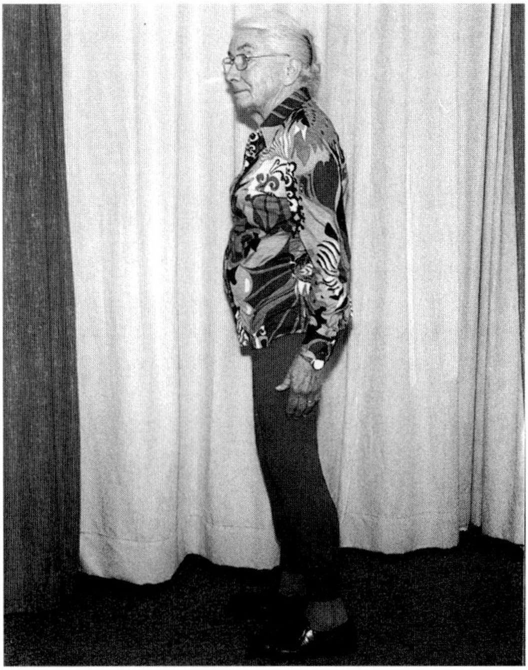

Abb. 2: Haltungsbild einer 80jährigen Patientin.

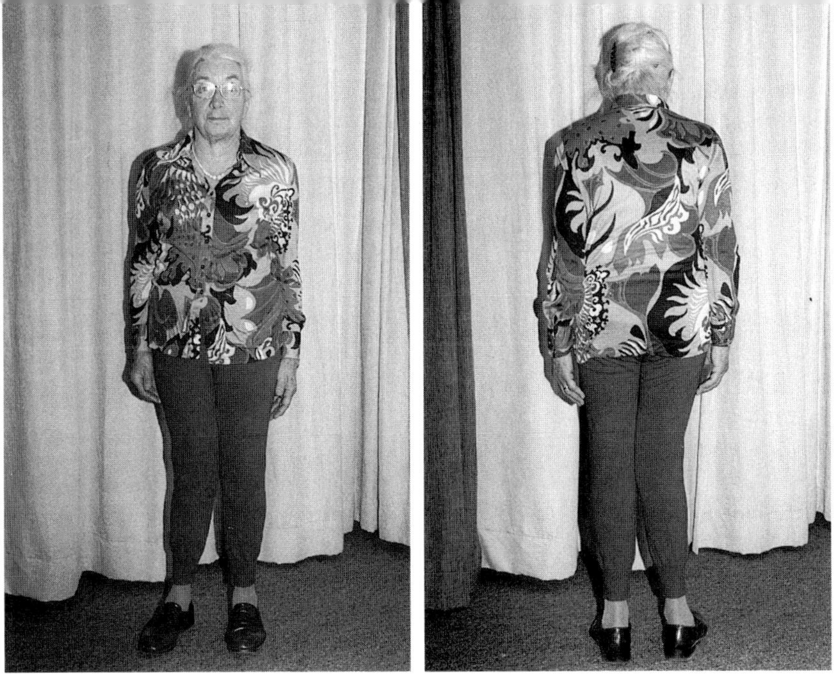

Abb. 3a, b: X-Knie rechts mit Flexionskontraktur in Knie- und Hüftgelenk.

Einige Gelenkbereiche sind offenbar bevorzugt von Einschränkungen betroffen, wobei bes. in bezug auf aufrechte Haltung und Gang alle Gelenke im Zusammenhang gesehen werden müssen. Die Auswirkung einer Störung in einem Gelenk auf dessen benachbarte wirkt sich im Alter deutlicher aus als bei jüngeren Menschen. Kompensationen sind schwieriger.
Die folgende Beschreibung der Einschränkungen wird unter dem Gesichtspunkt der Statik von der Basis her vollzogen. Es ist festzuhalten, daß ein Defizit primär in jedem Gelenk seine Auswirkungen nach kranial oder kaudal hat.
Beweglichkeitsminderung findet sich in unterschiedlicher Ausprägung:

- Zehen und Füße
  Alle Bewegungen sind eingeschränkt, abhängig von dem Grad der Senk-Spreizfüße. In vielen Fällen findet man einen Hallux valgus und Krallenzehen.
- Kniegelenke
  Durch zunehmende arthrotische Prozesse kann es zu einer O- oder X-Beinstellung kommen, die eine volle Streckung nicht mehr zulassen (Abb. 3a, b). Letztere kann aber auch die Folge einer Fehlhaltung bzw. Einschränkung sein der

- Hüftgelenke
  Betroffen sind hierbei in erster Linie die Abduktion, Rotationen und die Extension. Eine Überstreckhemmung führt dazu, daß das
- Becken und die Lendenwirbelsäule nur noch eine schlechte Flexibilität zeigen. Das Becken wird in Extension, die Lendenwirbelsäule in Flexion gehalten.
  (In diesem Zusammenhang ist es allerdings problematisch, von einer aufgehobenen Extension zu sprechen. Das Bewegungsausmaß ist von beiden Gelenkpartnern erschöpft.)
  Die Beweglichkeitsminderung setzt sich fort in der
- Brustwirbelsäule
  Ein totaler Rundrücken, das Bild der Alterskyphose ist entstanden. Lateralflexion und Rotationen sind entsprechend nur noch gering möglich.
- Halswirbelsäule
  Diese muß sich kompensatorisch in einer – von der Kyphose abhängig – verstärkten Lordose einstellen, um eine horizontale Blickrichtung zu ermöglichen. Auch hier sind Lateralflexion und Rotation entsprechend gering. Ein Umherschauen wird nur noch durch Drehung des Rumpfes en bloc gestattet.
- Schultergürtel und Thorax haben an dieser gebogenen und unflexiblen Wirbelsäule keine Ausdehnungsfähigkeit mehr. Es kommt zu reduzierter Beweglichkeit des Brustkorbs und entsprechend eingeschränkter Atmung. Die Auswirkungen auf die
- Schultergelenke sind in erster Linie in den großen Bewegungen Flexion/Extension und Rotationen bes. Außenrotation zu finden. Die Beweglichkeit wird erheblich eingeschränkt.
- Ellenbogen und Hände sind in ihren möglichen Defiziten sicher nicht von der Statik her zu begründen, doch dürften Auffälligkeiten mit einer allgemeinen Bewegungsverarmung zusammenhängen.
  Bei vielen alten Menschen ist eine Oppositionsstellung des Daumens im Sattelgelenk festzustellen, häufig total kontrakt.

Ein anderes Haltungsbild zeigt sich, bevorzugt bei Frauen, in Form eines extremen Hohlrundrückens. Die Ursache dazu mag in einer lebenslang vorgegebenen Haltung liegen (hohe Absätze – starke Beckenflexion).

2.1 Der Gang des alten Menschen

Aufgrund der aufgezeigten Merkmale in der Bewegungsfähigkeit der einzelnen Gelenke weist das Gangbild ebenfalls Besonderheiten auf. Es wird von der Basis beschrieben:

- Eingeschränkte bis aufgehobene Bewegungsfähigkeit in den Sprungge-

lenken läßt ein »Abrollen« nicht mehr zu. Ein Abdruck vom Boden, der den Körperschwerpunkt nach vorn/oben verlagert, findet nicht statt.
- Knie- und Hüftgelenke, im Zusammenhang zu sehen: Die verminderte Streckfähigkeit und eingeschränkte Rotationen führen zu Kurzschrittigkeit.
- Eine insgesamt vorgeneigte Haltung läßt beim Gehen keine Rotation in der Wirbelsäule mit entsprechender Gegenbewegung der Arme zu. So werden diese bei den einzelnen Schritten i. a. nach hinten geschwungen.
- Die Halswirbelsäule ist in ihrer Stellung abhängig von der Gesamthaltung.

Der Gang ist kurzschrittig, häufig schlurfend, mit einer verlängerten Phase der doppelten Unterstützung. Ein harmonisches, elastisches Gehen ist nicht mehr möglich (Abb. 4).

Aus Gründen der Sicherheit oder gewissen Entlastung eines Beines benützen alte Menschen häufig einen Gehstock. Ohne entsprechende Einweisung dient dieser oftmals nur dem Wunsch nach Sicherheit durch den Handgriff und die optische Darstellung.

Die Aufgabe der Krankengymnastin ist es, den Stock auf Länge, Stabilität, guten Griff und Rutschfestigkeit zu prüfen:

1. Länge
   Empfehlung zur Einstellung (mit Teleskopstock oder Maßband): Patient in Schrittstellung, hinteres Bein belastet, Stock/Stöcke auf Höhe des

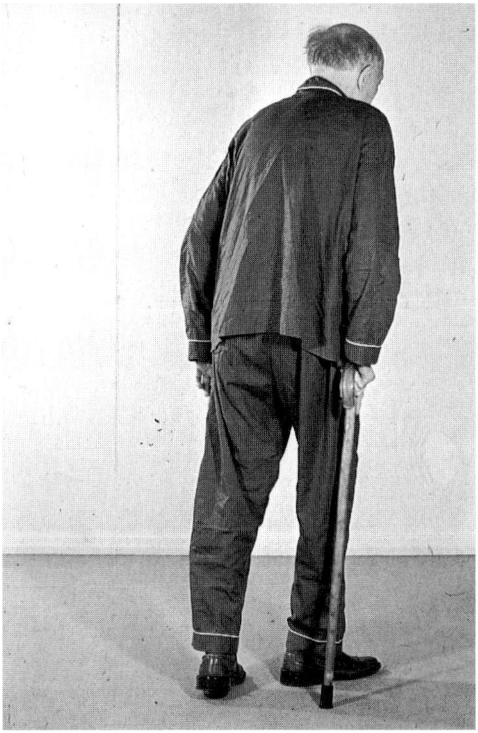

Abb. 4: Patient, 78 Jahre, Koxarthrose beidseits.

vornstehenden Vorfußes stellen, Ellenbogen in ca. 10 Grad Flexion. In dieser Position ist der Abstützmechanismus über die Muskelkette M.triceps brachii, Schulterblattfixatoren, M.latissimus dorsi, M.quadratus lumborum möglich und ökonomisch.

2. Handgriff
   Meistens genügen normal geformte Handgriffe (kein Rundgriff à la Wanderstock). Bei Handdeformitäten (Rheuma, kontrakte Oppositionsstellung des Daumens) bedarf es Spezialgriffe.
3. Rutschfestigkeit
   Ob kleine oder Spezialpuffer, auch diese müssen ein Profil haben und bei Abnutzung unbedingt ausgewechselt werden.
   Das Gehen mit Sohlenkontakt (5–10 kg Belastung) mit 2 Unterarmstützen in Form von 2-, 3-, 4-Punkte-Gang sowie mit weiteren Unterstützungen (Rollator, reziprokes Gehgestell) wird als bekannt vorausgesetzt.

3 BEFUNDERHEBUNG

In diesem Kapitel wird auf die besondere Vorgehensweise bei der Befunderhebung eingegangen, die beim alten Menschen sinnvoll erscheint. Sie dient gleichzeitig dem Kennenlernen des Patienten. Man sollte dabei nicht nur auf die Reaktionen des Patienten achten, sondern auch dessen vorgebrachte Hinweise wahrnehmen. Eine besondere Sensibilität der Therapeutin ist erforderlich, um den Patienten mit seinen Möglichkeiten und Fähigkeiten zu erfassen.

Abhängig von der Diagnose sind nach SCHUH zu unterscheiden
- Akutphase
- Rehabilitationsphase (im Idealfall als Abschlußphase)
- Spätphase
- endgültiges Stadium.

Als Akutphase in der Orthopädie sind postoperative Zustände, Traumen und plötzlich einsetzende Schmerzzustände hervorzuheben. Die Befunderhebung ist in diesem Stadium meist nur eingeschränkt durchführbar. In folgendem wird aber die umfassende Befundung aufgezeigt, aus der die der jeweiligen Situation angemessenen Punkte berücksichtigt werden müssen.

Viel mehr, aber auch schwieriger als beim jüngeren Patienten, ist es beim alternden Menschen erforderlich, ihn in seiner Gesamtheit zu erfassen. Weder können wir erwarten, daß er immer volles Verständnis für unsere Maßnahmen und Ziele hat, noch dürfen wir von vornherein eine geistige Retardierung voraussetzen. Es kann aber kein Behandlungsziel erreicht werden, wenn die notwendige Verständigung fehlt. Auch wenn die ärztli-

che Diagnose zusätzliche Hinweise über den geistigen Zustand des Patienten enthalten sollte, sind wir als Therapeuten gezwungen, uns ein eigenes Bild über den Patienten und dessen Zustand zu machen.
Die Befunderhebung muß unter den Gesichtspunkten ablaufen
- was kann der Patient?
- was kann er noch?
Eine Aufzeichnung seiner Defizite ist dabei dennoch zwangsläufig gegeben. Aus zeitlichen Gründen und solchen der evtl. Überforderung des Patienten ist ein standardisiertes Vorgehen notwendig mit gezielten Fragestellungen, die der Therapeutin bereits Einblick geben, welche Beziehung der Patient zu seinem Körper, seiner Erkrankung, seiner Umwelt etc. hat.

3.1 Ablauf

Folgender Ablauf ist empfehlenswert.

1. Gespräch zum Kennenlernen, zur Orientierung über sein Allgemeinbefinden und Umfeld (Hörvermögen, s. S. 35):
   Wie geht es Ihnen – wie kommen Sie zurecht?
   Wo wohnen Sie (zu Hause, im Heim, in der Familie, allein)?
   Wer versorgt Sie?
2. Befragung nach seiner Erkrankung, seinen Beschwerden:
   Wo haben Sie Beschwerden? (Kenntnis über eigenen Körper)
   Was ist verletzt/operiert worden? (Kenntnis über Erkrankung).
3. Wie lange besteht schon ...? Wann war Operation? (Zeitgefühl)
4. Zur Überprüfung der Orientierung am eigenen Körper (Lage der Distanzpunkte zueinander) sind rasch durchzuführende Tests angebracht, z. B.:
   - Bitte machen Sie Ihren rechten Ellenbogen krumm.
   - Tippen Sie mit Ihrer rechten Zeigefingerspitze an die linke Schulter.
5. Die allgemeine Sensibilität wird ermittelt durch Berührungsreize an der Hautoberfläche, z. B.:
   - Spüren Sie meine Hand?
   - Fühlt sich die Berührung kalt oder warm an?
   (Tastempfinden im Alter herabgesetzt, Schmerzempfindung bleibt erhalten, s. S. 35).
6. Das kinästhetische Empfinden ist zu testen durch Nachspüren einer Bewegung, die die Therapeutin bei dem Patienten durchführt, z. B. Bewegungen mit dem Handgelenk. Der Patient soll diese allein nachvollziehen, mit offenen, dann mit geschlossenen Augen.
7. Die Überprüfung der Orientierung im Raum ist durch folgende Fragestellung zu ermitteln, z. B.:

- Bitte zeigen Sie mit Ihrer Fingerspitze zur Lampe (konkret), nach oben (abstrakt).
- Wo stehen Ihre Schuhe, hängt Ihr Bademantel?

8. Befragung nach Fähigkeiten vor der Erkrankung:
   - Konnten Sie noch spazierengehen, im/selbst Auto fahren, öffentliche Verkehrsmittel benutzen, gesellschaftliche Unternehmungen machen?
9. Befragung nach den Aktivitäten im momentanen Zustand:
   - Was tun Sie tagsüber (Zeitung/Buch lesen, Handarbeit)?
10. Erkundigung nach früheren körperlichen Aktivitäten (Gymnastik/Sport).

Die Tests 5–8 sind mit/an gesunden Körperabschnitten durchzuführen. Die Ergebnisse der Befragung und Tests geben uns erste Aufschlüsse über Möglichkeiten von Therapieansatz und Vorgehensweise.

3.2 Die Prüfung der allgemeinen Mobilität

Es ist sinnvoll, vor der detaillierten Funktionsprüfung der zu behandelnden Körperabschnitte, im Rahmen der Möglichkeiten eine allgemeine Überprüfung der Bewegungsfähigkeit zu machen. Diese orientiert sich an den Angaben aus der Rheumatologie (Donhauser-Gruber, 1989).

Diese allgemeinen Bewegungstests geben Aufschluß über:

- die noch mögliche Nutzung der Körperabschnitte, auch im Vergleich gesund/krank,
- die Einschränkungen innerhalb eines Körperabschnittes.
  Im speziellen Befund sind diese durch Gelenkmessungen, Muskelstatus etc. gesondert zu erfassen.

Test der oberen Extremitäten auf:

- Beugefähigkeit (Körperpflege, eigenständige Ernährung)
- Streckfähigkeit (Abstützen, Stöcke führen).

Test der unteren Extremitäten auf:

- Beugefähigkeit (Ankleiden, Körperpflege, Sitzen)
- Streckfähigkeit (Stehen, Gehen).

Die Einbeziehung der Wirbelsäule in diese Bewegungsabläufe ist selbstverständlich.

Es folgt der spezielle diagnosebezogene Befund für Erkrankungen in der Orthopädie nach dem bekannten Muster: sichtbar – fühlbar – funktionell-meßbar.

Die Interpretation der gewonnenen Daten bietet die Grundlage für ein adäquates Behandlungskonzept und die realistischen Ziele zur Behandlung/Remobilisation/Rehabilitation, sowohl für die Krankengymnastin als auch das therapeutische Team.

BEFUNDBOGEN

Datum:

Name:

Alter:

Diagnose:

Verordnung:

ALLGEMEINE ERHEBUNG

	intakt	beeinträchtigt gering	beeinträchtigt stark	nicht vorhanden
1.1 Orientierung über eigene Person				
1.2 Orientierung über Lebensverhältnisse				
2. Orientierung über Krankheit				
3. Zeitgefühl				
4. Orientierung am eigenen Körper				
5. Allgemeine Sensibilität				
6. Kinästhetisches Empfinden				
7. Orientierung des Körpers im Raum				

8. Fähigkeiten vor der Erkrankung ____________________

9. Aktivitäten in momentaner Situation ____________________

10. Sport/Gymnastik in Vergangenheit ____________________

MOBILITÄT

	vollständig		eingeschränkt		stark eingeschränkt	
	rechts	links	rechts	links	rechts	links
Obere Extremitäten						
– Streckmuster						
– Beugemuster						
Untere Extremitäten						
– Streckmuster						
– Beugemuster						

4 STUFEN UND ZIELE DER REHABILITATION

Eine Einteilung in Behinderungsstufen (in Anlehnung an die Rheumatologie, Steinbrocker/Seyfried) ist hierbei nützlich. In dieser sind, wie bei jeder Kategorisierung im menschlichen Bereich, fließende Übergänge zu berücksichtigen.

I. Volle Rehabilitation, Selbständigkeit, keine oder minimale Behinderung.
II. Rehabilitation mit Hilfsmitteln und Kompensationen, Selbständigkeit mit geringgradigen Einschränkungen.
III. Rehabilitation für eigene Versorgung im Haus oder Heim, Hilfen erforderlich.
IV. Pflegefall bei geistiger Wachheit; Erhaltung noch vorhandener Aktivitäten, Steigerung von subjektivem Wohlbefinden.
V. Pflegefall bei geistiger Einschränkung; Erhaltung eines Zustandes, der Pflege und Versorgung erleichtert, Erhaltung oder Ermöglichung von subjektivem Wohlbefinden.

5 LERNEN UND ÜBEN IM ALTER

Die Behinderungsstufen I bis III lassen eine mehr oder minder große Förderung des Patienten erwarten. Er ist als aktiver, mitwirkender Partner anzusehen, der dennoch eine fürsorgliche Anleitung braucht. Für das Vorgehen der Krankengymnastin in der Behandlung bedeutet das »Vom Einfachen zum Schwierigen«, d. h.:

- Beginn mit einfachen Bewegungen
- Bewegung vormachen
- Bewegung führen
- Führungswiderstände setzen
- taktile Reize geben für Spannung und Richtung
- Bewegung vom Patienten allein ausführen lassen
- spezielle Techniken einsetzen
- komplexe Bewegungsabläufe bahnen
- Umsetzen des gelernten Bewegungsablaufes in Alltagsbewegungen.

Die Instruktion muß sein:

- klar und eindeutig
- deutlich (auch die Stimmgebung ist wichtig!)
- stereotyp zum Einprägen
- gleichmäßig und häufig als Wiederholung
- ruhig und geduldig (es darf keine Nervosität aufkommen).

Häufig sind dem Patienten Begriffe für Bewegungen verloren gegangen und müssen neu gelernt werden. Positive Ergebnisse müssen bewußt gemacht und zum Erlebnis werden. Fortschritt und Erfolg sind von der Therapeutin durch Lob zu bekräftigen. Solches wird am deutlichsten bewußt, wenn sich das Ergebnis sofort in eine Alltagssituation umsetzen läßt und somit zum dauerhaften Ergebnis führt (Bekräftigungslernen).
Lernhilfen sind zu geben durch:
- visuelle Reize
- akustische Reize
- manuelle Reize (s. o.)
- wechselseitige Übernahme von Gewichten des entsprechenden Körperteils
- Ansprechen des Vorstellungsvermögens des Patienten oder seiner Phantasie (Namen für Übungen, Vorstellung von Alltagssituationen).

6 MASSNAHMEN UND TECHNIKEN

Im folgenden Abschnitt werden Maßnahmen und Techniken aufgezeigt, die sich in der Behandlung alternder Menschen in der Orthopädie bewährt haben, dem Behandlungsprinzip und -ziel entsprechen. Es wird davon ausgegangen, daß die Krankengymnastin mit ihren Kenntnissen die ganze Bandbreite ihrer Therapiemöglichkeiten ausschöpfen wird und innerhalb der folgenden Angaben entsprechend zu variieren weiß.
(Die Maßnahmen aus der Physikalischen Therapie werden im Kapitel 6 ausführlich behandelt.)

1. Trockenbürsten
   Begründung: Förderung von Eigenaktivität.
   Vorgehen: nach Einweisung soll der Patient alle für ihn erreichbaren Körperteile jeden Morgen mit einer Bürste bearbeiten.
   Reaktion: Anregung der Durchblutung, Motorik, »wach werden«, Förderung der Eigenverantwortung.
2. Massage
   Begründung: entsprechend Befund.
   Vorgehen: weiche Grifftechnik, Anregung von Durchblutung bzw. Rückstrom, Lösung von Verspannungen.
   Reaktion: entsprechend der Zielsetzung, zusätzlich Beruhigung, Wohlbefinden.
3. Lagerungen
   Entspannungslagerung – Abnahme aller Körpergewichte,
   Gelenke in Entlastungsstellungen.

Therapeutische Lagerung – entsprechend Befund und Ziel (z. B. post op.).
Dehnlagerung – allmähliche Dehnung verkürzter Weichteilstrukturen.
Begründung ist vorgegeben.
Vorgehen: schrittweise, schmerzlos. Zu beachten sind die verminderte Elastizität des Gewebes und die altersbedingten Einschränkungen in den Gelenken.
Reaktion: Genaue Beobachtung, ob das Ziel auch erreicht wird!

4. Bewegen und Halten, isoliert und komplex, keine Besonderheiten.
5. Dehnungen
   Manuelles passives Dehnen ist nicht empfehlenswert (Schmerz – Angst – reflektorische Gegenspannung).
   Vorgehen aktiv: Antagonistenspannung
   Postisometrische Relaxation (evtl. Verkrampfung beachten!)
   »Piccolobewegungen« am Ende der erreichten Bewegungsbahn – aktiv/passiv unterstützt (Dynamische Dehntechnik nach Einsingbach).
6. Manuelle Therapie
   Begründung: Test der noch möglichen Bewegungsfähigkeit eines Gelenkes. Lösen verkürzter Gelenkstrukturen bes. bei Arthrosen, evtl. CP.
   Vorgehen: Piccolo-Traktionen (weiche Griffe!), Gleitmobilisationen nach Abklärung mit dem Röntgenbild.
   Reaktion: Bewegungserweiterung. Es dürfen keine Reiz- und Schmerzzustände auftreten.
7. PNF
   Begründung: muskuläre Aktivierung, dynamisch und statisch; über große und vielfältige Bewegungsabläufe wird das noch mögliche Bewegungsausmaß der Extremitäten ausgeschöpft; Üben der Ausdauer.
8. Hubfreie/hubarme Mobilisation
   Begründung: schonendes Üben in Akutphase (post op.), eigenständiges Üben bei Belastungsstabilität, geringe Anstrengung.
   Vorgehen: Ausgangsstellung, Unterstützung durch die Therapeutin oder Aufhängung im Schlingentisch muß ein solches Üben gewährleisten. Voraussetzung ist, daß der Patient Körperorientierung hat und diese ihm auch im Akutzustand zur Verfügung steht.
   Reaktion: schmerzloses/-armes Bewegen-können, Bewegungserweiterung, subjektives Wärmegefühl.
9. Widerlagernde Mobilisation
   Begründung: Durch diese Techniken kann auch ein alter Mensch seinen Körper (erneut) kennenlernen und ein Bewegungsgefühl bekommen.

Vorgehen: langsam, genaue Instruktion mit taktilen Hilfen für die Distanzpunkte an den zugehörigen Gelenkpartnern und deren Veränderung am Körper und im Raum. Das maximal mögliche Bewegungsausmaß ist anzustreben.
Reaktion: s. o., »Loslassen-können«.

10. Entspannung nach Jacobson
Begründung: Wahrnehmung für Spannung und Entspannung (Spannungswechsel) wird geschult. Für den Patienten i. a. leicht zu verstehen.
Vorgehen: stufenweises und langsames Vorgehen, entsprechend der methodischen Anwendung dieses Verfahrens. Pressen bei Anspannung muß vermieden werden.
Reaktion: s. 8 + 9.
11. Koordination und Geschicklichkeit
Diese Eigenschaften sollten in jedem Behandlungsablauf geschult werden. Sie leiten über zu
12. Selbsthilfe und Alltagstraining
Dieses ist sinnvollerweise in enger Zusammenarbeit mit der Ergotherapie zu gestalten oder diesen Kollegen ganz zu überlassen (s. Kap. 15).
13. Gleichgewichts- und Gangschulung
entsprechend der Diagnose und dem therapeutischen Ziel.
14. Atemgymnastik
Sie ist erforderlich im Akutzustand, bei Wirbelsäulenschäden und in der Gruppengymnastik.
(Im Kapitel Innere Medizin wird ausführlich darauf eingegangen.)
15. Weitere Techniken zum Krafttraining, Üben der Schnelligkeit etc. werden da eingesetzt, wo es der Zustand des Patienten erlaubt und ein Erfolg zu erwarten ist.

7 EINSATZ VON GERÄTEN

Es stehen heute eine Vielzahl von industriell gefertigten Geräten zur Verfügung, die auch in der Geriatrie nützlich sein können. Häufig sind es aber die selbstgefertigten, schnell herzustellenden Hilfen, die für den Patienten brauchbar sind, von ihm genutzt werden, ihn ansprechen, Freude und somit Erfolg bringen.
Folgende Anforderungen sind an ein Gerät zu stellen, um die therapeutische Zielsetzung zu verwirklichen:

1. Das Gerät muß motivierenden Charakter haben, d. h. vom Patienten angenommen werden, ihn zu freudigem, aktiven Handeln oder Entwickeln von Bewegungen anregen.

2. Das Gerät muß in der Handhabung adäquat sein, d. h. von Umfang, Oberfläche, Konsistenz und Gewicht den Möglichkeiten des alten Menschen entsprechen.

Geräte

1. *Gummiring*

   Vorteil: Der Ring liegt für Armschwünge z. B. leicht in einer auch kraftverminderten Hand, braucht nicht festgehalten zu werden, führt beim Schwung zu Bewegungserweiterung durch die Zentrifugalkraft.

2. *Keule*

   Wirkung von 1 verstärkt.
   Nachteil: Gerät muß fest gegriffen werden, ist schwer und hart, beim Armschwung im Sitz häufig zu lang.

3. *Softball* – in unterschiedlicher Größe

   Vorteil: leicht, weich, rauhe Oberfläche, jeder Hand anpaßbar.
   Nachteil: gilt für alle Bälle – springt/rollt weg, daher Hilfe erforderlich. Bei reduzierter Geschicklichkeit kann die Arbeit damit mutlos machen, die Therapeutin bei Gruppenarbeit überfordern.

4. *Luftballon*

   s. 3, erzeugt aber durch freudiges Tun starke Motivierung, sehr geeignet zur Reaktionsschulung.

5. *Pezzi-Ball*

   - als Wurf- und Rollgerät zum Einsatz für die oberen Extremitäten.
     Vorteil: leicht und groß.
   - als Sitzgerät nur mit Absicherung durch Festhalten an Sprossenwand, Holmen etc.
     Vorteil: Einsatz zur reflektorischen Mobilisation von Gelenken der unteren Extremitäten, der Wirbelsäule (sofern angezeigt) und deren Stabilisation.
     Nachteil: Unsicherheit.

6. *Seil, Tücher, Handtücher*

   vielfältig einsetzbar, da leicht, weich, formbar, Phantasie anregend.

7. *Säckchen*

   (selbstgefertigt aus Waschhandschuh, gefüllt mit ca. 250 g Reis, Körnern, Sand)
   eignet sich in vielfältiger Weise zum Greifen, Werfen etc. als Ballersatz, kann von jeder schwachen, deformierten Hand noch genutzt werden.

8. *Strumpfzopf*
   (selbstgefertigt, aus Nylonstrümpfen geflochten, an den Enden verknotet zum guten Halt, verschiedene Stärken machbar)
   Vorteil: Einsatz entsprechend einem Stab, aber elastisch, keine Verletzungsgefahr, gut faßbar.
9. *Gummibänder – Theraband*
   einsetzbar s. 8.
   Nachteil: bei Dehnung und Kraftlosigkeit Gefahr des Zurückschnappens.
10. *Klanghölzer*
    wenn diese durch Griffvariationen für den Patienten nutzbar gemacht werden. Selbsterzeugte Geräusche, Rhythmen etc. bringen Freude.
11. *Schlingentisch*
    Vorteil: eigenständiges Üben unter Schwereabnahme in Form von Schwingen, Bewegen, Halten; Bewegungserleichterung/-erweiterung, Schmerzreduktion.
    In der Behandlung mit der Therapeutin entsprechend günstigere Möglichkeiten in der Anwendung der adäquaten Techniken.

8
Orthopädische Krankheitsbilder in der Geriatrie

W. Heipertz, A.tum Suden-Weickmann

1 WIRBELSÄULENERKRANKUNGEN

1.1 Allgemeines

Mit zunehmendem Alter kommt es an den verschiedenen Bauelementen der Wirbelsäule zu unterschiedlichen Veränderungen; daraus können vielgestaltige Krankheitsbilder entstehen, die der Differenzierung durch eingehende Untersuchung bedürfen.
Für das Verständnis von Beschwerden und Funktionsstörungen, die sich altersentsprechend oder aufgrund von im Alter häufigen Erkrankungen am Achsenorgan äußern, ist die Kenntnis seines Aufbaus und seiner Aufgaben unerläßlich.
Ansätze für die beim Menschen früh beginnenden degenerativen Veränderungen an der Wirbelsäule finden sich schon in deren Entwicklung aus einem Achsenstrang, der als Chorda dorsalis bezeichnet wird. In ihm bilden sich neben knorpeligen und dann knöchernen Bestandteilen die Zwischenwirbelscheiben, in denen keine Blutgefäße vorhanden sind. Ihre Ernährung erfolgt deshalb nur durch Diffusion; das bringt eine eingeschränkte Regenerationsfähigkeit mit sich. Dadurch und durch den Druck, dem das Zwischenwirbelgewebe beim Menschen wegen der Belastung der Wirbelsäule in der Senkrechten ausgesetzt ist, werden degenerative Vorgänge gefördert. Sie führen schließlich zu Zermürbung und Rissen; dadurch entstehende Gefügelockerungen wirken sich auch auf die anderen Bauteile aus, wodurch sie entsprechende Syndrome hervorrufen (Abb. 1).

1 – Bandscheibe
2 – Foramen intervertebrale
3 – Wirbelgelenk
4 – Lig. interspinale

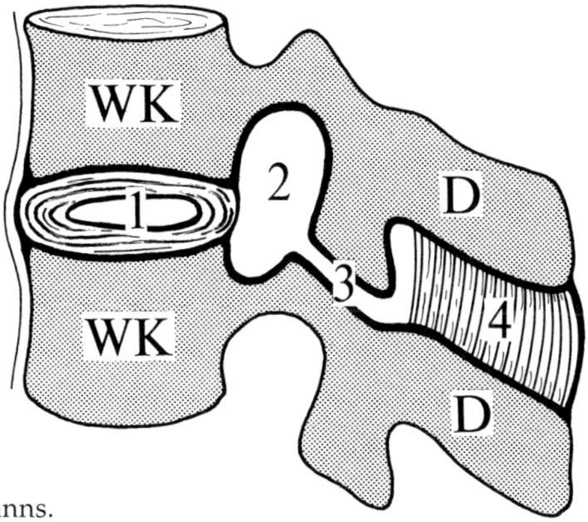

Abb. 1: Bewegungssegment nach Junghanns.

Die Auswirkungen des Bandscheibenverschleißes auf das Bewegungssegment gehen mit typischen röntgenologischen Veränderungen einher. Die oft eindrucksvollen Ausziehungen, die am Wirbelkörper als »Spondylosis deformans« und an den kleinen Wirbelgelenken als »Spondylarthrosis deformans« bezeichnet werden, werden jedoch meistens überbewertet; häufig sind sie nur ein Nebenbefund und nicht die Ursache von Beschwerden. Überbewertung eines Röntgenbefundes – z. B. Verschmälerung des Zwischenwirbelraumes – kann bei Patienten zu psychischer Fixierung und in Diagnostik wie Therapie zu unangebrachten Maßnahmen führen.
Durch besonders stark ausgeprägte Zacken- und Spangenbildungen ist die hyperostosierende Spondylose gekennzeichnet; sie muß von der Spondylitis ankylosans (M. Bechterew) abgegrenzt werden, einer entzündlich-rheumatischen Erkrankung, die zur Versteifung oft unter starker Kyphosierung führt.
Für die beim älteren Menschen häufigen schmerzarmen oder -freien Teilversteifungen der Wirbelsäule ist dagegen eine Verfestigung des Bandscheibengewebes durch Wasserentzug und Fibrosierung verantwortlich; dadurch läßt die Neigung zu Bandscheibenverlagerungen und den entsprechenden Krankheitserscheinungen nach, die als »Zervikalsyndrom« und »Lumbalsyndrom« bezeichnet werden (s. S. 107, 112).
Bei der Funktionsprüfung sind deshalb nicht die absoluten Werte von Bedeutung, sondern Seifendifferenzen und Bewegungseinschränkungen, die das altersübliche Maß übertreffen (Abb. 2). Wenn es bei der Prüfung der Seitneigung im Hals- und Lendenabschnitt zu knackenden Geräuschen kommt, so ist das nicht krankhaft, sondern als »Entfaltungsknacken« Ausdruck des natürlichen passiven Gelenkspiels.

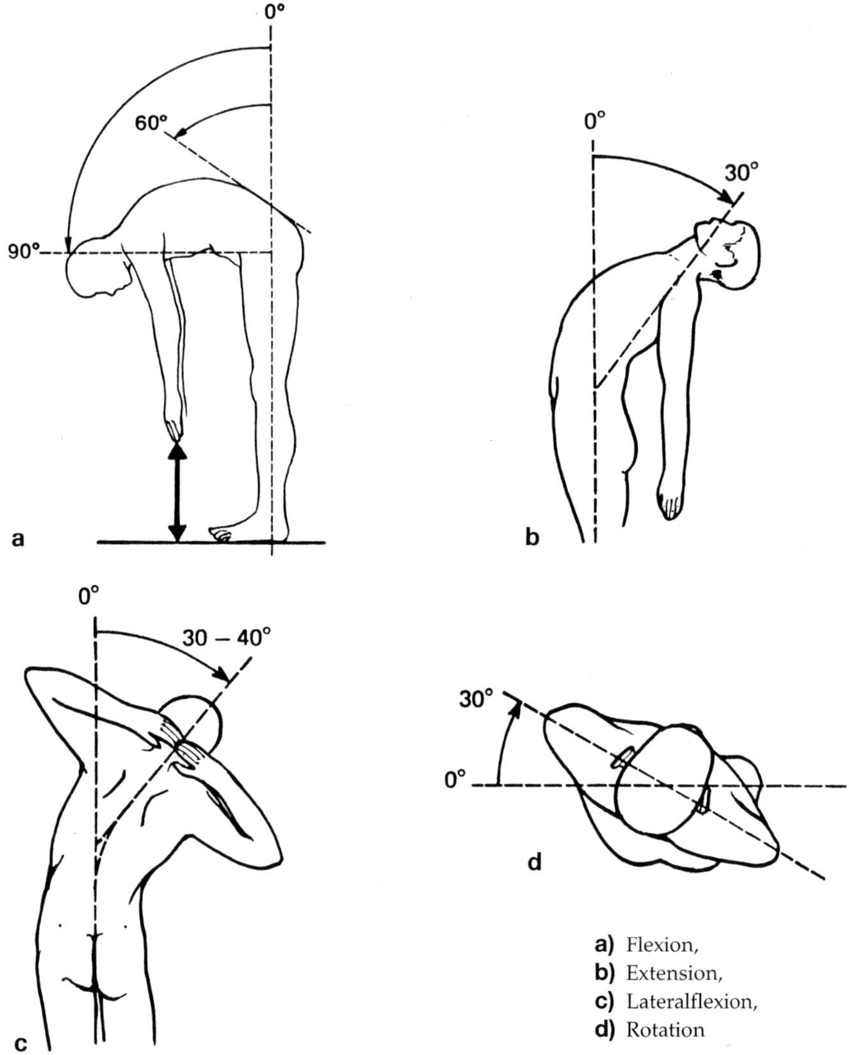

Abb. 2 a–d: Bewegungsprüfung der Wirbelsäule (Heipertz-Schmitt, 1984)

Aufbaustörungen der Wirbelsäule, die angeboren sind, wie Wirbelgleiten auf dem Boden einer Spondylolyse (Abb. 3), oder während des Wachstums entstanden sind, wie juvenile Kyphose (M. Scheuermann), können nach beschwerdefreien Jahrzehnten durch Hinzutreten muskulärer Insuffizienz mit zunehmendem Alter Beschwerden machen. Auch Skoliosen können noch im Alter Verschlimmerungen und Beschwerdezunahme erfahren, oft jedoch ist die altersphysiologische Versteifung der Wirbelsäule hilfreich.

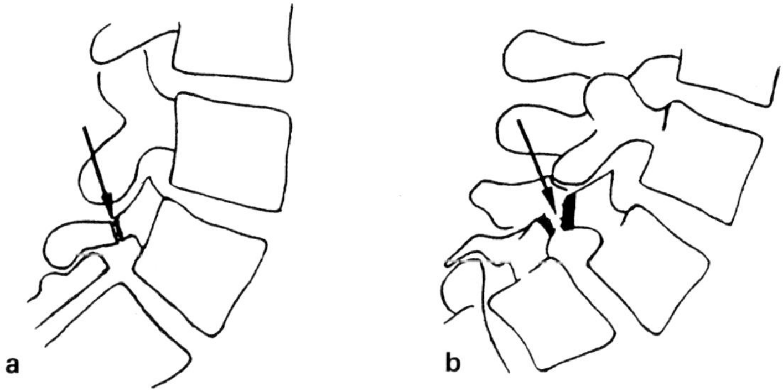

Abb. 3a: Spondylolyse: Unterbrechung der Interartikularportion im Bogen des 5. Lendenwirbels ohne Verlagerung.
Abb. 3b: Spondylolisthese mit Vorverlagerung des 4. Lendenwirbelkörpers gegenüber dem 5 (Heipertz-Schmitt, 1984).

1.2 Wirbelsäulensyndrome

Als Wirbelsäulensyndrome werden Krankheitserscheinungen bezeichnet, die durch Bandscheibendegeneration hervorgerufen werden. Es handelt sich dabei um Gruppen subjektiver und objektiver Störungen, die von einzelnen Wirbelsäulenabschnitten ausgehen und von Symptomen abzugrenzen sind, die posttraumatisch oder durch Entzündungen, Tumoren, angeborene Fehlbildung oder durch Stoffwechselstörungen verursacht werden. Unter den spondylogenen Syndromen ist das LWS-Syndrom mit 60% das häufigste, gefolgt vom Zervikalsyndrom mit 30%. Wenn die Symptomatik – vorwiegend Schmerzen und Bewegungseinschränkungen – auf die betroffene Region beschränkt ist, wird vom lokalen Zervikal- bzw. Lumbalsyndrom gesprochen, sonst – bei Ausstrahlung in die Gliedmaßen – vom Wurzelkompressionssyndrom (Zervikobrachialgie bzw. Ischialgie).

1.2.1 ZERVIKALSYNDROM

Die Unterschiede im Bau der Einzelelemente der Halswirbelsäule sowie ihrer Gesamtfunktion gegenüber den übrigen Wirbelsäulenabschnitten drücken sich im klinischen Bild des Zervikalsyndroms aus. Hier sind Bandscheibenvorfälle seltener; es überwiegen Osteochondrosis intervertebralis und in deren Folge die Unkovertebralarthrose sowie die Arthrosis deformans der Wirbelbogengelenke (Spondylarthrosis) mit Randwulstbildung

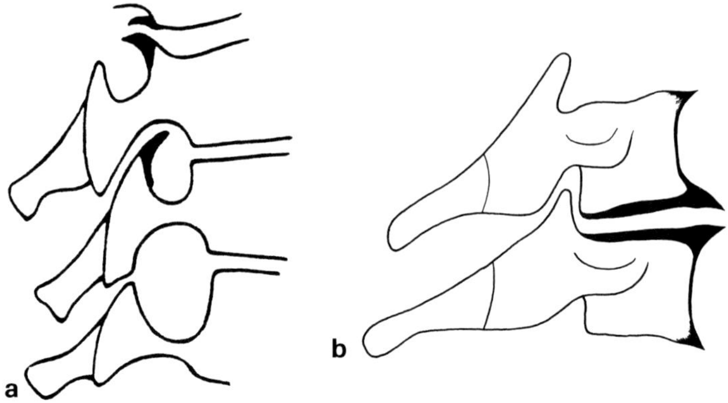

Abb. 4a (links): Unkovertebralarthorse und Spondylarthrose (HWS).
Abb. 4b (rechts): Osteochondrosis intervertebralis mit Spondylosis deformans (Heipertz-Schmitt, 1984).

(Abb. 4a/b). Dadurch kommt es zur Einengung eines oder mehrerer Zwischenwirbellöcher, wodurch die austretenden motorischen, sensiblen und sympathischen Fasern einer oder mehrerer Nervenwurzeln beeinträchtigt werden können. Außerdem sind Blockierungen der Bogengelenke zu beobachten, was vor allem für die Verbindung von Hinterhaupt/C1 und C1/C2 gilt.
Durch Osteophyten kann auch die Arteria vertebralis (ein Ast der A. subclavia) eingeengt und deren sympathisches Begleitgeflecht gestört werden. Beeinträchtigungen der A. vertebralis führen zu Zervikaler Migräne mit anfallsartigem halbseitigem Kopfschmerz, Hypersensibilität der Kopfhaut, Augenflimmern, Brechneigung und Hörstörungen, unter Umständen auch synkopalen Anfällen.
Das häufigere lokale Zervikalsyndrom ist durch schmerzhafte Bewegungseinschränkungen der Halswirbelsäule und Verspannungen der Schulter-Nackenmuskulatur gekennzeichnet. Nackenschmerzen können akut auftreten oder sich allmählich entwickeln; es kann – besonders nach abrupten Bewegungen – zu lebhaften Nackenschmerzen mit Ausstrahlungen in den Hinterkopf sowie Fehlhaltung der Halswirbelsäule kommen (»akuter Schiefhals«). Verspannungen der Nackenmuskulatur und Druckschmerzhaftigkeit im Bereich ihrer Ansätze sind oft Begleiterscheinungen von Gelenkblokkierungen. Beim radikulären Zervikalsyndrom strahlen die Schmerzen vom Nacken aus; Reizung von Anteilen des Ramus dorsalis der Nervenwurzel projizieren sie zwischen die Schulterblätter, Reizung des Ramus ventralis in den Arm. – Zusammenhänge zwischen Halswirbelsäulendegeneration und sympathischem Nervengeflecht erklären Organschmerzen, insbesondere pektanginöse Beschwerden.

Bei Verbindung der örtlichen Symptome mit Parästhesien und in den Arm ausstrahlenden Schmerzen wird vom zervikobrachialen Syndrom gesprochen; ihm liegen Nervenwurzelkompressionen in den Foramina intevertebralia der unteren HWS-Bewegungssegmente zugrunde. Ein vom Nacken durch die Schulter und den Arm bis in die Fingerspitzen ziehender Schmerz ist führendes Symptom, doch können in Abhängigkeit von der Lokalisation auch sensible oder motorische Störungen auftreten. Von Lähmungen sind vor allem die kleinen Handmuskeln betroffen, so daß eine Abgrenzung gegenüber dem Karpaltunnelsyndrom erforderlich ist.

Osteophyten sowie Bandscheibenvorfall bzw. -protrusion können durch Einengung des Rückenmarkkanals zu einer partiellen Querschnittsymptomatik führen und eine Myelographie bzw. Computertomographie erforderlich machen.

Mit dem zervikozephalen Syndrom wird leicht die basale Impression verwechselt, weil sie ebenfalls zu bewegungsabhängigen Beschwerden – Schwindel, Übelkeit, Nystagmus, Erbrechen und Herzjagen – führt und der Kopf in einer Schiefhaltung fixiert wird. Ursache ist ein Hineinragen des Dens episthrophei in die hintere Schädelgrube durch Einstülpung der knöchernen Umgebung des Foramen occipitale, die auf entsprechender Anlage, aber auch auf einer rheumatischen Entzündung beruhen kann. Die chronische Polyarthritis befällt nicht selten die HWS, was zu Verwechslung mit degenerativen Veränderungen führen kann. Bei rheumatischer Entzündung im Dens-Atlas-Gelenk droht Luxation mit u. U. tödlichem Ausgang; deshalb bedürfen Nackenbeschwerden bei chronischer Polyarthritis, aber auch bei Psoriasis-Arthropathie, immer der Abklärung darauf, ob C1/C2 betroffen sind.

Differentialdiagnostische Maßnahmen sind auch zur Interpretation von Krankheitsbildern im Schulter-Ellenbogen-Handgelenkbereich erforderlich; für die sog. Periarthritis humeroscapularis (s. S. 124), für die Epicondylitis humeroradialis et ulnaris sowie für die Styloiditis werden Irritationen des Sympathikus im HWS-Abschnitt mitverantwortlich gemacht.

Aber auch ein erhöhter Tonus und Verspannungen der Muskulatur in Streßsituationen verursachen hartnäckige Krankheitsbilder – eine Erkenntnis, die für eine erfolgreiche Therapie von großer Bedeutung ist. Diese besteht deshalb neben physiotherapeutischen Maßnahmen auch in psychischer Führung und medikamentöser Behandlung. Vorübergehend kann Ruhigstellung bzw. Entlastung durch einen Zervikalkragen erforderlich werden. Bei Auslösung bzw. Verursachung eines Zervikalsyndroms durch Schleudertrauma ist zunächst immer Ruhigstellung (Schanz-Verband) erforderlich; örtliche Injektionen kommen in Betracht.

Eine Bandscheibenoperation, (ggf. mit Verblockung der benachbarten Wir-

belkörper) ist an der HWS nur bei Nachweis eines Bandscheibenvorfalls und erfolgloser konservativer Therapie angezeigt.
Das chronische funikuläre Syndrom (enger Spinalkanal) wird durch dorsale Randzacken der Wirbelkörper verursacht und führt zu entsprechenden neurologischen Ausfällen; es bedarf ggf. der operativen Erweiterung des Spinalkanals.

Gesichtspunkte der Krankengymnastik

Es ist die Aufgabe der Krankengymnastik, die Behandlung auf die Symptomatik abzustimmen, wobei sowohl durch die degenerativen Veränderungen als auch besonders durch das Alter Grenzen gesetzt sind. Extensionen der HWS sind – wenn überhaupt – nur in milder Form durchzuführen, manuell und nicht in der Glisson-Schlinge. Durch nicht korrekt kontrollierbare Extension besteht die Gefahr von Irritationen, die das Zustandsbild eher verschlechtern können.
Durch Lösen von Weichteilverspannungen, schonende Bewegung und stabilisierende Maßnahmen soll das vorhandene Bewegungspotential ausgeschöpft werden für ein ökonomisches und für den Alltag notwendiges Bewegungsverhalten. Mobilisationen sind zu unterlassen. Entlastungsmöglichkeiten sind angezeigt.

Therapievorschläge

- Ausgangsstellungen
  Die Behandlung findet je nach Zustand in Rückenlage oder Sitz, gegebenenfalls abhängig von der Maßnahme in Seitlage statt. Mit zunehmendem Alter wird der Sitz bevorzugt, bei dem auf eine korrekte Behandlungsposition zu achten ist: ein Stuhl mit gerader, aber möglichst niedriger Rückenlehne, Armlehnen oder Polster zur Abnahme der Armgewichte (Abb. 5), bei vermehrter Abduktion liegen die Oberarme in Verlängerung der Schulterblattebene.
- Physikalische Therapie
  Diadynamische Ströme, Ultraschall, Heiße Rolle nur mit Abtupfen (Vorsicht Herz) zum Lösen von Verspannungen und entsprechender Schmerzlinderung, mittlere Reizsetzung.
- Manuelle Massage der Nacken- und Schultermuskulatur, weich und lösend, am Ende in kaudaler Richtung »ableiten«.
- Therapeutische Lagerung in Rückenlage in Verbindung mit Entspannungstechniken nach Jacobson für Hände, Unterarme, Arme – isoliert und

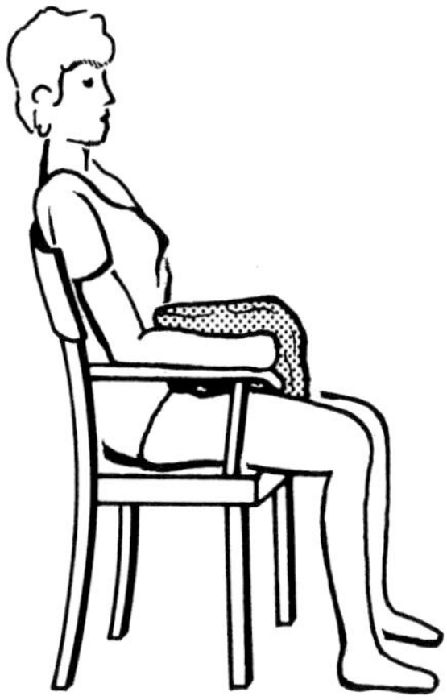
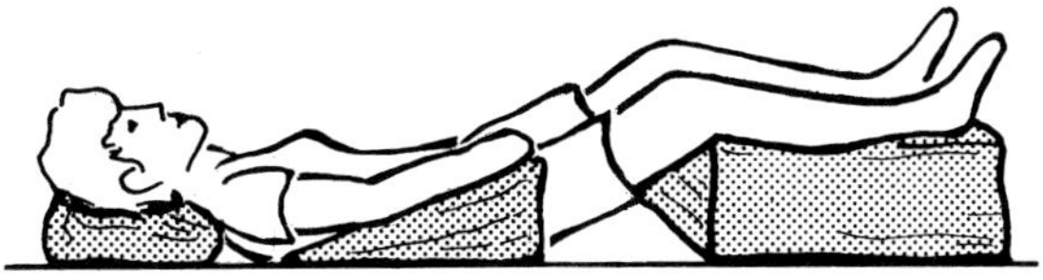

Abb. 5 (links): Sitz mit Polsterung zur Abnahme der Armgewichte.
Abb. 6 (rechts): Therapeutische Lagerung in Rückenlage.

komplex. Auf eine gleichmäßige Atmung ist während der Spannungsphasen zu achten, kein Pressen (Abb. 6).

- Manuelle Extension der Halswirbelsäule mit größter Vorsicht in Rückenlage oder Sitz.
- Bewegen des Kopfes gegen Führungswiderstand zur Erhaltung der noch möglichen Beweglichkeit in Rückenlage oder Sitz.
- Eigenübungen, die schonend die vorhandene Mobilität ausschöpfen: Sitz, Armgewichte abgelegt, Aufforderung, die rechte/linke Halsseite lang zu machen – Entfernung der Distanzpunkte Ohrläppchen und Schulterhöhe (Akromion). Es erfolgt eine mehr oder minder ausgeprägte Rechts-/Linkskonvexität im HWS-Bereich im Sinne der Translation nach lateral. Das gleiche nach dorsal: Langmachen der HWS durch Zurückziehen des Kinns. Langsame Ausführung.
- Stabilisierung im Sitz durch manuelle Widerstände. Diese sind dicht an der HWS zu setzen: auf Höhe des Jochbeins lateral, direkt an der HWS dorsal in kaudal-kranialer Richtung.
- Einweisung in entlastende Ausgangsstellungen im Alltag.
- Einweisung in günstige Lagen im Bett. Besonders in Seitlage muß der Kopf gut unterstützt werden (Schulterbreite auspolstern), der oben liegende Arm ebenfalls.
- Beratung für Halsmanschette, gefertigt aus Schal oder mehrfach zusammengelegtem Handtuch. Diese ist auch bei nicht vom Arzt verordneter Halskrawatte oft nützlich und gerade für unkontrollierte Bewegungen oder Lagen im Schlaf hilfreich.

1.2.2 THORAKALSYNDROM

Dem Thorakalsyndrom liegen altersbedingte und krankhaft verstärkte degenerative Prozesse zugrunde; ein Bandscheibenvorfall verursacht im Brustabschnitt die sog. Interkostalneuralgie. Auch Arthrosen der Kostotransversalgelenke können ein zum Thorakalsyndrom gezähltes Beschwerdebild hervorrufen. Es werden Fernschmerzen an inneren Organen beobachtet, weshalb auch das Thorakalsyndrom eine Abgrenzung von pektanginösen Beschwerden sowie von schmerzhaften Leber- und Gallenerkrankungen verlangt.

Die durch einen Prolaps verursachten gürtelförmigen Brustschmerzen lassen sich durch Extension bessern und verstärken sich bei Drehbewegungen des Rumpfes, zumal diese überwiegend im Brustabschnitt erfolgen. Differentialdiagnostisch müssen Herzinfarkt, Metastasen, Spondylitis und Herpes zoster berücksichtigt werden.

An der Brustwirbelsäule kommt es ähnlich wie im Halsabschnitt zu Blockierungen und wie im Lendenabschnitt zu myostatischen Beschwerden. Schmerzen, die unter kyphotischer Haltung im Thorax auftreten und vor allem in die Brustbeinregion projiziert werden, sind als »Thoraxaufsatzsyndrom« (Brügger) bezeichnet worden. Die Brustbein-Schlüsselbeingelenke sind dann schmerzhaft, ohne Zeichen einer entzündlichen Veränderung aufzuweisen.

Die Behandlung der thorakalen Syndrome ist der des Zervikalsyndroms ähnlich und besteht in schmerzlindernden und entzündungswidrigen sowie entspannenden Maßnahmen und Medikamenten, ggf. in manuellen Techniken bei physikalischer Therapie und krankengymnastischer Übungsbehandlung, die in ein intensives, anhaltendes Muskeltraining übergehen sollte.

1.2.3 LUMBALSYNDROM

Ältere Menschen klagen häufig über Lendenwirbelsäulenbeschwerden, die eine differentialdiagnostische Abklärung erfordern. »Lumbalsyndrom« ist keine Diagnose, sondern eine Zusammenfassung unterschiedlicher Krankheitserscheinungen aufgrund degenerativer Veränderungen der Lendenbandscheiben. Der »osteogene Lendenschmerz« als Folge einer knöchernen Erkrankung (des Wirbelkörpers), wie Osteoporose, muß davon abgegrenzt werden. Seitausbiegungen der Wirbelsäule oder Haltungsfehler verursachen Schmerzen bei statischer Wirbelsäuleninsuffizienz. Urologische und gynäkologische Erkrankungen können mit Kreuzschmerz einhergehen, auch psychische Überlagerung bzw. Verursachung sind zu berücksichtigen.

Das Lumbalsyndrom wird auch im Alter von starken Schmerzen (»Lumbalgie«) und Bewegungseinschränkungen mit fixierter Fehlhaltung (»Ischiasskoliose«) bestimmt.
Das klinische Bild ist von Art und Sitz des degenerativen Prozesses abhängig; ganz überwiegend verursachen Vorfälle der Bandscheiben L4/L5 und L5/S1 das Wurzelreizsyndrom (Abb. 7). Die Behandlung gerade der älteren Patienten ist – außer bei Zunahme neurologischer Ausfälle – konservativ.
Die konservative Behandlung des Lumbalsyndroms gliedert sich in drei Abschnitte, wobei der erste der Entlastung zwecks Rückbildung des Begleitödems im Bereich der Nervenwurzel dient. Es kommen Lagerung im Stufenbett unter gleichzeitiger antiphlogistischer und sedativer Medikation in Betracht.
Der zweite Behandlungsabschnitt, der je nach erzieltem Erfolg schon nach wenigen Tagen einsetzen kann, besteht in physiotherapeutischen und medikamentösen Maßnahmen zur Muskelauflockerung bzw. -entspannung. Zusätzliche Versorgung mit elastischem Mieder kann hilfreich sein.
Bei starker Schmerzhaftigkeit und bei neurologischen Ausfällen ist eine stabilisierende Behandlung, auch Korsettversorgung, oder die Operation (Spondylodese) angezeigt (Abb. 8 a, b). Der dritte Abschnitt hat die Stabilisierung der Wirbelsäule und die Remobilisierung zum Ziel.

Abb. 7: Röntgen-Kontrastaufnahme: Prolaps L4/5, Ischiasskoliose.

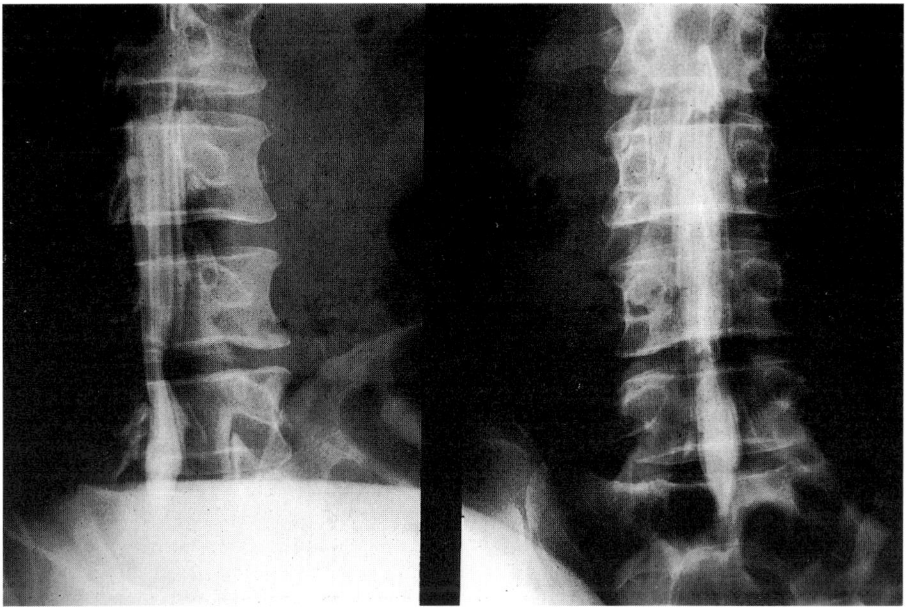

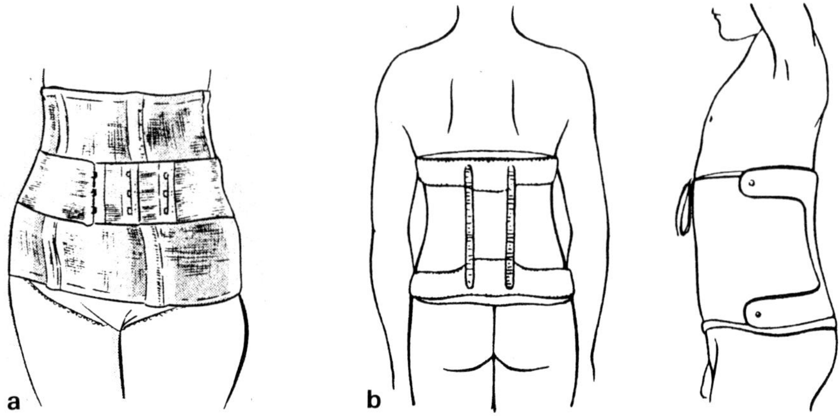

Abb. 8a: Elastisches Mieder (nach Heipertz), (Heipertz-Schmitt, 1984).
Abb. 8b: Konstruktion eines Überbrückungsmieders (nach Hohmann), (Heipertz-Schmitt, 1984).

Operationsindikationen bestehen bei nachgewiesenem medialen Prolaps mit doppelseitiger Symptomatik und bei Blasen-Mastdarmstörung, die sonst irreversibel wird, sowie bei Nervenwurzelschädigung im Sakralbereich (Caudalähmung durch Bandscheibenvorfall). Eine Caudalähmung äußert sich in Reithosenanästhesie, Lähmungen der Fußsenker und der kleinen Fußmuskulatur sowie in einer Entleerungsstörung von Blase und Mastdarm.

Das Facettensyndrom (Einengung von Recessus oder Foramen intervertebrale) verursacht ein dem Bandscheibenvorfall ähnliches Krankheitsbild dadurch, daß die arthrotischen Exophyten zur Nervenwurzelreizung führen. Diese Schmerzen bessern sich unter Ruhe und stehen als Ursache einer Ischialgie im höheren Lebensalter gegenüber dem Bandscheibenvorfall im Vordergrund; das Lasègue-Zeichen kann hier negativ oder nur endgradig positiv sein, im Röntgenbild zeigen sich verminderte Bandscheibenhöhe und Spondylarthrose.

Als Wirbelgleiten (Spondylolisthesis) wird eine Wirbelkörperverschiebung nach vorn auf Grund einer Unterbrechung der knöchernen Wirbelbögen zwischen oberem und unterem Gelenkfortsatz (Spondylolyse) bezeichnet; diese meist anlagebedingte Störung bleibt zunächst beschwerdefrei und stellt – ähnlich wie Assimilationsstörungen am lumbosakralen Übergang – einen Nebenbefund dar, kann aber im Alter Beschwerden verursachen. Sie wird auch auf Mikrotraumen, wie sie bei vielen Sportarten durch Überstrekkung vorkommen, zurückgeführt; in jüngeren Jahren ist sie durch das

Abb. 9: Morbus Baastrup (Osteoarthrosis interspinosa), (Heipertz-Schmitt, 1984).

»Muskelkorsett« kompensiert. Typisch ist Hohlkreuz mit einer oft oberhalb des Gleitwirbels tastbaren Stufenbildung.
Als Baastrup-Syndrom (Abb. 9), »kissing spines«, werden Schmerzen bezeichnet, die bei starker Lendenlordose durch Berührung der Dornfortsätze hervorgerufen werden; Irritationen des interspinalen Bandapparates können zu »nearthrotischen Veränderungen« mit Randsklerosen an den Dornfortsätzen im Sinne eines Abstützungsversuches führen.
Die Ursachen des Hohlkreuzes sind vielfältig. Sie können in Bandscheibenverschmälerungen sowie Wirbelkörperverformungen und vor allem in einer Änderung der Gesamtstatik (juvenile Kyphose des Brustabschnittes mit kompensierender Hyperlordose des Lendenabschnittes) gesehen werden. Isometrische Übungen für die Rumpfmuskulatur (Schaffung eines »Muskelkorsetts«) stehen im Vordergrund der Therapie.

Gesichtspunkte der Krankengymnastik

Es wird auf die degenerativen Prozesse im Alter mit ihrer speziellen Problematik eingegangen. Eine Behandlung nach operativen Eingriffen entspricht mit gewissen Einschränkungen derjenigen bei jüngeren Patienten und wird nicht aufgezeigt. Das Thorakal- und Lumbalsyndrom ist von krankengymnastischer Seite in einer Gesamtheit zu sehen und wird nicht getrennt aufgeführt.
Das für den Patienten größte Problem sind seine Schmerzen. Es gilt, diese zu mildern, zu beheben, einer Verstärkung vorzubeugen. Es sollen Verhaltensweisen vermittelt werden, durch die sich der Patient auch selbst helfen kann, die ihm seine Alltagsarbeit erleichtern, ihn weitgehend unabhängig machen von fremder Hilfe und somit eine positive Einstellung zum Dasein geben.

Therapievorschläge

- Physikalische Therapie: Wärmeanwendungen, Hydrotherapie, Elektrotherapeutische Anwendungen – mit mittlerer Reizsetzung
- Lagerungen
  - ✧ Entspannungslagerung in Rücken- oder Seitlage.
    Die Gewichte der Extremitäten werden abgenommen, d. h. Arm/e und Bein/e werden durch entsprechende Kissen unterstützt. Häufig ist dadurch bereits eine Schmerzlinderung zu erreichen.
  - ✧ Therapeutische Lagerung in Form flacher Rückenlage.
    Ein alter Mensch ist oft nicht mehr in der Lage, eine flache Rückenlage einzunehmen. Für Übungszwecke, verbesserte Atmung und als Prophylaxe gegen fortschreitende Kyphosierung sollte diese Lage wieder erlernt werden (Abb. 10).
    Vorgehen: Im Laufe mehrere Behandlungen allmählicher Abbau des erhöhten Kopfteils der Liege oder des Bettes. Der Kopf muß auch bei flacher Lage weiterhin unterstützt werden. Die Arme werden – in jeder Schrägposition bereits beginnend – diagonal über den Kopf in Flexion/Abduktion abgelegt, entsprechende Kissenunterstützung muß gegeben werden, bei Atemnot oder Herzbeschwerden nur für kürzere Zeit.
    Wirkung:
    Streckung der gesamten WS,

Abb. 10: Stufenweiser Übergang zur flachen Rückenlage.

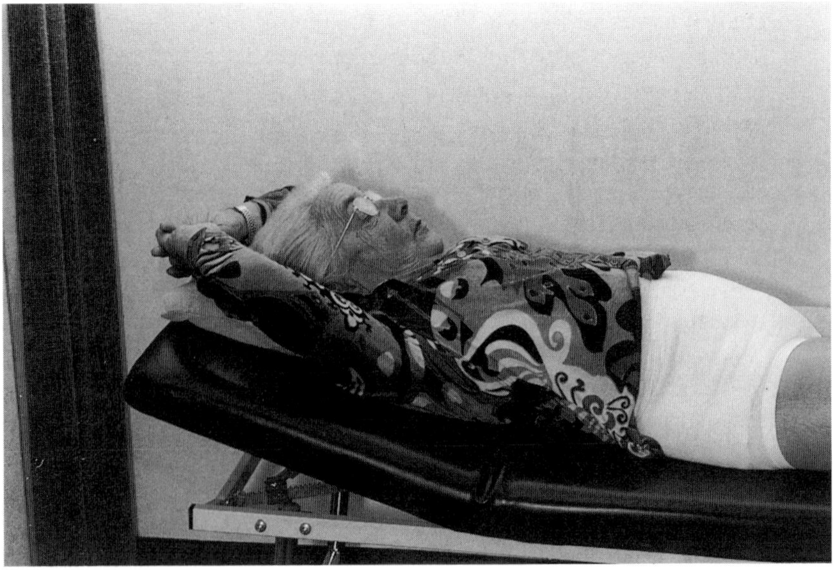

Dehnung der Bauchmuskulatur, die auch bei scheinbarem Hypotonus durch eine gebeugte Haltung auffallend verkürzt ist,
»Freiwerden« des Thorax,
Einschränkungen in der Schulterbeweglichkeit können dabei korrigierend einbezogen werden.
Für den alten Menschen bedeutet diese Maßnahme oft ein wohltuendes Erlebnis, da er eine solche Lage gar nicht mehr kennt.

- Massage der Rückenmuskulatur in Seitlage, korrekt gelagert.
  Auch wenn der Patient noch die Bauchlage einnehmen kann und die Behandlungsbank eine Gesichtsöffnung hat, so ist es ihm i. a. für längere Zeit nicht möglich, entspannt zu liegen. Eine Seitdrehung des Kopfes in Bauchlage sollte ebenso nicht für längere Zeit gefordert werden. Weiche, die Durchblutung anregende und lösende Griffe kommen zur Anwendung. Steigerung des Wohlbefindens wird erreicht.
- Übungsauswahl zur Tonisierung/Kräftigung der Rumpfmuskulatur sowie Dehnung verkürzter Strukturen.
  Stabilisierung der Wirbelsäule.
  - ✧ Rückenlage, PNF-Pattern mit jeder Extremität unter Einschaltung der Mittelgelenke.
    Technik: Rhythmische Initiierung. Langsame Umkehr mit Halt am Ende der Bewegungsbahn, rhythmisch und zügiges Tempo.
    Wirkung: allgemeine Mobilisierung, Bewegungsempfinden bzw. -vorstellung wird angesprochen. Die Muskulatur wird aktiviert, durch Halt am Ende der Bewegung erfolgt weiterlaufend eine Spannung der Rumpfmuskulatur.
  - ✧ Hubfreie Mobilisation der LWS in Richtung Lateralflexion aus Rückenlage, kleines Bewegungsausmaß.
  - ✧ Drehen aus Rücken- in Seitlage en bloc und zurück.
  - ✧ Seitlage, freies Bewegen des oberen Armes und Beines, Flexion und Extension gleich- und gegenläufig.
  - ✧ Hubfreie Mobilisation der LWS in Richtung Flexion und Extension aus Seitlage.
  - ✧ Aufsetzen aus der Seitlage mit relativ steif gehaltener WS.
  - ✧ Stabilisation des Rumpfes im Sitz auf Hocker oder Stuhl: Sitzhöhe muß mindestens der Länge der Unterschenkel entsprechen, Beine in leichter Abduktion, Füße sicher aufgestellt. Die WS wird gestreckt, die KG setzt rumpfnah beginnend Druck in Richtung Flexion/Extension, Lateralflexion, Rotation, der mit Halt beantwortet werden muß. Achtung Atmung, Pressen vermeiden.
  - ✧ Eigenstabilisation über rasche/gebremste Bewegungen der angewinkelten Arme in allen drei Bewegungskomponenten.

- ✧ Strecken-Recken-Dehnen im Sitz: Ausnützen der gewonnenen Bewegungsfreiheit ohne und mit Gerät (Strumpfzopf).
- ✧ Hubfreie Rotation in größtmöglicher Streckung der WS im Sitz, Armgewichte abgenommen (Ablegen der Hände auf dem Sternum).
- ✧ Atemübungen mit betonter Brustkorbbewegung.
- ✧ Sitz auf dem Pezzi-Ball mit Halt an Sprossenwand, Stuhl o. ä. Mobilisation der LWS, weiterlaufend auf BWS, ruhiges Tempo und kleines Bewegungsausmaß (Abb. 11a, b u. 12). Bei Sicherheit, festem Stand der Füße auf dem Boden, Stabilisation durch Wippen. Eine gute Aufrichtung der WS ist dafür Voraussetzung.

– Selbsthilfe und Alltagstraining
- ✧ Wechsel von Positionen: Liegen-Sitz-Stand.
- ✧ Gehen mit aufrechter Haltung und Arm-Gegenschwung, bei Stockbenutzung dessen korrekte Einstellung.
- ✧ Rückenschonendes Bücken mit stabilisierter Wirbelsäule; Abstützen an Gegenständen oder am eigenen Körper.
- ✧ Besprechung und Planung von Möglichkeiten für den Alltag: Hausarbeit, Anordnung von Gegenständen, Entlastungsmöglichkeiten.
- ✧ »Aktivitäten-Training« zur Erhaltung der gebesserten Situation.

Abb. 11a, b: Schonende Mobilisation der LWS in Richtung Flexion/Extension.

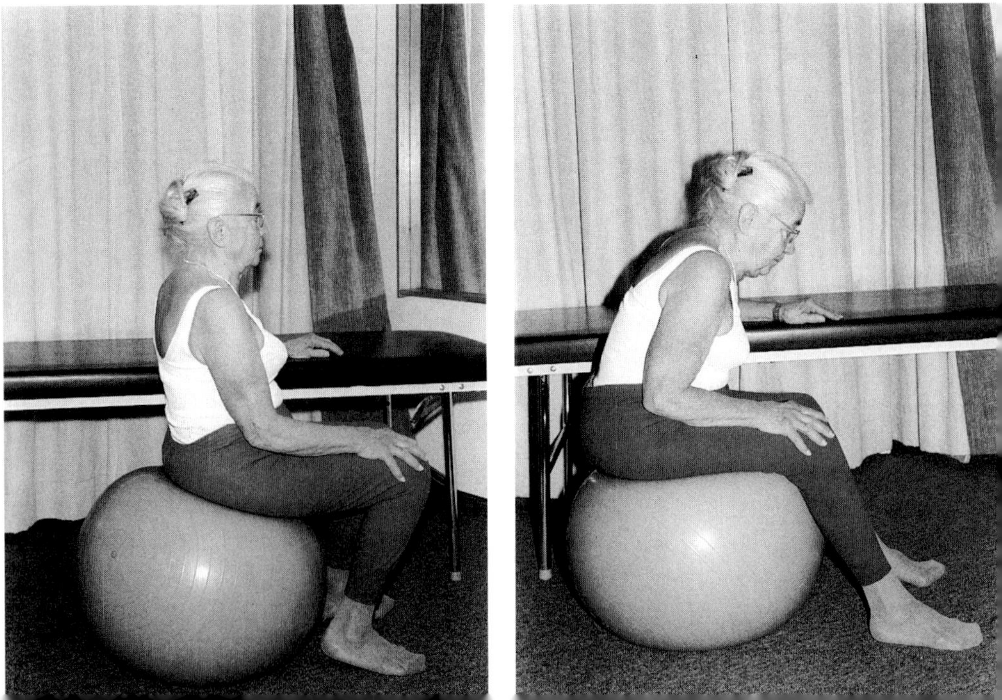

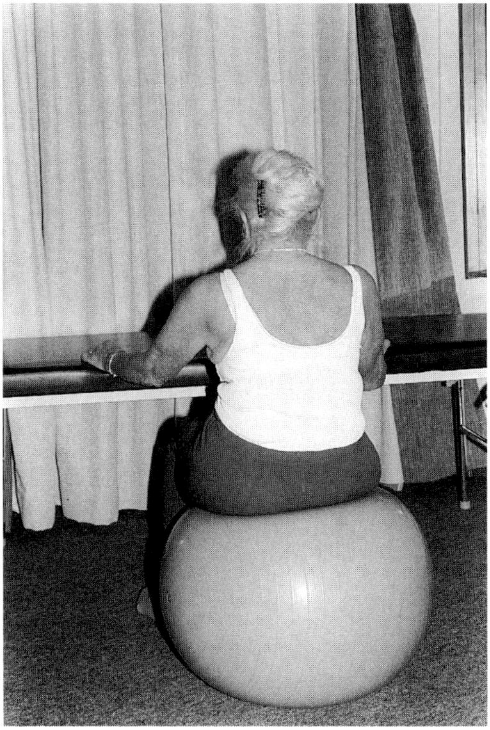

Abb. 12: Mobilisation der LWS in Richtung Lateralflexion.

1.3 Sonstige Wirbelsäulenerkrankungen

1.3.1 OSTEOPOROSE

Die Osteoporose ist Folge eines Knochenabbaues, der den Knochenanbau übertrifft; dieses Verhältnis wird als »Umbaubilanz« bezeichnet und ist während des Wachstums positiv, später ausgeglichen und beginnt im vierten Lebensjahrzehnt negativ zu werden. Das Knochengewebe ist nicht nur ein »Gerüst« für Haltung und Bewegung des Körpers, sondern mit seinem ständigen An- und Abbau auch ein wichtiges Stoffwechselorgan, das Speicherfunktionen erfüllt und ein immer in Bewegung befindliches Mineraldepot darstellt. Altersbedingte Kalksalzminderung ist ein physiologischer Vorgang und beruht auf einer Verminderung der Knochenbälkchen; sie ist röntgenologisch erst nachzuweisen, wenn schon über 30% des Knochenkalks geschwunden sind.
Von der Altersosteoporose muß die Osteoporose als Krankheit unterschieden werden; sie kann auf hormonellen Störungen, Entzug von Elektrolyten

Abb. 13: Typische Strukturunterschiede: normal – Osteomalazie – Osteoporose (Heipertz-Schmitt, 1984, modif.).

und Vitaminen beruhen, aber auch Folge einer medikamentösen Behandlung (Cortisonpräparate!) sein. Vermehrter Knochenabbau kann durch Auszehrung (Kachexie, Tumoren) bedingt sein, mangelnder Knochenanbau durch Verdauungsinsuffizienz und Resorptionsstörungen (Mißbrauch von Arzneimitteln). Es wird auch eine Beeinträchtigung der Knochenmatrixbildung durch Eiweißstoffwechselstörung verantwortlich gemacht.
Die Osteoporosekrankheit erfordert eine entsprechende Behandlung, die medikamentös in den Umbauprozeß des Knochens eingreift (Natriumfluoridpräparate, Oestrogene u. a.). Von größter Bedeutung ist die physikalische Therapie mit dem Ziel einer besseren Blutversorgung sowie einer Kräftigung der Muskulatur. Zusätzlich und eventuell vorübergehend kann die Versorgung mit einer Rumpforthese angebracht sein, dies vor allem bei Vorliegen osteoporotischer Frakturen.
Ähnlich verhält es sich mit Beschwerdebild, Befund und Behandlung der Osteomalazie bei spezifischen Krankheitsursachen (D-Hypervitaminose, Hungerosteopathie) und auch von Mischformen, die im Alter möglich sind (Abb. 13).
Differentialdiagnostisch ist von Bedeutung, daß die Altersathrophie das ganze Skelett betrifft, während die pathologischen Formen der Osteoporose im Bereich des Stammskeletts beginnen und zentrifugal fortschreiten. Im Bereich der Brustwirbelsäule werden die ersten osteoporotischen Wirbelzusammenbrüche mit Keildeformierungen beobachtet. Diese führen zu einer akuten Verschlimmerung der bei Osteoporose bestehenden Rückenschmerzen. Die Patienten klagen auch über schnelle Ermüdung sowie über zunehmende Verkrümmung. Diese wiederum kann in den benachbarten Abschnitten zu verstärkter Lordosierung und damit zu einem Zervikal- oder Schulterarmsyndrom führen.
Bei frühzeitigem Auftreten und großer Schmerzhaftigkeit wird von präseniler Osteoporose gesprochen.

Gesichtspunkte der Krankengymnastik

Der Behandlungsansatz entspricht dem der degenerativen Wirbelsäulenerkrankungen, doch sind mobilisierende Maßnahmen, ausgenommen die der Streckung der Wirbelsäule, zu vermeiden.

Die Behandlung muß die verminderte Belastbarkeit und die Frakturbereitschaft osteoporotischer Wirbel und Knochen berücksichtigen.
Es gilt somit als Zielsetzung
- Schmerzlinderung
- Stabilisation der WS in einer möglichen Streckstellung
- Akzeptanz eines Stützkorsetts
- Stabilisierung von Atmung und Kreislauf.

Therapievorschläge

- Lagerungen s. S. 116
- Extremitätenbewegungen in Rücken- und Seitlage geführt und allein.
- Entspannungsmaßnahmen für den i. a. durch Schmerz und das Krankheitsgeschehen gestreßten Menschen: Lagerung, Atmung, Muskelrelaxation, Lösungstherapie.
- Stabilisation der WS über statische Muskelarbeit, direkte Reizsetzung am Rumpf, Becken- und Schultergürtel in Rücken- und Seitlage (Abb. 14 a, b). Wenn das Empfinden vorhanden ist, empfehlen sich PNF-Schulterblatt- und Beckenpattern in Kombination, Technik Rhythmische Stabilisation in langsamer Ausführung, die Spannung muß aufgebaut und sorgfältig wieder gelöst werden, kein abruptes »locker lassen«.
- Weiterlaufende Spannung erzielen über dynamische und statische Extremitätenarbeit.
- Eigenstabilisation s. S. 117.

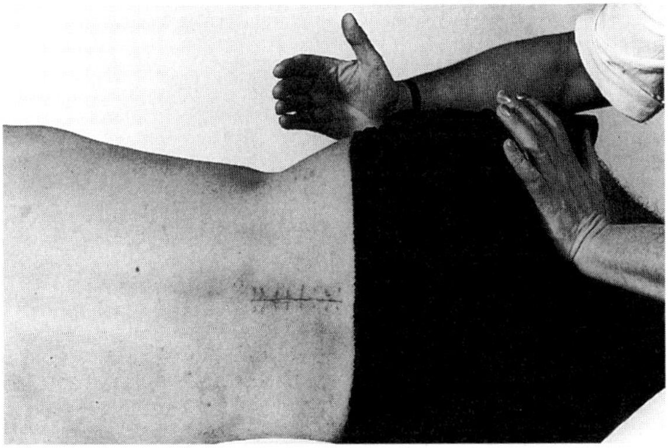

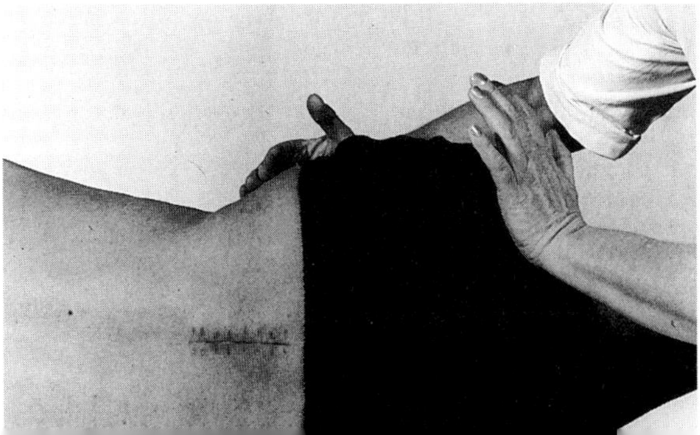

Abb. 14 a, b: PNF-Beckenpattern – Rhythmische Stabilisation.

- Üben von Lagewechsel mit stabilisierter WS.
- Bei Korsettversorgung ist die Behandlung zusätzlich auf den Umgang mit diesem abzustimmen:
  - ✧ An- und Ablegen des Korsetts erlernen, nach Möglichkeit im Liegen. Für die Patienten ist dieses oft ein ungeliebtes Manöver, doch ist die Wirbelsäule in dieser Position am besten gestreckt zu halten, d. h. ohne Einwirkung der Schwerkraft.
  - ✧ Erhalten der freien Beweglichkeit der rumpfnahen Gelenke, bes. Hüftgelenke/Extension.
    Entspannungstechniken für die Hüftflexoren sollten nur in Seitlage durchgeführt werden. Massive-Gewichtsbelastung auf die Femura ist zu vermeiden. Die Osteoporose betrifft nicht nur die Wirbelsäule!
- Üben des An- und Auskleidens.
- Üben aktueller Situationen im Alltag bez. der Ökonomie und Geschicklichkeit: Positionswechsel, Sitz auf Stuhl, Sessel, im Auto, Ein- und Aussteigen.
- Atemübungen zur Erhaltung der potentiellen Beweglichkeit des Brustkorbs und einer gewissen Leistungsfähigkeit (Treppensteigen mit Steigerung).
- Enge Kooperation mit der Ergotherapie.

1.3.2 TUMOREN

Während gutartige und bösartige primäre Geschwülste der Wirbelsäule selten sind und sich wegen ihrer anfangs uncharakteristischen Symptome nur schwer differentialdiagnostisch gegen degenerative und entzündliche Wirbelsäulenerkrankungen abgrenzen lassen, spielen Tumormetastasen an der Wirbelsäule eine große Rolle; sie werden vor allem bei Prostata-, Mamma- und Nierenkarzinom beobachtet.
Schmerzen in der betroffenen WS-Region sind ein erstes Zeichen und die Folge einer Nervenwurzelreizung bzw. -quetschung oder einer Beeinträchtigung des Rückenmarks durch den Tumor. Pathologische Frakturen sind häufig, doch sind auch beschwerdefreie Metastasenbildungen möglich.
Das überwiegend in der zweiten Lebenshälfte auftretende Plasmozytom äußert sich mit Müdigkeit, Schwäche und Frakturen, zunächst oft nur mit uncharakteristischen Beschwerden, die als Rheuma oder Lumbago fehlgedeutet werden können. Leukämie führt zu Osteoporose der Wirbelsäule und Impressionsfrakturen; häufig wird die Wirbelsäule auch beim Lymphogranulom mitbefallen.
Die Behandlung der Wirbelsäulentumoren hat Lokalisation und Ausdehnung sowie die Art des Primärtumors zu berücksichtigen. Eine operative

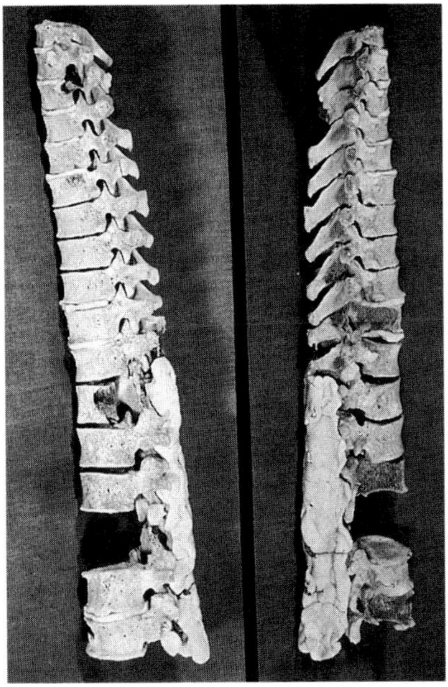

Abb. 15: Wirbelsäulenpräparat nach temporärer Stabilisierung mit Knochenzement.

Stabilisierung der Wirbelsäule (Spondylodese) kommt zur Vorbeugung eines Zusammenbruchs mit möglicher Querschnittlähmung in Betracht (Abb. 15); sonst dient Korsettversorgung der Abstützung und Schmerzlinderung. Die krankengymnastischen Maßnahmen orientieren sich an der jeweiligen ärztlichen Behandlung und schließen immer Embolie- und Thromboseprophylaxe sowie statisches Muskeltraining ein.

Gesichtspunkte der Krankengymnastik

Ärztliche Versorgung, lokaler Befund (Muskulatur, Gelenksituation/en) und allgemeine Kondition bestimmen die Maßnahmen.
Die Zielsetzung ist:
- Stabilisierung der geschädigten Segmente
- Schaffung günstiger Kompensationen lokaler Funktionsverluste
- Schulung eines für den Alltag nutzbaren Bewegungsverhalten (s. Osteoporose).

1.3.3 SPONDYLITIS

Als Spondylitis wird eine Wirbelentzündung bezeichnet, die akut oder chronisch verlaufen kann; abgesehen von der exogen (z. B. durch Injektion oder Eingriff) verursachten Spondylitis entsteht sie hämatogen, wie die tuberkulöse Wirbelentzündung. Diese als spezifische Spondylitis bezeichnete chronische Entzündung tritt trotz allgemeinen Rückgangs der Wirbelentzündungen auch noch im Alter auf, seltener die luetische und die durch

Echinokokkuszysten oder Knochenmykosen verursachten. Die Erreger, die auf dem Blutweg dorthin gelangen (und sich deshalb zunächst im Knochen und nicht im Bandscheibengewebe ansiedeln), bilden einen Entzündungsherd im Wirbelkörperdeckplattenlager mit Eiter- und Abszeßbildung sowie Einschmelzungen mit der Gefahr von Lähmungen.
Die Diagnostik der Spondylitis tuberculosa, wie auch anderer auf bakteriellen Infektionen beruhenden Wirbelentzündungen, ist dadurch erschwert, daß entzündliche Erkrankungen bei alten Menschen oft nur mit geringen Krankheitserscheinungen einhergehen! Sonst weist zumindest die akute (unspezifische) Spondylitis die Zeichen einer heftigen Entzündung mit entsprechenden Temperaturen, Schmerzen und Funktionsstörungen, auch Reizerscheinungen der Nervenwurzeln auf. Es kann zu Ausbildung von Abszessen und zu Meningitis mit entsprechenden Symptomen kommen. Röntgenaufnahmen lassen die Kalksalzminderung in den betroffenen Wirbelsäulenabschnitten, die zunehmende Destruktion mit Verformung der Wirbelkörper und Einschmelzung des Zwischenwirbelraumes erkennen.
Die Behandlung der spezifischen wie der unspezifischen Spondylitis ist bis in das hohe Alter vorwiegend operativ; vorübergehend – und bei konservativem Vorgehen längerfristig – ist Ruhigstellung (Gipsliegeschale, reklinierendes Korsett) erforderlich. Hohe Anforderungen werden an die begleitende Krankengymnastik gestellt; sie muß in erster Linie die Belastbarkeit des Stützorgans berücksichtigen. Besonders wichtig ist die Physiotherapie in der Phase der allgemeinen Mobilisierung. Diese beinhaltet die Stabilisierung (Schulung) der Herz-Kreislauf-Funktionen und Verbesserung der Atemkapazität. Bei längerer Liegezeit muß einer Inaktivitätsatrophie der Muskulatur vorgebeugt werden. So sollte zumindest die Beinmuskulatur und die für Stützfunktionen notwendige Armmuskulatur in Aktion gehalten werden. Weitere Gesichtspunkte und Ziele entsprechen denen bei Tumoren.

2 OBERE GLIEDMASSEN

2.1 Schultersteife

Schultersteife und Schulterteilsteife können sehr unterschiedliche Ursachen haben; am häufigsten handelt es sich bei dem oft schmerzhaften Leiden um eine ›Periarthropathia humeroscapularis‹, auch ›Periarthritis h. sc.‹ genannt. Damit wird ein unterschiedlich verursachter Schmerzzustand der Schulter bezeichnet, der am häufigsten auf degenerativen Veränderungen der Rotatorenmanschette (Mm. subscapularis, supraspinatus, teres minor, infraspinatus) und des umgebenden Gleitgewebes (Bursen, Sehnenscheiden, lange Bizepssehne) beruht.

Verschleißerscheinungen der Rotatorenmanschette sind durch die anatomischen und funktionellen Gegebenheiten begründet: Das Schultergelenk ist ein Kugelgelenk mit kleiner Gelenkpfanne und bedarf der Muskelführung sowie zusätzlicher Verstärkung durch Bänder. Großer Bewegungsumfang, Raumenge und Häufigkeit kleinerer Verletzungen (Mikrotraumen) fördern degenerative Veränderungen in der Gelenkkapsel und in den verstärkenden Weichteilen (Muskeln, Sehnen, Bänder und Schleimbeutel). Dagegen ist die Arthrose des Schultergelenkes selbst (Omarthrose) selten, da es sich um ein statisch nicht belastetes Gelenk handelt.

»Periarthritis humeroscapularis« (ursprünglich auf die posttraumatische Schultersteife bezogen) ist als Sammelbegriff für die unterschiedlich verursachten Schmerzzustände der Schulter klinisch brauchbar, denn sie laufen alle zunächst unter dem Bild der Entzündung ab. Die Symptome bestehen in Bewegungs- und Ruheschmerz sowie Bewegungseinschränkung. Dies kann zu einer (Teil-)Versteifung des Schultergelenks mit fibrösen Veränderungen der Gelenkkapsel und der Weichteile führen; dann kommt es zu Muskelatrophie und im weiteren Verlauf auch zu Knochenatrophie (Abb. 16). **Die Periarthropathia humeroscapularis** tritt bei einem Drittel der Patienten im sechsten Lebensjahrzehnt und bei einem weiteren Drittel im darüberliegenden Alter erstmals auf – es handelt sich also um eine typische Erkrankung des älteren Menschen. Sie läßt vier Erscheinungs- und Verlaufsformen unterscheiden:

a) Die »einfache Periarthritis«, die durch nächtlichen Spontanschmerz beim Liegen auf der kranken Seite sowie durch Abduktions- und Rotationsschmerz charakterisiert ist. Die Störung der aktiven Beweglichkeit

Abb. 16: Kalksalzminderung des Oberarmkopfes und Bursitis calcarea bei 60jähriger Patientin.

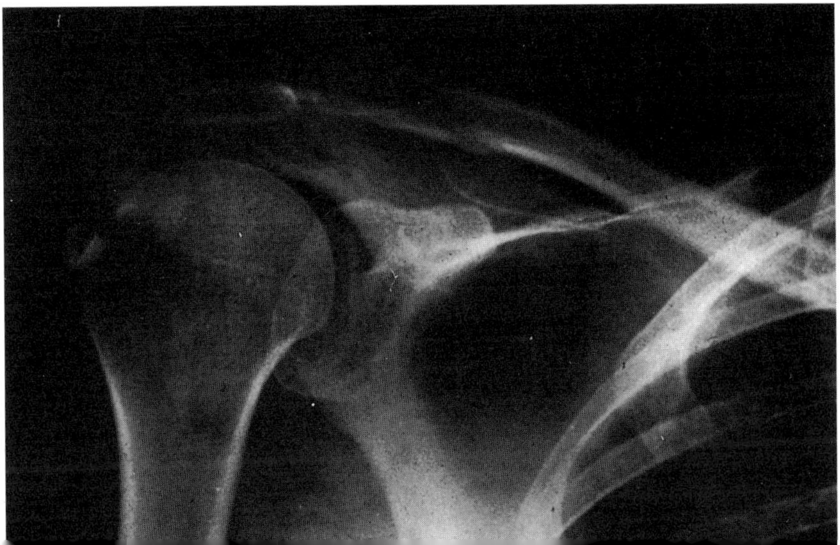

steht im Vordergrund; Bizepssyndrom und Supraspinatussyndrom lassen sich voneinander abgrenzen.

b) Die »akute Schultersteife«, eine aufgrund plötzlich und heftig auftretender, manchmal bis in die Fingerspitzen ausstrahlender Schmerzen funktionsunfähige Schulter; oft liegen Druckschmerzhaftigkeit und Überwärmung der Schulterregion vor, die auf entzündliche Vorgänge in den Weichteilen, vor allem in den Schleimbeuteln und der Umgebung von Sehnenverkalkungen zurückgeführt werden.

c) Die »pseudoparalytische Schultersteife«, die auf einer Ruptur der Rotatorenmanschette aufgrund plötzlicher Kraftentfaltung, Schulterbelastung oder Sturz beruht; bei passiv freier Beweglichkeit kann der angehobene Arm nicht aktiv gehalten werden.

d) Die »ankylosierende Schultersteife« als Folge fibröser Verklebungen und einer Schrumpfung der periartikulären Weichteile, oft bedingt durch Verletzungen.

Zum besseren Verständnis seien folgende anatomisch-funktionelle Hinweise gegeben:

Die Armhebung, die zu etwa ⅔ im Oberarm-Schulterblattgelenk und ⅓ durch Bewegung zwischen Schulterblatt und Brustkorb ausgeführt wird, ist ein komplexer Vorgang, der ein Zusammenwirken des Schultergelenks mit sog. Nebengelenken erfordert:

a) Akromioklavikulargelenk (laterales Schlüsselbeingelenk)
b) Thorakoskapulares Nebengelenk (Weichteile zwischen Thorax und Skapula)
c) Subakromiales Nebengelenk, der Raum zwischen dem Tuberculum majus des Oberarmkopfes und dem thorakoakromialen Bogen des Schulterblatts; seine Funktion ist bei der Armhebung wichtig, die ein gleichzeitiges Tiefertreten des Oberarmkopfes verlangt.

Die Abspreizung des Armes wird durch den M. supraspinatus gestartet und durch den M. deltoideus fortgeführt, der gleichzeitig mit der Abduktion den Oberarmkopf nach kranial verschiebt. Diese Bewegung bedarf der Kompensation durch eine intakte Rotatorensehnenplatte (Abb. 17). Wenn diese infolge eines degenerativen Schadens ausfällt, entsteht bei der Armhebung hoher Druck zwischen dem Tuberculum majus und dem subakromialen Bogen, der eine weitere Schädigung des Sehnengewebes zur Folge hat. Es handelt sich ja um ein bradytrophes und – wegen des Fehlens von Blutgefäßen – auf Stoffwechsel durch Diffusion angewiesenes Gewebe. Das und die biomechanischen Störungen erklären die häufigen mechanischen Reizungen, die sich in Bursitis, Peritendinitis, Verklebungen und Rupturen äußern und schließlich zu Eröffnungen der Bursa subacromialis als einer Ursache der akuten Schulterteilsteife führen.

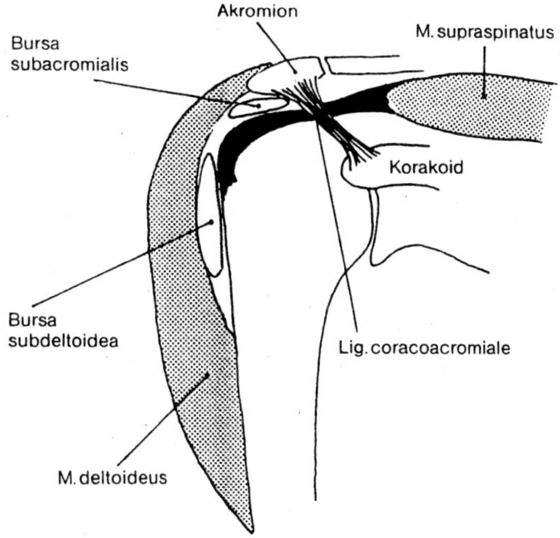

Abb. 17: Schulter a. p. mit Rotatorenmanschette; die Supraspinatussehne zieht durch den engen subakrominalen Raum (Krämer, 1989).

Häufig werden bei schmerzhafter Schulterteilsteife Verschleißerscheinungen der Halswirbelsäule festgestellt, deren pathogenetische Bedeutung unterschiedlich gesehen wird. Der Vielfalt krankheitsauslösender und -unterhaltender Faktoren entsprechen vielfältige Behandlungsmöglichkeiten. Der nicht seltenen Therapieresistenz stehen gelegentliche Spontanheilungen gegenüber.

Die Therapie muß gegen den Übergang der Periarthralgie in eine chronische Schultersteife angehen und besteht nach vorübergehender Ruhigstellung (in Abduktion!) bei entzündlichem Schmerz und nach differentialdiagnostischer Abklärung (bakterielle Entzündung? lokale Knochenerkrankung? u. a.) in physiotherapeutischen Maßnahmen. Zunächst kommen Kälteapplikationen und antiphlogistische Medikamente in Betracht, bei hartnäckigen Schmerzzuständen auch einzelne örtliche Injektionen cortisonhaltiger Präparate.

Wenn sich eine chronische Schultersteife entwickelt, sind zusätzlich Muskelrelaxantien und u. U. auch Mobilisation in Narkose angezeigt; bei Rupturen kann operatives Vorgehen (arthroskopischer Eingriff) erfolgen. Kalkeinlagerungen im Ansatz der Supraspinatussehne sowie in Bursen sind Begleiterscheinungen, die sich zurückbilden und nur ausnahmsweise gezielter Maßnahmen bedürfen.

Der Riß der langen Bizepssehne als Folge degenerativer Veränderungen und einer unangepaßten Kraftentfaltung bedarf beim älteren Menschen keiner operativen Versorgung; er hinterläßt keine wesentliche Kraftminderung. Ohne Bedeutung ist das schmerzfreie Schulterkrachen.

Im subakuten und chronischen Stadium der Periarthritis humeroscapularis hat sich zusätzlich zu physikalischen Maßnahmen ein elastischer Schulter-

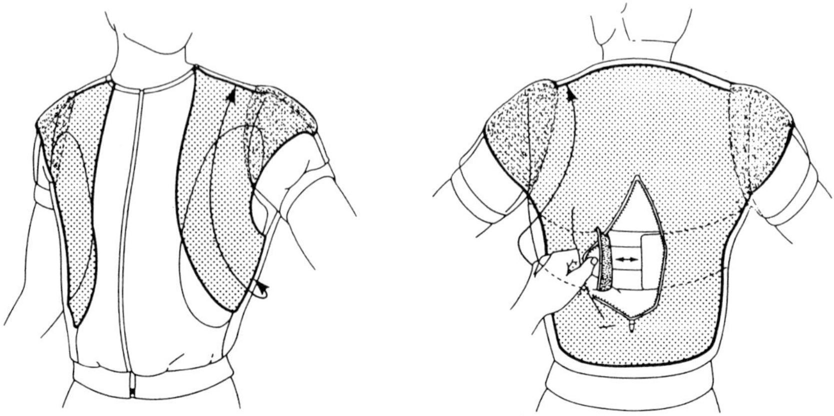

Abb. 18: Elastischer Schulterzügel (nach Heipertz).

zügel (Abb. 18) bewährt, der ohne Immobilisierung schmerzlindernd und damit funktionsfördernd wirkt. Zur Klärung der Mitverursachung von Beschwerden durch ein Zervikobrachiales Syndrom, das eine Erweiterung der Therapie erforderlich macht, dient die Abgrenzung des Beschwerdebildes (s. Tabelle).

Differentialdiagnose zwischen PHS und zervikobrachialem Syndrom (CBS)

PHS	CBS
An der Schulter lokalisierter Schmerz	Diffuser Schulter-Nacken-Schmerz
Diffuser Armschmerz, keine Parästhesien	Segmental lokalisierbarer Armschmerz, Parästhesien
Schmerz abhängig von Schulterbewegungen	Schmerz abhängig von HWS-Bewegungen
Nächtlicher Schmerz nur beim Liegen auf der kranken Schulter	Nächtlicher Schmerz in jeder Lage

Psychische Überlagerung spielt bei der Periarthritis humeroscapularis eine große Rolle und erklärt in allen Altersstufen das Auftreten der Schulterteilsteife selbst nach geringfügigen Traumen.
Auffälligkeit im Betragen, von Befund und Verlauf lassen an psychische Überlagerungen und beim älteren Patienten auch an endogene Depression denken. Die Periarthritis humeroscapularis ist eine psychosomatische Erkrankung, und Streßsituationen können sich – ebenso wie beim Zervikobrachialen Syndrom – nachteilig auswirken. Dann werden Beschwerden unterhalten, die über die organisch bedingten hinausgehen und psychische

Entlastung sowie psychologische Führung erfordern. Hier bewährt sich die ›Bündelung‹ der Maßnahmen im Rahmen einer Badekur oder eines stationären Heilverfahrens. Solche rehabilitativen Maßnahmen, die bei jüngeren Menschen mit dem Ziel der Wiedereingliederung in den Arbeitsprozeß erfolgen, sind bei älteren Menschen angezeigt, um sie zur weiteren Selbständigkeit zu befähigen und Pflegebedürftigkeit zu vermeiden.

Gesichtspunkte der Krankengymnastik

Die Behandlung unterscheidet sich im wesentlichen nicht von der klassischen Behandlung jüngerer Patienten. Sie muß auf Verträglichkeit abgestimmt werden; das gilt insbesondere auch für evtl. Eisanwendungen.
Es ist zu entscheiden, ob es sinnvoll ist, dem alten Patienten eine schmerzhafte und anstrengende Behandlung zuzumuten, um das eigentliche Therapieziel – ein voll bewegliches Schultergelenk – zu erreichen, oder ob die Behandlung so zu gestalten ist, daß er wieder einen für den Alltag gebrauchsfähigen Arm erlangt. Dabei ist auch die Hygiene der Achselhöhle einzubeziehen.

Therapievorschläge (s. auch S. 131)

- Manuelle Traktionen des Schultergelenkes, sofern sie vom Patienten toleriert werden. Das gilt auch für evtl. Fixationsgurte.
- Mobilisation des Schulterblattes.
- Gleitmobilisationen für die Sterno- und Akromioklavikular-Gelenke.
- Dehnlagerungen in Rücken- und Seitlage, intermittierend, da eine Lagerung des Armes in Flexion/Abduktion und Außenrotation im Alter eine Belastung für Atmung und Herz darstellen kann.
- Widerlagernde Mobilisationen in Seitlage. Eine klare Instruktion vor und während dieser Maßnahmen ist unbedingt zu geben, da diese vorwiegend außerhalb des Blickfeldes durchgeführt und passiv begonnen werden. Erst im weiteren Behandlungsverlauf sollten sie durch Aktivität (Halt am Ende einer Bewegungsbahn) ergänzt werden.
- PNF-Armpattern zur Bewegungs- und Muskelschulung, evtl. modifiziert bez. der großen Bewegungsbahnen und langen Hebel.
  Technik: Rhythmische Initiierung, Langsame Umkehr mit Halten; evtl. Rhythmische Stabilisation auf der Mitte der Bewegungsbahn, langsam, nur wenige Male hintereinander mit Pausen. Man erzielt damit eine gute Durchblutung der gelenkumgebenden Muskulatur, »es wird ganz warm«.
- Übungsformen im Sitz ohne und mit Geräten zum Einsatz des Armes in Allgemeinbewegungen.

- Ergotherapie.
- Schlingentisch
  Eine Vielzahl der einzusetzenden Techniken sind in einer Aufhängung im Schlingentisch durchführbar. Als Ausgangsstellungen bieten sich an:
  ✧ Seitlage (gut gelagert), Aufhängung des betroffenen Armes in möglicher Abduktion (Schulterblattpattern, manuelle Techniken) (Abb. 19 a/b)
  ✧ Sitz auf Stuhl (mit niedriger Rückenlehne), Aufhängung beider Arme in Abduktionshöhe des betroffenen Armes (Entspannungstechniken, Rhythmische Stabilisation).
  Zwischengeschaltetes Schwingen bringt dem Patienten sichtbare Bewegungsmöglichkeit – Erleichterung – positive Einstellung.

2.2 Subkapitale Humerusfraktur

Die subkapitale Humerusfraktur kommt überwiegend durch indirekte Gewalteinwirkung (Sturz auf Ellenbogen oder Arm) zustande und trifft bevorzugt ältere Menschen infolge der durch Osteoporose bedingten Auflockerung des spongiösen Knochens. Wegen periartikulärer Fixierung des Oberarmkopfes verläuft die Fraktur im Bereich des Collum anatomicum, des Collum chirurgicum oder pertuberculär; es werden auch Luxations- und Mehrfachfragment-Frakturen des Oberarmkopfes sowie Abrißfrakturen des Tuberculum majus humeri gesehen (Abb. 20).

Abb. 19a, b: Armaufhängung in Seitlage.

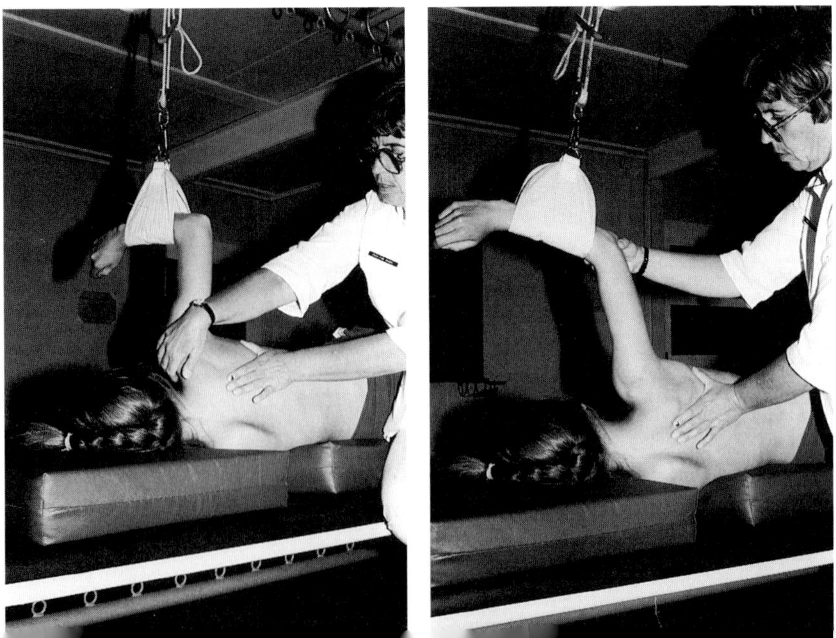

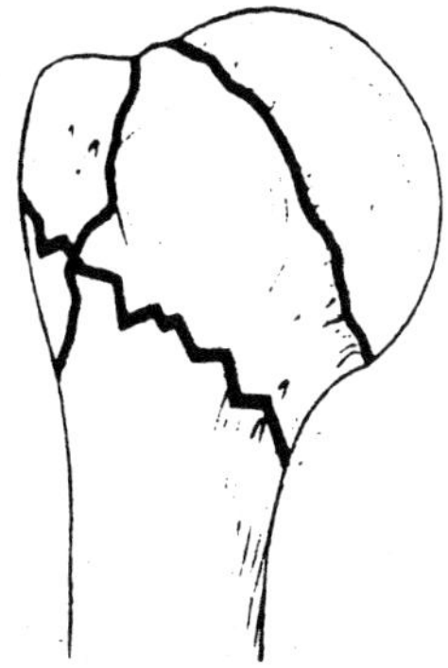

Abb. 20: Formen der Oberarmhals- und Abrißfrakturen (Schlosser-Kuner, 1980).

Je nach Belastungsrichtung beim Sturz kommt es zu einem Torsions-, Quer- oder Schrägbruch; Sturz auf den angelegten Arm führt zu einer Adduktionsfraktur mit guter Einkeilung des peripheren Fragments in den Kopf und Eignung zu funktioneller Behandlung. Auch die anderen Formen werden beim Menschen ab sechstem Lebensjahrzehnt nach Möglichkeit konservativ behandelt, wobei sich zu Beginn der Hängegipsverband bewährt hat; er gestattet frühzeitige kreisende Bewegung.
Ruhigstellende Armabduktionsgipse sind mit Rücksicht auf die Herz- und Lungenfunktion eher kontraindiziert. Begleitende Nervenläsionen sind meistens rückläufig. Die funktionelle Behandlung führt auch bei verbleibenden Fehlstellungen unter Berücksichtigung der Schwere der Verletzung zu befriedigenden Resultaten.

Gesichtspunkte der Krankengymnastik

An dieser Verletzung, die gehäuft beim alternden Menschen auftritt, wird die Behandlung der Schulter exemplarisch aufgezeigt.
Die Behandlung beginnt so bald wie möglich nach dem Unfall, um Sekundärschäden zu vermeiden. Schon während einer Ruhigstellung (Desault-Verband, Hängegips oder ähnlicher Versorgung) wird der Patient zu aktiven Hand- und Fingerbewegungen angeleitet, ebenso zu großen Bewegungen mit dem gesunden Arm.
Das Ziel der Behandlung ist es, nach Konsolidierung der Fraktur, durch Muskel- und Bewegungsschulung einen für Alltagsbedürfnisse (Kleiden, Essen, Körperpflege und Selbstversorgung) funktionsfähigen Arm zu erhalten.

Therapievorschläge nach Ruhigstellung

Die Fraktur ist noch nicht fest, die Behandlung meist noch schmerzhaft.
- Eisabreibung zur Linderung der Hämatome und Schmerzen.
- Üben in der Peripherie in zügigem Tempo (Handöffnung/Faustschluß, verbinden mit Pro- und Supination).

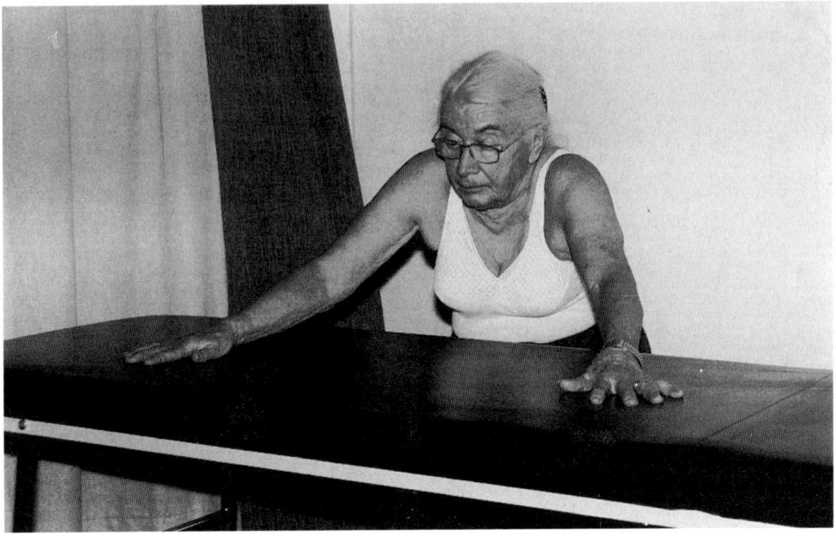

Abb. 21: »Wischen« mit Druck über die Tischplatte.

- Mobilisation des Ellenbogengelenkes, bei Lagerung hubfrei, bei hängendem Arm mit Unterstützung.
- Bewegen des Schultergürtels mit auf Armlehnen abgelegten Armen: Distanzpunkte Ohrläppchen und Akromion nähern und entfernen sich in der Schulterblattebene; bes. zu beachten beim alten Menschen mit verstärkter Kyphose.
- Sitz vor einem Tisch, beide Arme wischen mit Druck (Muskelmantelspannung) in vielen Richtungen über die Tischplatte (bei Schmerzangabe Fixation des Frakturbereiches manuell durch die KG) (Abb. 21).
- Pendelübungen mit Säckchen oder niedrigem Gewicht um das Handgelenk.
- Flexion/Extension und Ab-/Adduktion im Schultergelenk über Rumpfbewegungen: z. B.: Sitz auf dem Hocker, ein am Boden liegender Pezzi-Ball wird mit beiden Händen und Druck vor-/rück-, seitwärts gerollt; bei gewonnener Bewegungsfähigkeit Ball- und Sitzhöhe zueinander verändern (Abb. 22a, b).

Nach Konsolidierung

- »Kraftschulung« über intensive Spannung der distalen Muskulatur, weiterlaufend auf die Arm-Schultermuskulatur, z. B.: Sitz seitlich am Behandlungstisch, Händedruck mit der KG, mit dieser Spannung den Arm von der Unterlage lösen und gegen Druck und Zug der KG in verschiedenen Richtungen den Arm halten – intensive statische Arbeit der Delta- und Oberarmmuskulatur (Abb. 23a, b).

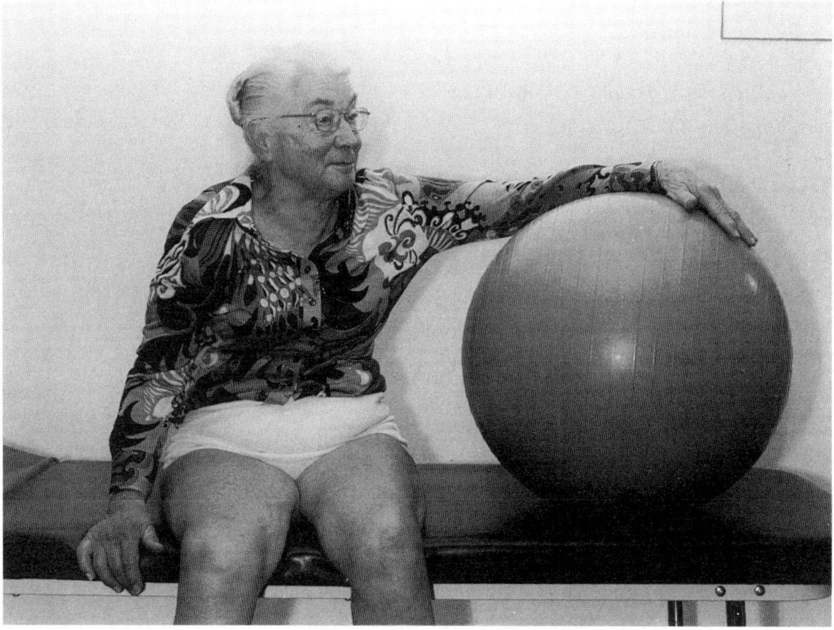

Abb. 22a, b: Bewegungserweiterung im Schultergelenk durch Rollen des Balles.

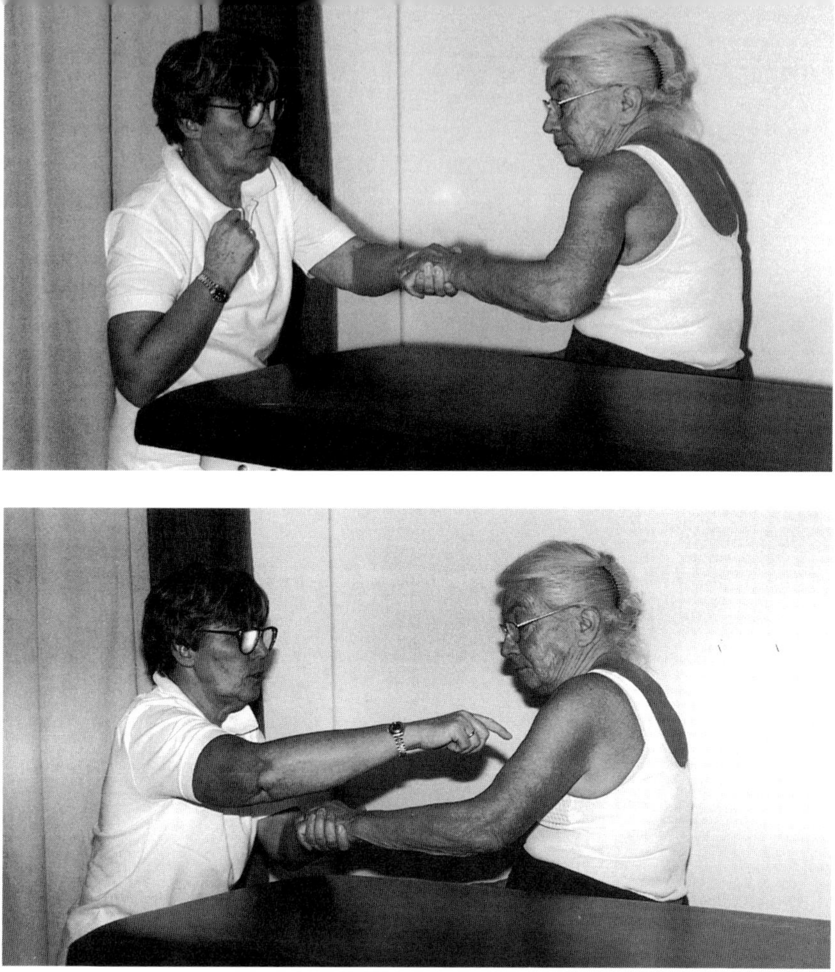

Abb. 23a, b: Statische Arbeit der Armmuskulatur von distal aus; der Arm muß gegen Zug und Druck der Therapeutin gehalten werden.

- Gebrauchsschulung mit Geräten, die Geschicklichkeit und schnelle Reaktion erfordern: Werfen/Fangen verschiedener Ballarten und -größen, von Sandsäckchen, geknoteten Tüchern.
- Ergotherapie.

2.3 Radiusfraktur

Der Speichenbruch in Handgelenknähe – oft mit Abbruch des Griffelfortsatzes der Elle verbunden – ist eine beim älteren Menschen häufige Fraktur. Aus dem Sturz auf die ausgestreckte und dorsalextendierte Hand resultiert

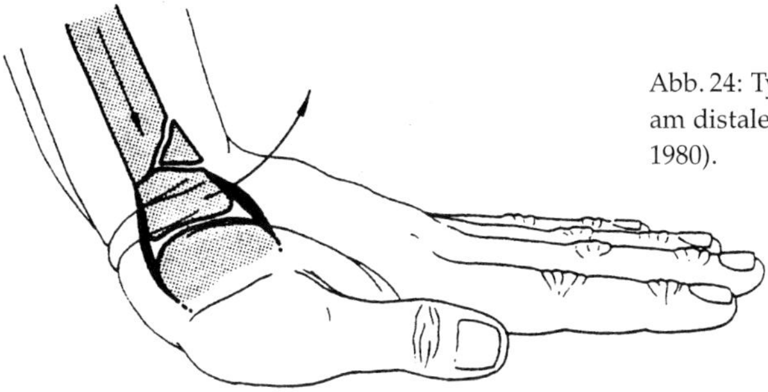

Abb. 24: Typische Frakturentstehung am distalen Radius (Schlosser-Kuner, 1980).

der Überstreckungsbruch (Abb. 24); seltener ist der Sturz auf die volarflektierte Hand.
Ungünstigenfalls ist auch das distale Radioulnargelenk durch Zerreißungen des Kapsel-Bandapparates mitbetroffen.
Die Reposition des Speichenbruchs an typischer Stelle gelingt in der Regel konservativ unter Zug in örtlicher oder allgemeiner Anästhesie; Ruhigstellung im Unterarm-Handgipsverband ist für 4 bis 6 Wochen erforderlich. Durchblutung und Nervenversorgung der Finger müssen laufend kontrolliert und die Patienten zu Armbewegungen im Schultergelenk angehalten werden; auf Ruhigstellung des Armes möglichst früh verzichten!
Bei Unterarmtrümmerfrakturen wird der Oberarm in den Gipsverband einbezogen; gelegentlich ist eine Fixation der Fragmente (z. B. durch Kirschnerdrähte) angebracht. Gerade beim älteren Menschen neigen die Speichenbrüche mit dorsalem Biegungskeil, mehreren Fragmenten oder stärkerer Impression zu erneutem Abweichen. Neben klinischer ist deshalb röntgenologische Überwachung unerläßlich.
Zu den ernsten Komplikationen nach distaler Radiusfraktur gehört die Sudeck-Dystrophie, eine Entgleisung des Heilvorganges mit zunächst entzündlichen Erscheinungen, die schließlich in Atrophie der Weichteile und Knochen übergeht. Erhöhte Gefahr ist gegeben, wenn wiederholte Reposition erforderlich wurde oder die Ruhigstellung nicht zur Schmerzbefreiung führte, aber auch bei Rückflußstörung (Stauung durch engen Gipsverband!). Weitere Faktoren für die Entstehung eines M. Sudeck können in der Person des Verletzten (vegetative Labilität) liegen. Leitsymptom ist der Schmerz, der zu gezielten Maßnahmen zum frühesten Zeitpunkt, z. B. Erweitern oder Ersatz des Gipsverbandes, zwingt. Die Behandlung wird durch abschwellende und sedierende Medikamente unterstützt.
Im ersten (akuten) Sudeck-Stadium steht die Immobilisierung in günstiger Stellung durch abnehmbaren Gipsschienenverband im Vordergrund; neben richtiger psychologischer Führung des Verletzten und geeigneter Medikation (vegetativ-dämpfend, entzündungswidrig) kommen Kälteanwendungen und schmerzfreie Übungen in Betracht.

Im zweiten (subakuten) Stadium kann auf Immobilisierung und Medikamente verzichtet, die Bewegungstherapie mit manueller und Ergotherapie intensiviert werden. Es kommen ergänzende physikalische Maßnahmen, zunächst noch Kälteanwendungen, dann Interferenzstrom o. ä. in Betracht.
Das dritte (chronische) Stadium ist durch hartnäckige Kontrakturen gekennzeichnet, die auch passive Maßnahmen einschließlich Quengelung erforderlich machen.

Gesichtspunkte der Krankengymnastik

An dieser Verletzung, der häufigsten beim Sturz auf die Hand, wird beispielhaft das Vorgehen in der Behandlung aufgezeigt. Ein frühzeitiger Beginn – noch während der Gips-Phase – ist geboten, um Komplikationen in der betroffenen Extremität zu vermeiden. Diese Übungsformen sind so zu gestalten, daß auch ein alter Mensch sie allein, wohl dosiert über den Tag verteilt, wiederholen kann. Sie müssen von der Therapeutin überwacht, ebenso die Fingersituation beobachtet werden, um eine evtl. auftretende Sudeck-Atrophie rechtzeitig zu erkennen, dem behandelnden Arzt zuzuführen und eine entsprechende Behandlung einzuleiten.
Das Ziel der Behandlung ist, eine für Eigenversorgung gebrauchsfähige Hand zu schaffen.

Therapievorschläge

Mit Gipsverband

- Üben aller freien Gelenke der oberen Extremität und des gesunden Armes:
  - ✧ Greifübungen mit verschiedenen Materialien
  - ✧ »Pumpbewegungen« der freien Fingergelenke (endgradiges Beugen und Strecken)
  - ✧ Schulterbewegungen mit dem Strumpfzopf
  - ✧ Armschwünge in einer Schlinge analog dem Schlingentisch.

  Die Dosierung für diese Übungen sollte dem Patienten genau angegeben/aufgeschrieben werden, um sehr aktive Patienten vor einem Zuviel zu schützen.

Nach Gipsabnahme

- Hautpflege.
- Zu entscheiden ist, ob Eis in Form von Abtupfen/Abreiben (abschwellend/schmerzlindernd) oder ein lauwarmes Handbad (Erleichterung der

Bewegung) eingesetzt werden. Die Zuneigung des Patienten zu dem jeweiligen Medium ist ausschlaggebend.
- Beginn mit globalen aktiven Hand- und Fingerbewegungen entsprechend der Greifformen mit Gegenständen:
  Zylindergriff, Spitzgriff, Hakengriff, Schlüsselgriff.
- Isoliertes Bewegen und Halten aller Hand- und Fingergelenke.
- Bei wiedergewonnener Bewegungsfähigkeit Schulung der Koordination und Geschicklichkeit: rasches Ergreifen von Gegenständen, Händefalten, Klavierspiel- und Schnickübungen.
- Einsatz von Gummiring/Sandsäckchen für Wurf- und Fangübungen.
- Zusammenarbeit mit der Ergotherapie bez. Beobachtung, Dosierung.

Beim Auftreten einer Sudeck-Atrophie ist die Behandlung auf das jeweilige Stadium abzustimmen. Aufgrund der Schmerzhaftigkeit und dadurch bedingten und im Alter vermehrten Ängstlichkeit ist im Stadium I und II besonders auf Entspannung (muskulär und psychisch) zu achten.
Es bieten sich an:
- (Hoch-)Lagerungen
- weiche Massagegriffe und lösende Maßnahmen für den Bereich Halswirbelsäule und Schultergürtel
- Wechsel von Spannung und Entspannung für die Schultergürtel- und Oberarmmuskulatur.

3 UNTERE GLIEDMASSEN

Unter den altersbedingten Veränderungen und Erkrankungen ist der Gelenkverschleiß an den unteren Gliedmaßen von besonderer Bedeutung. Das Gehvermögen hängt von der Belastbarkeit sowie von der schmerzfreien oder -armen Bewegungsfunktion der Gelenke ab. Verschleißerscheinungen der Gelenkflächen werden als ›Arthrosis deformans‹ bezeichnet; Bewegungseinschränkungen aufgrund formverbildender Veränderungen sind jedoch bei altersphysiologischer Ausprägung häufig nicht schmerzhaft.
Auf dem Boden der Arthrose sich entwickelnde Entzündungen mit Kapselschwellung und Gelenkerguß verursachen Schmerzen und Behandlungsbedürftigkeit – sie werden auch als ›Arthritis‹ bezeichnet.
Ungestörte Gelenkfunktion ist unter anderem von den mechanischen Eigenschaften und der Oberflächenstruktur des Gelenkknorpels sowie vom Zustand der Synovialis der Gelenkkapsel abhängig. Sie werden durch Störungen des Stoffaustauschs ungünstig beeinflußt; überhöhte Belastungen führen zu mechanischen Knorpelschäden. Der altersbedingte Verschleiß kann aufgrund entsprechender Anlage verfrüht einsetzen. Zustände, die zu vorzeitiger Arthrose führen (z. B. dysplastische Anlage von Gelenken, Fehlstel-

lungen und Unebenheiten der Gelenkflächen nach Verletzungen), werden als Präarthrose bezeichnet.
Die Arthrosis deformans äußert sich zunächst durch Reibegeräusche im Gelenk, später durch »Einlaufschmerz« und Bewegungsschmerz sowie durch belastungsabhängige Schmerzen. Es kann zu Kontrakturen und Formveränderungen der Gelenke und zu daraus resultierenden Fehlstellungen kommen. Knorpelabschliff und -verlust verursachen eine Verschmälerung des röntgenologisch dargestellten Gelenkspaltes; es entstehen Sklerosierungen und Zysten im subchondralen Knochen und Osteophyten als knöcherne Anbauten an den Gelenkflächenrändern.
Von besonderer Bedeutung ist die Prävention durch frühzeitige Korrektur der Präarthrosen und durch angepaßte Belastung. Bei Arthrosen auftretende Reizzustände erfordern vorübergehende Schonung, gezielte Behandlung und Vermeidung von Kälte- und Nässeeinwirkung. Abbau von Übergewicht und Therapie von Stoffwechselstörungen sind wichtig.
Verbreitete und im Alter oft besonders schmerzhafte Gelenkleiden, die zu starker Beeinträchtigung des Gehvermögens führen können, sind ›Koxarthrose‹ und ›Gonarthrose‹.

3.1 Koxarthrose

Die Ausprägung der Koxarthrose beruht überwiegend auf Anlage und Verschleiß; zu vorzeitigem und verstärktem Auftreten führen u. a. traumatische, entzündliche und sonstige Knochen- und Knorpelerkrankungen. Die Ursache einer krankheitsbedingten Koxarthrose läßt sich nicht immer abklären; manchmal sind typische Befunde, z. B. nach kindlichen Erkrankungen (Hüftluxation, Perthes-Erkrankung), festzustellen, die im mittleren Lebensabschnitt kompensiert wurden.
Die häufigste Form der Koxarthrose im höheren Lebensalter ist jedoch die physiologische Aufbrauchkrankheit (»malum coxae senile«). Hohmann hat auf zwei Formtypen des deformierten Hüftgelenkkopfes hingewiesen, »ei-

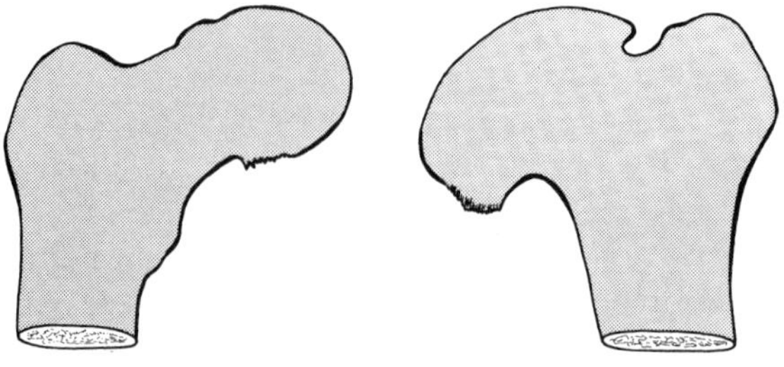

Abb. 25: Typische Verformung bei Coxarthrose (nach Hohmann).

nen, bei dem der Kopf walzenförmig gestaltet ist und wie ein Hut mit seinen Rändern über den Schenkelhals gestülpt erscheint, und einen, bei dem er pilzförmig deformiert auf einem kurzen, plumpen, rechtwinklig abgebogenem Schenkelhals sitzt« (Abb. 25).
Die Koxarthrose verursacht unterschiedliche Schmerzen, die bewegungs- und belastungsbedingt auftreten, als Ruhe- oder Dauerschmerz; oft werden Schmerzen in der Leistengegend oder als »ziehend vom Rollhügelgebiet über das Knie bis zum Knöchel« angegeben. Verspannungen der Hüft- oder Oberschenkelmuskulatur, oft auch Verkürzungen sowie Verschmächtigungen von Muskeln stellen sich ein. Die Funktionsstörung betrifft zunächst eine Hemmung der Abspreizung und der Einwärtsrotation, die Schrittlänge ist verkürzt, die Standfestigkeit verringert sich. Funktionsstörungen und Schmerzhaftigkeit führen zu Fehlbeanspruchungen anderer Körperregionen, insbesondere der Wirbelsäule; schließlich sind viele Alltagsbewegungen beeinträchtigt.
Dem muß die Behandlung Rechnung tragen. Während sich bei vorübergehenden Reizzuständen neben physikalischen Maßnahmen auch schmerzlindernde und entzündungswidrige Medikamente bewährt haben, ist im übrigen eine »Basistherapie« angezeigt. Unter den operativen Maßnahmen hat sich besonders der künstliche Hüftgelenkersatz bewährt (s. S. 145).

Gesichtspunkte der Krankengymnastik

Im Vordergrund der Behandlung stehen Schmerzlinderung, Förderung der Durchblutung und der Gelenkbeweglichkeit, Herabsetzung des Muskeltonus und Behandlung der Kontrakturen. Der Progredienz soll entgegengewirkt werden.

Therapievorschläge

- Physikalische Therapie als Vorbereitung zur Übungsbehandlung: Bäder, Packungen, elektrotherapeutische Anwendungen zur Mehrdurchblutung und zum Lösen von Weichteilverspannungen.
- Entlastung des Hüftgelenkes durch Lagerung auf Kissen oder im Schlingentisch.
- Traktionen mit feinschlägigen Schüttelungen.
- Bewegen unter Traktion.
- Entspannungstechniken für die kontrakten Adduktoren, Flexoren, evtl. Extensoren.

  Diese Techniken sind günstig in Teilaufhängung (Rücken- und Seitlage) im Schlingentisch durchzuführen, lockernde Schwungbewegungen können zwischengeschaltet werden. Die Anstrengung ist für den Patienten geringer. Preßatmung muß vermieden werden (Abb. 26 a/b).

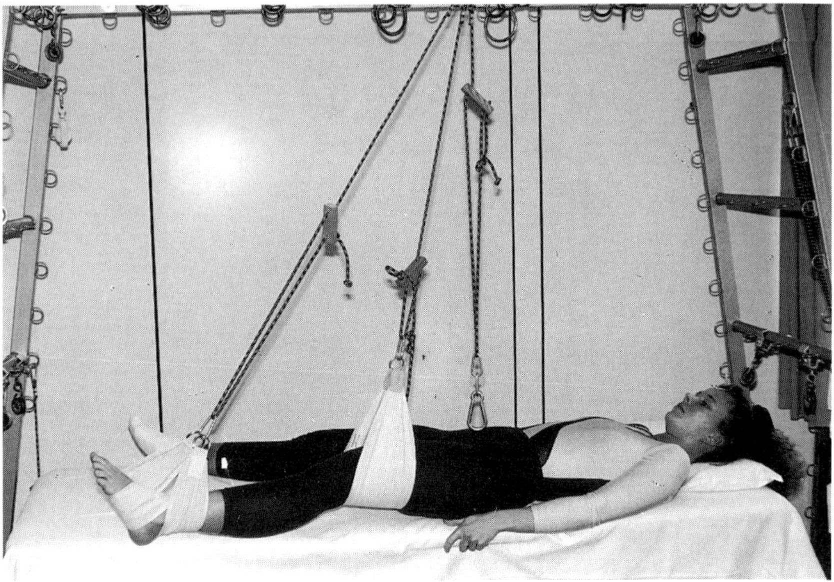

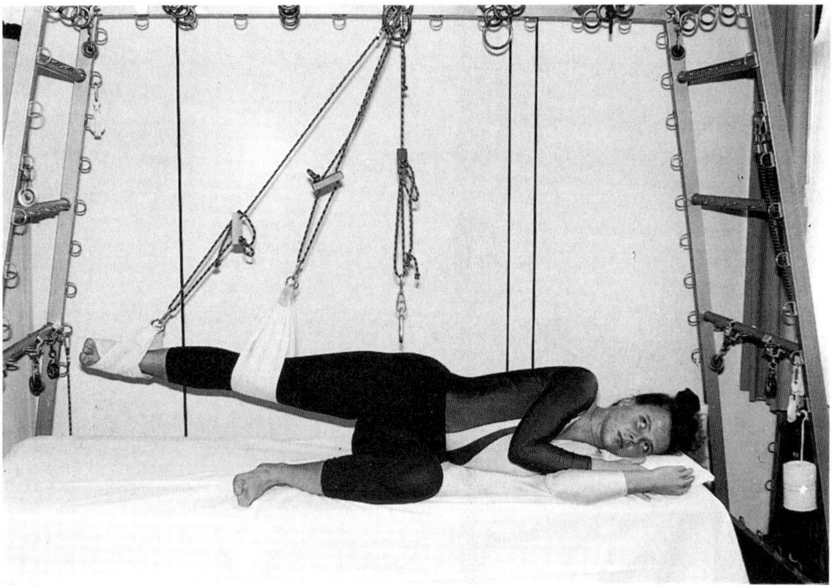

Abb. 26a, b: Üben im Schlingentisch: Ab-/Adduktion, Flexion/Extension im Hüftgelenk (Wenk, 1989).

– Komplexe Bewegungsabläufe, modifizierte PNF-Pattern (keine Außenrotation/Adduktion bis 0 Grad) zur Schulung der funktionellen Einheit Bein.

- Koordination für die Gangbewegung über beidbeiniges »Radfahren in Rückenlage« mit Unterstützung/Widerstand durch die Therapeutin (Abb. 27 a/b).
- Hubfreie Mobilisationen für die Lendenwirbelsäule in Rücken- und Seitlage (Lagerung von Arm und Bein beachten).

Abb. 27 a, b: »Radfahren« gegen manuellen Widerstand; die Krankengymnastin wechselt diesen jeweils am Ende einer Bewegungsphase.

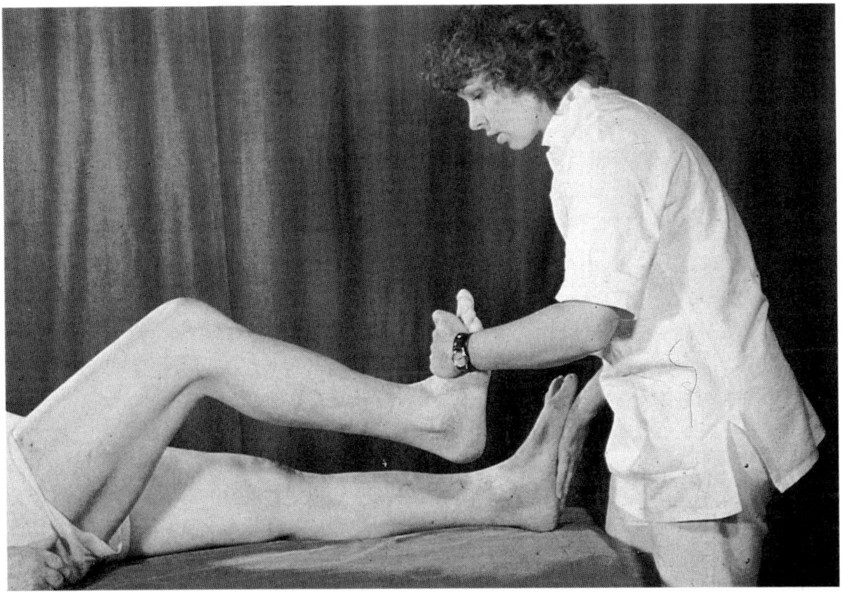

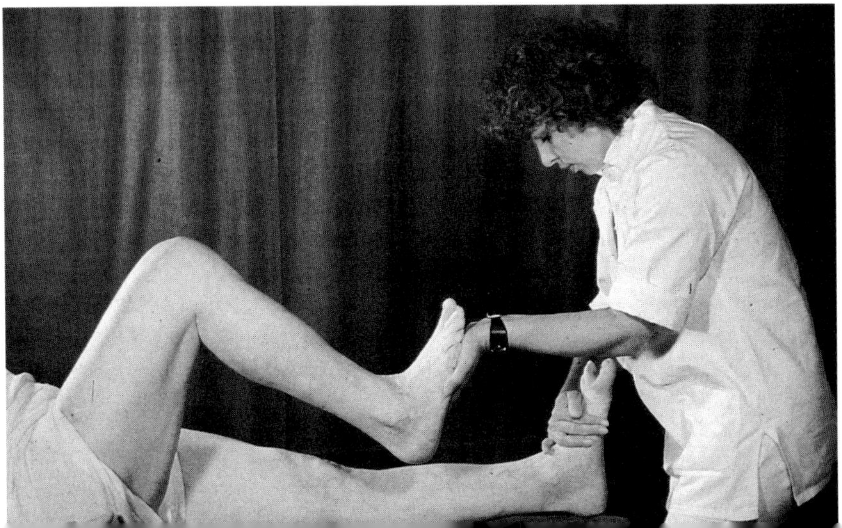

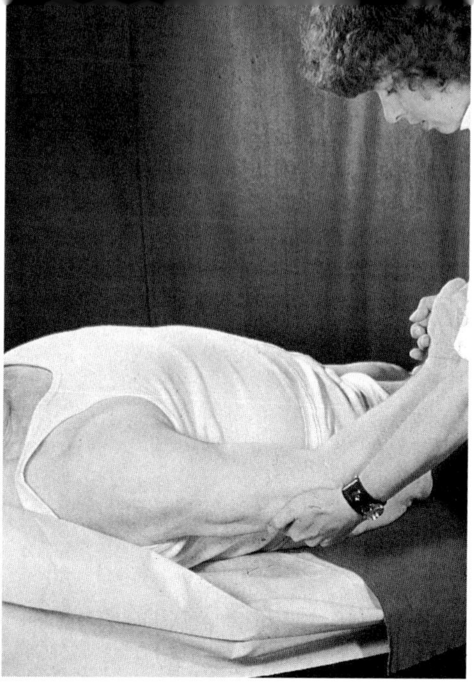

Abb. 28: Schulung der Stützfähigkeit der Arme: es wird Druck in Längsrichtung des Oberarmes gegeben bei gleichzeitiger Extension des Ellbogens (Mm.latissimus dorsi, triceps brachii, Kokontraktion der Hand-Unterarmmuskulatur).

- Schulung der Stützfähigkeit der Arme, wenn erforderlich (Abb. 28).
- Sitz auf dem Pezzi-Ball mit Halt zur Sicherheit:
  - ✧ Mobilisation des Hüftgelenkes in Richtung Extension durch Rollen des Balles bei »Schrittstellung« der Beine (Abb. 29).

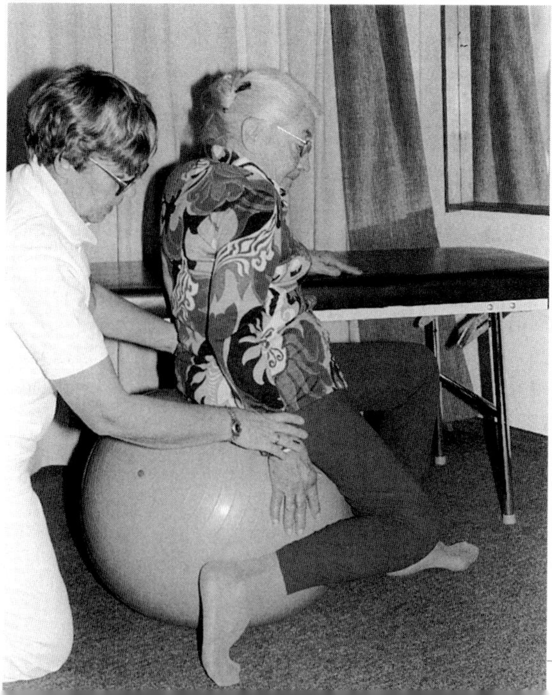

Abb. 29: Schonende Extension im Hüftgelenk durch Rollen des Balles.

✧ Mobilisation der Wirbelsäule durch Rollen des Balles, Stabilisation durch Wippen, nur bei ausreichender Aufrichtung.
- Entlastendes Gehen mit Stockstützen sollte zumindest über einen gewissen Zeitraum (Klinikaufenthalt, ambulante Behandlungsserie) durchgeführt werden.
- Unterwassergymnastik – bei Wasservertrautheit bringt die Übungsbehandlung in diesem Medium dem Patienten Erleichterung und Freude. Auf exakte Dosierung ist zu achten, Gefahr der Überforderung.

Für alle älteren Patienten mit Hüft- und Kniegelenkschäden sind für den Alltag vom therapeutischen Team gemeinsame Überlegungen anzustellen, um Selbständigkeit und weitgehende Eigenversorgung für die Zukunft zu ermöglichen. Diese Gesichtspunkte sind bei der Rehabilitation jüngerer Menschen selbstverständlich. Sie müssen aber genauso beim älteren Menschen gelten, dessen individuelle Lebensform erhalten bleiben soll und von ihm gewünscht wird! Das betrifft:

- Überwindung von Stufen und Treppen – mit Stöcken, am Geländer, vorseit-rückwärts.
- Anpassung der Sitzhöhen auf Stühlen und Sesseln entsprechend der eingeschränkten Beweglichkeit. Decken und feste Kissen sind einfache Hilfsmittel, dürfen aber eine weitere Bewegungsverminderung nicht fördern!
- Toilettensitz durch Aufsatz erhöhen.
- Planung von Einsatz, Unterlage, Haltegriffen für Badewanne, Dusche. Das Ein- und Aussteigen über Sitz auf Badewannenrand sollten geübt werden (auch bei Klinikaufenthalt).
- Ein- und Aussteigen in Autos, öffentliche Verkehrsmittel u. ä. müssen erprobt und geschult werden.
- An- und Auskleiden mit Hilfsmitteln bei starken Bewegungsdefiziten müssen geübt werden.

3.2 Schenkelhalsbruch

Der mediale Schenkelhalsbruch ist eine in höherem Alter typische Fraktur, die durch Sturz auf die betreffende Hüfte oder – bei ausgeprägter Osteoporose – spontan entsteht. Er wird gegenüber der lateralen und pertrochantären Fraktur abgegrenzt und in drei Typen eingeteilt; beim Typ 1 handelt es sich um einen Abduktionsbruch, dessen Frakturfläche 30° und weniger beträgt und gute Heilungschancen bei konservativem Vorgehen bietet, beim Typ 2 um einen Abduktionsbruch (Frakturflächenwinkel 50°), beim Typ 3 (Winkel von 70° und mehr) liegen ungünstige Voraussetzungen vor, mit hoher Pseudarthrose- und Nekroserate (Abb. 30).

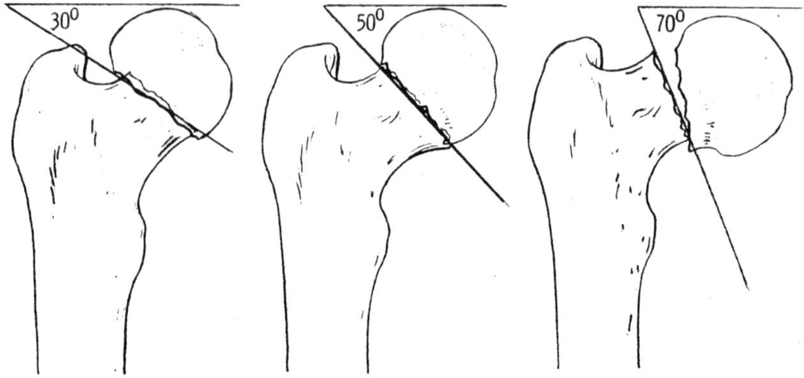

Abb. 30: Einteilung der Schenkelhalsbrüche nach Pauwels (Schlosser-Kuner, 1980).

Wegen der Komplikationsmöglichkeiten durch mehrmonatige Immobilisierung bei konservativem Vorgehen (Pneumonie, Thromboembolie, aufsteigender Harnwegsinfekt, Dekubitus) wird – abgesehen von der Abduktionsfraktur (Typ Pauwels 1) – meist operativ vorgegangen: Statt der Osteosynthese ist grundsätzlich beim Menschen hohen Alters der Hüftgelenkersatz (als Sofort-Eingriff) vorzuziehen; er gestattet frühzeitige Mobilisierung, so daß das mit dem Eingriff verbundene Risiko meistens geringer ist als das Risiko einer längeren Immobilisierung. Im Gegensatz zur Schenkelhalsnagelung, die eine übungs-, aber nicht belastungsstabile Osteosynthese darstellt, bieten Totalendoprothese oder auch nur der künstliche Hüftkopf-Ersatz (s. S. 145) den Vorteil, daß postoperativ umgehend mit Gehübungen unter Teilbelastung (Gehhilfen, Gehwagen) begonnen werden kann. Die Endoprothese läßt darüber hinaus die im Alter häufigen Komplikationen – Hüftkopfnekrose, Pseudarthrose und Koxarthrose – vermeiden.

Gesichtspunkte der Krankengymnastik

Aufgrund der operativen Versorgung entspricht die Behandlung derjenigen der TEP nach Koxarthrose. Unterschiede sind darin zu sehen, daß den Patienten ein Trauma belastet, er auf die Behandlung nicht vorbereitet werden konnte, sein Allgemeinzustand aber häufig besser ist, da er keine lange Anamnese hat. Für die Übungsbehandlung sind keine massiven Bewegungseinschränkungen zu erwarten. Das Bein ist übungsstabil. Die Belastungsfrage ist mit dem Operateur zu klären.

3.3 Hüftgelenkendoprothese

Als Endoprothesen werden Implantate bezeichnet, die auf Dauer als Körperersatzstücke eingebaut werden; am häufigsten ist das wegen Koxarthrose und nach Schenkelhalsbruch der Fall. Die künstliche Hüftpfanne besteht aus einer Schale, die im Azetabulum des Beckens verankert wird, der Hüftkopf wird mit einem Stiel in das proximale Femurende eingeführt. Während die Hüftschale aus Kunststoff – ggf. in einem einschraubbarem Metallring – besteht, ist der Schaft aus hochwertigem Stahl; der Hüftkopf kann aus Stahl oder – zwecks Herabsetzung der Reibung durch glattere Oberfläche – aus Keramik bestehen. Bei zementfreiem Einbau muß ausreichende Zeit entlastet werden, deshalb sind beim älteren Menschen einzementierte Kunstgelenke vorzuziehen; speziell beim Schenkelhalsbruch kann auf den Ersatz der Hüftpfanne verzichtet und eine Kopfprothese verwendet werden (Duokopf-Spezialprothese u. a.) (Abb. 31).
Neben den üblichen Operationsrisiken sind die Komplikationen der Lockerung, des Implantatbruchs und der Infektion zu berücksichtigen. Krankengymnastische Behandlung ist ggf. präoperativ (Einübung entlastenden Ganges) angezeigt, postoperativ unerläßlich.

TEP – präoperative Behandlung

Gesichtspunkte der Krankengymnastik

Bei Planung einer Operation sollte der ältere Patient auch und gerade von der Krankengymnastin vorbereitet werden auf das, was ihn nach der Operation erwartet. Zudem ist der persönliche Kontakt wichtig.

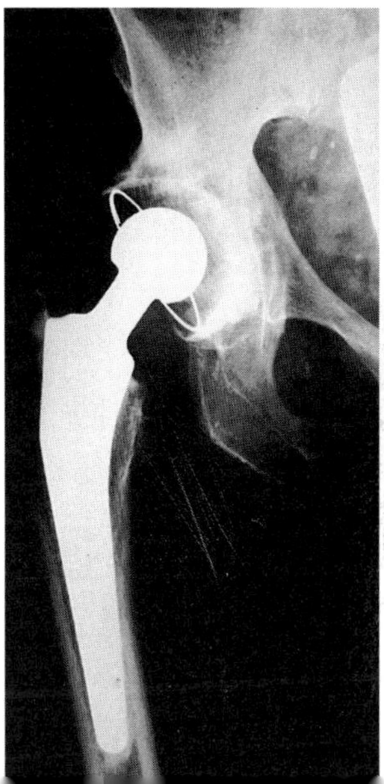

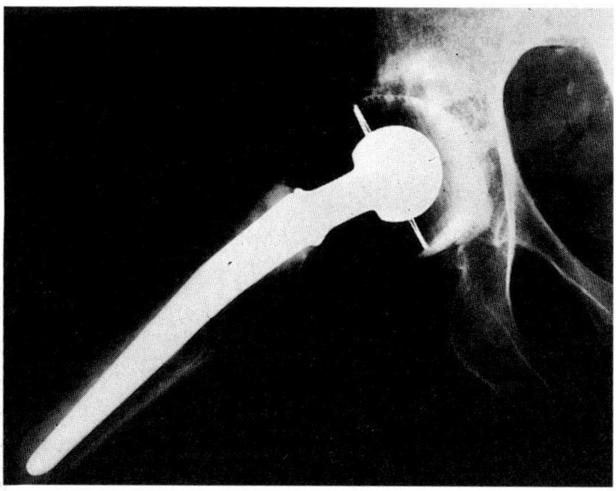

Abb. 31: Zustand nach Hüftgelenkersatz mit Standard-Endoprothese bei 66jähr. Patientin.

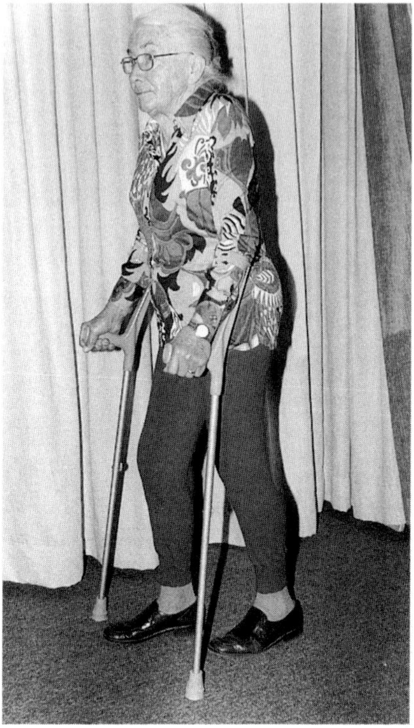

Abb. 32: Drei-Punkte-Gang an Unterarmstützen zur (Teil-)Entlastung.

Therapievorschläge

- Entlastender 3-Punkte-Gang an Unterarmstützen (Abb. 32), Üben mit Übergang vom Bett in den Stand und zurück.
- Lösung muskulärer Kontrakturen, die auch nach der Operation noch bestehen, insbesondere der Hüftflexoren und –adduktoren. Lagerungen und Entspannungstechniken sind durchzuführen.
- Einstimmen auf die post op. zu schulenden Bewegungen, Üben im schmerzfreien/-armen Bereich zum Erlernen von Einzelbewegungen und Bewegungsabläufen.
- Stützübungen für die Arme.
- Abhängig vom Gesamtzustand des Patienten und der Zeit für die Vorbereitung kann die Behandlung im Bewegungsbad oder im Schlingentisch durchgeführt werden. Überforderung muß unter allen Umständen unterbleiben!

TEP

Gesichtspunkte der Krankengymnastik

Die Behandlung beginnt üblicherweise auf der Wach-/Intensivstation. Es wird Pneumonie- und Thromboseprophylaxe durchgeführt. Auf eine gute Belüftung der kaudalen Lungenabschnitte und auf den Pumpmechanismus der Wadenmuskulatur ist besonders zu achten.

Die Lagerung ist auf Korrektheit zu überwachen: anzustreben ist für das Hüftgelenk 0 Grad Extension, 0 Grad Rotation, ca. 20 Grad Abduktion, was jedoch in den ersten Tagen wegen vorrangiger entstauender Lage nicht durchführbar ist. Eine vom älteren Menschen bevorzugte Hochlage des Oberkörpers läßt sich in den meisten Fällen abbauen. Die Abduktion wird durch eine gleichzeitige Abspreizung des Gegenbeines erhalten.

Abb. 33a, b: Aktiv-assistives Üben der Flexion/Extension im Hüftgelenk.

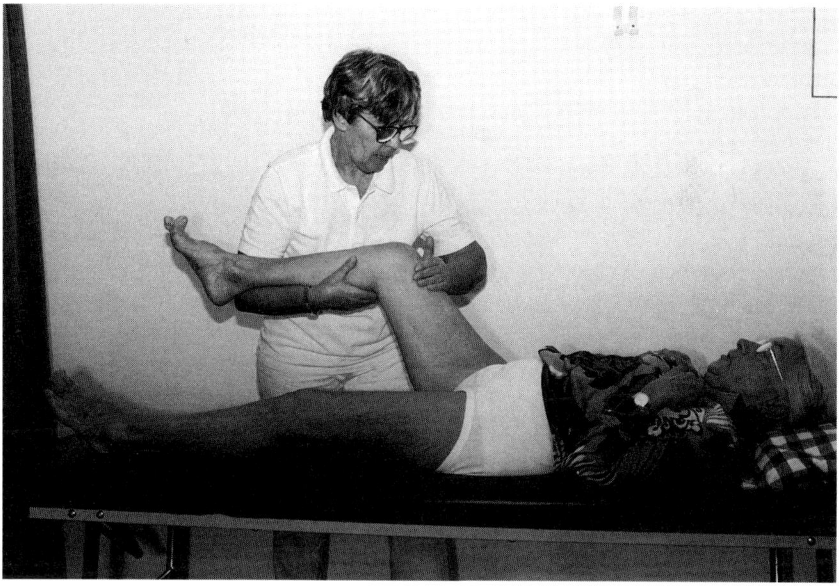

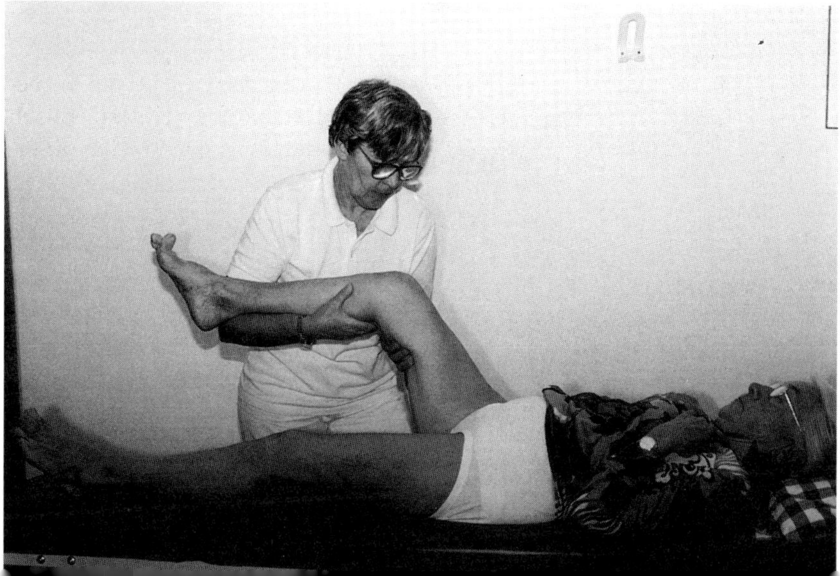

Abhängig von dem operativen Vorgehen und der Anästhesie muß der Patient so früh wie möglich aufstehen zur Normalisierung seiner Körperfunktionen, bei Vollnarkose am Tag nach der Operation, bei Spinalanästhesie am 2. Tag. Beide Beine sind meistens mit Antiembolistrümpfen oder leichtem Kompressionsverband versorgt. Evtl. muß über diese zusätzlich eine feste Bindentour gelegt werden, um einen Abfall der Blutsäule in der Senkrechten zu verhindern (Ehrenberg, 1988). Für alle diese Frühmaßnahmen, bes. das Aufstehen, ist der Patient nicht immer einsichtig. Angst, Aufregung, Anstrengung und Unlust müssen von der Krankengymnastin abgefangen werden. Vorbereitende, verständliche Erklärungen und eindeutige »Kommandos« können Zutrauen und Sicherheit hierbei vermitteln. Je nach Zustand wird am 2./3. Tag mit der gezielten Übungsbehandlung begonnen.

Therapievorschläge

- Aktiv unterstützt wird mit dem operativen Bein die Flexion/Extension unter Einschaltung von Kniebeugung und -streckung geübt (Abb. 33 a/b). Anheben des gestreckten Beines von der Unterlage – zuweilen ein Test bei der Visite – ist unsinnig (langer Hebel des Beines, Nützlichkeit).
- Aktiv unterstütztes Üben der Abduktion, zurück zur Null-Linie.
- Statische Muskelkontraktionen zur Tonisierung der Beinmuskulatur, isoliert und komplex (kein Pressen).
- Bewegungserweiterung mit gleichzeitiger »Kraftschulung« für die Extensoren, Abduktoren, Flexoren durch aktive Widerlagerung des Gegenbeines (Abb. 34).

Abb. 34: Schulung der Abduktion im Hüftgelenk mit aktiver Widerlagerung des Gegenbeines.

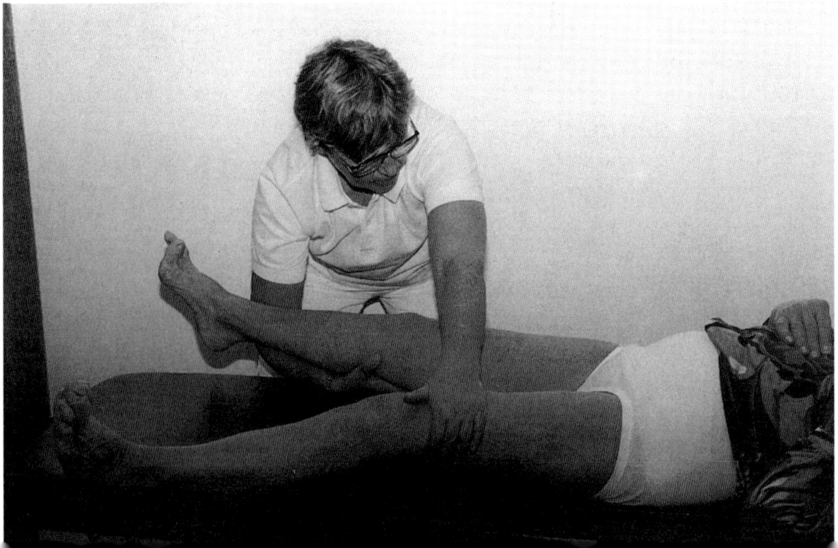

- »Radfahren« in Rückenlage (s. Koxarthrose) kann relativ früh wahrgenommen werden, wenn der Patient die sichernden Hände der KG spürt. Diese müssen an den Füßen Widerstand gegen die jeweilige Bewegung geben. Auch bei noch geringem Bewegungsausschlag simuliert diese Übung die reziproke Bewegung der Beine beim Gehen. Das Becken bleibt fixiert.
- Gehen an 2 Unterarmstützen mit weitgehender Entlastung des operierten Beines, an 2 Stöcken, einem Handstock, evtl. frei, letzteres nach ca. 6 Wochen.
  Um ein Empfinden für die Standbeinphase unter Entlastung zu ermöglichen, läßt man den Patienten mit dem Fuß über den Boden »wischen«, vor-rück-seitwärts in unterschiedlichem Tempo (Abb. 35). Halt an Sprossenwand oder Stuhl, später an den Stöcken. Zugeständnisse bez. der Entlastung müssen dennoch gemacht werden. Allgemeinzustand, Armkraft, Körperempfinden und Einsicht sind Risiken. Dem Patienten ist die Schmerzfreiheit vorrangig. Ebenso verzichtet er aus Gründen der Anstrengung eher auf ein optisch ausgewogenes und harmonisches Gangbild. Für ein ökonomisches Gehen ist das aber wichtig und kann durch folgende Übung gebahnt werden:
- Sitz auf einer möglichst hohen Sitzfläche an der vorderen Kante: analog dem Gehen wird rechter Arm und linkes Bein nach vorn/oben bewegt, während linker Arm nach hinten geht und und das rechte Bein hinten/unten in den Boden drückt. Wechsel der Bewegung (Abb. 36).
  Variationen: kleine/große Bewegungsausschläge, Temposteigerung.
  Es ist dadurch kein »Gangbild« zu erreichen, doch können die Koordination dazu geschult und durch Tempo und Dauer eine Leistungssteigerung erzielt werden. Untermalung durch geeignete rhythmische Musik, evtl. auch in kleiner Gruppe gibt Freude und Ansporn.
  Es sollte bei der Gangschulung im Alter die für den Patienten und dessen Selbständigkeit optimale Fortbewegungsmöglichkeit angestrebt werden. Auf ein »Abrollen« der Füße kann man verzichten. Der Patient würde zu für ihn ungewohnten Bewegungsabläufen angehalten und Lust und Zutrauen verlieren.
- Schulung für den Alltag – abhängig vom Behinderungsgrad: Positionswechsel, Körperpflege, Kleiden, Besprechung und Prüfung von Problemen, die potentiell anstehen, wenn der Patient wieder auf sich allein gestellt ist.
- Enge Kooperation mit der Ergotherapie.

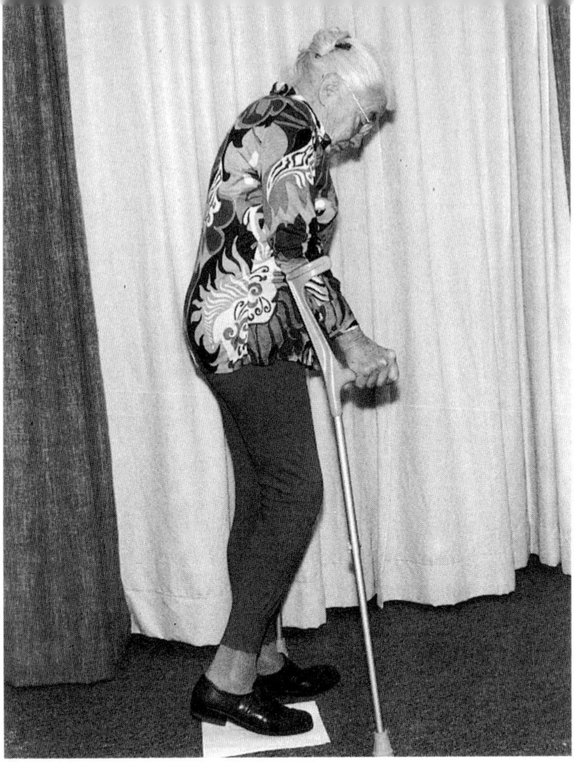

Abb. 35: »Wischen« mit dem operierten Bein zur Verdeutlichung des Sohlenkontaktes.

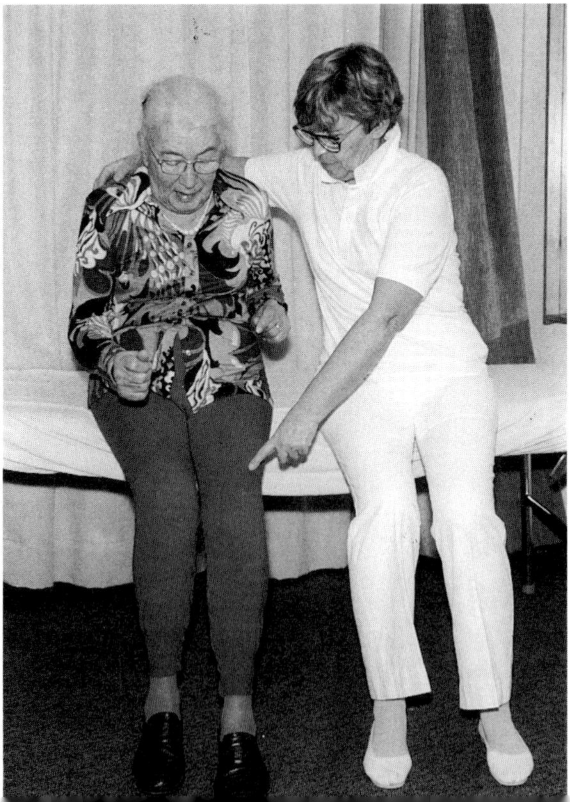

Abb. 36: Reziproke Arm- und Beinbewegungen auf hohem Sitz.

3.4 Gonarthrose

Das Kniegelenk ist die häufigste Lokalisation der Arthrosis deformans; das wird mit der Belastung dieses Gelenks durch lange Hebelarme und mit den häufigen statischen Fehlern (X-Bein/Abb. 37, O-Bein) begründet, doch sind auch nicht-mechanische Ursachen zu berücksichtigen. Im Gegensatz zum Hüftgelenk, dessen Formgebung Stabilität verleiht, ist das Kniegelenk ein Beispiel des Muskel-Band-geführten Gelenkes. Daraus und aus den anatomischen Gegebenheiten (Innen- und Außenmenisken, weiteres Gelenk zwischen Kniescheibe und Oberschenkel, usw.) ergeben sich vielfältige Schädigungsmöglichkeiten sowohl im Hinblick auf Binnenschäden als auch auf degenerative Veränderungen.

Für die Therapie ist es wichtig, zwischen den durch Fehlbelastung (mechanisch) bedingten Arthrosen und solchen Arthrosen, bei denen die Ursachen nicht auszumachen sind und die als ›genuine Arthrosen‹ bezeichnet werden können, zu unterscheiden. Für angemessene statische Beanspruchung des Kniegelenks ist es wichtig, daß alle angreifenden Kräfte sich im Gleichgewicht befinden müssen bzw. sollten.

Im Kniegelenk finden nicht nur Beugung und Streckung statt, sondern es kommt gleichzeitig zu einer Gleitbewegung nach vorn bzw. hinten (wandernde Kniegelenkachse). Außerdem sind im Rahmen des Bandhalts Drehbewegungen im Kniegelenk bis zu 40° möglich – von der Beugung und vom

Abb. 37: X-Bein rechts (Arthrose mit zeitweiligen Reizzuständen).

Alter abhängig. Zu einer leichten Außenrotation des Unterschenkels gegen den Oberschenkel von etwa 10° kommt es am Ende des Streckvorgangs (»Schlußrotation«). Statische und dynamische Kräfte sichern die Stabilität des Kniegelenks; bei Ausfall eines wichtigen Muskels drohen Kontrakturen (z. B. Beugekontraktur bei Ausfall des M. quadrizeps) und bei Ausfall statischer Kräfte (Kapsel-Bandläsion, Arthrose) Instabilitäten.

Wenn ein degenerativer Prozeß einmal eingeleitet ist, kann er infolge der statischen Belastung und vor allem bei Fehlbelastungen jahrelang fortschreiten und zu nicht mehr reversiblen Knorpelschäden führen; Abrieb und Nekrosen von Knorpelzellen unterhalten ihn.

Die Bedeutung des Stoffwechsels für das Arthrose-Geschehen läßt daran erinnern, daß die Knorpelzellen überwiegend ihre Nährstoffe aus der Synovialflüssigkeit erhalten, deren Zusammensetzung von der Gelenkkapsel abhängt. Auf der Transitstrecke der Nährsubstrate und des Sauerstoffs aus dem Blut muß auf der Kapsel immer eine Schicht lockeren Bindegewebes und besonderer Zellen (»lining cells«), die für eine Modifizierung der Stoffe sorgen, durchdrungen werden. Die hier gebildete Gelenkflüssigkeit (Synovia) kommt – vor allem bei Bewegungen des Gelenkes – mit den Knorpelflächen in Verbindung, und sie sorgt umgekehrt auch für den Abtransport der Stoffwechselendprodukte. Es wird deshalb immer das ganze Gelenk von krankhaften Störungen betroffen, ob sie nun in einem Bluterguß, in rezidivierenden Reizergüssen oder in Stoffwechselerkrankungen (Arthritis urica usw.) bzw. in spezifischen Erkrankungen (Gelenktuberkulose u. a.) bestehen.

Beschwerden und Befund sind vom Stadium der Arthrosis deformans und von der Lokalisation degenerativer Veränderungen abhängig. Wenn ein degenerierter Meniskus durch Rißbildung Reizzustände und Funktionsstörungen unterhält, kann die Operation auch noch im Alter angezeigt sein. Sorgfältige Untersuchung, auch Arthroskopie, ist zu differentialdiagnostischer Abgrenzung unerläßlich. Bei der auf altersbedingtem Verschleiß beruhenden Arthrose stehen belastungsabhängige Beschwerden und bei einem Reizzustand verstärkte Schmerzen und Spannungsgefühl im Kniegelenk, auch Nachtschmerz im Vordergrund; neben Bewegungseinschränkungen und Erguß bilden sich Kontrakturen. Der Anlaufschmerz beim Aufstehen ist genau so typisch, wie der schubweise Verlauf der Arthrose. Im Röntgenbild beginnt die Gonarthrose sich zunächst an einer Verschmälerung des Gelenkspaltes und an feinen Ausziehungen im Bereich der Kreuzbandhöcker sowie an den Gelenkflächenrändern des Schienbeinkopfes, der Oberschenkelrollen und der Kniescheibengelenkfläche zu äußern. Bei statisch bedingten Gonarthrosen, die sich in Achsenabweichungen (auf Grund der Anlage oder überstandener Unfälle) äußern, ist operatives Vorgehen zu erwägen. Je

nach Hauptkrümmung wird die Korrekturosteotomie am Schienbeinkopf oder suprakondylär am Oberschenkel vorgenommen.
Da bei der Gonarthrose die statische Belastung eine große Rolle spielt, ist der Abbau von Übergewicht eine dringende Maßnahme. Zumindest bei Reizzuständen ist Teilentlastung durch Gehhilfen – schon ein Handstock führt zu deutlicher Belastungsminderung – angezeigt. An orthopädietechnischen Hilfen stehen Schuhzurichtungen und Orthesen zur Verfügung, letztere auch bei Bandlockerungen. Schließlich bleibt bei weit fortgeschrittener Gonarthrose die Wahl zwischen einer Versteifungsoperation des Gelenkes oder dem künstlichen Gelenkersatz, der meistens vorgezogen wird. Die Versteifungsoperation verlangt zur Schmerzbefreiung und damit wieder möglichen Belastbarkeit des Beines den Verzicht auf die Bewegungsfunktion des Gelenkes; der künstliche Gelenkersatz dagegen erlaubt neben Schmerzbefreiung die Erhaltung der Gelenkbeweglichkeit unter Schaffung von Stabilität (je nach Modell). Dadurch wird eine weitgehende Belastbarkeit des Beines erzielt, aber ein nicht geringes Operationsrisiko und das Risiko der Implantatlockerung in Kauf genommen.
Vielfältige physiotherapeutische Maßnahmen haben sich bewährt; die Übungsbehandlung von Kniegelenkerkrankungen muß nicht nur die jeweiligen Ursachen und Auswirkungen der Gonarthrose berücksichtigen, sondern auch die anatomischen und funktionellen Besonderheiten. Der komplizierte Roll-Gleit-Vorgang dieses Muskel-Band-geführten Gelenkes und der dünne Weichteilmantel bedingen eine besondere Verletzbarkeit, die Reizbarkeit des Kniegelenks erfordert eine besonders sorgfältige Einfügung der Physiotherapie in den Gesamtplan der Behandlung.

Gesichtspunkte der Krankengymnastik

Diese entsprechen denen der Koxarthrose (s. S. 139)

Therapievorschläge

- Elektrotherapie – Maßnahmen zur Schmerzlinderung und – wenn erforderlich – Resorptionsförderung.
- Eisanwendung in Form eines Wickels.
  Bei Reizzuständen, dem sog. Reizknie, sind Wärmeanwendungen kontraindiziert. Kälteanwendung muß aber vom Patienten toleriert werden. Zum Abtransport von Schlackenstoffen ist die Eisanwendung mit Aktivität zu verbinden, d. h. die Muskelpumpe muß eingesetzt werden:
- Statische Arbeit von Quadrizeps, ischiokruraler Muskulatur, Wadenmuskulatur.
- Fußbewegungen, endgradig zur Kompensation von Einschränkungen und Schmerzen im Kniegelenk.

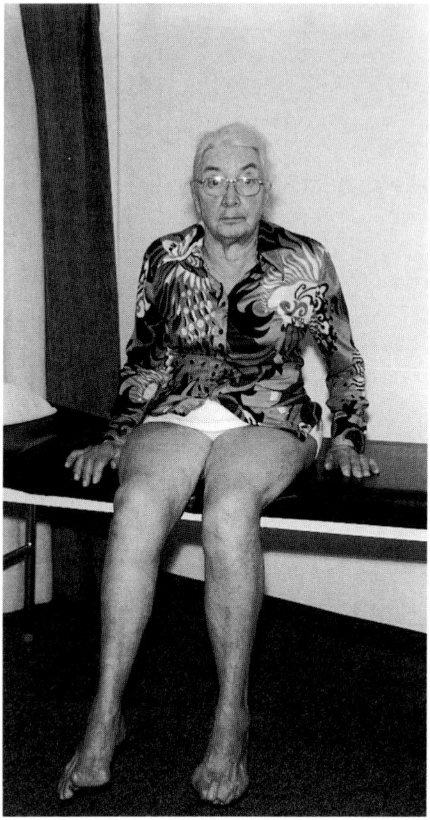

Abb. 38:
»Beine-baumeln« zur Entlastung des Kniegelenkes.

- Gelenkentlastung durch Traktionen.
- Dynamisches Üben der funktionellen Einheit Bein.
- »Eigenentlastung« – der Patient wird angehalten zum Beine-baumeln auf einem erhöhten Sitz (Abb. 38).
- Gehen an einem Handstock zur Sicherheit und Gelenkentlastung. Häufig ruft diese Maßnahme – bes. bei älteren Damen – eine Abwehrhaltung hervor. Durch einen modischen Stockschirm mit evtl. Verstärkung des Stockes kann dieses Problem gelöst werden.

3.5 Kniegelenkendoprothetik

Die Indikation zum Kniegelenkersatz muß dessen stärkere Gefährdung und höhere Komplikationsrate gegenüber dem Hüftgelenkersatz berücksichtigen; das hat anatomisch-funktionelle Gründe (u. a. lange Hebelarme und dünner Weichteilmantel). Wundheilungsstörungen und Lockerungen treten häufiger bzw. früher auf, und die Funktion ist auch durch Bandinsuffi-

zienz (außer bei den Scharniergelenken) gefährdet. Mit dem Ziel, der Anatomie und den hohen Anforderungen des Kniegelenks gerecht zu werden, sind zahlreiche Modelle entwickelt worden, deren Bewährung – auch vom Material her – unterschiedlich ist. Bei entzündlicher Erkrankung (Polyarthritis rheumatica) wird die Endoprothetik des Kniegelenks mit einer Synovektomie verbunden, um von dort unterhaltene sekundäre Zerstörungen an Knorpel, Knochen und Kapselbandapparat zu unterbinden.
Bei der Endoprothetik des Kniegelenks beschränkt man sich auf den Gelenkflächenersatz, wenn der Bandapparat erhalten ist und keine stärkere Fehlstellung vorliegt; vor allem bei Betroffenheit nur eines Kompartments hat sich die Schlittenendoprothese bewährt. Wenn die fortgeschrittene Gonarthrose zu erheblichen Deformierungen geführt hat und bei instabilen Kniegelenken, ist der totale Gelenkersatz mit Halbscharnier- oder Scharnierendoprothese angezeigt; die erstgenannten haben oft eine wandernde Achse. Gleichzeitig wird mit Erfolg auch das femoropatellare Gelenk ersetzt. Voraussetzung für eine gute und dauerhafte Funktion sind möglichst sparsame Knochenresektion an Kondylen und Schienbeinkopf sowie solide Verankerung und korrekter Sitz zur Gewährleistung des richtigen Bewegungsablaufes. Die krankengymnastische Behandlung ist je nach Modell zu variieren und kann durch motorisierte Übungsschienen (continuos passiv motion) ergänzt werden.
Bei anstehender Operation gelten die gleichen Gesichtspunkte wie bei Koxarthrose prae op. (s. S. 145).

Gesichtspunkte der Krankengymnastik

Die Angaben des Arztes über operatives Vorgehen, Prothesenmodell und dessen mögliche Funktionen sind maßgebend für das therapeutische Vorgehen.
Die krankengymnastischen Maßnahmen auf der Intensivstation entsprechen denen der TEP des Hüftgelenkes. Hinzu kommen Wechsellagerungen für das operierte Bein, um die durch die Operation gewonnene Flexibilität des Kniegelenkes weitestgehend zu erhalten. Im Abstand von 3 Stunden (kürzere Intervalle sind von Vorteil) wird das operierte Bein in volle Streckstellung bzw. in Beugestellung auf eine Schiene gelagert. Die 0 Grad Stellung sollte voll erreicht werden, für die Beugung werden 90 Grad angestrebt. Um diese zu verwirklichen, müßte das Bein im Hüftgelenk ebenso in 90 Grad Beugung liegen, da der Unterschenkel waagrecht liegen muß. Diese starke Beugung ist aber einem alten Menschen nicht über längere Zeit zuzumuten. Kompromisse sind erforderlich. Es ist günstig, wenn die Krankengymnastin die Umlagerungen selbst vornimmt, da der Wechsel von einem Extrem ins

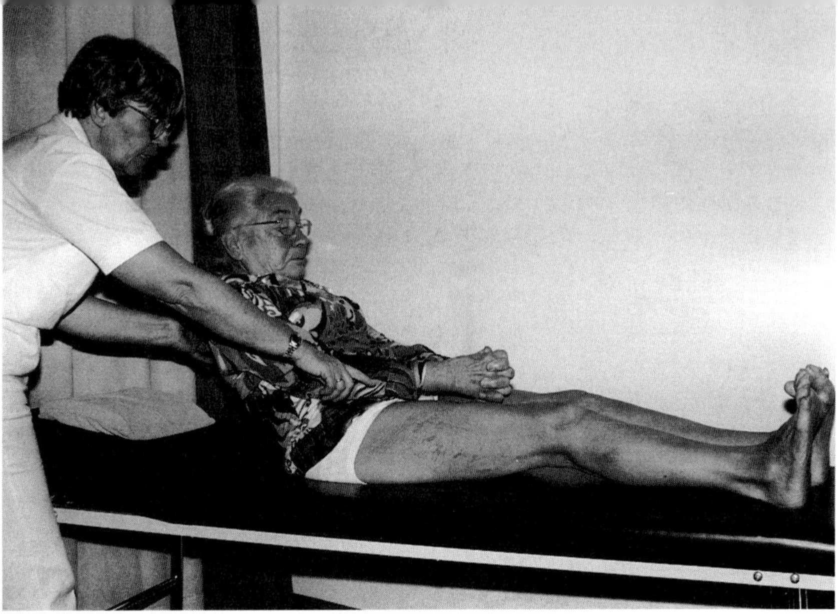

Abb. 39: Quadrizepsspannung über Muskelkette von proximal (kranial); durch die intensive Arbeit kommt es i. a. zu einer wünschenswerten Kokontraktion der Oberschenkelmuskulatur.

andere i. a. schmerzhaft ist. Es sollte der Patient das von der KG unterstützte Bein selbst in kleinen Etappen in die gewünschte Lage bringen.
Vorteil: weniger Schmerz, größeres Zutrauen, Umsetzung in Übungsbeginn.

Therapievorschläge

- Erarbeiten der vollen Streckung über statische Arbeit des Quadrizeps. Zusatzeffekt ist Resorptionsförderung.
- Spannung aufbauen über Muskelketten in Rückenlage oder Sitz. Da der Patient häufig in den ersten Tagen ängstlich und vorsichtig ist, beginnt man die Spannung von:
  - ✧ distal – intensive Dorsalextension, verbunden mit Pro-/Supination,
  - ✧ proximal (kranial) – ventrale Muskelkette, Kopf anheben, PNF – Armmuster (modif.), Bauchmuskulatur, Hüftflexoren, Knieextensoren (Abb. 39).
- Bewegungsschulung hubfrei in Seitlage.
  Diese Lage nimmt ein alter Mensch gern ein. Voraussetzung ist eine exakte und sichere Lage des operierten Beines auf feste Kissen, ebenso korrekte Lage des Kopfes und Rumpfes. Mit klarer Instruktion und deutlicher manueller Reizsetzung werden Beugung und Streckung geübt. Dosierte Widerstände sind zu geben (40 a/b/c).

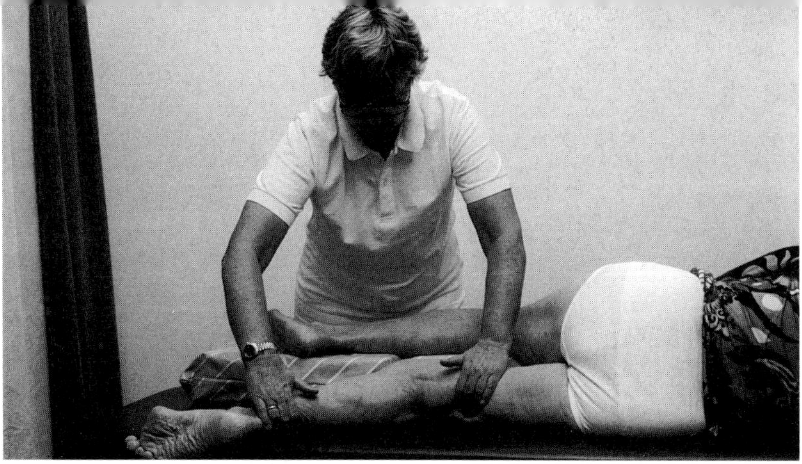

a

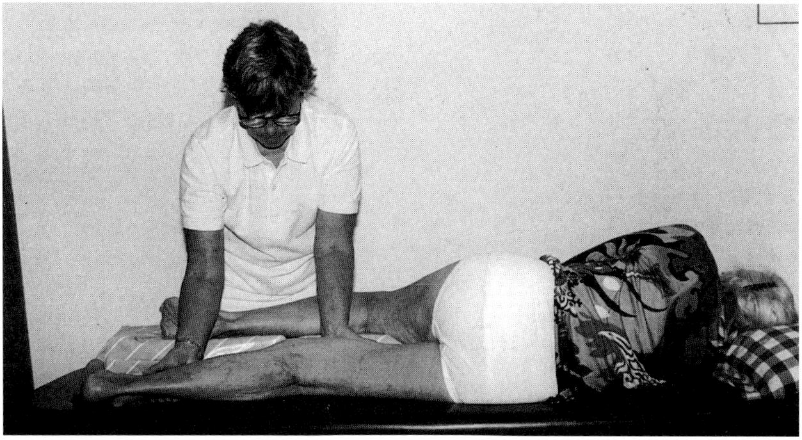

b

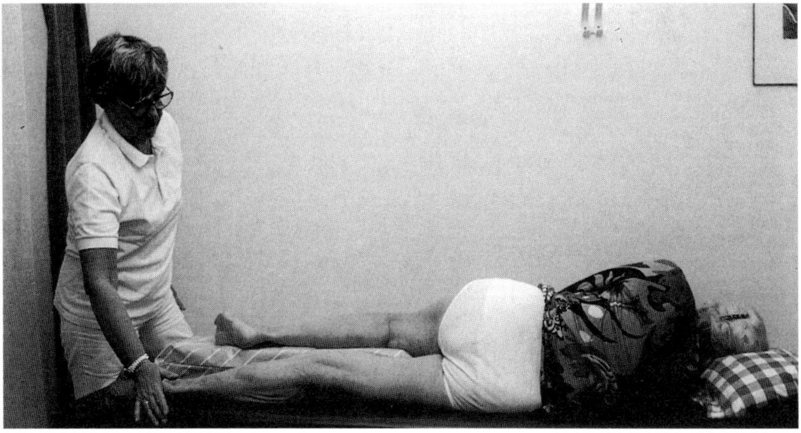

c

Abb. 40a, b: Hubfreies Üben der Knieflexion und -extension in Seitlage.
Abb. 40c: Stemmen des Beines gegen den Widerstand an der Ferse, Kokontraktion der Beinmuskulatur.

Der Nachteil dieser Ausgangsstellung ist, daß die Aktionen nicht im Blickfeld des Patienten liegen.
- Übungen im Sitz für Flexion und Extension sind erst erlaubt, wenn kein Reizzustand im Kniegelenk mehr besteht.
- Gang- und Alltagsvorbereitung entsprechen der TEP-Behandlung (s. S. 149).

3.6 Altersfuß

Der häufige Platt-Spreizfuß wird behandlungsbedürftig, wenn er mit Schmerzen und Funktionsstörungen einhergeht, die das Geh- und Stehvermögen älterer Menschen beeinträchtigen. Im Gegensatz zu den angeborenen und den durch Trauma erworbenen Fußdeformitäten entwickelt er sich im Laufe des Lebens unter der Belastung, wobei die Valgusstellung des Rückfußes beim Knick-Senkfuß zu einer Abduktion des Vorfußes führt und der erste Strahl nach dorsal aufgebogen wird; später kann eine Pronation des Rückfußes mit supinatorischer Aufbiegung des Vorfußes eintreten. Eine Anlagenschwäche, aber auch ungeeignetes Schuhwerk, Überlastungen durch zivilisatorische Gegebenheiten, mangelnde Übung der Fuß- und Beinmuskulatur sind begünstigende Faktoren.
Zu dieser als Belastungsdeformität bezeichneten häufigen Formabweichung gehören Zehendeformitäten, unter denen ›Hallux valgus‹ und ›Hammerzehen‹ zu nennen sind. Sie verursachen durch Schwielenbildung Druckschmerzen und Entzündungen, werden deshalb häufig operativ behandelt (Abb. 41).
Bei der rheumatischen Fußdeformität ähnelt die Pathomechanik der beim statisch bedingten Platt-Spreizfuß, doch kommt zu den deformierenden Kräften, insbesondere der Schwerkraft, noch eine Insuffizienz der former-

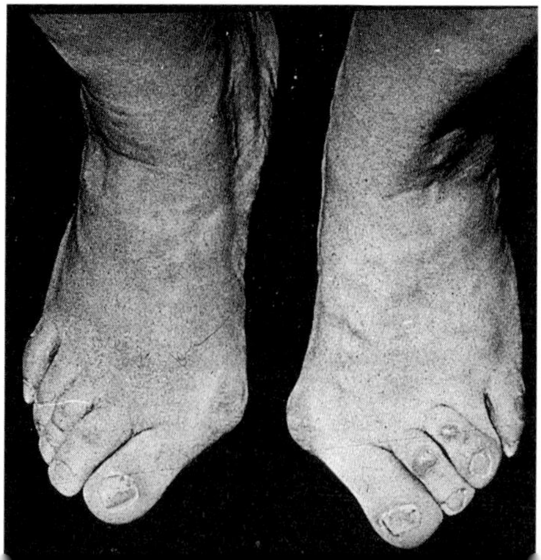

Abb. 41: Altersfuß: Platt-Spreizfuß mit typischem Hallux valgus.

haltenden Kräfte auf Grund der rheumatisch-entzündlichen Erkrankung hinzu. Dabei wirken sich auch Destruktionen des Kapsel-Bandapparates, Tendosynovitiden und Knorpelschäden aus.
Der schmerzfreie Plattfuß ist beim Erwachsenen nicht behandlungsbedürftig; erst bei Auftreten von Schmerzen sind Einlagenversorgung und aktive Maßnahmen angezeigt.
Operationsindikationen können bei Deformierungen, auch bei exostoseartiger Vorwölbung fußrückenwärts im Bereich des Kahnbeins oder am ersten Mittelfußknochen, bestehen.
Der entzündliche bzw. kontrakte Plattfuß äußert sich durch Schmerzen und geht mit Bewegungseinschränkungen vor allem im unteren Sprunggelenk einher; es handelt sich um einen Reizzustand, wie er bei vermehrter Belastung auftreten kann und schließlich aus dem muskulär-kontrakten den ligamentär-kontrakten Plattfuß schafft. Wenn dieses Geschehen nicht durch Ruhigstellung und konservative Therapie aufzuhalten ist, kommt die operative Versteifung des unteren Sprunggelenks in Betracht.
Im übrigen besteht die Behandlung bei Spreiz- und Plattfußbeschwerden in der Verordnung von Einlagen, sowie in Übungen zur Kräftigung der Fuß- und Unterschenkelmuskulatur. Durch Anhebung des durchgesunkenen Quergewölbes wird der Entstehung von Zehendeformitäten entgegengewirkt. Beim ausgeprägten Altersfuß steht aber nicht mehr die Korrektur, sondern eine möglichst gute Bettung des Fußes im Vordergrund.
Vor allem bei der rheumatischen Fußdeformität haben sich Schuhzurichtungen bewährt, die zu einer Entlastung der Mittelfußköpfchen und der fußsohlenwärts unter ihnen befindlichen schmerzhaften Schwielen führen (Korkfußbett, Schmetterlingsrolle). Operativ ist eine radikale Lösung z. B. durch Resektion der Metatarsalköpfchen möglich.
Eine Metatarsalgie kann Beschwerden ähnlich denen des Spreizfußes verursachen; sie wird durch Reizung eines Digitalnerven vorwiegend im Zwischenraum des dritten und vierten Mittelfußknochen bei Spreizfuß verursacht und kann bei Erfolglosigkeit konservativer Maßnahmen operativ angegangen werden.
Im Großzehengrundgelenk führen degenerative Veränderungen nicht selten zum ›Hallux rigidus‹; typisch ist die schmerzhafte Bewegungseinschränkung, die beim Gang zur Belastung des Fußes über den Außenrand zwingt. Hier wird man zunächst den Abrollvorgang durch eine Ballenrolle am Schuh zu erleichtern suchen, sonst operativ behandeln.
Auch die Gicht, die sich vorzugsweise im Großzehengrundgelenk äußert, bedarf differentialdiagnostischer Berücksichtigung.

Gesichtspunkte der Krankengymnastik

Eine Behandlungsindikation sind Beschwerden wie »müde Füße«, Schmerzen, Verkrampfung. Neben Ratschlägen für Fußpflege und geeignetes Schuhwerk können Maßnahmen aus der Physikalischen Therapie Erleichterung und Hilfe bringen. Durch diese Maßnahmen können bessere Durchblutung und muskuläre Entkrampfung erzielt werden.

Therapievorschläge

- Fußbäder, Wechselbäder.
- Unterwassermassage für Fuß- und Unterschenkelmuskulatur.
- Manuelle Massage.
- Mobilisation/Traktion der kleinen Fuß- und Zehengelenke, sofern noch ein Bewegungspotential vorhanden ist. Ein Zuviel kann aber zu Irritationen und erneuten Beschwerden führen.
- Fußübungen, wenn noch Bewegungsfähigkeit vorhanden ist.
- Längeres Gehen sollte mit einem Handstock – Seitenwechsel – durchgeführt werden, um jedem Fuß zeitweise eine geringere Belastung zu geben.

3.7 Amputationen

Dieser aus zumeist vitaler Indikation durchgeführte Eingriff wird vor allem an der unteren Extremität ausgeführt, und arterielle Durchblutungsstörungen (»Raucherbein«!) verursachen den größten Teil der Beinamputationen. Die arterielle Verschlußkrankheit findet sich bei der Gruppe der über 60jährigen oder vorgealterten Patienten; Diabetes mellitus und koronare Herzkrankheit haben eine besondere Bedeutung. Von einer Exartikulation wird dann gesprochen, wenn die Extremität oder ein Teil der Extremität in einem Gelenk abgesetzt wird, was sich besonders am Kniegelenk bewährt hat.

Immer wird eine gute Stumpfdeckung durch plastisch-chirurgisches Vorgehen (Myoplastik) angestrebt, um gute und kräftige Funktion der erhaltenen Muskulatur auf den verbliebenen Gliedmaßenabschnitt zu gewährleisten.

Die möglichst frühe prothetische Versorgung hat sich bei Beinamputationen durchgesetzt. Bei einer Sofortversorgung (Gipsköcher über Wundverband) kann der Amputierte bereits in den ersten postoperativen Tagen allgemein mobilisiert und mit Gehübungen im Gehwagen oder am Rollator begonnen werden; dabei ist die Überwachung des Sitzes des Prothesenschaftes eine wichtige Aufgabe im Rahmen der Krankengymnastik (Abb. 42). Die Sofortversorgung führt nicht zu vermehrten Schmerzen und Wundheilungsstörungen; sie läßt Muskelatrophie und Kontrakturen vermeiden. Nach Abschluß der Wundheilung wird eine abnehmbare Übungsprothese gefertigt und das Übungsprogramm fortgesetzt. Es leitet zur »endgültigen« prothetischen Versorgung über.

Der Gliedmaßenersatz ist von der jeweiligen Stumpflänge abhängig; diese richtet sich nach den Erfordernissen, wobei die Sicherung guter Belastbarkeit, Durchblutung und Funktion des Stumpfes im Vordergrund stehen. Unter dem Gesichtspunkt der Funktion und der Möglichkeiten prothetischer Versorgung haben sich bestimmte Amputationshöhen als zweckmäßig erwiesen. Überwiegend muß bei Durchblutungsstörungen alter Menschen mit dem Verlust im Oberschenkel gerechnet werden; vor allem bei Doppelseitigkeit bedarf es vor der Versorgung mit Prothesen einer Beurteilung des zu erwartenden Gehvermögens. Unterschenkelamputationen bieten bessere Aussichten, und zu guter Belastungsfähigkeit des Beines führen Amputationen im Bereich des Rückfußes, wie der Pirogoffstumpf, und im Fuß, die eine Versorgung mit orthopädischem Schuhwerk gestatten (Abb. 43). Zunehmend hat sich die Knieexartikulation durchgesetzt; ihre Vorteile gegenüber einem Oberschenkel- oder schlechten Unterschenkelstumpf wiegen die ungünstige optische Wirkung der Versetzung des Protheseknies nach distal auf. Den Stumpfschäden, vor allem Prothesenrand-

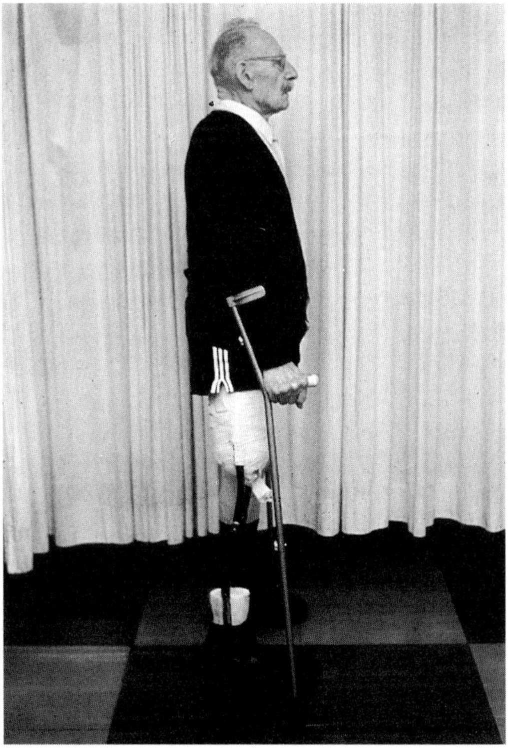

Abb. 42: Gangschulung nach prothetischer Frühversorgung eines Oberschenkel-Amputierten.

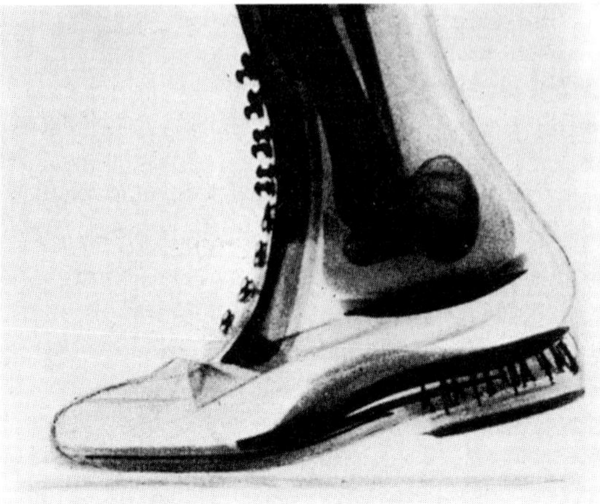

Abb. 43: Orthopädische Schuhversorgung nach Amputation im Rückfuß.

knoten, Ekzemen, Durchblutungsstörungen und Schleimbeutelentzündungen, ist durch Hautpflege und geeignete physikalische Maßnahmen zu begegnen. Anzeige zur Nachamputation kann bei überschießenden Weichteillappen, eingezogenen Narben, schmerzhaftem Neurinom, vorstehendem Knochenstumpf gegeben sein.

Gesichtspunkte der Krankengymnastik

Da diese Patienten bereits durch eine Grunderkrankung (Diabetes, Durchblutungsstörungen) – seltener durch Unfall – belastet sind, sollte nach der Operation in einer Teambesprechung das realistische Behandlungsziel geklärt werden:
Lassen es der Allgemeinzustand des Patienten und seine derzeitige Lebenssituation (häusliche Verhältnisse, Heimaufenthalt) zu, daß er eine Prothese überhaupt annehmen, nutzen und damit wieder zum Gehen kommen wird? Kann er dadurch zusätzlich eine mehr oder minder große Selbständigkeit erlangen? Wenn berechtigte Zweifel am Erreichen dieser Ziele bestehen, so ist die Krankengymnastik vorrangig auf ein Training für und in dem Rollstuhl auszurichten. Es kann für einen alten Menschen, der allgemein durch seine Erkrankung reduziert, oft übergewichtig, nicht mehr bewegungsbewußt ist, zur Qual werden, ein Prothesentraining absolvieren zu müssen. Es wird nach dem Klinikaufenthalt mit Sicherheit nicht fortgesetzt und genutzt werden. Wichtig ist somit, den Patienten mit dem Rollstuhl weitgehendst mobil zu erhalten, einer Verschlechterung seiner Durchblutungsverhältnisse Einhalt zu gebieten und ihm sein Dasein ohne Gehfähigkeit erträglich zu gestalten. Die Stehfähigkeit des gesunden Beines ist möglichst zu erhalten, ebenso die Aktionsfähigkeit des Stumpfes.

Therapievorschläge – Beispiel Oberschenkel-Amputation

- Pneumonie- und Thromboseprophylaxe, mehrmals täglich durchführen.
- Stumpf: Hochlagerung durch Schrägstellung des Bettes, Kopftieflage durch Kissen ausgleichen.
- Intensive Durchblutungsanregung für das gesunde Bein: Trockenbürsten, kalte Waschungen, Bewegen, Spannen, Anleitung zum Aktiv-werden.
- Bauchlage – wenn möglich.
- Stumpfwickelung nach Wundheilung, sofern kein Gipsköcher angelegt wurde.
- Anleitung zur Stumpfpflege.
- Kontrakturverhütung bzw. -behandlung, bes. Beachtung der freien Hüftextension, Adduktion, Innenrotation.
- Übungen zur Erhaltung eines muskulären Gleichgewichtes am Stumpf.
- Stand- und Belastungsübungen für das gesunde Bein.
- Gleichgewichtsschulung im Sitz und Stand.
- Bei Endziel Rollstuhl: Anpassung und Überprüfung des Rollstuhls und seiner Brauchbarkeit, Schulung von Positionswechsel – Rollstuhl/Bett, Rollstuhl/Auto etc.
- Bei Prothesenindikation: Prothesen- und Alltagstraining.
  Das Gehen mit Prothese sollte auch auf Dauer mit Handstock/-stöcken zugelassen werden. Sicherheit ist vorrangig.

4 ENTZÜNDLICHER UND EXTRAARTIKULÄRER RHEUMATISMUS

4.1 Allgemeines

Nach den vorstehend besprochenen degenerativ bedingten orthopädischen Erkrankungen sind hier die Krankheitsgruppen des extraartikulären Rheumatismus (Weichteilrheuma) und des entzündlichen Rheumatismus (rheumatoide Arthritis, chronische Polyarthritis) abzuhandeln. Sie sind beim älteren Menschen von großer Bedeutung, denn wenn auch zahlenmäßig die degenerativen Erkrankungen im Vordergrund stehen, so beginnen doch 20% der rheumatischen Arthritiden im Alter von über 60 Jahren!
Der Schmerz – ein typischer, oft fließender Schmerz – ist allen Rheumaformen gemeinsam, und die schmerzbedingte Behinderung steht sowohl bei den primär-entzündlichen, als auch bei den degenerativen im Vordergrund; sie geht bei chronischem Verlauf mit Form- und Funktionsverlust der Gelenke einher.

Deshalb beginnt die rheumatische Differentialdiagnose mit der Anamnese des Schmerzes, der wandernd, »neuralgisch«, vom Wetter und von psychologischen Einflüssen abhängig ist, dies vor allem beim meistens harmlosen Weichteilrheumatismus.
Daneben finden sich die durch Überlastung bedingten lokalisierbaren Schmerzen, (z. B. bei Insertionstendinose), der Anlaufschmerz bei Arthrosen, Druck- und Bewegungsschmerz sowie Spontan- und Ruheschmerzen bei der Arthritis. Immer hat die Schmerzqualität beim Rheumapatienten auch eine »persönlichkeitseigene Färbung, die mit den Kontrollsystemen zusammenhängt und psychologisch negativ (Depression) oder positiv (Schmerzbewältigung) gesteuert werden kann« (Schilling).
Da Schmerzen ebenso das Ergebnis einer subjektiv-emotionalen Einstellung wie Manifestation eines zentral- oder peripher-nervösen Erregungsvorganges sind, müssen übertrieben wirkende Äußerungen an psychische Überlagerung oder Depression denken lassen. Doch soll man Schmerzzustände nicht schon deshalb als Ausdruck lavierter Depression betrachten, weil man keinen Grund für sie findet; manchmal sind sie Vorläufer oder auch Begleitsymptome derselben.
Der chronische Rheumatismus führt oft zu starker Beeinträchtigung der Lebensqualität, wenn er auch nur selten die Lebenserwartung verkürzt. Den Schmerzen kommt wesentliche Bedeutung zu, weil sie sogar die Krankheitsprogression ungünstig beeinflussen. Deshalb ist Schmerzkontrolle ein wichtiger Gesichtspunkt im Behandlungsplan, und die Minderung oder Verhinderung von Schmerzen mittels funktionserhaltender oder -zurückgewinnender Krankengymnastik ist eine vordringliche Aufgabe. Der Patient muß zu täglichem Bewegungstraining angehalten werden, für das ggf. antirheumatische Medikamentation (Kortikosteroide möglichst nur kurzfristig bzw. bei Notfallsituation) oder orthetische Versorgung (Mieder s. S. 114) die Voraussetzungen schaffen. Neben einer Basistherapie kommen intraartikuläre und lokale Anwendungen entzündungswidriger und relaxierender sowie antidepressiver Medikamente in Betracht. Multimorbidität und die beim älteren Menschen verminderte Fähigkeit zur Kompensation erschweren die Aufgaben der Therapie und der Rehabilitation gerade bei rheumatischen Erkrankungen im Alter.

4.2 Weichteilrheumatismus

Der Weichteilrheumatismus ist vor allem wegen der begleitenden Störungen des Allgemeinbefindens und seiner Chronizität von Bedeutung; er führt weder wie Arthrose und Polyarthritis zu artikulären Zerstörungen, noch wie der entzündliche Rheumatismus zu kardiovaskulären Komplikationen.

Doch gibt es chronisch schmerzhafte, sogar bis zur Invalidität führende Ausprägungen des Weichteilrheumatismus wie die generalisierte Tendomyopathie, auch primäres Fibrositis- bzw. Fibromyalgie-Syndrom genannt. Bei meist örtlichem Beginn finden sich nach kürzerer oder längerer Zeit ausgedehnte Tendomyosen und multiple Insertionstendinosen. Begleitende funktionelle Krankheitsbilder und vegetative Störungen können Anlaß zu immer neuen und nicht indizierten, auch operativen (!) Maßnahmen sein. Somatische Störungen, z. B. degenerative Veränderungen oder Fehlformen der Wirbelsäule, aber auch entzündliche Prozesse sind bei der Therapie auch der psychisch überlagerten Tendomyopathie zu berücksichtigen.

Es empfiehlt sich die Vermeidung exogener Faktoren, wie sie z. B. in der Einwirkung von Nässe und Kälte sowie in Fehlbelastungen der Wirbelsäule bei der Arbeit gegeben sind. Die Behandlung zielt auf Beeinflussung von Schmerzen und Schlafstörungen, Muskelverspannungen und Sehnenirritationen. Wärme in jeder Form, lockernde Massagen und entspannende Krankengymnastik stehen im Vordergrund. Neben der Entspannungstherapie ist auch ein Versuch mit unkonventionellen Behandlungsmethoden (Akupunktur o. ä.) angezeigt (Abb. 44).

Als Tendopathie bezeichnet man abakterielle Entzündungen der Sehnen, der Sehnenscheiden, des Sehnengleitgewebes oder der Sehnenansätze; vor allem letztere, die Insertionstendinosen, beruhen auf Abnutzungserscheinungen bzw. gestörtem Stoffaustausch. Durch funktionelle Überbeanspruchung werden die an sich stummen degenerativen Sehnenschäden schmerzhaft. Bei manchen Formen, wie bei der Epicondylitis radialis et ulnaris humeri, werden Nervenwurzelreizungen und vermehrter Sympathikotonus als mitursächlich angesehen; in anderen Fällen (Sehnenansatztendinosen auch im Bereich des Kniegelenks!) sind im Alter Fehlbelastungen durch Achsenabweichungen von Bedeutung.

Die Therapie muß die jeweiligen Faktoren berücksichtigen; in der Regel beginnt sie mit Schonung und entzündungswidrigen Anwendungen und ist eine Domäne physikalischer Maßnahmen, insbesondere auch von Entspannungstechniken, die den Zusammenhang zwischen Affekt und Muskelspannung berücksichtigen.

Eine typische Alterskrankheit ist die Polymyalgia rheumatica; sie äußert sich durch Schmerzen im Schulter-Nackenbereich und im Beckengürtel, die morgens betont auftreten und manchmal mit Behinderungen verbunden sind. Damit können allgemeine Krankheitssymptome bei den zumeist älteren und depressiv gestimmten Patienten einhergehen; für eine entzündliche Komponente spricht die erhöhte Blutsenkungsgeschwindigkeit.

In der Regel spricht die Erkrankung auf die Therapie an, die wegen der

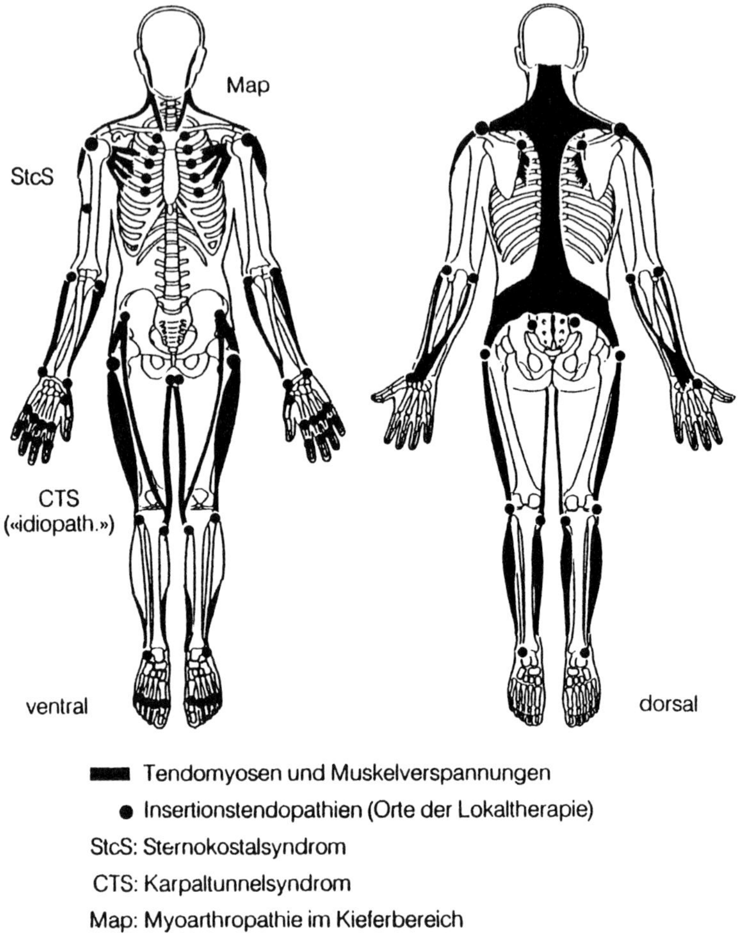

Abb. 44: Generalisierte Tendomyopathie (Müller-Schilling-Schmidt, 1989).

Gefahr vaskulitischer Komplikationen und wegen der oft starken Schmerzen den Einsatz von Kortikosteroiden einschließt. Demgegenüber ist der Einsatz der Pysiotherapie bei diesen Leiden sehr begrenzt.

4.3 Chronische Polyarthritis

Die chronische Polyarthritis (engl. »Rheumatoid Arthritis«) tritt doppelt so oft bei Frauen wie bei Männern auf mit Erstmanifestation am häufigsten im 6. Lebensjahrzehnt. Immer noch ist die Ursache letztlich unbekannt, auch wenn die Bedeutung von Antigenen und Antikörpern (Rheumafaktor) erwiesen ist. Bei der Chronischen Polyarthritis werden Enzyme freigesetzt,

die zur Entzündung führen; gleichzeitig läuft eine Spätreaktion ab, die weitere Schädigungen verursacht.
Das erste Stadium der Erkrankung ist durch eine Entzündung der Gelenkinnenhaut (Synovialis) mit Hyperämie und Oedem gekennzeichnet; die Gefäßwände sind vermehrt durchlässig, es finden sich Entzündungszellen, die den Erguß bedingen, und Ausschwitzungen von Fibrinogen, das sich in Zotten oder als Flocken darin findet. Es kommt zu Infiltraten von Granulozyten und schließlich auch zu Nekrosen.
Dieser Phase folgt die destruktive mit Zerstörung von Knorpel und Knochen. Dafür wird neben den pathologischen Zellen das »Pannusgewebe« verantwortlich gemacht, das sich in den Umschlagfalten der Gelenkinnenhaut entwickelt und auf den Knorpel vorschiebt bzw. in ihn eindringt. Dieses Granulationsgewebe durchbricht auch den subchondralen Knochen, wodurch das Endstadium mit völliger Zerstörung der Gelenkstrukturen eingeleitet wird (Abb. 45a, b).
Beispiel der durch Deformation entstehenden Gelenkinstabilitäten und der fibrösen Ankylosen sind die Veränderungen an der Hand mit ulnarer Deviation der Fingergrundgelenke. Dieses Stadium ist von tendosynovitischen Prozessen (auch Sehenrupturen) und von sekundär-arthrotischen Veränderungen begleitet; manchmal aber steht die Ankylose, zunächst fibrös und dann knöchern, im Vordergrund – die Prozesse verlaufen sehr unterschiedlich und bestimmen das Krankheitsbild.
Meistens beginnt die chronische Polyarthritis gleichzeitig an Händen und Vorfüßen, wobei sie zunehmend symmetrisch auftritt, während die Monarthritis mehr bei jüngeren Patienten gesehen wird.
Die Blutkörperchensenkungsgeschwindigkeit ist bei der CP stark beschleunigt, die Rheumafaktoren sind meistens positiv, jedoch nicht spezifisch. Extrasynoviale Veränderungen wie Perikarditis und Pleuritis bedürfen der Berücksichtigung bei der Beanspruchung durch physikalische Maßnahmen.
Eine Osteoporose des Knochens erhält bei Befall der großen Körpergelenke Bedeutung; sie beruht nicht nur auf Inaktivität und auf Kortikoidtherapie. Die Muskulatur wird atrophisch, der Aktionsradius der Patienten wird mehr und mehr eingeschränkt. An der Wirbelsäule kommt es zu osteoporotischen Frakturen mit entsprechender Verformung.
Besondere Beachtung bedarf der Befall der oberen Halswirbelsäule (s. S. 109); die rheumatoide Zervikalarthritis verursacht zervikozephalen Schmerz und Einschränkung der Kopfbewegungen, Instabilität und Dislokation bis zur Zervikalmarkstenosierung durch ventrale Subluxation.
Im frühen Stadium der chronischen Polyarthritis hat sich neben der medikamentösen die operative Behandlung betroffener Gelenke durch Synovekto-

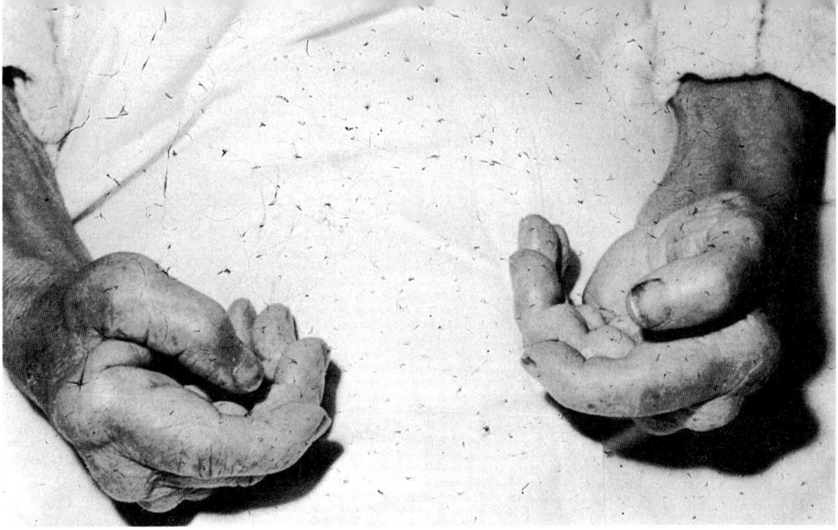

Abb. 45a: Polyarthritis der Hände einer 74jährigen Patientin.

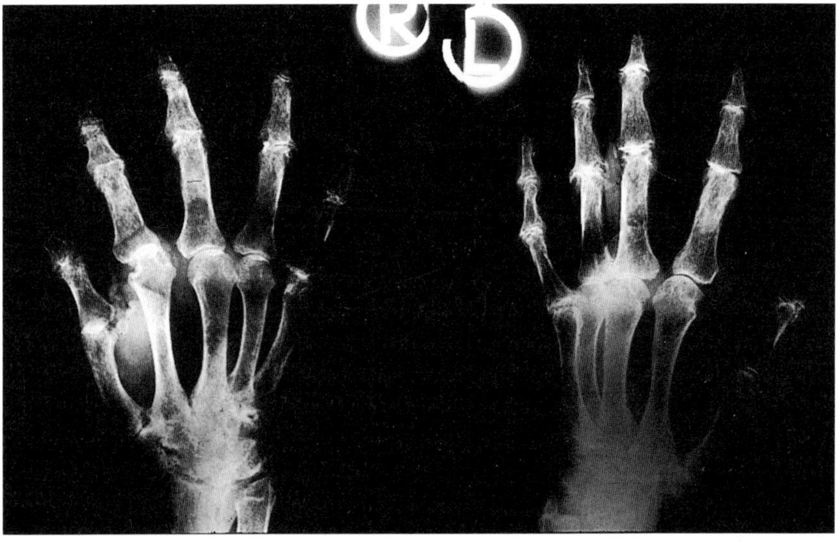

Abb. 45b: Polyarthritis der Hände einer 72jährigen Patientin (Röntgenbild).

mie, also die Entfernung der Synovialis, bewährt. Zu einer eigentlichen Heilung der CP kommt es nicht, doch läßt sich der schleichende oder auch mehr akute Krankheitsverlauf durch physikalische Behandlungsmaßnahmen – auch im Rahmen einer Badekur – günstig beeinflussen; Spontanremissionen über Jahre werden beobachtet.

Die fortschreitende chronische Polyarthritis ist durch Funktionsverlust gekennzeichnet, der durch die Destruktionen der Gelenke bedingt ist. Die Greiffunktionen der Hände, das Geh- und Stehvermögen werden zunehmend beeinträchtigt.
Fehlstellungen und Instabilitäten versucht man mit Orthesen entgegenzuwirken; bei Fußdeformitäten mit Entzündungserscheinungen ist orthopädisches Schuhwerk angezeigt. Gehhilfen können erforderlich werden. Bei schweren Gelenkveränderungen ist Endoprothetik angezeigt. Der künstliche Gelenkersatz läßt ausreichende Funktion und korrekte Stellung der Gelenke wiedererzielen; es kann der Ersatz mehrerer Gelenke erforderlich sein, um die Selbständigkeit des Patienten zu erhalten und Pflegebedürftigkeit zu vermeiden. Diesem Ziel dienen auch Resektionsarthroplastiken und Arthrodesen – letztere machen von Apparaten unabhängig.
Der chronische Gelenkrheumatismus ist ein allgemein-menschliches und ein Gestaltproblem im anthropologischen Sinn (Schilling). Die therapeutischen Prinzipien berücksichtigen deshalb neben den genannten Behandlungsmaßnahmen, die der Verbesserung und Erhaltung der Gelenkfunktion dienen, neben Medikamenten zur Schmerzlinderung und Entzündungshemmung, auch psychische Führung und soziale Betreuung. Rehabilitation ist nicht nur als Hilfe zur Wiedereingliederung in einen Beruf, sondern als Konzept für die Lebensführung des oft schwerstbehinderten Rheumatikers zu sehen. Beim alten Menschen liegt das Hauptgewicht in symptomatischer Medikamentation, bei operativem Vorgehen in rekonstruktiven Maßnahmen, bei der Krankengymnastik in der Erhaltung ausreichender Gelenkfunktion (Hände! Gehschulung! Selbsthilfetraining!). Es bedarf ggf. der Einbeziehung der Familie mit entsprechender Organisation der Betreuung, um eine erträgliche Lebensqualität zu bewahren.
Beim bereits seit Jahren erkrankten Patienten ist zu berücksichtigen, daß dessen Persönlichkeit in seiner Gesamtheit belastet ist. Er weist oft hochgradige Deformitäten auf, die entsprechende Bewegungseinschränkungen und Kraftdefizite begleiten. Er ist häufig in seinen Aktivitäten erschöpft und resigniert. Die Behandlung soll ihm Erleichterung und dadurch Freude über wiedergewonnene Eigenaktivität bringen. Ein Gespräch über die vergangene und aktuelle Lebensführung ist ganz wichtig, um realistische Ziele und somit den geeigneten, individuellen Therapieplan erstellen zu können. Es würde den Rahmen dieses Kapitels sprengen, detailliert auf die einzelnen Stadien der Erkrankung einzugehen. Eine Orientierung bez. des Grades der Behinderung kann Tab. 2 S. 82 geben. Für die einzelnen Gelenksituationen gelten die Behandlungsrichtlinien von Donhauser-Gruber, Seiffried, 1988.

Gesichtspunkte der Krankengymnastik

Diese sind abhängig vom Stadium der Erkrankung.
Bei Akuterkrankung gelten die Prinzipien mit Präventivcharakter, d. h. Behandlung der momentanen Symptomatik und zusätzliche Vorsorgemaßnahmen bez. weiterer Schübe oder schleichender Progredienz.
Das stete Ziel der Behandlung ist die Erhaltung der Selbständigkeit des Patienten.
Der Therapieplan hat folgende Punkte:
- Schmerzlinderung
- Besserung oder Erhaltung der Funktion befallener Gelenke
- Gelenkschutzmaßnahmen
- Schaffung von Kompensationen
- Schulung für den Alltag
- Einsatz von Hilfsmitteln
- Versorgung mit Schienen, Unterstützungen mit präventivem Charakter, um Fehlstellungen vorzubeugen.

Allgemeine Therapievorschläge

- Behandlungszeit der entsprechenden Tagesform des Patienten zuordnen (eine Behandlung am frühen Morgen muß erst die allgemeine Morgensteifigkeit überwinden).
- Maßnahmen aus der Physikalischen Therapie zur Schmerzlinderung (vom älteren, chronisch erkrankten Patienten wird i. a. Wärme bevorzugt: Bäder, Packungen).

  Bei akuten Reizzuständen ist Kälte zu bevorzugen, die wohldosiert und schonend einzusetzen ist (Abb. 46).

Abb. 46: Schonende Kühlung einer rheumatischen Hand durch Abtupfen mit einem in Mull eingeschlagenen Eiswürfel.

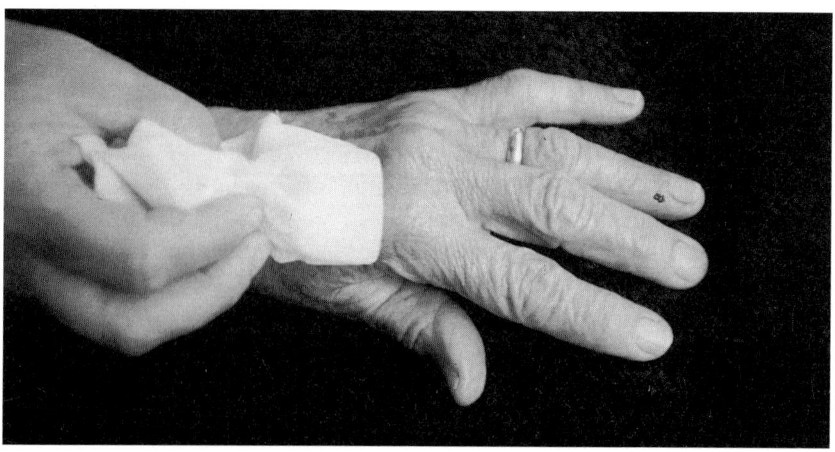

- Lagerung zur Entspannung, muskulär und psychisch (Dauerschmerzen verursachen »Verkrampfungen von Leib und Seele«).
- Therapeutische Lagerungen zur Dehnung verkürzter Weichteilstrukturen.
- Bewegen mit dosierter Traktion der befallenen Gelenke unter Ausnutzung aller noch vorhandenen Freiheitsgrade.
  Technik: weicher, sicherer Griff, gelenknah, rhythmisch.
- Aktives Bewegen der befallenen Gelenke: mit Unterstützung – hubfrei – gegen Führungswiderstand – gegen dosierten Widerstand.
- Aktives Bewegen, evtl. mit Unterstützung, aller Extremitäten und der Wirbelsäule zur allgemeinen Aktivierung: »achsengerecht«, PNF-Pattern modifiziert.
- Üben von Kompensationen für die Selbständigkeit.
- Üben im Bewegungsbad.
  Vorteil: physische und psychische Erleichterung – Freude
  Nachteil: Gefahr der Überforderung.
- Einsatz von Hilfsmitteln und Gehhilfen, ständige Überprüfung eines sinnvollen Einsatzes.
- Beratende Gespräche, auch mit Angehörigen, über Rheuma-Liga und Möglichkeiten außerhalb des therapeutischen Bereiches.
- Enge Kooperation mit der Ergotherapie.

LITERATUR

Bronner, O., E. Gregor: Die Schulter und ihre funktionelle Behandlung nach Verletzungen und bei rheumatischen Erkrankungen. Pflaum Verlag, München 1991.

Bronner, O.: Die untere Extremität und ihre funktionelle Behandlung. Pflaum Verlag, München 1992.

Donhauser-Gruber, U., H. Mathies, A. Gruber: Rheumatologie. Pflaum Verlag, München 1988.

Faßbänder, H. G.: Pathologie und Pathogenese des sog. Muskelrheumatismus. In: Weintraub, A. et al.: Psychosomatische Schmerzsyndrome des Bewegungsapparates. Schwabe Verlag, Basel 1975.

Heipertz, W., E. Schmitt: Wirbelsäulenerkrankungen. 2. Auflage, Springer-Verlag, Berlin–Heidelberg–New York 1984.

Heipertz, W.: Probleme der Krankengymnastik im höheren Lebensalter. In: Schmidt, K. L.: Physikalische Medizin im höheren Lebensalter. Steinkopff-Verlag, Darmstadt 1987.

Heipertz, W.: Bedeutung der Anamnese für die Aufdeckung psychosomatischer Probleme. In: Willert, H. G.: Psychosomatik in der Orthopädie. Huber Verlag, Bern 1991.

Hohmann, G.: Fuß und Bein. 5. Auflage, Bergmann Verlag München, 1951.

Klein-Vogelbach, S.: Funktionelle Bewegungslehre. Springer Verlag, Berlin–Heidelberg–New York 1984.

Klein-Vogelbach, S.: Ballgymnastik zur funktionellen Bewegungslehre. Springer Verlag, Berlin–Heidelberg–New York 1980.

Krämer, J.: Orthopädie. 2. Auflage, Springer Verlag, Heidelberg 1989.

Krahmann, H., G. Haag: Die Progressive Relaxation in der Krankengymnastik. Pflaum Verlag, München 1987.

List, M.: Krankengymnastische Behandlungen in der Traumatologie. Springer Verlag, Berlin–Heidelberg–New York–Tokyo 1986.

Mathies, H., L. Sänger: Klinische Grundlagen der chronisch-entzündlichen rheumatischen Erkrankungen. In: Donhauser-Gruber et al.: Rheumatologie. Pflaum Verlag, München 1988.

Müller, W., F. Schilling, K. L. Schmidt: Rheumatherapie in der Praxis. Eular Verlag, Basel 1989.

Münzenberg, K. J.: Orthopädie in der Praxis. edition Medizin, Weinheim 1981.

Schilling, F.: Die chronischen entzündlich-rheumatischen Erkrankungen. In: Störig, E.: Rheuma-Orthopädie. perimed Verlag, Erlangen 1982.

Schlosser, V., E. Kuner: Traumatologie. 3. Auflage, Thieme Verlag, Stuttgart 1980.

Schmidt, K. L.: Physikalische Medizin im höheren Lebensalter. Steinkopff Verlag, Darmstadt 1987.

Sennewald, H.: Bedürfnisse – Konflikte – Reaktionen, Verlag Gutenberg, Melsungen.

tum Suden-Weickmann, A., W. Heipertz: Erkrankungen der Wirbelsäule. In: Cotta, H., W. Heipertz et al.: Krankengymnastik, Band 5, 2. Auflage, Thieme Verlag, Stuttgart 1990.

tum Suden, A.: Gangschulung geriatrischer Patienten nach Gelenkersatzoperationen. In: Der Physiotherapeut, Schweiz Nr. 5 1980, 26–29.

tum Suden-Weickmann, A.: Die Remobilisation des betagten Menschen. In: Krankengymnastik. Pflaum Verlag, München 1987, 715–716.

Wenk Werner: Der Schlingentisch in Praxis und Unterricht. Pflaum Verlag, München 1989.

9 Krankengymnastik in der Inneren Medizin

Die Beeinflussung der Herz-Kreislauf-Funktion

G. Axnick

1 PROBLEMSTELLUNG

Dieser Beitrag kann und will nicht ein Aneinanderreihen von Krankheitsbildern aus dem Bereich der Inneren Medizin sein. Es wird vielmehr versucht, den schmalen Pfad »Gesundheit« und deren Erhaltung – die Entfernung von Gesundheit – das Zurückfinden von Krankheit zur Wiedergesundung unter schwerpunktmäßiger Betrachtung – aufzuzeigen.

Überlegungen und Hilfen dazu braucht sicher nicht der in Einklang und Harmonie mit seinem Körper und seiner Umwelt befindliche, sondern der entgleiste, aus dem Takt geratene mit chronischen Problemen behaftete Mensch, der mit Trainingsprinzipien unvertraute bzw. nicht mehr vertraute ältere Mensch.

Dieser ältere, zwischenzeitlich in seiner Leistungsfähigkeit geminderte Mensch braucht einfühlende Betrachtung und Behandlung, wie sie durch die Krankengymnastik beim »Rekonvaleszenten« bereits eingesetzt wird. Dabei wird er erfahrungsgemäß von dem Nachlassen von körperlichen und geistigen Funktionen – dem »Absterben« – stark beeinflußt.

Der größte Teil der in Hilfs- und Heilberufen tätigen Menschen – insbesondere im relativ jungen Beruf der Krankengymnasten – befindet sich in der Phase des frühen Erwachsenenalters und arbeitet idealisierend mit normalem Verhalten im Sinne von Verleugnung und manischer Abwehr gegenüber zwei fundamentalen Werten des menschlichen »Seins«:

Der Unvermeidlichkeit des Todes.
Der Existenz von destruktiven Impulsen innerhalb jeder Person.
Anerkennung dieser beiden Aspekte ist sowohl für den Patienten, als auch für den Therapeuten Notwendigkeit und Basis für ein gemeinsames Arbeiten. Dazu gehört auch die Einsicht, daß nicht alles, was ursprünglich zum Lebensplan gehört hat, verwirklicht werden kann und konnte.

Nur so können wir als Therapeuten lernen und uns darum kümmern, mit berechtigten Verlust-Erlebnissen und der »Trauerarbeit« des Patienten umzugehen und in unserer Behandlung zu berücksichtigen.

Wir können und dürfen keine Psychoanalyse durchführen, sollten aber um Begriffe der Übertragung – Gegenübertragung von Patient zum Therapeuten und umgekehrt wissen. Unsere Sorge um die Wiederherstellung von hilfebedürftigen älteren Menschen darf sich nicht nur in Anwendung von exzellenten – nicht selten auch komplizierten – Techniken ausdrücken; es ist vielmehr notwendig, daß wir mit viel Zuwendung – per Definition *»von Verantwortung getragene Fürsorge«* – dem alternden, hilfesuchenden Menschen zur Seite stehen.

Sicher haben nicht nur Krankengymnasten Schwierigkeiten, mit geriatrischen Problemen umzugehen, aber wir sind in besonderer Weise gefordert, uns diesen Schwierigkeiten zu stellen. Im stationären Bereich, in Praxen, in Selbsthilfegruppen tauchen, entsprechend der »Umkehr« der Alterspyramide, immer mehr alternde Menschen auf.

Folgende Aussagen zeigen auf, *wo* »Übertragungsängste« deutlich werden.

»Ich bin als jüngerer Therapeut, der nicht genug ›Lebenserfahrung‹ hat, nur unzureichend geeignet, ältere Menschen zu behandeln.«

»Mit meiner jugendlichen Kraft und Ausstrahlung deprimiere ich alte, schwache Menschen.«

»Ich fühle mich hin und wieder älteren Menschen gegenüber in der Situation eines Kindes mit Respekt gegenüber einem geschwächten Elternteil, das Hilfe braucht.«

»Ich bin mir bewußt, daß körperliche Probleme untrennbar von der Psyche sind, weiß aber nicht, ob und wie ich durch meine physiotherapeutische Arbeit auch Einfluß auf die Psyche nehme.«

Es ist notwendig, sich aus der Psychologie einiges an Grundwissen anzueignen, um besser mit den eigenen Schwächen – insbesondere unbewältigten Konflikten mit den eigenen Eltern, die uns in den hinfälligen Patienten wieder begegnen – fertig zu werden.

Durch unsere enge, mit Zuwendung und Körperkontakten verbundene manuelle Arbeit mit dem Patienten, können wir, ohne Psychotherapeuten zu sein, für die Psyche »therapeutisch« arbeiten, Wärme und Geborgenheit

vermitteln. Wir können hilfreich und lebensbejahend den älteren Menschen motivieren, sein Leben wieder oder weiterhin aktiv zu gestalten.
In der Auseinandersetzung mit all den Schwierigkeiten, nicht nur der von »inneren Problemen«, des älteren Menschen ist es sinnvoll und hilfreich für Therapeut und Patient, durch Teilnahme an einer »Balint-Gruppe« Rückhalt und Unterstützung zu finden.

2 ERHEBUNGSBOGEN FÜR ÄLTERE PATIENTEN, DIE VORWIEGEND INNERE PROBLEMSTELLUNG AUFWEISEN

Um einen umfassenden Eindruck von vorhandenen bzw. verlorengegangenen körperlichen und geistigen Fähigkeiten des Patienten zu erhalten, ist ein Erhebungsbogen hilfreich, wie er beispielgebend in der neurologischen Rehabilitation schon geraume Zeit eingesetzt wird (Bartel-Index, Rivermead Stroke Assessemt). Ein solcher Befundbogen muß gleichermaßen Rücksicht nehmen auf innere Problemstellungen, aber auch auf die in den meisten Fällen anzutreffende Multimorbidität.
Dazu wird ein Erhebungsbogen empfohlen (Abb. 1). Er dient dazu, ein aussagekräftiges Ausgangsniveau für ein körperliches Training zu finden.
Erste realistische Ziele zur Verbesserung der Kondition und Koordination bzw. Teilziele dazu sollten sich durch Aussagen, die im Befundbogen erfaßt sind, finden lassen. Im Vordergrund unserer Bemühungen zur Konditionierung des älteren Menschen steht die Verbesserung der körperlichen Situation zum Erhalt der Selbständigkeit und Organisation des täglichen Lebens wie:
- Aufstehen, Hinlegen
- Körperhygiene
- Toilettengang
- Selbstversorgung im häuslichen Bereich
- Aktivitäten außer Haus: Einkaufen, Besuch von Freunden, Bekannten, Teilnahme an kulturellen Ereignissen, Freizeitgestaltung, Sport.

Die Aussagen des Befundbogens zeigen dem Therapeuten das Auseinanderklaffen von Wunsch und Realität, von Wollen und Können.
Die Interpretation der Befunde läßt Schwerpunkte der anstehenden Behandlung – in Verbindung mit der ärztlichen Diagnose – herauskristallisieren.

Abb. 1:

ERHEBUNGSBOGEN

Notizen zur Person

Name Alter – Familienstand – soziales Umfeld

Ärztliche Diagnose und Daten
(aus dem Krankenblatt oder durch Rücksprache mit dem Arzt ermitteln)

Therapierelevante Aussagen zur inneren Problematik

- R/R in Ruhe – HF in Ruhe
- Aussagen zur Belastbarkeit – Belastungs-EKG – ermittelt auf dem Fahrradergometer
  - Maximalleistung in Watt
  - max. R/R
  - max. HF
  - Abbruchkriterium!
- Welche submaximalen Werte dürfen zur Verbesserung der Ausdauerleistung nach Auswertung anfänglich erreicht werden

  Wattleistung:
  Trainings-HF:
  Dauer der Gesamtbelastung:
- Hinweise auf weitere Vorgehensweise – Steigerung der Leistung

Begleiterkrankungen – auch chronischer Natur –, die einer Therapie zur Verbesserung »innerer Probleme« im Wege stehen.

Ärztliche Verordnung – Medikamente (therapierelevant).

Durch den Therapeuten zu ermittelnde, die Behandlung beeinflussende Gesichtspunkte.

1. *Allgemeiner Eindruck vom Patienten*

   Motivation zur Gesundung
   Selbsteinschätzung
   Stimmungslage – Emotion

2. *Welches Problem hat für den Patienten Priorität*

   1. ....
   2. ...
   3. ...

   (ganz allgemein, ohne auf »innere« Schwierigkeiten Wert zu legen)

3. *Was für Ziele sind dem Patienten wichtig*

   im Hinblick auf Erhaltung der Selbständigkeit (häuslich – Freizeit – Hobby)

4. *Wie werden/wurden Schwächen kompensiert*

   (Hilfsmittel, Hilfspersonen)

5. *Ist der Patient motorisch geschult*

   - praktiziert er ein gymnastisches oder körperlich ausgerichtetes Übungsprogramm
   - Umfang
   - Intensität
     - ✧ Vergangenheit
     - ✧ Jetzt

6. *Koordinationsprüfungen*

   Beurteilung des Gangbildes

   Test: Fuß vor Fuß, Zehenspitzengang, Fersengang, »Spurbreite«, Schrittlänge, Rhythmus, über Hindernis steigen.

Gehgeschwindigkeit	schnell/hastig	120 Schritte/Min.
	normal	100 Schritte/Min.
	langsam	60 Schritte/Min.

   Wie führt der Patient Position und Lagewechsel aus

   - Hinsetzen
   - Aufstehen aus dem Sitz
   - Hinlegen RL
   - Drehen in SL
   - Kommt der Patient auf den Boden, kann er vom Boden wieder aufstehen

   Wie ist seine allgemeine Sitzhaltung

7. *Leistungsniveau*

   - Gehstrecke – auch im Hinblick auf AVK
   - Treppensteigen
   - kann er laufen (Schrittempo bis zum Laufen steigern)
   - kann er in die Hocke gehen und wieder hochkommen
   - ist der Patient in der Lage, seine Füße zu erreichen (Fußnägel schneiden, Strumpf an-/ausziehen)

8. *»Schutzreaktionen«* (Balancereaktionen, Gleichgewichtsreaktionen) die in erster Linie vor dem Fallen bewahren
   gut
   mäßig
   schlecht

9. *Schlafverhalten*
   Wie schläft der Patient
   - flach
   - erhöhter Oberkörper
   - BL/RL/SL

10. *Lagerungsgewohnheiten*

11. *Gefährdung* durch Varikosen – Thrombose (Kompressionsstrümpfe)

12. *Bewegungseinschränkungen*
    Durch welche ist der Patient behindert
    - chronisch?
    - progredient?

13. *Atemprobleme*
    - obstruktiver – restriktiver Natur
    - wie ist die Thoraxbeweglichkeit
    - Atemhilfsmuskeleinsatz
    - Altersemphysem
    - Atemfrequenzen
    - Basisatmung

14. *Allgemeine Tonussituation*
    Ist der Patient eher hyperton – hypoton

15. *Problemverarbeitung*
    Hat der Patient seine altersbedingten, chronischen Beschwerden verarbeitet – akzeptiert?

---

1. Fernziel:

2. Nahziel:

3. Bemerkungen: (z. B. Einschätzung des Behandlungsverlaufes)

---

3 ÜBEN – TRAINIEREN BEI EINSCHRÄNKUNG DER KARDIALEN BELASTBARKEIT

Der Wert von Trainingsmaßnahmen zur Verbesserung der körperlichen Leistungsfähigkeit bis hin zur Herz-Kreislauf-Steigerung ist unbestritten und kann erheblich zum allgemeinen Wohlbefinden – Vertrauen in die eigene Leistungsfähigkeit – beitragen. Erfahrungsgemäß stoßen wir aber immer wieder auf erhebliche Hindernisse beim Patienten und auch Therapeuten:

- Fehlende Kenntnisse über Trainingsmethoden – Systematik des Trainings beim alternden Organismus.
- Auswirkungen von Übung – Training auf den Körper sind nicht bekannt bzw. es bestehen falsche Vorstellungen darüber.
- Falsche, wirkungslose oder gar schädigende Übungen sind »programmiert«, z. B. sog. Bauchmuskeltraining aus Rückenlage mit gestreckten Beinen, Dehnen der ischiokruralen Muskulatur aus dem Stand – mit den Fingerspitzen zum Boden usw.
- Belasten und Wiederholen von Übungen bis in den Schmerz hinein (mit »Zähne zusammenbeißen«).
- Lern- und Merkfähigkeit für wirkungsvollere Übungen ist eingeschränkt.
- Resignation – Depression hemmt das Verhalten.
- Es fehlt die Motivation, etwas zu ändern.

Wir haben also neben der »Trainerfunktion« die unbedingte Aufgabe, unsere Maßnahmen zu erläutern und einzustudieren, so daß unser Patient die Sinnhaftigkeit von Übungen erkennt, in der Lage ist, das Geübte zu reproduzieren und schädigendes, meist veraltetes Übungsverhalten unterläßt.

3.1 Steigerung der Herz-Kreislauf-Leistung

Um auf der sicheren Seite zu bleiben, kann der Krankengymnast vom *anweisenden Arzt* verläßliche *Aussagen zur Belastbarkeit* erwarten! Diese sind im Befundbogen festzuhalten.

Daraus ergibt sich unter anderem die Eingruppierung in eine mehr an Koordination – Ökonomisierung von Bewegungsabläufen orientierte *Übungsgruppe* oder eine *Trainingsgruppe,* wie sie für ambulante Koronargruppen definiert werden:

- Leistungsfähigkeit unter 1 Watt pro kg Körpergewicht
  = Übungsgruppe
- Leistungsfähigkeit mindestens 1 Watt pro kg Körpergewicht
  = Trainingsgruppe.

Beim älteren Menschen liegt die Betonung in der Regel auf Üben.
Die wichtigsten Veränderungen, die sich durch »Üben« am Gesamtorganismus einstellen:
(Die Parameter 1–4 können durch den Krankengymnasten selbst festgestellt werden.)

1 – Herzfrequenz sinkt (HF/Minute)
2 – Ökonomisierung der Herzarbeit
3 – Verbesserung der Durchblutung sowohl des Herzmuskels, als auch der Skelettmuskulatur in Ruhe und Belastung
4 – Senkung der Atemfrequenz
5 – Senkung der Katecholamine (Adrenalin)
6 – Sympathikus-Dämpfung
7 – Acetylcholin-Vermehrung (Vagotonie)
8 – Sauerstoffaufnahme im Blut steigt
9 – Sauerstoffausnutzung durch die Zellen steigt
10 – Fließeigenschaften des Blutes verbessern sich
11 – Blutfette sinken (LDL)
12 – Alpha-Lipoproteinfraktion steigt (HDL)»Schutzfaktor gegen Arteriosklerose«!
13 – Glukoseaufnahme in die Zellen wird erhöht bei gleichzeitiger Senkung des Insulinbedarfs.

Beim »Training« muß eine weit höhere Forderung an das Herz-Kreislauf-System, aber auch an die Muskulatur gestellt werden, wobei auf Forderungen von 50–60% der maximalen Herz-Kreislauf-Leistung im Bereich der aerob/anaeroben Schwelle Wert gelegt werden muß. Diese Forderungen – zumal bei degenerativen Veränderungen des Bewegungsapparates – können vom alten Menschen selten verlangt werden, da Sport und Maximalleistungen meist nur eine untergeordnete Rolle spielen. In unserem Arbeitsbereich steht als erstes hohes Ziel »Erhalt der häuslichen Selbständigkeit«.

3.1.1 ÜBUNGSBEISPIELE

Fahrradergometrie – Gehtraining für ältere, leistungsschwache Personen

Nach festgestellter Leistungsfähigkeit des kardiorespiratorischen Systems durch den Arzt (Abbruchkriterium auf dem Fahrradergometer unter EKG-Kontrolle: Angina pectoris-Erscheinungen bei 60 Watt) wird angestrebt, vorerst die Leistung 40 Watt zu stabilisieren und zu einer Ausdauerleistung von 10 Minuten zu führen.
Unter Belastung und Kontrolle von Herzfrequenz und Blutdruck gelingt dies durchaus in 2–3 Wochen bei einem täglichen (wöchentlich 3–5×) durch-

zuführenden Ergometertraining. Gegebenenfalls mit 3–4 Minuten beginnend, bis die Fahrradergometrie 10 Minuten unter steady-state-Bedingungen durchgehalten werden kann.
Als weitere Maßnahme kann parallel dazu in gehörigem zeitlichen Abstand – vollständige Pause, mindestens 3–4 Stunden – ein Gehtraining absolviert werden, gegebenenfalls an einem Tag Fahrradergometrie, am folgenden Tag Gehtraining.

Gehtraining nach dem Ratschow-Prinzip (s. auch S. 188)

Proband geht mit festgelegter Schrittgeschwindigkeit erfahrungsgemäß 100–120 Schritte/Min. (durch ein Metronom vorgegeben).
Es wird die Testzeit ermittelt durch Gehen in der Schrittfrequenz bis Schwierigkeiten auftreten wie:
- Überschreiten der Trainingsherzfrequenz
- Atemnot oder Atemfrequenz über 30/Min.
- Gelenk-Muskelschmerzen
- Verschlechterung der Bewegungskoordination
- Schwindel
- Zeichen kardiogener Überlastung
- Claudicatio intermittens.

Diese begrenzenden Faktoren dürfen nicht schädigen – kein Heroismus!
Die im Test ermittelte Zeit ist grenzwertig und birgt die Gefahr der Überlastung. Ohne Schwierigkeit kann mit ⅔ der Testzeit als »Übungszeit« verfahren werden.

Gehtraining nach dem 2/3-Prinzip

- Testzeit mit entsprechendem Takt-Rhythmus (Metronom) ermitteln
- $\frac{\text{Testzeit} \times 2}{3} = \text{Übungszeit}$
- tgl. Üben in vorgegebener Frequenz und Zeit
- neuer Test – neue Übungszeit nach 1–2 Wochen

Ziel: Erreichen einer Gehstrecke von mindestens 500 m bzw. ausdauerndes Gehen über 10 Minuten ohne Pause.

Ist das Ziel ohne Überlastungsanzeichen erreicht, kann weitere Leistungssteigerung oder Aufrechterhaltung des Niveaus angestrebt werden.
Diese einfache Form des vorgenannten »⅔-Trainings« zur Verbesserung der Ausdauerleistung kann auf viele körperliche Bewegungsabläufe – Übungsformen übertragen werden:

- Treppensteigen
- Laufen auf der Stelle
- Umsteigen – »Wechselsprünge« von einem Bein auf das andere
- Gewichtsverlagerungen mit veränderter Unterstützungsfläche – Temposteigerungen
- Gehen im Gelände
- Schwimmen
- Radfahren im Freien.

Da ein Übungsprogramm erst nach mindestens 3–4 Wiederholungen in der Woche wirkungsvoll ist, sollten mehrere Übungsformen durchgetestet werden und als adäquates Mittel zur Verbesserung der Ausdauerleistung eingeübt werden.
Langeweile durch fehlende Abwechslung der Übungselemente tötet jede Freude an der Durchführung und ein Aussteigen aus der neu gewonnenen Aktivität ist vorprogrammiert.
Dabei gilt es zu beachten, daß besonders beim alternden Menschen eine Auseinandersetzung mit den Bewegungsmöglichkeiten des Körpers häufig fehlt bzw. Bewegungsstereotypen starke Unterschiede zwischen der einen und der anderen »Bewegungsart« aufzeigen.
So ist beispielsweise bekannt, daß ungeübte Schwimmer gegenüber Schwimmern mit guter Technik bis zum siebenfachen des Energieumsatzes für vergleichbare Leistungen benötigen. Ähnliche Verhältnisse sind beim älteren Menschen zu erwarten, der zwar viel geht, sogar traben kann, aber seit seiner Jugend nie mehr Rad gefahren ist, das Fahrradergometer tritt und schon bei geringer Leistung entsprechend hohe Werte erreicht.
Gleiches kann umgekehrt für den »Radler« in Betracht gezogen werden, der selten trabt. Darum u. a. die Frage im Befundbogen nach Bewegungsgewohnheiten.
Trotz dieser Schwierigkeit, mit ungewohnten Aktivitäten umzugehen, sollte man bestimmte körperliche Leistungen in »Watt« darstellen, um Anhalte für Reaktionen des Körpers auf vorgegebene Bewegungssequenzen abschätzen zu können. Abbildung 2 gibt dazu Hinweise.

Gehen und Laufen

Schritte/Min.	Gehtempo km/h	Bezeichnung	Fahrradergometer/Watt
Laufen:			
140	ca. 5,5	Traben	100
150	ca. 7,0	Dauerlauf	125
Gehen:			
60	ca. 1,6	sehr langsam	10–15
80	ca. 2,8	langsam	25
100	ca. 3,6	normal	50
120	ca. 4–5	schnell	75
Treppen steigen:	1 Stufe/sec.		75

Tätigkeiten	*Watt*
Essen im Sitzen	5–10
An- und Auskleiden, Waschen	35
Autofahren (Pkw)	10–20
Bettenmachen	60–70
Fegen	60
Fensterputzen	60
Sportliche Fertigkeiten	
Laufen 9 km/h ebene Strecke	165
Volleyballspielen	120
Brustschwimmen 20 m/Min.	75
Kraulen 40 m/Min.	190
Gymnastik bei Erwachsenen (je nach Intensität)	60–130#

Ein Patient sollte erst mit dem Lauftraining (Traben) beginnen, wenn eine Leistung 1 Watt/kg Körpergewicht erlaubt ist (nach Lagerström) – ebene Strecke –.
An hügeliges Gelände können sich nur relativ gut Trainierte heranwagen. Belastbarkeit von 1,5–2 Watt/kg Körpergewicht sind Voraussetzung.

Abb. 2: Physikalische Leistung (Watt) beim Gehen und Laufen in der Ebene sowie bei verschiedenen Grundtätigkeiten und Sportarten, (70 kg Körpergewicht).

3.2 Verbesserung der allgemeinen körperlichen Belastbarkeit und Ausdauer

Wenn es wie im vorher genannten Sinne beim älteren Menschen nicht mehr oder nur in den seltensten Fällen um Sport geht, so kann doch ein »Trainings-/Übungsplan« wie zum Erlernen sportlicher Fähigkeiten für eine Funktionsschulung von großer Bedeutung sein; dabei sind folgende Altersveränderungen im neuromuskulären System zu berücksichtigen:
– Herabsetzung der Nervenleitgeschwindigkeit

- Verlängerung der monosynaptischen Reflexlatenzzeit
- Abnahme von Muskelkraft und Kontraktionsgeschwindigkeit
- Abnahme der schnellen Typ-II-Fasern (mit entsprechender Verlangsamung der Muskelaktionen)
- Nachlassen der Haltungskontrolle, vorwiegend auf der Ebene des Zentralnervensystems.

Weitere Gesichtspunkte eines Trainierens und Übens mit älteren Menschen sind somit die Verbesserung der allgemeinen Ausdauer, der Kraft und der Flexibilität mit dem Ziel:

Erhalt von Selbständigkeit im täglichen Leben – Bewahren vor Fremdhilfe und Pflegebedürftigkeit.

Dazu interessieren folgende Fähigkeiten:
- Positions-Lage-Wechsel im Liegen
- Aufsitzen aus dem Liegen
- Langsitz
- Unterarmstütz
- Armstütz
- Aufsitzen aus dem Liegen zum Sitz an der Bettkante
- Sitz mit Rumpfkontrolle
- Aufstehen vom Sitz zum Stand
- Körperkontrolle im Stand
- ausreichende Kraft in der Stand-Spielbein-Phase
- Stehen mit Gehilfen/ohne Gehhilfen
- Standvariationen wie breite/enge Beinstellung, Schrittstellung, Einbeinstand, Ausfallschritte aus dem Stand
- Gangvariationen wie kleine Schritte, große Schritte, schnelle Schritte, Zehengang, Fersengang, Kreuzschritte, Steigen über Hindernisse
- Treppensteigen (Vorsicht, häufig schon Spitzenbelastung für Herz und Kreislauf), dabei beachten, daß Treppenabwärtsgehen ca. nur ⅓ der Aufwärtsleistung ausmacht.

Diese Tätigkeiten müssen nicht nur kontrolliert, sondern auch eingeübt und notfalls wieder erarbeitet werden in Form eines die Ausdauer und motorische Kraft fördernden Trainings.

Im Rahmen der »Inneren Medizin« konzentrieren wir uns dabei auch auf die Förderung der kardiorespiratorischen Ausdauer, wobei uns bewußt ist, daß gerade beim älteren Menschen muskuläre Kraft und für Bewegung notwendige Flexibilität parallel bzw. vorangehend gefördert werden muß.

Von größter Bedeutung ist dafür ein Ausdauertraining in kontinuierlicher Dauerform mit dem Ziel, 10–12 Minuten bei entsprechend submaximaler Herzfrequenz in steady-state-Bedingungen zu erreichen.

Trainingsquantität

Diese beinhaltet:
- Lernen, mit den Körpersignalen umzugehen (sollte in den Vordergrund gestellt werden)
- Quantität nicht als »viel hilft viel« mißverstehen
- langsam aufbauendes, den geringeren Adaptationsvorgängen des älteren Menschen angepaßtes Training.

> **Hilfreich ist die Einschätzung der kardialen Belastung durch »Schätzen der Pulsfrequenz«. Dieses kann konsequent bei unterschiedlichen körperlichen Belastungen eingeübt werden.**

Vorgehen:
- Nach geraumer Zeit einer Aktivität Puls schätzen lassen.
- Durch Fremd- oder Selbstmessung tatsächlichen Wert ermitteln
- Wahrnehmung schulen, bis weitgehende Übereinstimmung zwischen Messung und Schätzung besteht.

Daneben kann eine sogenannte subjektive Anstrengungsskala nach Borg Erkenntnisse zum allgemeinen Wohlbefinden liefern (Abb. 3).
Anhand dieser Skala wird u. U. deutlich, daß eine gefährliche Fehleinschätzung der Leistungsfähigkeit vorliegt, wie z. B. das Ankreuzen der 13 – etwas anstrengend – aber deutliche Zeichen einer Überforderung – Atemfrequenz 32/Min. oder Schwindel vorliegen.

6		
7	sehr, sehr leicht	
8		
9	sehr leicht	
10		
11	ziemlich leicht	
12		
13	etwas anstrengend	(nach dieser Bewertung häufig Gefahr der Überforderung !)
16		
17	sehr anstrengend	
18		
19	sehr, sehr anstrengend	
20		

Abb. 3: Subjektive Anstrengungsskala (nach Borg)

Ein »Kriterium« im Erfolg eines Trainings mit dem älteren Menschen ist nicht der sich Unterfordernde – er kann häufig durch behutsames Umsorgen und Vermitteln von kleinen Erfolgen in ein vernünftiges Quantum geführt werden, vielmehr ist es ein sich Überfordernder, der sich nicht einschätzen kann und zur Übertreibung neigt.

Daher:

Weg von Leistungsdenken oder dem Zurückgreifen auf lange zurückliegende, vergangene Leistungsfähigkeit. Akzeptieren der jetzt vorhandenen, herabgeminderten Belastbarkeit ist die Devise.

Wenn es auch beim älteren Menschen nicht mehr um sportliche Fähigkeiten, sondern eher um Funktionsschulung und Förderung der koordinativen Fähigkeiten geht, so kann doch auf eine aus dem Sportbereich bekannte »Trainingssteuerung« zurückgegriffen werden (Abb. 4).

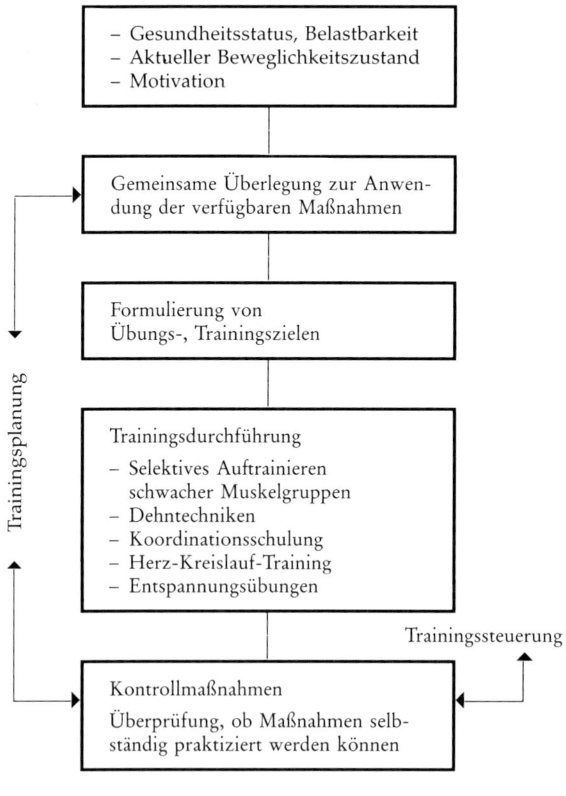

Abb. 4: Auswertung der Befunderhebung zur Trainingssteuerung

4 ALLGEMEINE GESICHTSPUNKTE FÜR EIN TRAINING DER KARDIOPULMONALEN LEISTUNGSFÄHIGKEIT

- *Reduzierung von Übergewicht*

  durch Stoffwechselanregungen mit biochemischen Adaptationen, die Fettablagerungen erschweren.
  Ein Ausdauertraining verbessert die Verteilung von Energiestoffen in Depots verbrauchender Organe.
- *Abbau von Fettdepots*

  durch hohen Umfang einer Ausdauerleistung bei geringer Intensität – steady-state-Bedingungen
  (Dauer der Aktivitäten mindestens 1 Stunde).
- *Verminderung des Insulinbedarfs*

  Gerade beim Diabetes – häufige Komplikationen des älteren Menschen – spielt der Bewegungsaspekt eine wesentliche Rolle.
  Untersuchungen von Bühr (1963) haben nachgewiesen, daß durch Bettlägerigkeit mit entsprechender Bewegungstherapie die Glukose-Assimilation in die Zellen begünstigt wird und Blutzuckerwerte im Gegensatz zu nicht Übenden herabgesetzt sind. Weiterhin scheint ein körperliches Training die Sensitivität der Gewebe gegenüber Insulin zu erhöhen.
- *Senkung des Blutdrucks (Hypertonie)*

  Ein kontinuierliches, dynamisches Ausdauertraining mittlerer Intensität wirkt sich bekanntermaßen günstig auf verschiedene Formen der Hypertonie aus – besonders auf die leichten und mäßig schweren, primären Hypertonien.
- *Verminderung erhöhter Blutfette.*

5 AUSDAUERTRAINING

als genereller Schutz gegen Arteriosklerose der versorgenden Gefäße von Herz, Hirn und Peripherie (AVK). Eine Grafik nach Mellerowicz/Franz verdeutlicht auf einen Blick die Vorteile eines Ausdauertrainings (Abb. 5).

Trainingshäufigkeit

Ein Kreislauftraining mit dem Ziel »Verbesserung der Ausdauerleistung« wird von sportmedizinischer Seite zwischen 4× pro Woche bis täglich angegeben.

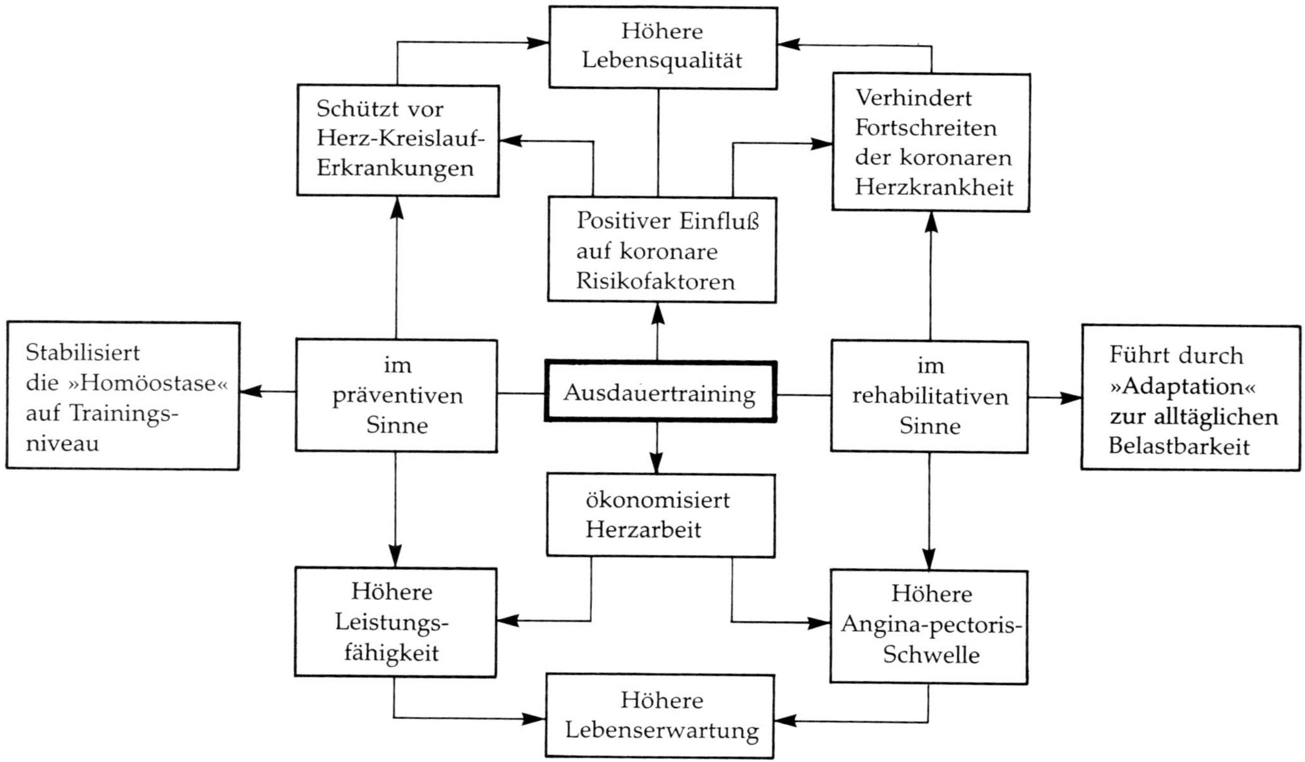

Abb. 5: Die Vorteile eines Ausdauertrainings (modifiziert nach *Mellerowicz/Franz* 1981)

Ein zweimaliges Training pro Woche in gewohnter Intensität erhält in etwa das erreichte Niveau. Dabei besteht allerdings die Gefahr rückwärtiger Entwicklung, wenn umständehalber nicht mit diesem Minimalmaß trainiert werden kann.

Trainingsherzfrequenz

Üblicherweise wird zur Verbesserung der allgemeinen aeroben Ausdauer von einer Herzfrequenz, die über 50% der Ruheherzfrequenz (RHF) liegt, ausgegangen; dies läßt sich aus folgender Formel errechnen:

Maximale HF minus RHF ergibt maximal möglichen Pulsfrequenzanstieg über die Ruheherzfrequenz hinaus. Diese Differenz wird gleich 100% gesetzt.

Beispiel:	max. HF	160
	RHF	70
	Differenz	90 (100%)
	50%	45

Die Trainingsherzfrequenz ergibt sich aus

RHF	70
+ 50% Diff.	45
	115

Ausdauerleistung

Erste Anpassungserscheinungen im Sinne einer Homöostase – steady-state-Bedingungen – sind nach 2–4 Minuten zu erwarten; d. h., der ältere Mensch muß häufig erst an diese Schwelle herangeführt werden, bis der Reizumfang ausreicht.

Reizumfang am Beispiel Gehtraining:

Aufwärmen	180 Sek.	
1. Gehzeit	100 Sek.	
Pause	60 Sek.	
2. Gehzeit	100 Sek.	
Pause	60 Sek.	
3. Gehzeit	100 Sek.	
	600 Sek.	Reizumfang 10 Minuten.

Idealerweise ergibt sich durch das Training die 50%ige Trainingsherzfrequenz während der Gehphasen, um in den Pausen mit langsamem Gehen auf Werte der sog. »lohnenden Pause« abzusinken.

Nach solch einer Aufbauphase kann folgendes Training durchgeführt werden.

5.1 Dosiertes Training (Abb. 6)

Pulsfrequenz

Es ist wichtig, eine zusätzliche Pulsfrequenzmessung drei Minuten nach Belastung durchzuführen! Der nach dieser Zeit noch über Ausgangsniveau liegende Puls ist ein Zeichen von Überforderung. Noch bestehende »Stoffwechselschulden« müssen ausgeglichen werden.

Atemfrequenz

Die Atemfrequenz darf während des Trainings nicht über 30/Min. ansteigen.
Eine Unterhaltung, Sprechen ohne Atemnot muß noch möglich sein.

Grundbedingungen:	Ärztliche Untersuchung zur Feststellung der Belastbarkeit des kardiopulmonalen Systems
Trainingshäufigkeit:	*2–4mal pro Woche* (Günstig im Sinne der Reizerholung: 1 Tag Training, 1 Tag Pause)

Trainingsprogramm:

1.–2. Woche: 2 Min. laufen, 1 Min. gehen, 3× wiederholen
3. Woche: 2 Min. laufen, 1 Min. gehen, 5× wiederholen
4. Woche: 3 Min. laufen, 1 Min. gehen, 3× wiederholen
5. Woche: 3 Min. laufen, 1 Min. gehen, 4× wiederholen
6.– 7. Woche: 4 Min. laufen, 1 Min. gehen, 3× wiederholen
8.– 9. Woche: 5 Min. laufen, 1 Min. gehen. 3× wiederholen
10.–11. Woche: 5 Min. laufen, 1 Min. gehen, 4× wiederholen
ab 12. Woche: 15 Min. laufen, Dauerlauf ohne Gehpause

(Für »Laufen« kann auch schnelles »Gehen« eingesetzt werden)

Vor dem Training ca. 3–5 Min. »eingehen« – also etwas aufwärmen – und nach dem Programm 2 Min. »ausgehen«, um den Puls wieder etwas abklingen zu lassen; nach 3 Min. wieder Puls messen (sollte annähernd der Ruhepuls erreicht sein).

Während des Trainings Kontrolle der Herzfrequenz, sie sollte in Höhe der »Trainingsherzfrequenz« liegen.

Nach dem Laufen ist es sinnvoll, Lockerungs- und Dehnübungen sowie Atemübungen durchzuführen.

Abb. 6: Beispiel für ein dosiertes Training bei untrainierten, insbesondere älteren Patienten.

Gesamtumfang eines die Ausdauer förderndes Aufbautraining

Für den älteren, nicht mehr so anpassungsfähigen Organismus kann der Gesamtumfang eines die allgemeine Ausdauer fördernden Trainings durchaus ein Jahr in Anspruch nehmen und setzt sich zusammen aus:
- Vorbereitungszeit (Voraussetzungen für ein Training schaffen)
- Aufbauphase (Hinführen zu einem Reizumfang, der gewünschte adaptive Vorgänge auslöst)
- Stabilisierungsphase (Festigen der Adaptationsvorgänge).

Diese drei Phasen münden in ein lebensbegleitendes körperliches Training zur Aufrechterhaltung des erreichten Niveaus ein.

5.2 Erhalt des Trainingsniveaus

Die Stabilisierung und der Erhalt der körperlichen Leistungsfähigkeit sollte durch Teilnahme an Gruppentherapie, wie durch ambulante Koronargruppen angeboten, erreicht werden. (s. auch S. 288)

5.2.1 BEISPIEL FÜR EINE ÜBUNGSSTUNDE EINER AMBULANTEN KORONARGRUPPE

Aufteilung der Übungszeit

Teil I	Einstimmung	ca. 6 Min.
Teil II	Aufwärmen, Zweckgymnastik	ca. 10 Min.
Teil III	Ausdauerteil	ca. 10 Min.
Teil IV	Spiel	ca. 15–20 Min.
Teil V	Ausklang	ca. 10 Min.

Teil I

Teilnehmer begrüßen sich, werden u. U. miteinander bekannt gemacht, haben Zeit, sich einzustimmen, miteinander zu reden und Erfahrungen auszutauschen (über körperliche, psychische Probleme usw.).
Ermittlung der Ruhefrequenz.

Teil II

Therapieart:	Aufwärmen, Zweckgymnastik
Ziel:	Dosierte Umstellung der Körperfunktionen von Ruhe zur Belastung Vorbereitung der Bewegungsorgane und des kardiorespi-

	ratorischen Systems auf die zu erwartende Beanspruchung
Schwerpunkt:	Aufwärmen – Lockern – Kräftigen und Dehnen der Muskulatur Förderung von Durchblutung, Koordination, Flexibilität und Kraft.

Maßnahmen:

Ausgangsstellung Stand (Übungen jeweils 6–8× wdh.)
- Fersen im Wechsel abheben
- Fußspitzen i. W. abheben
- wechselseitig Ferse li., Fußspitze re. anheben
- Fersen i. W. nach vorne setzen
- Fuß wippen: Fersen und Zehenstand i. W.
- lockeres Traben auf der Stelle
- Ausschütteln der Beine – entspannend –
- wechselseitig Kreuzschritte, li. vor re. und re. vor li.
- aus leicht gegrätschter Beinstellung von einem aufs andere Bein umsteigen
- Beckenkreisen li. und re. herum
- ein Bein in Schrittstellung nach vorne stellen, Körpergewicht über das vordere Bein bringen, das hintere lösen, wieder zurück in die Ausgangsstellung und das andere Bein vor
- gleiche Übung, Waage und 6 Sek. halten mit dem li. bzw. dem re. Bein – dabei atmen –
- diagonales Armpendeln
- mit dem Vor- und Hochführen eines Armes vermehrte »Einatmung« – mit dem Senken und Fallenlassen »Ausatmung«, Atempause, 3–4× wdh., auf Basisatmung Wert legen
- Schulterkreisen nach vorne und hinten
- seitliches, vorsichtiges Dehnen mit erhobenem Arm nach li. bei erhobenem re. Arm und umgekehrt
- Rumpfkreisen mit erhobenen Armen – kleine Kreise ohne großen Hebel
- Drehen des Rumpfes mit seitlich erhobenen Armen nach re. und li. ohne Nachfedern, langsam, Endstellung eine Weile halten.

Teil III

Therapieart:	Ausdauertraining – Übungsgruppe
Ziel:	Adaptation und Ökonomisierung des kardiorespiratorischen Systems vermittels eines angepaßten Herz- und Kreislauf-Trainings

Schwerpunkte: Verbesserung von Koordination, Flexibilität und Ausdauer
Abstimmung von Atmung und Bewegung im Leistungsbereich bis 75 Watt bzw. 1 Watt pro kg Körpergewicht.

Maßnahmen: Gehen, Gehen mit Varianten, Traben
- Gehen mit großen Schritten
- schnelles Gehen
- Gehen und »atmen«
- schnelles Gehen mit Wechselschritt
- Gehen mit Storchengang
- langsames Traben
- »Rush-hour« – alles geht durcheinander
- flottes Kreuz- und Quergehen
- durch den Raum fliegen, segeln, wieder in einen Kreis zurück und im Kreis herumgehend, »Schuhplatteln«, langsames Hüpfen
- Gehen und »Atmen«
- langsames Traben

Messen der Belastungsfrequenz nach 10 Min.

Teil IV

Therapieart: Spiel

Ziel: Der Stellenwert des Spiels liegt weniger im Bereich des Sports als vielmehr im gefühlsmäßigen sozialen Bereich – die Freude am Spiel »ohne Leistungsdruck« steht im Vordergrund. Die Art des Spiels richtet sich nach dem »Leistungsstand« der Gruppe.

Spielbeispiel: Ball über die Schnur
Teilnehmerzahl: 12

In einem Volleyballspielfeld stehen sich je 6 Spieler gegenüber. Das Netz ist in einer Höhe von ca. 1,20 m. Der Ball wird ins Spielfeld geworfen, muß einmal aufprallen und dann zu zwei Spielern im eigenen Feld geprellt werden. Ein dritter Spieler befördert den Ball direkt ins gegnerische Feld. Der Gegner verfährt ebenso. Wird der Ball ins Aus befördert, kommt er nicht übers Netz, sind nicht drei Mitspieler einbezogen, bekommt die Gegenpartei einen Punkt und hat Angabe. Der Ball darf nicht geschmettert werden.
Bei einer bestimmten Punktzahl wird gewechselt, z. B. 10, und wer zuerst 20 erreicht hat, ist Sieger.

Teil V

Therapieart: Ausklang

Ziel: Dient dazu, den Körper wieder zur »Normalfunktion« zu führen. Auch evtl. aufgetretene Emotionen nach dem

Spiel müssen abgebaut werden. Minderung von Verspannungen in der Muskulatur.

Maßnahmen: Lockerungs- und Dehnübungen

- Partnerweise hintereinander stellen, Hintermann faßt mit seinen Händen die Muskeln zwischen Nacken und Schultern, ohne zu kneifen und schüttelt diese durch
- dann zueinander drehen, ein Partner ergreift die Hand des anderen und schüttelt und schlingert den Arm – wechseln –
- wieder jeder für sich, Schultern hochziehen, fallen lassen
- Schulterkreisen nach vorne und hinten
- einen Arm nach oben strecken, den anderen Arm neben dem Körper hängen lassen, Dehnen der Seite, auf der der Arm erhoben ist, Lateral-Flexion und Lateral-Flexion mit Rotation
- Arme seitlich, Rumpfrotation ohne Nachfedern nach li. und re.
- evtl. weiteres Dehnen beanspruchter Muskelgruppen, in erster Linie Quadrizeps und Adduktoren (Dehnen wenigstens 20 Sek.)
- in den Knien gebeugt bei relativ geradem Rücken, Arme und Kopf vor dem Körper und die Arme pendeln und schwingen lassen.
- Becken extendieren und flektieren, Distanzpunkte Bauchnabel-Schambein (erklären und aufmerksam machen)
- Becken drehen, li. und re. herum
- Atemübungen hin zu mehr Basisatmung
- auf dem Rücken liegen, Mondlage entwickeln, zusätzliche Dehnung der konvexen Seite durch »Drehdehnen« mit dem gebeugten Knie der konvexen Seite, welches zu konkaven Seite abgesenkt wird
- Körpertastbarkeit, Spüren der Atemrichtung.

Nach dieser Wahrnehmungsübung kurz recken und strecken, aufstehen und fragen, was gespürt worden ist.

Gespräche der Teilnehmer untereinander und die Möglichkeit, den Arzt oder Übungsleiter zu sprechen, beenden die Stunde.

6 SCHLUSSBEMERKUNGEN

Meist sind Erkrankungen innerer Organe nur sogenannte Begleiterkrankungen und werden lapidar als gering belastbar bei Haupterkrankung »Störung am Bewegungsapparat« gekennzeichnet. Hin und wieder bekommen wir Therapeuten Aussagen über »Grenzwerte« im Sinne der Herzfrequenz und Blutdruckwerte. Nur in Ausnahmen, wenn entsprechende Möglichkeiten vorhanden sind, erfahren wir etwas über »Sauerstoffaufnahmekapazität« oder Laktatwerte.

Es ist für die Zukunft wichtig, daß vermehrt neben erhaltenden ärztlichen, chirurgischen oder sonstigen den Bewegungsapparat betreffenden Maßnahmen auch den Gesamtorganismus konditionierende Aspekte in unserer Therapie zum Tragen kommen. Damit die Wahrnehmung des eigenen Körpers und Kommunikation zur Umwelt gefördert wird. Es ist sinnvoll und notwendig, ähnlich wie durch die Sportmedizin praktiziert, Aufbau und Erhalt von Fitnes mit gerontologischen Problemstellungen interdisziplinär anzugehen. Dabei sollte das gemeinsame Ziel, die Erhaltung von »alltäglicher Leistungsfähigkeit« sein.

– **Selbständigkeit geht vor Pflege und Hilflosigkeit**

Dieser Beitrag ist ein Einstieg in die sehr vielschichtige Problematik, mit Hilfe von krankengymnastischen Maßnahmen Einfluß auf »innere Beschwerdekomplexe« zu nehmen.

Aus Sicht des Verfassers wurde der Versuch unternommen, den wohl größten Komplex »altersbedingtes Nachlassen des Herz-Kreislauf-Systems und damit in Zusammenhang stehende Übungselemente« aufzuzeigen.

LITERATUR

Affolter, F.: Wahrnehmung, Wirklichkeit und Sprache. NV Neckar Verlag, Villingen-Schwenningen 1990.

Brüggemann, W.: Kneipp-Therapie. Springer Verlag, Berlin–Heidelberg 1986.

Cotta, H., W. Heipertz et al.: Krankengymnastik – Taschenlehrbuch in 12 Bänden – Band 1/ Band 8. Thieme Verlag, Stuttgart–New York 1990.

Davies, P.: Hemiplegie. Springer Verlag, Berlin–Heidelberg 1986.

Diem, L., R. Schmitz-Scherzer, R. Rost: Das Altensportzentrum – Sport für betagte Bürger. Schriftenreihe des Bundesministers für Jugend, Familie, Frauen und Gesundheit, W. Kohlhammer Verlag, Stuttgart–Berlin–Köln (Bd. 237), 1989.

Donhauser-Gruber, W., H. Mathies, A. Gruber: Rheumatologie – Entzündliche Gelenk- und Wirbelsäulenerkrankungen. Pflaum Verlag, München 1988.

Frisch, H.: Programmierte Untersuchung des Bewegungsapparates. Springer Verlag, Berlin–Heidelberg 1983.

Gunnari, H., O. Evjenth, M. Brady: Allround Fitnes. ro ro ro sport, Reinbeck–Hamburg 1989.

Richter, H. E.: Die Gruppe. ro ro ro, Reinbeck-Hamburg 1984.

Scharll, M.: Bewegungstraining mit alten Menschen. Thieme Verlag, Stuttgart 1982.

Weineck, J.: Optimales Training. Beiträge zur Sportmedizin Bd. 10. perimed Verlag, Erlangen 1988.

Die Gestaltung der Atemtherapie bei Menschen in reiferen Lebensjahren

K. Knauth

EINLEITUNG

Für alles, was schwindet, sollte eine neue Dimension auf einer anderen Ebene gefunden werden.

Überall wird vom Gleichgewicht der Kräfte gesprochen – und hier, beim Älterwerden, sollte allein die absteigende Tendenz den Ton angeben? Das verträgt sich nicht mit Therapie. Die aufsteigende Tendenz auf der anderen Ebene wurde nicht genügend ins Bewußtsein gehoben.

Der **feinere** Atem, das bessere Gespür für Atemreaktionen, das Bewegen **mit** dem Atem, das Ruhefinden durch den Atem – dies alles kann die Beschaulichkeit der reiferen Lebensjahre zu neuen Aktivitäten ganz anderer Art führen.

Welche Körperwahrnehmungen und welche hilfreichen Vorstellungen können dem an Jahren reichen Menschen die Atmung zum Erlebnis werden lassen?

1 ZUR ATEMPFLEGE

1.1 ES SEI MIT DER RIECHEINSTELLUNG ANGEFANGEN

- Was ereignet sich im Körper bei Konzentration auf das Wahrnehmen des Duftes einer Blume?
- Beim Schnuppern mit schmalgestellten Nasenflügeln (und dabei Rundum-Weitwerden in der Rumpfmitte, Schultergürtel locker gelassen)?
- Jetzt wird zwischen Daumen und Zeigefinger die Nasenspitze etwas zusammengedrückt und so geschnuppert.

  Bis wohin reicht die Atembewegung jetzt? Weiten sich die dorsalen Flanken? Das wäre schön.
- Und wenn die Nasenspitze nach links gezogen wird, was verändert dies?
- Bei der *Halbnasenübung* werden 3 Atemzüge nur durch das linke Nasenloch kommen und gehen gelassen, dann drei nur durch das rechte Nasenloch. Kontrolle danach: sind beide Nasengänge in gleicher Weise durchgängig? Mit der weniger durchlässigen Seite sollte mehrmals am Tag isoliert geübt werden, damit auch hier ein Gleichgewicht hergestellt wird. Beim Liegen auf der linken Seite wird z. B. der rechte Nasenflügelweg intensiver genutzt.

Die Riechnerven erreicht die Atemluft nur beim Einströmen über den *oberen* Nasenmuschelgang. Beim flachen Atmen nur durch den unteren Nasenmuschelgang werden die Riech- und Sinneszellen nicht angeregt; es fällt ein wesentlicher, auch auf die Hypophyse weitergeleiteter Stimulus weg.
Über die schnuppernde Einatmung wird das Zwerchfell, unser größter Atemmuskel, angesprochen. Beim Schuppern senken sich die Zwerchfellkuppen und die unteren Rippen spreizen sich wie sich öffnende Hände auf.
Deshalb wird das Schnuppern auch gern und vorteilhaft mit dem Spreizen der gestreckten Finger (Finger wie einen Fächer aufklappen) oder mit Spreizen der Zehen verbunden.
Riechen, Finger und Zehen aufspreizen – Rippenspreizen, das sind die drei Korrelationen, die es zu erproben und einzuschleifen gilt.

1.2 ATEMBEHINDERUNGEN SIND ABZUBAUEN

- Ein *gespannter Schultergürtel* verhindert die Entspannungsfähigkeit des Zwerchfells; es steht tief. Aus- und Einatmung sind nicht optimal.
  Also: Sorgen abwerfen, Schultern lockern und sie sinken lassen.
- Die *Zungenstellung* ist zu korrigieren.
  Als wollte man mit leicht geöffnetem Mund durch die Nase einatmen, so ist die Zunge hinten etwas herabzudrücken. Der Atem wird in Richtung Sakralregion hin einströmen gelassen. Diese Vorstellung ist erst einige Male bewußt zu proben, einzuschleifen. Später sollte sie ganz natürlich zur Verfügung stehen. Diese Einatmungsweise läßt in vorteilhafter Weise den dorsalen Zwerchfellschenkel in die Atembewegung einbezogen sein, dadurch wird ein wesentlicher Atemraum hinzugewonnen. (Sacharow [11] hat darauf hingewiesen.)
- Ist die *Ausgangsstellung ausgewogen* über der Unterstützungsfläche?
  Durch Vor-, Rück-, Rechts- und Linksschwanken ist die richtige Gleichgewichtslage, die die wenigsten Haltekräfte braucht, einzupendeln.
- Wenn sich die Rippen bei der Einatmung nicht aufspreizen wollen, vielleicht weil die Lunge – wie beim Altersemphysem – schon sehr weit aufgebläht ist, dann müßte eine *Drehstellung oder -lagerung* das Anheben der Rippen zur Einatmung begünstigen. Außerdem sollte die langsame Einatmung mit Fingerstrecken, -drehen, Hand drehen und Arm in die Weite führen unterstützt werden.

Zur Wiederholung der zur **Einatmung** wichtigen Vorgänge:

- Naseneinstellung auf den Riechvorgang
- Zwerchfell-Rippenbewegung kombiniert mit Finger- oder Zehenbewegungen

- Abbau von Behinderungen durch einen verspannten Schultergürtel, zervikaler Hyperlordose u. a.
- ungünstige Zungenstellung (gähnend einatmen mit geschlossenem Mund, oder s. o. – den Atem zur Sakralregion hin einströmen lassen oder Rundum-Weitwerden in der Rumpfmitte)
- mangelndes Ausbalanciertsein über der Unterstützungsfläche, allgemeine Tonuserhöhung
- zu schnelle Einatmung ohne Nutzung von drehenden Bewegungs- und Atemantrieben.

Bis hierher wurden Körperwahrnehmungen zur Einatmung besprochen. Sie sollte langsam erfolgen und auf der Höhe der Einatmung eine kleine Pause aufweisen. Das verlängert die Kontaktzeit der sauerstoffreichen Einatmungsluft mit dem Gefäßnetz in den Alveolen.
Weich und rund sollte der Übergang zur Ausatmung unter Einbezogensein der Pause erfolgen.

1.3 AUSATMUNG MIT ATEMFÜHRUNG

Als **Atemführung** bezeichnet man die gezügelte und geformte Abgabe des Ausatemstromes durch **Tönen** oder **Singen** oder Zungen- und Lippengestaltung (Lippenbremse, blasende Ausatmung).
Bei obstruktiven Atemwegsstörungen ist dies besonders wichtig, damit es nicht zu Rückstauungen oder Einengungen in den Atemwegen oder gar zum Bronchiolenkollaps kommt.
Es kann auch tonlos auf »sch«, »fff« oder auf »h(a)« die Luft abgehaucht werden.
Wer älter ist, weiß es: mit einem Lied auf den Lippen, auch wenn es tonlos vorgetragen wird, hantiert man fröhlich und leichter.
Zur **Ausatmung** sollte der Brustkorb – **ohne** Herabziehen von den Oberbauchmuskeln her – der Schwere nach absinken. Aktiv sind dabei die elastischen Kräfte des Lungenbindegewebes.
Eine Rückenstreckung unterstützt dieses Absinken, weil dabei das Brustbein aufgerichtet wird und die Rippen ein gutes punktum fixum für die Bewegung nach kaudal-medial haben. (Auf die Trennung von Mm. intercostales externi und interni zu Aus- und Einatmungszwecken sei hier nicht eingegangen, weil wir kein diesbezüglich differenziertes Muskelgefühl besitzen.)
Wird eine *Hand* zur Ausatmung *auf die Kopfhöhe* gelegt, um dem Rückenstreckimpuls Richtung und Widerstand zu geben, ist das hilfreich für die gute Ausatmungsführung.
Eine Sonderregelung müssen diejenigen älteren Menschen für sich in An-

spruch nehmen, deren Lungen nicht mehr genügend elastische Kräfte zur ausatmungssynchronen Zusammenziehung haben. Sie müssen mit Bauchmuskelkraft die Austreibung der Luft unterstützen. Um aber nicht zur schädlichen Preßatmung zu kommen, gilt es wichtiges zu beachten:
a) Am Ende der Ausatmung den Afterschließmuskel anspannen und diesen zusammen mit den Beckenbodenmuskeln in die Höhe ziehen.
b) Erst die **Unterbauch-,** dann die Oberbauchmuskeln anspannen.
Erfolgt dies in umgekehrter Richtung, kommt es reflektorisch zur Engstellung der Kehle und zur Preßatmung.
c) Ist keine Kraft der Unterbauchmuskeln mehr zu entwickeln, sollte ein *Atemkorsett* getragen werden, daß die Unterbauchmuskeln unterstützt und die dorsale Basisatembewegung durch Freilassen dieser Region nicht behindert.

1.4 DIE PAUSE NACH DER AUSATMUNG

Nach jeder Ausatmung gilt es die **Pause** abzuwarten, bis die Einatmung *von allein* einsetzt.
In der Pause nach der Ausatmung vollzieht sich die notwendige Zwerchfellentspannung und mit ihr eine vegetative Regulation zum Harmonischen.
Kommt der nachfolgende Einatmungsimpuls hastig und angerissen als Erfordernisatemform – ohne Pause –, war die Ausatmung zu lang, vielleicht auch mit Nachpressen. *An der nachfolgenden Einatmung kann man ablesen, ob individuell gut abgestimmt geatmet wurde.*

1.5 ALLGEMEINE REGELN FÜR DIE GUTE ATEMBEWEGUNG

Die Einatmung darf nicht kommandiert werden, der Einatmungsbeginn muß autonom bleiben, wenn nicht in das Stoffwechselgeschehen eingegriffen werden soll.
Die Krankengymnastin unterstützt nur mit ihren Worten: »Ausatmen, die Luft abströmen lassen, den Brustkorb absinken lassen dabei ohne nachzupressen. Die Pause abwarten danach bis die Einatmung von allein kommt«.
Dann darf sie weiter sagen: »Wenn die Einatmung kommt
Finger oder Zehen spreizen, schnuppern, **langsam** die Luft einströmen lassen, Rundum-Weitwerden in der Rumpfmitte«.
Am besten gestaltet man die Anregung zur Tiefatmung am offenen Fenster oder im Freien, allerdings nicht bei sehr kaltem Wetter, das wäre eine starke Kreislaufbelastung.
Nicht mehr als 3 bis 4 tiefe Atemzüge hintereinander ausführen.

2 WIE SOLL SICH DER ÄLTERE MENSCH BEI OBSTRUKTIVEN VENTILATIONSSTÖRUNGEN VERHALTEN?

Basistherapie

Als **Basistherapie** (außer den unter Atempflege bereits aufgeführten Maßnahmen) sei hervorgehoben:

- Tägliche **Schleimhautpflege** zur Vermeidung neuer Infekte
  - Morgens und abends werden nicht nur die Zähne, sondern auch die Zunge und die Wangenschleimhaut gebürstet
  - das Spülwasser wird mit rollendem »rrr« gegurgelt
  - Löwenübung (Zunge ganz weit herausstrecken, Kinn zur Brust dabei führen)
  - Hühnchenübung (Kopf hoch, Zungenspitze weit nach hinten an den Gaumen drücken)
  - 3mal Löwe und Hühnchen im Wechsel ausführen
  - Nasenspülung (etwas Wasser schmerzfrei in den Nasenraum einsaugen, einen Nasenflügel zuhalten und durch den anderen mit Anspannung der Unterbauchmuskeln und des Zwerchfells das Wasser kraftvoll auspusten (Kaphalabati im Yoga),
3mal rechts, 3mal links
  - Gesichtsguß nach Kneipp.
- Ausgeglichene **mittlere** Tonuslagen einregulieren.
- Entspannungsübungen und Körperwahrnehmungen auf Ruhe, Lage, Atembewegungen im Basis- und mittleren Rumpfbereich, Riecheinstellung.
- Erlernen der peripheren Bewegungsansätze als Einatmungsantriebe zur Lenkung und Vertiefung der Atmung und zur Koordinierung von Atmung und Bewegung.
- Gleichgewichtsübungen.
Immer wenn das Gleichgewicht gefährdet ist, springt reflektorisch das Zwerchfell ein. Das ist für die Atemtherapie und auch für zentrale Steuermechanismen günstig. Es können ganz einfache Vor-, Rück-, Rechts-, Linksverlagerungen sein, bei denen man sich auf der Höhe der Einatmung abstemmt, um die Zwerchfellspannung etwas bewußt werden zu lassen.
- Tönen und Singen, dabei Lauschen auf den Klang der Stimme, damit sie klar bleibt. Eine gepreßte Stimme zeigt an, daß der Atem gepreßt wird. Das ist der schädliche Vorgang, der zum Emphysem führen kann.
- 3 bis 4 Dehnlagerungen für jedes tägliche Übungsprogramm, z. B. Päckchenlage, Bogenstellung aus Seitlage, Halbmond und Hockdrehlage. Das

bedeutet eine dorsale Dehnung, eine ventrale Dehnung, eine Seitneigung und eine Drehstellung. Die Dehnlagerungen können auch im Zeitlupentempo im Bewegungsfluß ausgeführt werden. Dabei ist den Bewegungsverbindungen besondere Achtsamkeit zu schenken. Und alles ist in Atemruhe geschehen zu lassen!

- Täglich 10 Minuten ein **Ausdauer**training zur Verbesserung der *allgemeinen* Ausdauer.
  Nach Ehrenberg ist der Einsatz von ⅙ bis ⅐ der Skelettmuskulatur dynamisch mit mindestens 50% der maximalen kardiopulmonalen Leistungsfähigkeit für 10 Minuten erforderlich, wenn eine Leistungsverbesserung erzielt werden soll. Die Belastung sollte im aeroben Bereich mit Pulskontrollen und ohne besondere Atemerschwernis ablaufen.
  Als Besonderheit gilt aber bei obstruktiven Atemwegserkrankungen, daß nach einer langsamen Einatmung eine geführte Ausatmung mit dosierter Lippenbremse zur Vermeidung von Preßatmung erfolgt.
  In dieser Weise wird anschwellend schneller und langsamer gegangen oder es werden Federungen am Ort vor dem geöffneten Fenster ausgeführt.

2.1 CHRONISCH OBSTRUKTIVE BRONCHITIS

Nach individueller Atembefundaufnahme ist für jeden Patienten das sinnvolle »antiobstruktive Verhalten« herauszufinden und zu lehren:

- Vermeidung der Preßatmung
  Bei der Ausatmung nicht die Oberbauchmuskeln **vor** den Unterbauchmuskeln anspannen!
  Nicht forciert ausatmen mit eng gestellter Kehle, sondern die Lippenbremse nutzen, blasend ausatmen.
- Sekretlösung stufenweise gestalten.
  1. Das Sekret verdünnen, vorlösen, die Durchblutung anregen z. B. durch Trinken von heißem Tee mit Honig, durch feuchte Wärme auf den Brustkorb, Summen, Vibrieren, Inhalieren mit Sekretolytika.
  2. *Unterstützung des Sekrettransportes durch gezielte Drainagelagerungen mit gezielten Vibrationen zur Ausatmung und gezielten peripheren Atemantrieben zur Einatmung (Edel/Knauth, 1992, Knauth et al., 1991).*
     Es gilt abzuwarten, bis das Sekret bis zum Kehlkopf gewandert ist. Tiefe Ein- und Ausatembewegungen mit Zwerchfellbeteiligung unterstützen diesen Schleimtransport.
  3. Abhusten des Sekretes unter Vermeidung von unproduktivem Husten. Erst wenn das Rasselgeräusch als mundnah empfunden wird, sollte die Expektoration auf 1–2 Stöße vorgenommen werden. Der Abhustende wölbt dabei die Lippen wulstartig vor, stellt sich innerlich die Luftröhre

als weites festes Rohr vor und bringt kraftvoll auf »Hooch« mit mundvoller Expektoration den Schleim hervor.
Als Hilfestellung legt er selbst oder der Therapeut eine Hand auf die Unterbauchmuskeln und gibt Druck nach innen und oben. Das unterstützt die Ausstoßungsaktion.
Es verhindert auch, daß eine vorzeitige Anspannung der Oberbauchmuskeln (die zur Kehlenge führt), den Schleim eher hineinzieht als herausbefördert.
Vorzeitiger Hustenreiz kann durch Hinunterschlucken von Speichel, oberflächliche Atemzüge oder »b-b« Anräusperungen gegen geschlossene Lippen unterdrückt werden.

2.2 ASTHMA BRONCHIALE

Es ist die Anfallsbehandlung von der Intervallbehandlung zu unterscheiden.
Bei einem **Anfall** von Asthma bronchiale

- werden die verengten Atemwege durch bronchodilatatorische *Medikamente* weitgestellt. Darauf kann sich der an Atemnot Leidende verlassen. Dieses Vertrauen ist zu schaffen und die Zeit bis zum Wirkungseintritt der Medikamente sinnvoll zu nutzen.
- Es ist eine *senkrechte* Ausgangsstellung zu wählen (möglichst heraus aus dem Bett, Sitz mit breit aufgestellten Beinen auf einem Stuhl). Der Brustkorb und die Basisatembewegung zwischen Zwerchfell und Beckenboden dürfen keinerlei Behinderungen haben. Die Lendengegend soll leicht gerundet (nicht lordosiert!) sein, damit der dorsale Zwerchfellschenkel gut zum Einsatz gelangen kann.
  Die Arme sind in Schulterhöhe vorn auf einem Tisch zu lagern, damit keinerlei Haltearbeit zu leisten ist.
  Der Kopf wird in die Höhe gestreckt, Kinn angebeugt, nach vorn geneigt und seitgedreht auf die Hände gelegt.
- Da das Zwerchfell sich durch die Lungenblähung meist in Tiefstellung befindet, müssen *inspiratorische Hilfen* zum Weitwerden der Rippen gegeben werden. Dies geschieht von der Nase (Schmalnaseneinstellung), von der Zunge (gähnend einatmen mit geschlossenem Mund), durch Aufspreizen der Finger und Zehen und/oder durch Packen und Abziehen einer Hautfalte lumbal oder thorakal durch den Therapeuten.
- Die *Ausatmung* bedarf einer Atemführung über gespitzte Lippen. Abblasen der Luft auf *»püh«, »pöh«, auch »chi«*. Dabei wird der Rumpf vorverlagert, der Rücken gestreckt und der Kopf eventuell mit Blick nach hinten über die Schulter gedreht zur Verbesserung der Brustbeinaufrichtung.

- Atemrhythmische Körperschwankungen können hilfreich sein:
  - Zurückverlagern, rund werden zur Einatmung
  - Vorverlagern und Rücken strecken zur Ausatmung.

Behandlung im **Intervall**

- Es ist ein genauer **Atembefund** aufzunehmen.
- Es sind **alle** Register der Atempflege,
  der vegetativen Umstimmungsmaßnahmen,
  Testung und Entallergisierung und
  Ausschaltung aller schädlichen Noxen zu ziehen.
- Außerdem sind die erleichternden Maßnahmen zur Linderung der Atemnot im Falle eines Anfalls zu üben.
- Es ist auch immer wieder etwas Neues zu erproben, damit der alternde Mensch nicht hoffnungslos seinem Leiden ergeben sein muß.
  Es gibt für *alles* eine Lösung, jeder muß danach suchen.

2.3 DAS OBSTRUKTIVE LUNGENEMPHYSEM

Es kann aus der chronischen Bronchitis, aus dem Asthma bronchiale aber auch aus Fehlatemformen anderer Ursache und aus Bewegungsmangel heraus entstehen.
Bei seiner Behandlung ist zu klären: Liegt zusätzlich eine Bronchospastik vor?
Die wichtigste Therapie ist die

- Verhinderung des Atemwegskollapses bei der Ausatmung durch Atemwegsführung mit *Lippenbremse.*
- Die Einatmung darf nicht hastig angerissen werden, sondern sollte **langsam** erfolgen. Hilfen dazu siehe Atempflege mit Nasenwegseinstellung, peripheren Atemantrieben u. a.
- Training der *Ausdauerfähigkeit* der Skelettmuskulatur (s. S. 187) und der Atemmuskulatur durch Tön- und Singübungen sind zur Verhinderung von Verschlechterungen wichtig.
- Ausruhehaltungen und -lagerungen sind besonders beim *Cor pulmonale* individuell herauszufinden.
  Die Halswirbelsäule darf nicht lordosiert sein. Bei angelehnten Sitzstellungen wird der Kopf erst in die Höhe gestreckt und dann leicht nach vorn gebeugt. Dadurch werden die Mm. scaleni, die als Atemhilfmuskeln nicht vorteilhaft sind, ausgeschaltet. Um diese Kopfhaltung zu sichern, kann ein kleines Kissen dorsal unter die Kopfhöhe gelegt werden.
  Beim mit erhöhtem Oberkörper liegenden Patienten sind die Arme seitlich zu *lagern,* damit der Schultergürtel entlastet wird.
  Auch ist außer einer Knielagerung ein kleines *Sandsäckchen unter das*

Steißbein zu legen, damit die Lendengegend nicht überstreckt ist und der Einsatz der dorsalen Zwerchfellschenkel möglich ist.

- Es müssen immer wieder Bewegungen in den kleinen und mittleren Gelenken durchgeführt werden. Sie sind als Einatemhilfen einfühlsam mit Weitwerden und Spreizen zu verbinden oder als Hilfen zur blasenden Ausatmung mit leicht schwingenden Bewegungen zu gestalten.
  Das unterstützt den Kreislauf; Bewegungslosigkeit belastet ihn und verschlimmert die Lungenblähung.
- Der Schultergürtel sollte immer locker sein. Für eine leichte Nackenmassage sind diese Patienten dankbar.
  Die Nackenmuskulatur gehört reflektorisch zum Zwerchfell (C 3–5).
  Das unterstreicht auch die psychotherapeutisch wichtige Maßnahme, den Patienten auf gelöstes, vertrauensvolles Verhalten und Abgeben aller Überaktivität hinzuweisen.

Der feinere, langsamere, tiefere, allesumfassende, gelöste Atem gelingt leichter und hinterläßt ein Wohlgefühl.

In den reiferen Lebensjahren gilt es gar sehr, seine **eigenen** Erfahrungen mit dem gelösten Atem zu machen.

LITERATUR

Edel, H./K. Knauth: Grundzüge der Atemtherapie. 5. überarb. u. erw. Aufl. Verlag Ullstein Mosby, Berlin 1992.

Ehrenberg, H.: Krankengymnastische Behandlung bei Hyperreagibilität der Bronchien. Krankengymnastik 36 (1984), 223–226.

Ehrenberg, H.: Krankengymnastische Techniken der Atemtherapie. In: Krankengymnastik, Bd. 1. 3. Aufl. S. 242–270. Cotta, H., et al. (Hrsg.). Thieme, Stuttgart 1990.

Engeling, I.: Gedanken zur Steuerung der Atmung über Bewegungsaufträge. Krankengymnastik 19 (1967), 10–12.

Engeling, I.: Die Entwicklung der Wahrnehmungsfähigkeit für Bewegungs- und Spannungsvorgänge. Krankengymnastik 18 (1966), 332–334.

Knauth, K.: Funktionsverbesserndes Üben in der Physiotherapie. Verlag Ullstein Mosyb, Berlin 1992.

Knauth, K.: Gibt es Regenerationszonen und spezielle Techniken zur Nutzung? Z. Physiother. 41 (1989), 389–392.

Knauth, K.: Die physiotherapeutische Atembefundaufnahme. Dt. Gesundh.-Wesen 27 (1972), 1241–1244.

Knauth, K./Reiners, B./Huhn, R.: Physiotherapeutisches Rezeptierbuch. 5. überarb. u. erw. Aufl., Verlag Gesundheit Berlin und Steinkopff Verlag, Darmstadt 1991.

Lysebeth, A. v.: Die große Kraft des Atems. 3. Aufl., Scherz-Verlag Bern, Zürich, Wien 1977.

Sacharow, B.: Indische Körperertüchtigung, 11–12. Schwab, Schopfheim 1966.

Siemon, G./H. Ehrenberg: Leichter atmen – besser bewegen. 3. überarb. Aufl., perimed Fachbuch-Verlagsgesellschaft, Erlangen 1991.

AUSGEWÄHLTE THEMEN

10 Psychische Störungen im Alter

G. Haag, U. Bayen

1 KLASSIFIKATION

Altern ist keine Krankheit, sondern ein normaler biologischer Vorgang. Aber viele alte Menschen sind krankheitsanfällig oder krank, und oft leiden sie an mehreren Erkrankungen gleichzeitig (Multimorbidität). Es ist jedoch wichtig darauf hinzuweisen, daß die Mehrzahl der über 65jährigen nicht an psychischen Störungen leidet. Nach Häfner (1989) weisen etwa 80% der 55 bis 70jährigen keine psychischen Störungen von Krankheitswert auf. Bei beiden Geschlechtern bleibt die Häufigkeit psychischer Erkrankungen ganz allgemein bis in das 7. Lebensjahrzehnt in etwa unverändert. Erst ab dem 70. Lebensjahr erfolgt dann ein deutlicher Anstieg der Häufigkeit von psychischen Erkrankungen. Die Klassifikation psychischer Störungen ist ein äußerst problematischer Bereich. Während bei organischen Erkrankungen der Zusammenhang zwischen Ursachen (z. B. Erreger, Trauma), krankhaftem Körperzustand (z. B. Infektion, Knochenbruch) und Symptomen (z. B. Fieber, Schmerzen) meist gut diagnostizierbar und nachvollziehbar ist, erfolgt die Klassifikation einer psychischen Störung oder Krankheit vorwiegend durch die Beurteilung, inwieweit das Verhalten und Erleben einer Person von der Bezugsnorm abweicht. So wird beispielsweise ein alter Mensch dann als depressiv bezeichnet, wenn er unter seiner Lebenssituation stärker leidet als die Mehrzahl anderer alter Menschen, oder auch wenn er durch seine Stimmung, seine Klagen etc. von seiner Umgebung als belastend empfunden wird.
Folgende psychische Störungen sind im Alter von besonderer Bedeutung:
- dementielle Erkrankungen, »Verwirrtheit«
- depressive Zustandsbilder
- Schlafstörungen und Alkoholprobleme.

Die wichtigsten im Alter auftretenden psychischen Erkrankungen sind die Depression und die Demenz.

2 DEPRESSION

2.1 Symptome

Das Bild der Depression ist durch affektive, kognitive und somatische Symptome charakterisiert. Interesselosigkeit, Apathie und Niedergeschlagenheit kennzeichnen das Stimmungsbild. Die soziale Anteilnahme ist stark herabgesetzt. Die Arbeitsfähigkeit ist durch Konzentrationsschwäche, Antriebs- und Entschlußlosigkeit gemindert. Die Psychomotorik ist verlangsamt; die Sprache monoton, leise, schleppend und weinerlich. Bei der agitierten Form dominieren lautes Klagen und unproduktive, hektische Bewegungen.

Symptome, die bei älteren Depressiven weniger häufig oder in geringerer Intensität beobachtet werden als bei jüngeren, sind depressive Stimmungslage, Selbstabwertung, Schuldgefühle und sexuelle Probleme. Dahingegen klagen ältere Depressive häufiger als jüngere über ein Gefühl innerer Leere, mangelnde Zukunftsperspektiven, Gedächtnisprobleme und somatische Beschwerden. Bei vielen älteren Patienten wird die eigentliche depressive Symptomatik fast völlig durch körperliche Symptome (Schlafstörungen, Verdauungsstörungen, Appetitlosigkeit etc.) verdeckt. Apathie, Gewichtsverlust und die agitierte Form der Depression werden bei älteren Depressiven häufiger beobachtet als bei jüngeren. Diese Altersunterschiede im Symptombild der Depression sind teilweise auf gesellschaftlich verankerte Erwartungen bezüglich des Verhaltens älterer Menschen zurückzuführen (z. B. wird sexuelle Zurückhaltung erwartet und daher nicht als depressives Symptom gewertet), teilweise darauf, daß reale Altersveränderungen wie etwa die Anfälligkeit für körperliche Krankheiten, die Funktionsfähigkeit des Gedächtnisses und der Schlafrhythmus zum Gegenstand depressiver Befürchtungen werden.

2.2 Epidemiologie

Die Schätzungen der Anzahl depressiver älterer Menschen über 65 Jahren liegen zwischen 5 und 15%, für institutionalisierte betagte Menschen bei bis zu 65% (Epstein, 1976). Die Bedeutsamkeit des Problems spiegelt sich insbesondere in der Häufigkeitsverteilung von Suizidhandlungen über die Lebensspanne: Sie sind im höheren Lebensalter etwa dreimal so hoch wie in früheren Lebensphasen. Vollendete Suizide sind im Gegensatz zu Suizidversuchen im höheren Alter weitaus häufiger, d. h. es kann in den meisten

Fällen von einer festen Selbsttötungsabsicht ausgegangen werden (»Bilanzselbstmord«), während im Jugendalter Suizidversuche mit stark appellativem Charakter überwiegen.
Risikofaktoren für das Auftreten einer Depression im höheren Lebensalter sind ein geringer sozioökonomischer Status, ein schlechter Gesundheitszustand und ein Mangel an unterstützenden sozialen Beziehungen. Frauen haben in allen Altersstufen eine höhere Erkrankungsrate als Männer, jedoch scheint sich dieser Unterschied mit zunehmendem Lebensalter zu verringern.

2.3 Ätiologische Faktoren

Im Zusammenhang mit der Entstehung von Depressionen werden nachfolgend biologische und psychologische Faktoren diskutiert; die verschiedenen Erklärungsansätze sind dabei nicht als Alternativen zu betrachten, sondern zu einem multifaktoriellen Ätiologie-Konzept zu integrieren, wobei im Einzelfall der einen oder anderen Komponente ein stärkeres Gewicht zukommen kann.

2.3.1 GENETISCHE UND BIOCHEMISCHE FAKTOREN

Das Erkrankungsrisiko ist bei nahen Verwandten Depressiver gegenüber der Durchschnittsbevölkerung erheblich erhöht. Zwillingsuntersuchungen ergaben Hinweise darauf, daß genetische Faktoren das Auftreten von Depression begünstigen.
Biochemische Erklärungsansätze vermuten Veränderungen im Stoffwechsel der biogenen Amine als Erkrankungsursache. Interessant für eine mögliche Ätiologie von Altersdepression ist in diesem Zusammenhang die nach einigen Befunden im Alter erhöhte Aktivität der Monoaminooxidase.

2.3.2 DIE BEDEUTUNG KRITISCHER LEBENSEREIGNISSE

Mit dem Alter steigt die Wahrscheinlichkeit bestimmter belastender Lebensereignisse: Die Ausgliederung aus dem Berufsleben und der damit verbundene Verlust an Sozialkontakten und -status, der Tod naher Angehöriger, insbesondere des Ehepartners, von Freunden und Bekannten und die daraus resultierende Schrumpfung des sozialen Netzes, Heimunterbringung, körperliche Erkrankungen und Gebrechlichkeit können bei mangelnden Bewältigungsmöglichkeiten depressive Reaktionen auslösen. Das Eintreten eines belastenden Lebensereignisses stellt einen Risikofaktor für depressive Verstimmungen und für die monopolare Form (ohne manische Phasen) der Depression dar. Soziale Unterstützung, insbesondere in einer als harmonisch erlebten partnerschaftlichen Beziehung, mildert den durch streßreiche Belastungen bedingten Anstieg depressiver Symptomatik.

2.3.3 LERNTHEORETISCHE ERKLÄRUNGSANSÄTZE

Lerntheoretische Ansätze zur Erklärung der Entstehung und Aufrechterhaltung der Depression betonen die Bedeutung von vorausgehenden Bedingungen (Antezedenzen) und Konsequenzen des depressiven Verhaltens. Nach dem Verstärkerverlustkonzept Lewinsohns (1974) ist der Verlust verstärkender Ereignisse (Belohnungen) als die zentrale Variable für die Entstehung von Depressionen anzusehen. Zu einem Verstärkerverlust kann es z. B. kommen, wenn mit plötzlichen Veränderungen in der Lebensumwelt bestimmte Hinweisreize verlorengehen, die bis dahin Verhaltensweisen auslösten, die belohnt wurden. Mit dem Verlust des Ehepartners beispielsweise geht eine Quelle sozialer Verstärker verloren; außerdem wurden in Anwesenheit des Partners vielfältige Aktivitäten mit Belohnungscharakter ausgeführt (z. B. gemeinsames Ausgehen, Teilnahme an Veranstaltungen). Im Alter sind Verstärkerquellen (Freunde, Arbeitskollegen), etwa aufgrund eingeschränkter Mobilität, häufig nicht mehr oder nur noch selten erreichbar.
Die Aufrechterhaltung depressiven Verhaltens kann auf lerntheoretischer Basis damit erklärt werden, daß depressives Verhalten, wie z. B. Jammern und Klagen, von Bezugspersonen durch Zuwendung verstärkt wird. Dies kann bspw. auch im Rahmen einer krankengymnastischen Behandlung erfolgen. Bezüglich der Gruppe institutionalisierter älterer Menschen sind in diesem Zusammenhang empirische Ergebnisse interessant, die belegen, daß Zuwendung seitens des Personals in erster Linie auf passives, depressives und abhängiges Verhalten erfolgt, während selbständiges und aktives Verhalten unbeachtet bleibt und somit gelöscht wird. Längerfristig ziehen sich die Sozialpartner des Depressiven aber häufig zurück, da sein persistierendes depressives Verhalten kaum Belohnungswert hat. Der Depressive gerät dadurch in eine noch größere soziale Isolation, sieht sich in seinen negativen Erwartungen bestätigt und befindet sich somit in einem Teufelskreis.

2.3.4 KOGNITIVE ERKLÄRUNGSANSÄTZE

Einer der bekanntesten psychologischen Ansätze zur Erklärung der Depression ist das Konzept der »Erlernten Hilflosigkeit« von Seligman (1986). »Erlernte Hilflosigkeit« bezeichnete ursprünglich das Verhalten von Hunden, die Elektroschocks ausgesetzt wurden, ohne daß die Möglichkeit zur Flucht gegeben war. Die Hunde lernten sehr bald, daß sie keine Kontrolle über den aversiven Reiz hatten und ihm hilflos ausgeliefert waren. Wurden sie daraufhin in eine Situation gebracht, in der ebenfalls ein Schock verabreicht wurde, die sich von der ersten jedoch in dem Punkt unterschied, daß sehr wohl eine Fluchtmöglichkeit gegeben war, so wurde beobachtet, daß diese von den Tieren nicht genutzt wurde: sie hatten passives, hilfloses Verhalten erlernt. Seligmann zeigt die Gemeinsamkeit von Verhaltenscharakteristika der erlernten Hilflosigkeit und der Depression auf: Der Depressive ist überzeugt, daß er mittels seines Verhaltens keine Kontrolle auf positive oder aversive Reize ausüben kann und fühlt sich so der Situation hilflos ausgeliefert. Entscheidend ist dabei nicht die tatsächliche Unkontrollierbarkeit, sondern deren subjektive Einschätzung.

Ältere Menschen sind relativ oft mit Schicksalsschlägen konfrontiert, über die sie keine Kontrolle haben (Tod nahestehender Personen, Krankheit) und befinden sich häufig in institutionellen Settings, in denen sie durch ihr Verhalten wenig Kontrolle ausüben können. Z. B. läßt sich das Konzept der »Erlernten Hilflosigkeit« auf die Situation in vielen Alten- und Pflegeheimen beziehen: Durch eine starke Reglementierung wird die selbständige Lebensgestaltung häufig sehr eingeschränkt und führt so zu einem Verlust an Kontrolle über für die Person bedeutsame Einflußbereiche.

Die Kognitive Theorie der Depression nach Beck (Beck et al., 1986) führt die Entstehung und Aufrechterhaltung der Depression auf typische Denkinhalte und Denkmuster zurück. Kennzeichnend dafür sind die negative Sicht des depressiven Menschen von sich selbst, von seiner Umwelt und von der Zukunft (»kognitive Triade«) sowie verschiedene systematische Denkfehler: selektive Wahrnehmung, willkürliches Schlußfolgern, Übergeneralisierung, »Alles-oder-Nichts«-Denken. Beispiele für depressionsfördernde Grundannahmen sind Gedanken wie »Der Wert meiner Person hängt davon ab, was andere von mir denken«, oder »Um glücklich zu sein, muß ich in allem, was ich mache, erfolgreich sein.«

2.4 Diagnostik

Kriterien

Eine Depressive Erkrankung ist zu diagnostizieren, wenn mindestens fünf der folgenden Symptome über mindestens zwei Wochen gleichzeitig zu beobachten sind:

1. Depressive Verstimmung während des größten Teils des Tages,
2. Verlust von Interesse und Freude an nahezu allen Aktivitäten,
3. Gewichtsverlust oder Gewichtszunahme, ohne daß eine Bulimie oder Diät ursächlich ist,
4. Insomnia oder Hypersomnia,

5. Psychomotorische Agitiertheit oder Retardierung,
6. Energielosigkeit und Müdigkeit,
7. Gefühl der Wertlosigkeit und Schuldgefühle,
8. Denk- und Konzentrationsstörungen, Unentschlossenheit, Entscheidungsschwierigkeiten,
9. Todeswünsche, Selbstmordideen und -handlungen.

Eines der beiden erstgenannten Symptome muß mindestens vorhanden sein. Lassen sich Symptome auf körperliche oder hirnorganische Veränderungen ursächlich zurückführen, so bleiben sie für die Diagnose der Depression unberücksichtigt.

2.4.1 DIFFERENTIALDIAGNOSTIK

Das Auftreten einer depressiv anmutenden Symptomatik bei einem älteren Menschen kann den Diagnostiker vor besondere differentialdiagnostische Probleme stellen.

So können eine mit dem Alter einhergehende psychomotorische Verlangsamung und eine raschere Ermüdbarkeit fälschlicherweise als depressive Symptome mißdeutet werden. Schlafstörungen lassen bei jüngeren Personen mit recht großer Sicherheit auf eine Depression schließen, während dies bei älteren Personen längst nicht der Fall sein muß. Ebenso verhält es sich mit dem Appetitmangel, der nicht unbedingt eine Depression anzeigen muß, sondern auch Folge eines altersbedingt eingeschränkten Geschmackssinnes sein kann. Umgekehrt ist es möglich, daß eine Depression übersehen wird, weil ihre Symptome als normale Alterserscheinungen mißinterpretiert werden.

Ein besonderes differentialdiagnostisches Problem liegt bei älteren Patienten in der Unterscheidung von Depression und Demenz. Bei einer »Pseudodemenz« sind die kognitiven Funktionen durch eine psychiatrische Erkrankung ohne hirnorganische Ursache, meist durch eine Depression, so stark beeinträchtigt, daß der Patient dement erscheint. Etwa 15% aller als depressiv diagnostizierten älteren Menschen zeigen kognitive Einbußen, die denen einer Demenz ähneln. Die Schwierigkeiten der Differentialdiagnose von Depression und Demenz wird dadurch verschärft, daß beides gleichzeitig gegeben sein kann und häufig Demente Anzeichen eine Depression zeigen; dies tritt vor allem in frühen Phasen der Entwicklung einer senilen Demenz auf, wenn der Patient seiner kognitiven Einbußen gewahr wird und auf diesen Verlust depressiv reagiert. Die durch eine Depression bedingte kognitive Behinderung verschwindet mit der Verbesserung des zugrundeliegenden depressiven Zustands, während die kognitiven Einbußen im Rahmen eines dementiellen Prozesses irreversibel sind.

Auch die Hypochondrie ist eine unter älteren Menschen relativ häufige Störung. Das Hauptmerkmal ist eine übermäßige Beachtung und Überinterpretation körperlicher Vorgänge und Empfindungen, die in der unbegründeten Angst mündet, an einer ernsthaften Krankheit zu leiden. Da sich ältere Depressive ebenfalls häufig um ihr körperliches Befinden sorgen, ist die Differentialdiagnose mitunter nicht einfach.

2.5 Therapiespektrum

2.5.1 MEDIKAMENTÖSE THERAPIE

Bei akuten endogenen Depressionen haben sich trizyklische Antidepressiva (z. B. Imipramin) als effektiv erwiesen; ihre Wirkung bei anderen Formen der Depression ist weniger gesichert. Es wird mit geringer Dosis begonnen und innerhalb von drei Wochen bis zur maximalen therapeutischen Dosierung gesteigert. Die anticholinergen Effekte bringen Nebenwirkungen wie Mundtrockenheit, Verstopfung, Harnverhaltung u. a. mit sich. Die Effektivität der Behandlung kann häufig erst nach etwa vier Wochen bestimmt werden.
Die Gabe von Lithium hat sich bei der Behandlung einer akuten Manie und zur Prophylaxe manischer und depressiver Phasen als wirksam erwiesen. Auch hier ist bei älteren Patienten besondere Vorsicht geboten, da toxische Wirkungen bereits bei vergleichsweise geringen Dosen auftreten können.

2.5.2 VERHALTENSTHERAPEUTISCHE UND KOGNITIVE INTERVENTION

Aus dem oben skizzierten lerntheoretischen Verständnis der Entstehung und Aufrechterhaltung von Depressionen ergeben sich eine Reihe von verhaltenstherapeutischen Interventionsmöglichkeiten, die im wesentlichen darauf abzielen, die Häufigkeit von Verstärkern zu erhöhen und dadurch die Stimmung zu verbessern. Dies wird erreicht durch gezielte Aktivierung, Selbstbelohnung und Förderung sozialer Kompetenz. So sollte die Häufigkeit angenehmer Aktivitäten (z. B. Gymnastik) systematisch erhöht und die unangenehmer Aktivitäten erniedrigt werden. Bei solchen Aktivitätenprogrammen gilt mit Rücksicht auf die leichtere Erschöpfbarkeit älterer Menschen nicht das bei jüngeren Klienten anzuwendende Prinzip »je mehr, desto besser«, sondern es muß eine die Leistungsreserven des betagten Menschen sorgfältig abwägende Auswahl der Aktivitäten erfolgen, um Überforderung und damit Mißerfolgserlebnisse zu vermeiden. Um die Frequenz verstärkungswirksamer Aktivitäten zu erhöhen, ist z. T. der Erwerb neuer Fähigkeiten notwendig, wie z. B. das Erlernen eines Entspannungstrainings (s. S. 227), und das systematische Üben kommunikativer Kompetenzen. Falsch wäre es jedoch, den depressiven Patienten lediglich aufzufordern aktiv zu sein, sich zu amüsieren, sich zusammenzureißen oder Urlaub zu machen, um auf andere Gedanken zu kommen.

Auch aus dem Konzept der erlernten Hilflosigkeit von Seligman (s. o.) wurden praktische Folgerungen zur Vermeidung und Besserung von Depressionen gezogen: Wo auch immer möglich, sollten dem Heimbewohner oder Krankenhauspatienten Wahlalternativen angeboten werden (etwa bzgl. verschiedener Behandlungsmöglichkeiten, Freizeitaktivitäten etc.). Wo eine solche selbständige Wahl und Planung z. B. aus medizinischen oder organisatorischen Gründen nicht möglich ist, sollte die Umwelt für den institutionalisierten älteren Menschen zumindest vorhersagbar sein, indem er über zu erwartende Ereignisse informiert wird.

In der Kognitiven Therapie der Depression nach Beck (Beck et al., 1986) wird eine Korrektur der bei Depressiven häufig anzutreffenden negativen und unlogischen Denkweise (s. o.) angestrebt, und zwar zum einen durch verhaltens-orientierte Verfahren (z. B. Planung erfreulicher Aktivitäten), zum andern durch direkt an den negativen Kognitionen ansetzende Methoden (z. B. Austesten alternativer Kognitionen).

Auch in einer kognitiven Therapie sind Besonderheiten der Arbeit mit älteren Menschen zu beachten:

So gibt es kognitive Verzerrungen, die für ein bestimmtes Lebensalter oder eine bestimmte Jahrgangsgruppe typisch sind. Die derzeit »Älteren« sind im Vergleich zu heutigen Maßstäben relativ »streng« erzogen worden, wodurch der Verhaltensspielraum in einigen Bereichen eingeengt sein kann und die Initialisierung neuer verstärkender Aktivitäten erschwert ist. Generationsbedingte Moral- und Wertvorstellungen können z. B. daran hindern, über sexuelle Probleme zu sprechen. Das Erlernen selbstbewußter Verhaltensweisen kann ebenfalls ein Problem sein, wenn Bescheidenheit und Selbstlosigkeit in der Erziehung eine wichtige Rolle gespielt haben, was bei älteren Frauen besonders häufig der Fall ist. Oft haben sie auch die Überzeugung, es sei für sie nicht schicklich, jemanden anzusprechen oder abends allein auszugehen. Ein weiteres Beispiel für dysfunktionale Überzeugungen älterer Menschen ist der Gedanke, sie seien zu alt, um sich zu ändern.

Einige Annahmen wie z. B. »Nur wenn ich arbeite, bin ich ein nützliches Glied der Gesellschaft« oder »Ein Mann muß unabhängig sein« haben in früheren Lebensphasen durchaus ihre Funktion im Sinne der Anpassung an Leistungsanforderungen. Sie können aber, wenn sie im höheren Lebensalter beibehalten werden, der Anpassung an den Ruhestand und an mitunter unvermeidbare Einbußen an Produktivität und Autonomie im Wege stehen.

In verschiedenen Therapiephasen können sich ältere Menschen schwerer tun als jüngere: So haben sie sich mitunter über Jahrzehnte hinweg so an ihre automatischen Gedanken gewöhnt, daß es schwerfällt, sich ihrer bewußt zu werden und sie als negative Stimmungen auslösend zu identifizieren. Verhaltenstherapeutische und kognitive Methoden haben sich nicht nur in Einzeltherapie bewährt, sondern auch in Gruppen mit sechs bis acht älteren Teilnehmern mit leichten bis mittelschweren depressiven Verstimmungen. Die Zugangsbarrieren zu einem solchen Kurs sind geringer als die zu einer Einzeltherapie, aufgrund des bei letzterer Behandlungsform in höherem Maße gefürchteten sozialen Stigmas.
Die Effektivität der kognitiven Therapie der Depression auch bei älteren Patienten konnte in einer Reihe von Studien nachgewiesen werden.

3 DEMENZ

Dementielle Erkrankungen im höheren Lebensalter stellen eines der größten Probleme unseres Gesundheitswesens dar und rücken als solches auch zunehmend in das Bewußtsein der Öffentlichkeit.

3.1 Symptome

Bei der Demenz handelt es sich um ein sehr uneinheitliches Störungsbild, dessen Definition auf klinischen Symptomen beruht. Charakteristisch sind die Abnahme der kognitiven Fähigkeiten, Desorientierung und Persönlichkeitsveränderungen. Nach der Definition der Weltgesundheitsorganisation (1986) ist eine Demenz »eine erworbene, globale Beeinträchtigung der höheren Hirnfunktionen einschließlich des Gedächtnisses, der Fähigkeit, Alltagsprobleme zu lösen, der Ausführung sensomotorischer und sozialer Fertigkeiten, der Sprache und Kommunikation sowie der Kontrolle emotionaler Reaktionen ohne ausgeprägte Bewußtseinstrübung. Meist ist der Prozeß progredient, jedoch nicht notwendigerweise irreversibel«.
Im deutschen Sprachraum wurde dieses Störungsbild früher meist als »organisches Psychosyndrom« bezeichnet. Heute hat sich international der Begriff »Demenz« durchgesetzt. Im Anfangsstadium einer Demenz wird meist über eine zunehmende Vergeßlichkeit geklagt. Oft werden die sich daraus ergebenden Schwierigkeiten zunächst zu kompensieren versucht, etwa durch Gedächtnisstützen oder ausholende Umschreibungen bei Wortfindungsstörungen. Im fortgeschrittenen Stadium können Verhaltensprobleme auftreten wie verbale und physische Aggressivität, Umherirren, inadäquates sexuelles Verhalten und Panikreaktionen. Die kognitiven Einbußen schränken, vor allem im fortgeschrittenen Krankheitsstadium, die Funktionsfähigkeit im Alltag erheblich ein; so gehen schließlich die Fähig-

keiten zur Ausübung auch einfacher Aktivitäten des täglichen Lebens wie Essen, Ankleiden und persönliches Hygieneverhalten nach und nach verloren.

Die Demenz ist keine notwendige Folge des Alternsprozesses oder ein »beschleunigtes Altern«. Vielmehr unterscheiden sich die mit der Demenz verbundenen kognitiven Veränderungen erheblich von denen des »normalen« Alterns. Einige Fähigkeiten, die im normalen Alternsprozeß voll erhalten bleiben, wie etwa verbale Fähigkeiten, werden durch eine Demenz sehr wohl beeinträchtigt. Es ist wichtig für den Kliniker, dem älteren Menschen zu erklären, daß Einbußen in bestimmten Gedächtnisfähigkeiten im Alter durchaus normal sind und daß solche Veränderungen nicht unbedingt auf eine beginnende Demenz hinweisen. *Die (oft unbegründete) Angst vor einer Demenz kann selbst zu einem Problem werden.*

3.2 Epidemiologie

Die Häufigkeit irreversibler dementieller Erkrankungen wird in der Gruppe der 65- bis 69jährigen auf 2–3% geschätzt (Häfner, 1984). Im höheren Alter steigt die Häufigkeit der Demenz an, so daß von etwa 20–30% der 80- bis 90jährigen angenommen wird, daß sie an Demenz leiden. Da das Risiko einer Erkrankung mit dem Alter steigt und der Anteil Hochbetagter an der Gesamtbevölkerung wächst, ist für die kommenden Jahrzehnte mit einem erheblichen Anstieg der absoluten Zahl Demenzkranker zu rechnen. Die Konsequenzen für das Gesundheitswesen beginnen dramatisch zu werden.

Derzeit sind etwa 20% der Erkrankten in Institutionen untergebracht. Die meisten Dementen (80%) werden jedoch von Angehörigen (meist Frauen) versorgt, für die die Betreuung oft eine erhebliche Belastung darstellt.

3.3 Dementielle Syndrome

3.3.1 DIE ALZHEIMER-KRANKHEIT

Die Alzheimer-Krankheit ist die häufigste Ursache für ein irreversibles dementielles Syndrom. Sie ist für etwa 50 bis 70% der Fälle von Demenz im höheren Lebensalter verantwortlich. Diese Krankheit wurde nach dem Arzt Alois Alzheimer benannt, der sie im Jahre 1907 zum ersten Mal beschrieb. Auf neuronaler Ebene ist beim Morbus Alzheimer eine Hirnatrophie durch Absterben von Nervenzellen im Bereich der Großhirnrinde und in verschiedenen subkortikalen Kernbereichen festzustellen. Charakteristische Veränderungen in den Nervenzellen sind die sogenannten senilen Plaques (d. h.

amyloidreiche Proteinstrukturen in Nervenzellen und an Blutgefäßen), Fibrillenbündel in Neuronen verschiedener Hirnbereiche und Störungen bestimmter Transmittersysteme. Die früher übliche Unterscheidung von präseniler Demenz (Einsetzen der Krankheit vor dem 65. Lebensjahr) und seniler Demenz (Einsetzen nach dem 65. Lebensjahr) ist heutzutage weitgehend aufgehoben. Da Symptomatik und Verlauf nicht grundsätzlich differieren, ist eine solche Unterscheidung wenig sinnvoll.
Die Krankheit setzt langsam und allmählich ein; meist ist ihr Beginn gar nicht exakt zu bestimmen. Die fortschreitende Hirnatrophie führt zu einem kontinuierlichen progressiven Abbau intellektuell-kognitiver Leistungen. Im Anfangsstadium nimmt der Patient seine Einbußen sehr wohl wahr und reagiert meist mit Angst und Ratlosigkeit, mitunter mit Depressionen. Mit fortschreitender Erkrankung geht die Fähigkeit zur Ausführung von Routinetätigkeiten und lebenspraktischen Dingen verloren. Es fällt zunehmend schwer, Situationen zu überblicken und sich zeitlich, örtlich und biographisch zu orientieren. Mehr und mehr können auch ältere Erinnerungsspuren nicht mehr aktiviert werden. Im Spätstadium geht schließlich die Verbalisierungsfähigkeit vollkommen verloren; das motorische Verhalten ist durch ständige Wiederholung stereotyper Grundbewegungen gekennzeichnet.
Die Gesamtdauer der Krankheit ist interindividuell sehr unterschiedlich. Der Tod tritt im Schnitt sechs bis acht Jahre nach Beginn der ersten Symptome ein. Trotz intensiver Forschungsbemühungen konnte bisher keine Möglichkeit gefunden werden, die der Alzheimer-Krankheit zugrundeliegenden hirnpathologischen Prozesse rückgängig zu machen oder aufzuhalten.
Zur Ätiologie der Alzheimer-Krankheit gibt es unterschiedliche Hypothesen, von denen bisher jedoch keine eindeutig belegt werden konnte. Die »slow-virus«-Hypothese besagt, daß eine Virusinfektion vorliegt, die erst nach Jahrzehnten zu Schädigungen des Nervensystems führt. Die Aluminium-Hypothese nimmt den Eingriff von Aluminium in den Hirnstoffwechsel an. Die Beobachtung, daß Patienten mit Trisomie-21 (Down-Syndrom) in der Regel im mittleren Erwachsenenalter eine Alzheimer-Demenz entwikkeln sowie eine familiäre Häufung der Alzheimer-Erkrankung unterstützen die Vermutung einer genetischen Disposition.

3.3.2 DIE MULTI-INFARKT-DEMENZ

Mit 10 bis 20% der Fälle ist die Multi-Infarkt-Demenz die zweithäufigste Form dementieller Erkrankungen im Alter. Mischformen von Alzheimer-Demenz und Multi-Infarkt-Demenz konnten anhand autoptischer Befunde ebenfalls nachgewiesen werden. Die Multi-Infarkt-Demenz geht auf arteriosklerotische Veränderungen im Gehirn zurück. Mangeldurchblutung und Gefäßrupturen führen zur Schädigung des Hirngewebes. Risikofaktoren sind chronisch erhöhter Blutdruck, Arteriosklerose und epileptische Anfälle. Im Gegensatz zur Alzheimer-Krankheit setzt die dementielle Symptomatik bei der Multi-Infarkt-Demenz abrupt ein, und das Krankheitsbild ist stark fluktuierend. Langfristig ist der Verlauf dem der Alzheimer-Demenz ähnlich.

3.3.3 WEITERE DEMENZFORMEN

Weniger häufige Erkrankungen, die zu irreversibler Demenz führen, sind die Pick-Krankheit, die Parkinson-Krankheit (in 30 bis 50% der Fälle), die Chorea Huntington und die Creutzfeldt-Jakob-Krankheit.
Von großer Bedeutung für eine Behandlungsindikation ist die Unterscheidung eines reversiblen und teilreversiblen von einem irreversiblen dementiellen Syndrom. Häufigste Ursachen für reversible bzw. partiell reversible Demenzen sind Endokrinopathien, Stoffwechselerkrankungen, Vitaminmangelzustände, raumfordernde Prozesse und toxische Einflüsse. Auch sensorische und soziale Deprivation können ursächlich sein. Mit »Pseudodemenz« wird ein dementielles Syndrom bezeichnet, dem keine organische Ursache zugrundeliegt. Depression ist die häufigste Ursache einer Pseudodemenz bei älteren Menschen (s. o.).

3.4 Diagnostik

Die medizinische Demenzdiagnostik umfaßt Laboruntersuchungen (Blut, Serum, Urin) und technische Messungen wie EKG, EMG, EEG, Dopplersonographie und Computertomogramm. Diese diagnostischen Maßnahmen dienen vor allem auch der Identifikation von Erkrankungen, die einer Behandlung zugänglich sind.
Die psychologische Diagnostik leistet wichtige Beiträge vor allem beim objektiven Nachweis einer kognitiven Beeinträchtigung, bei der Schweregradbestimmung, differentialdiagnostischen Fragestellungen, bei der Verlaufsbeschreibung, dem Nachweis von Interventionseffekten und bei der detaillierten Symptomerfassung.
Die Identifikation eines Demenzsyndroms setzt diagnostische Kriterien voraus, wie sie im DSM-III (dt. Bearbeitung von Köhler und Sass, 1984) genannt sind. Diese sind:

A) Verlust der intellektuellen Fähigkeiten von ausreichender Schwere, um die sozialen und beruflichen Leistungen zu beeinträchtigen
B) Gedächtnisschwäche

C) mindestens eines der folgenden Merkmale:
  1. Beeinträchtigung des abstrakten Denkens, z. B.
     - Fehlen der konkreten Interpretation von Sprichwörtern,
     - Unfähigkeit, Ähnlichkeiten und Unterschiede zwischen verwandten Begriffen herauszufinden,
     - Schwierigkeiten, Worte und Begriffe zu definieren, sowie bei ähnlichen Aufgaben.
  2. Beeinträchtigtes Urteilsvermögen.
  3. Beeinträchtigungen höherer kortikaler Funktionen, wie
     - Aphasie (Störung der Sprache, bedingt durch zerebrale Dysfunktionen),
     - Apraxie (Unfähigkeit, motorische Aktivitäten auszuüben, trotz Verständnis und intakter Motorik),
     - Agnosis (Versagen, Gegenstände wiederzuerkennen oder zu identifizieren, trotz intakter sensorischer Funktionen),
     - Probleme bei konstruktiven Aufgaben (z. B. Unfähigkeit, dreidimensionale Figuren nachzuzeichnen, Blöcke zusammenzusetzen oder Streichhölzer zu bestimmten Figuren zu legen).
  4. Persönlichkeitsveränderungen

D) Das Bewußtsein ist nicht getrübt.

3.4.1 DIFFERENTIALDIAGNOSTIK

Im Zusammenhang mit dem Demenzsyndrom stellen sich eine Reihe differentialdiagnostischer Fragen. Besonders bedeutsam sind die Abgrenzung depressiver Zustände von irreversiblen Abbauprozessen, die Unterscheidung normaler Alterungsprozesse und dementer Verläufe und die Diskrimination unterschiedlicher Demenztypen.

Die Unterscheidung eines beginnenden dementiellen Syndroms von den kognitiven Leistungseinbußen, die den normalen Alternsprozeß begleiten, ist keine leichte Aufgabe, da es sich in einigen Funktionsbereichen nur um quantitative Unterschiede handelt. Bisher lassen sich keine sicheren diagnostischen Kriterien für eine beginnende Demenz angeben.

Da die oben genannten DSM-III-Kriterien für das dementielle Syndrom keinen Rückschluß auf die verursachenden Krankheiten erlauben, gilt es, für die verschiedenen Demenzursachen unterschiedliche diagnostische Kriterien aufzustellen. Dies ist vor allem bei der Alzheimer-Krankheit ein Problem, weil sie keine spezifischen diagnostischen Merkmale hat und bisher noch kein peripherer biochemischer Marker gefunden wurde, so daß eine verläßliche Diagnose der Alzheimerschen Krankheit bis heute nur durch Autopsie gestellt werden kann. Ihre klinische Diagnose ist somit noch immer im wesentlichen eine Ausschlußdiagnose.

3.5 Therapiespektrum

3.5.1 MEDIKAMENTÖSE THERAPIE

Weist die Diagnose auf eine reversible Ursache für das vorliegende dementielle Syndrom hin, so besteht die medikamentöse Therapie in der Behandlung der Grundkrankheit.
Im Falle der Multi-Infarkt-Demenz werden mitunter Medikamente gegen Hirndurchblutungsstörungen empfohlen. Der Erfolg ist jedoch umstritten und scheint teilweise vom Krankheitsstadium abhängig zu sein.
Da die Ätiologie der Alzheimer-Krankheit bis heute ungeklärt ist, gibt es keine ursachen-orientierte Therapie dieser Erkrankung. Die medikamentöse Therapie besteht in der Praxis vor allem in der Gabe unspezifisch wirkender Pharmaka wie Nootropika (Substanzen, die den Energiestoffwechsel des Gehirns und/oder des Informationsvermittlungssystems beeinflussen sollen) zur Behandlung der kognitiven Störungen und (niederpotenter) Neuroleptika zur symptomatischen Behandlung von Verhaltensstörungen. Tranquilizer haben mitunter gegensätzliche Wirkungen; Antidepressiva können die kognitiven Funktionen zusätzlich negativ beeinträchtigen. Nebenwirkungen einer Pharmakotherapie sind bei dementen Alterspatienten insgesamt häufig zu beobachten.

3.5.2 PSYCHOSOZIALE, AKTIVIERENDE THERAPIE

Auch für psychologische Behandlungsansätze kann die Heilung des Alzheimer-Patienten kein realistisches Therapieziel sein. Ziele sind vielmehr die Stärkung (noch) vorhandener Fähigkeiten, die Steigerung der Aktivität und die Schaffung und Aufrechterhaltung von Kontakten. Dem Patienten selbst und seinen Bezugspersonen soll der Umgang mit der dementiellen Behinderung und ihre Bewältigung erleichtert werden.

Milieutherapie

Ziel der Milieutherapie ist es, den gesamten Wohn- und Lebensbereich der Patienten im Sinne einer optimalen Förderung und Anregung umzugestalten. Dazu gehören die positive Einstellung des Pflegepersonals, das Angebot von Betätigungsmöglichkeiten für die Patienten, sowie eine umfassende Änderung der materiellen, psychologischen und sozialen Lebensumstände in einer Einrichtung. Es wird vom therapeutischen Potential einer stimulierenden räumlich-dinglichen Umgebung ausgegangen. Beispielsweise sollten in einer Einrichtung Möbel so arrangiert werden, daß Gruppenbildung möglich ist und die soziale Interaktion erleichtert wird. Der private Bereich der Patienten sollte persönlich und heimelig gestaltet werden (nach Möglichkeit eigene Möbel, Bilder, viele sonstige persönliche Gegenstände usw.).

Realitätsorientierungstraining

Das Realitätsorientierungstraining (ROT), entwickelt von den amerikanischen Psychiatern Folsom und Taulbee (1966), vereinigt Elemente der Verhaltenstherapie und der Milieutherapie. Es hat die Verbesserung der zeitlichen, örtlichen und personellen Orientierung des verwirrten älteren Menschen zum Ziel sowie die Förderung der Selbständigkeit und der sozialen Kompetenz. Es ist unabhängig von Entstehungsursache, Chronizität und Schweregrad der Störung anwendbar. In den Rahmen dieses Verfahrens können auch andere psychologische Ansätze integriert werden.
Das Rot setzt sich aus drei Bestandteilen zusammen:
- Training des Personals,
- 24-Stunden-ROT,
- ergänzende Gruppensitzungen (»Classroom«-ROT).

Dem Einsatz des ROT hat ein sorgfältiges Training des Personals vorauszugehen. Da das ROT eine Neugestaltung des Institutionsalltags bedeutet, erfordert es eine besonders hohe Kooperationsbereitschaft seitens des Personals, auch der Krankengymnasten.
Das 24-Stunden-ROT zielt darauf ab, den Alltag demenzkranker Patienten »rund um die Uhr« auf eine Weise zu gestalten, die ihre Orientierungsfähigkeit unterstützt. Sehr wichtig ist dabei, den gesamten Institutions- bzw. Stationsalltag unter dem Gesichtspunkt der Reorientierung zu gestalten, und zwar sowohl in Bezug auf interpersonell-interaktive Komponenten als auch auf umgebungsbezogene Komponenten. Bei jeder Begegnung zwischen Patienten und Personal werden verbale Informationen gegeben. Hierzu werden auch kurze Kontakte etwa beim Wecken oder Mahlzeiten bringen genutzt. Durch namentliche Anrede, sinngemäße Wiederholungen und Aufmerksammachen auf Jahreszeit, Wochentag, Uhrzeit, Wetter usw. wird das Realitätsbewußtsein des Demenzkranken unterstützt. Wichtig ist es, dem Patienten im Gespräch Erfolgserlebnisse zu vermitteln. Fragen sind möglichst so zu stellen, daß dem Patienten eine Antwort möglich ist. Eine Konversation, der er nicht folgen kann, würde ihm sein Unvermögen vor Augen führen und Angst auslösen. Orientierte Äußerungen und Verhaltensweisen werden durch Aufmerksamkeit verstärkt. Desorientierte Äußerungen werden vorsichtig korrigiert, wenn es um weniger sensible Bereiche geht wie beispielsweise das Datum oder die Uhrzeit. Werden empfindliche

Bereiche berührt, wie z. B. der Tod von Angehörigen, so kann eine direkte Konfrontation mit der Realität große Unsicherheit, Angst oder Trauer auslösen. Besser ist es, die desorientierte Person abzulenken oder auf das Gefühl einzugehen, welches hinter der desorientierten Äußerung steht (z. B. das Vermissen einer verstorbenen Person) und dieses anzuerkennen.
Die Gestaltung der dinglichen Umwelt ist neben der interpersonell-interaktiven Komponente ein weiterer wesentlicher Baustein des 24-Stunden-ROT. Die Umgebung sollte so überschaubar, angenehm und anregend wie nur möglich gestaltet sein. Räume sind durch Schilder, Zeichen, Farben etc. deutlich zu kennzeichnen. Uhren und Kalender unterstützen die selbständige zeitliche Orientierung. Die Patienten müssen systematisch auf diese Orientierungshilfen hingewiesen und in ihrem Gebrauch trainiert werden.
Strukturierte Gruppensitzungen (»Classroom-ROT«) stellen eine Ergänzung zum 24-Stunden-ROT dar. Sitzungen von einer halben bis zu einer Stunde Dauer werden täglich in kleinen Gruppen von drei bis sechs Personen durchgeführt. Ziele sind die Förderung des Bezugs zur Wirklichkeit, des Interesses und der Anteilnahme an der Umgebung, die Verhinderung eines sozialen Rückzugs durch die Unterstützung von Kommunikation und schließlich die Vermittlung von Erfolgserlebnissen und damit ein größeres Selbstvertrauen.

Reminiszenz

Während der letzten Jahre ist das therapeutische Potential der Reminiszenz, der Erinnerung an die Vergangenheit, entdeckt worden. Da beim dementen älteren Menschen das Erinnerungsvermögen an weit zurückliegende Ereignisse (»Altgedächtnis«) relativ lange erhalten bleibt, vermag ein Gespräch über Vergangenes ein Erfolgserlebnis zu vermitteln. Es stärkt das Selbstbewußtsein und das Gefühl der eigenen Identität und bildet einen guten Anknüpfungspunkt für Sozialkontakte. Die Erinnerung an Vergangenes kann zudem im Sinne der Realitätsorientierung als Brücke zur gegenwärtigen Realität dienen.
Hilfsmittel wie Fotoalben, Bücher, alte Zeitschriften und Schallplatten, Landkarten, Reisesouvenirs, Stammbäume, Geschichtsbücher usw. regen die Erinnerung des älteren Menschen an. Wichtige Lebensereignisse oder -phasen können als Ankerpunkte für einen gelenkten Lebensrückblick dienen. Die Einbeziehung von Familienmitgliedern in die Gespräche kann sowohl für den älteren Menschen als auch für die Angehörigen eine bereichernde Erfahrung sein.

Angehörige

Die meisten demenzkranken älteren Menschen werden von Angehörigen betreut. Die damit für die Familie verbundenen Belastungen sind erheblich.
Angehörige benötigen praktische Ratschläge und Handlungsanleitungen, die den täglichen Umgang mit dem Kranken erleichtern, sowie Hilfe, mit eigenen Gefühlen von Angst, Trauer, Hilflosigkeit, Wut und Schuld fertig zu werden. In den letzten Jahren sind eine Reihe von Schriften erschienen, die Angehörigen von Demenzkranken Informationen, Erfahrungsberichte und praktische Handlungsanweisungen zum Umgang mit ihrem erkrankten Familienmitglied an die Hand geben (Mace und Rabins, 1988; Wirth, 1989; Feldmann, 1989).

3.6 Zur krankengymnastischen Behandlung Dementer

Bei der Behandlung dementer alter Menschen sind auch physiotherapeutische/krankengymnastische Maßnahmen, eingebettet in ein allgemeines aktivierendes Therapieprogramm, von großer Bedeutung. Leider werden solche Maßnahmen in der Bundesrepublik Deutschland bisher nur selten angeboten. Wünschenswert wäre im Rahmen einer aktivierenden Therapieplanung ein Wechsel zwischen Aktivitäten wie Gymnastik, ROT-Gruppen etc. und Ruhepausen in einem sich wiederholenden Rhythmus. Die Ziele einer krankengymnastischen Behandlung Dementer ähneln den im Rahmen des ROT genannten:
- Vermittlung von Erfolgserlebnissen
- Wecken von Interesse
- Verhinderung des sozialen Rückzugs.

Spezifische Indikationen für krankengymnastische Behandlung sind die bei Dementen häufig anzutreffenden Symptome Tremor, Muskelschwäche, Arthrosen und Morbus Parkinson. Spezifische therapeutische Ziele sind:
- Erhaltung der Muskelkraft und Gelenkbeweglichkeit
- Bekämpfung der Unruhe sowie ein
- leichtes Herz-Kreislauftraining.

Bewährt hat sich für Demente ein überschaubarer, gleichbleibender Tagesablauf, der ihnen hilft, sich zeitlich zu orientieren. Z. B. sollten Therapien nach Möglichkeit zu einem gleichbleibenden Zeitpunkt durchgeführt werden. Der Umgang mit Dementen erfordert ein hohes Maß an Einfühlungsgabe und Verständnis. Der Kranke muß so angenommen werden, wie er ist, auch wenn dies oft schwerfällt. So können ständige Fragen, Vorwürfe etc. die Arbeit erschweren. Gerade dann ist es wichtig, sich um Gelassenheit und emotionale Zuwendung zu bemühen.

4 SCHLAFSTÖRUNGEN

4.1 Epidemiologie

Ein großer Prozentsatz alter Menschen leidet an gestörtem Schlaf, doch gibt es darüber keine exakten Zahlen. Einige Autoren gehen davon aus, daß etwa 30% der Älteren an gestörtem Schlaf leiden. Nach Bootzin und Engle-Friedman (1987) leiden 45% der 65–79jährigen an leichten Schlafproblemen. Nach diesen Autoren steigt der Prozentsatz von Menschen mit ernsthaften Schlafproblemen von 14% in der Gruppe der 18–34jährigen auf 25% der 65–79jährigen. Mehr als zwei Drittel der Personen, die regelmäßig Schlafmittel einnehmen, sind zwischen 50 und 79 Jahren alt. Noch höher ist dieser Prozentsatz bei alten Menschen, die in Institutionen wie Alten- und Pflegeheimen oder geriatrischen Einrichtungen leben.

4.2 Arten und Ätiologie

Folgende Formen von Schlafstörungen werden im allgemeinen unterschieden:
- Einschlafstörungen
- Durchschlafstörungen (häufiges oder verlängertes Aufwachen)
- subjektives Empfinden einer schlechten Schlafqualität.

Am häufigsten sind Klagen über oftmaliges und längeres nächtliches Wachsein. Viele ältere Menschen erwachen bereits sehr früh am Morgen und klagen über eine ausgeprägte Schläfrigkeit im Laufe des Tages. Ältere haben auch größere Probleme als Jüngere nach einem nächtlichen Erwachen wieder einzuschlafen. Bei Untersuchungen im Schlaflabor ließ sich nachweisen, daß bei etwa einem Viertel der über 60jährigen eine Verringerung der Schlaftiefe zu beobachten ist; diese Personen erreichen nie oder nur ganz selten das Tiefschlafstadium.

Die Gründe für das Auftreten von Schlafstörungen können sehr vielfältig sein:
- körperliche Erkrankungen, die im Alter gehäuft auftreten (Schlafapnoe, nächtliche Myoklonien, Restless-legs-Syndrom, M. Parkinson, Demenz, Bluthochdruck, Lungenerkrankungen, Schmerzen, Juckreiz etc.)
- Streß, Angstzustände, Depressivität
- Inaktivität
- Medikamente (u. a. Diuretika, Antihypertonika, Hypnotika, Absetzen von Schlafmitteln)
- Alkohol (potenziert die Effekte von Hypnotika und Antidepressiva), Nikotin, Koffein (bei Menschen mit niedrigem Blutdruck allerdings evtl. schlaffördernd)

– Umgebungsfaktoren (Lärm, zu warmes Schlafzimmer etc.)
– Fehlinformationen über notwendige Schlafdauer
– Ungünstige Schlafgewohnheiten (Lesen im Bett, Essen, Fernsehen, Musikhören, Telefonieren, Grübeln etc.).

Durch ungünstige Schlafgewohnheiten kann das Bett seinen Charakter als auslösender Reiz für das Einschlafen verlieren. Hierdurch können auch ursprünglich durch körperliche Erkrankungen ausgelöste Schlafstörungen aufrecht erhalten werden, selbst wenn die körperlichen Ursachen längst beseitigt sind. So kann eine schmerzhafte Erkrankung zu den obengenannten ungünstigen Schlafgewohnheiten und damit zur Aufrechterhaltung einer Schlafstörung führen.

4.3 Diagnostik

Diagnostisch haben sich die Führung eines Tagebuches mit genauen Aufzeichnungen über das Schlafverhalten, die eingenommenen Medikamente, Aktivitäten und besondere Vorkommnisse im Laufe des Tages etc. bewährt. Von besonderer Bedeutung kann eine Untersuchung im Schlaflabor mit psychophysiologischen Messungen (vor allem EEG) sein. Aus den o. g. ätiologischen Faktoren ergibt sich die Notwendigkeit zu einer genauen körperlichen Diagnostik, der Erfassung der Schlafgewohnheiten, Umgebungsbedingungen und der Informationen und Attributionen des Patienten über die Biologie des Schlafes.

4.4 Therapie

Schlafstörungen bei älteren Menschen sollten nach Möglichkeit nicht medikamentös behandelt werden. Medikamente ändern im allgemeinen nichts an den störungsverursachenden Bedingungen, haben erhebliche Nebenwirkungen und können bei längerer Einnahme zu einer Chronifizierung der Schlafstörung beitragen. Außerdem liegt, wie bereits erwähnt, bei vielen kranken alten Menschen eine Multimorbidität vor, die im allgemeinen eine Einnahme mehrerer Medikamente notwendig macht. Daher sollte auf alle nicht unbedingt notwendigen Medikamente verzichtet werden. Auch bei Schlafstörungen im Alter ist eine medikamentöse Behandlung oft verzichtbar, da mit den psychologischen Maßnahmen eine wirksame Behandlungsalternative zur Verfügung steht. So wurden z. B. bereits 1984 von einer amerikanischen Expertenkommission folgende Therapieempfehlungen gegeben: »Medikamentenfreie Maßnahmen wie körperliche Bewegung, eingeschränkter Kaffeegenuß, Alkohol- und Arzneimittelverbot sowie entspannende bzw. Biofeedback-Übungen oder andere streßreduzierende Techniken werden als erste Maßnahmen zur Behandlung der psychophysiologischen Schlaflosigkeit empfohlen« (Zitiert nach Deut. Ärzte-Blatt, 81, 1984, S. 2893). Schlaffördernd ist auch ein mit möglichst sinnvollen Aktivitäten gestalteter Tagesablauf, ein warmes Bad vor dem Schlafengehen, die Einnahme pflanzlicher Präparate wie Baldriantropfen u. ä.

An erster Stelle spezifischer Behandlungsmaßnahmen sind die Entspannungsmethoden zu nennen, von denen die Progressive Relaxation nach Jacobson (1938) die bei der Behandlung von Schlafstörungen im Alter am besten überprüfte Entspannungsmethode ist. Berücksichtigt werden muß hier lediglich, daß die muskulären Anspannungen in der Übungsphase nicht so intensiv durchgeführt werden dürfen, daß dabei Schmerzen entstehen. Diese Gefahr ist beim älteren Patienten mit seinen arthrotischen und arthritischen Gelenken größer als bei jüngeren. Die Progressive Muskelrelaxation kann gegebenenfalls durch die zusätzliche Anwendung von Biofeedback (vor allem EMG-Biofeedback) unterstützt werden.

Die muskuläre Relaxation nach Jacobson ist ganz allgemein für die Krankengymnastik besonders geeignet, da sie sich auf den Lernvorgang der Entspannung nach dem Bewußtwerden des Gefühls einer aktiv durchgeführten Kontraktion bezieht. Das Prinzip der Progressiven Relaxation liegt der anatomisch-übungstechnischen Orientierung der Krankengymnastik sehr nahe (Krahmann/Haag, 1987).

Eine sehr erfolgreiche Therapiemaßnahme von Schlafstörungen stellt auch das von Bootzin (1977) entwickelte Verfahren der Reizkontrollbehandlung dar.

Im Mittelpunkt dieser Methode stehen folgende Anweisungen an den Patienten;

- Gehen Sie nur ins Bett, wenn Sie sich schläfrig fühlen, drehen Sie sofort das Licht ab, vermeiden Sie irgendwelche Aktivitäten.
- Benützen Sie das Bett grundsätzlich nur zum Schlafen.
- Wenn Sie nach 10 Minuten nicht eingeschlafen sind, stehen Sie auf, gehen in ein anderes Zimmer und erst wieder zurück ins Bett, wenn Sie sich wieder ausgesprochen schläfrig fühlen.
- Wiederholen Sie diesen Vorgang so oft wie notwendig.
- Stehen Sie immer zur gleichen Zeit auf.
- Schlafen Sie tagsüber nicht.

Es hat sich gezeigt, daß mit einem solchen Stimuluskontrollansatz sowohl bei Einschlaf- wie Durchschlafstörungen deutliche Erfolge erzielt werden können (z. B. Puder et al., 1983).

5 ALKOHOLPROBLEME

Auch wenn keine exakten Daten vorliegen, so kann es dennoch als gesichert gelten, daß Alkoholabhängigkeit zu den häufigsten krankmachenden Problemen alter Menschen gehört. Zwar neigen ältere Menschen insgesamt dazu eher weniger Alkohol zu trinken, doch gibt es eine relativ große Anzahl alter Menschen, die Alkoholprobleme haben. Diese werden jedoch oft im Gegensatz zu jüngeren Alkoholikern, die durch Fehlverhalten am Arbeitsplatz, im Straßenverkehr oder in der Familie auffällig werden, wenig oder nicht beachtet. Das Alkoholproblem wird oft heruntergespielt und als normal abgetan (»ältere Menschen haben keine anderen Vergnügen, warum sollte man ihnen also die Flasche nicht gönnen« oder »bei Verlusten, Einsamkeit, Krankheit etc. ist es ganz normal zu viel zu trinken«). In solchen Auffassungen spiegelt sich zum einen die Hilflosigkeit gegenüber dem Alkoholproblem wider, zum anderen aber auch die Vernachlässigung der Probleme Älterer in unserer an Jugendlichkeit orientierten Gesellschaft.

Bei den älteren Alkoholabhängigen kann man grundsätzlich zwei Gruppen unterscheiden: solche, die bereits im mittleren Lebensalter mit dem Trinken begannen und solche, die erst im höheren Erwachsenenalter alkoholabhängig wurden.

Folgende Faktoren können Zeichen einer Alkoholabhängigkeit sein: Verhaltensänderungen, Episoden der Verwirrtheit und des Gedächtnisverlustes, soziale Isolierung, Ablehnung von Hilfsangeboten, Vernachlässigung der Körperpflege, Hygiene etc., Nichteinhaltung von Behandlungsvorschriften, Probleme mit der Justiz, den Nachbarn usw. Die Ursachen der Alkoholabhängigkeit älterer Menschen liegen, ganz ähnlich wie bei der Depression, offensichtlich vorwiegend in Belastungen im psychischen und sozialen Bereich: Verluste, Isolation, Verschlechterung der finanziellen Situation, mangelnde Anerkennung etc. können erfahrungsgemäß zu überhöhtem Alkoholgenuß führen.

Therapeutisches Ziel muß sein, soweit möglich die dem Alkoholproblem zugrunde liegenden Ursachen zu beseitigen und den Alkoholkranken zu helfen, mit den Belastungen ihres Lebens erfolgreicher umgehen zu können. Hierzu gehört die Anregung und Förderung von sozialen Aktivitäten, die Förderung der geistigen Leistungsfähigkeit sowie eine optimale Ernährung. Auch die Verbesserung der körperlichen Leistungsfähigkeit durch eine krankengymnastische Behandlung kann einen Beitrag zur Therapie des alkoholabhängigen alten Menschen leisten.

Im Umgang mit diesem alten Menschen ist eine moralisierende Haltung erfahrungsgemäß wenig hilfreich. Dagegen ist es wichtig, auf die emotionalen Bedürfnisse des Patienten einzugehen, Verständnis für seine Probleme zu zeigen und Ansätze zu deren aktiver Bewältigung zu unterstützen.

6 DIE BEDEUTUNG KRANKENGYMNASTISCHER BEHANDLUNG PSYCHISCH KRANKER ALTER MENSCHEN

Körperliche Inaktivität und das Erleben der eigenen körperlichen Hilflosigkeit kann ein wesentlicher Anlaß für psychische Probleme alter Menschen sein. Ein wichtiger Aspekt krankengymnastischer Arbeit ist daher, daß diese Patienten im Verlauf der Behandlung ihre körperlichen Fähigkeiten steigern, dadurch aktiver werden und so weniger hilflos und abhängig sind. Ziel ist es daher, neben einer allgemeinen körperlichen Aktivierung auch eine Veränderung der Einstellung zum eigenen Körper und zur eigenen Leistungsfähigkeit zu bekommen. Im Rahmen einer entsprechenden Therapie sollten zunächst die verbliebenen Möglichkeiten und Fähigkeiten der Patienten analysiert werden, um danach durch gestufte Aufgaben eine allmähliche Besserung zu erreichen. Bedeutsam ist auch eine Verbesserung der Körperwahrnehmung, die außer mit Entspannungsmethoden wie der Progressiven Relaxation nach Jacobson auch durch Methoden des passiven Dehnens wie z. B. Stretching erreicht werden kann. Insgesamt sollten dabei möglichst realistische, erreichbare Ziele angestrebt und Überforderung vermieden werden. In der Therapeut-Patient-Beziehung ist ein spürbares Interesse an der Person und Verständnis für die Situation des Patienten wichtig. Dies wird erreicht durch einen stützenden und den Patienten mit seiner psychischen Störung akzeptierenden Kommunikationsstil.

Der Blick der Therapeuten sollte sich insgesamt weniger auf die Defizite, sondern stärker auf die noch vorhandenen Fähigkeiten richten. Im Rahmen der Behandlung sollten auch kleine Erfolge der Beweglichkeit, Gelenkigkeit und Koordination verstärkt und die Aufmerksamkeit der Patienten auf die erzielten Fortschritte gerichtet werden, ohne deshalb die Defizite zu begatellisieren. Eingebettet in ein umfassendes Therapieprogramm kann es mit krankengymnastischer Behandlung gelingen, die schwierige Lebenssituation psychisch kranker alter Menschen zu verbessern.

LITERATUR

Beck, A. T., Rush, A. J., Shaw, B. R. & Emery, G. (1986). Kognitive Therapie der Depression. München/Weinheim: Urban & Schwarzenberg.

Bootzin, R. R. & Engle-Friedman, M. (1987): Sleep Disturbances. In: Carstensen, L. L. & Edelstein, B. A. (Ed.): Handbook of Clinical Gerontology. New York: Pergamon Press, 1987, 238–251.

Bootzin, R. R.: Effects of self-control procedures for insomnia. In: Stuart, R. B. (Ed.): Behavioral self-management: Strategies, techniques and outcomes. New York: Brunner & Masel, 1977.

Deutsches Ärzteblatt: Arzneimittel und Schlaflosigkeit. Stellungnahme einer amerikanischen Expertenkommission. Übersetzung: Karl H. Kimbel. Dt. Ärzteblatt, *81*, 1984, 2892–2897.

Epstein, L. J. (1976). Symposium on age differentiation in depressive illness: Depression in the elderly. Journal of Gerontology, *31*, 278–282.

Feldmann, L.: Leben mit der Alzheimer Krankheit. Familien erzählen. Piper Verlag, München 1989.

Folsom, J. C., Taulbee, L. R.: Reality orientation for geriatric patients. Journal of Hospital and Community Psychiatry 17, Seite 133–135 (1966).

Häfner, H.: Psychische Gesundheit im Alter. Epidemiologische und praktische Aspekte. Münchner Medizinische Wochenschrift 126, Seite 752–757 (1984).

Häfner, H.: Die psychische Gesundheit der »Neuen Alten«. In: Geriatrie Praxis 3, 1989, 28–31.

Jacobson, E.: Progressive relaxation. Chicago: University of Chicago Press, 1938.

Köhler, K., Sass, H.: Diagnostisches und statistisches Manual psychischer Störungen. DSM III. Beltz, Weinheim, Basel 1984.

Krahmann, H., Haag, G.: Die progressive Relaxation in der Krankengymnastik. Pflaum Verlag, München 1987.

Lewinsohn, P. (1974). A behavioral approach to depression. In M. M. Katz, R. J. Friedman (Hrsg.), The psychology of depression. New York: Wiley.

Mace, N. L., Rabins, P. V.: Der 36-Stunden-Tag. 2. Auflage, Verlag Hans Huber, Bern u. a. 1988.

Puder, R.; Lacks, P.; Bertelson, A. D. & Storandt, M.: Short-term stimulus control treatment of insomnia in older adults. Behavior Therapy, *14*, 1983, 424–429.

Seligman, M. E. P. Erlernte Hilflosigkeit (1986, 3. Aufl.). München-Weinheim: Psychologie Verlags Union.

Wirth, H.-P.: Der chronisch verwirrte Alterspatient. Leitfaden für Betreuende. Sandoz-Wander Pharma AG, Bern 1989. Verteiler: Schweizerische Alzheimervereinigung, Genf.

WHO: Dementia in later life: research and action. Technical Report Series 730. Geneva 1986.

11
Die Behandlung und Aktivierung alter Menschen durch Integrative Tanz- und Bewegungstherapie

H. Petzold

1 DER KONTEXT TANZ- UND BEWEGUNGSTHERAPEUTISCHER ARBEIT MIT ALTEN MENSCHEN

Das Bewegungsverhalten alter Menschen variiert abhängig vom Gesundheitszustand, dem Alter und der »Bewegungskarriere«, die wir vorfinden. Bei Personen mit einem *»bewegungspassiven Lebensstil«* über die Lebensspanne hin ist im Alter eine weitaus geringere Chance vorhanden, eine Bewegungsaktivierung zu erreichen – bei noch selbständig wohnenden Menschen mehr als bei institutionalisierten, da z. B. im Rahmen einer Station eine unmittelbare Zugangsmöglichkeit gegeben ist. In einer Untersuchung über die Bewegungsmotivation von über Achtzigjährigen haben wir ein differentielles Motivationsbild festgestellt, auch was die gewünschten oder für möglich erachteten Formen physischer Aktivität anbelangt. Tanz rangierte hier neben »leichter Gymnastik« an erster Stelle. Die Realisierung war jeweils abhängig von den Möglichkeiten des Angebots und der motivierenden Einwirkung der Umgebung (Angehörige und Pflegekräfte), deren Einfluß auf das Bewegungsverhalten alter Menschen – nicht zuletzt durch eine zutrauende oder absprechende Erwartungsstruktur – nicht unterschätzt werden darf. (Beks, Drewes 1989)
Sollen Bewegungs- und Tanz-Angebote für alte Menschen eingeführt und realisiert werden – ganz gleich, ob es sich um intramurale oder extramurale Aktivitäten handelt – muß der Frage nach der *Motivationsstruktur* der Einzelperson, der Zielgruppe und des Feldes Beachtung geschenkt werden. Wichtig ist dabei auch die Klarheit über die Zielsetzungen: in welcher Absicht nämlich diese Angebote konzipiert wurden. Nur wenn die Zielsetzung des

Therapeuten und der Institution und die Motivation des alten Menschen in seinem Feld zu einer gewissen Abstimmung kommen, steigen die Chancen, Personen, die seit Jahrzehnten einem *»bewegungspassiven Lebensstil«* verhaftet waren, zu aktivieren.
Die Möglichkeiten »extrinsischer Motivierung« sind bei einer *Kooperation des Feldes* recht gut. Der »ärztliche Rat«, die Überzeugungskraft der Stationsschwester, die Ermunterung von Kindern und Enkeln sind hier wichtige Momente. Meistens jedoch werden motivierende Faktoren aus Desinteresse oder Unkenntnis nicht in konstruktiver Weise eingesetzt. Immer noch findet man auch bei Medizinern und beim Pflegepersonal die Tendenz zur »Ruhe und Schonung« vor, wo »dosierte Aktivierung« angezeigt wäre; außerdem sind viele Praktiker im Felde der Altenarbeit mit den Möglichkeiten der Tanz- und Bewegungstherapie nicht vertraut. Oft werden hier Aktivitäten wie Seniorengymnastik, Seniorensport, Seniorentanz assoziiert.
Das Informationsdefizit hat sich lange für die Verbreitung bewegungstherapeutischer Maßnahmen im Bereich der Interventionsgerontologie (Lehr 1979a) als hinderlich ausgewirkt. Genauso wie das Faktum, daß bei der katastrophalen Personalsituation, die unter dem Stichwort »Pflegenotstand« mittlerweile in aller Munde ist, sich Planstellen für Tanz-, BewegungstherapeutInnen bislang noch kaum finden, gibt es auch nur wenige KrankengymnastInnen und ErgotherapeutInnen mit entsprechender Zusatzqualifikation.

2 VORAUSSETZUNGEN

Tanz- und bewegungstherapeutische Arbeit ist auf das *»Leib-Subjekt«* gerichtet (Petzold 1988n; Willke 1985; Willke, Hölter, Petzold 1990). In der Arbeit mit alten Menschen haben wir es mit dem alternden bzw. dem alten Leib zu tun, dem *Leib, der Geschichte hat,* der **ist** und in dem das Leben seine Spuren eingegraben hat – gute wie schlechte, glückliche und schmerzliche. Der Leib wird zum »Archiv«. Das *Leibgedächtnis* hat alle Szenen und Atmosphären des Lebens abgespeichert. Der Leib wurde geprägt, gezeichnet. Die Falten des Gesichts, die Qualität der Bewegung, die körperliche Haltung, die nonverbale Kommunikation geben davon Zeugnis. Belastungen physischer und psychischer Art haben den Körper verbraucht, seine Leistungsfähigkeit gemindert, oftmals vor der Zeit. So treffen wir in der Bewegungstherapie vielfach auf eine eingeschränkte Mobilität, auf abgestumpfte Sinnesvermögen, auf eine geschwächte physische Kondition, auf Depressionen und psychosomatische Beschwerden und – als Konsequenz daraus – auf eine Ablehnung physischer Aktivität (Beks, Drewes 1989). Oft fehlt die »Freude an der Bewegung«. Sie ist vor vielen Jahren oder Jahrzehnten verloren gegangen.

Leibliche Existenz ist in konkrete, gesellschaftliche Realität eingebunden. Der Körper ist immer auch *»social body«* (Douglas 1984; Bernard 1980). Im Tanz ist er sozial vermittelter *»Tanz-Leib«* (Fritsch 1980). Der gesellschaftliche Einfluß erweist sich besonders am *alten Leib* (Hanna 1982), der sich nicht zeigen darf, der sich »gemessen« bewegen muß. Die »großen Sprünge« der Jugend sind ihm untersagt. Die Verhaltenserwartungen des sozialen Feldes schränken die Bewegungsaktivitäten alter Menschen ein. »Das schickt sich nicht«, sagt der *»Feind von außen«* (die Nachbarn, die Angehörigen, der Arzt, die Schwestern usw.). »Das geht doch nicht mehr!«, sagt der *»Feind von innen«*, d. h. die über ein Leben hin internalisierten sozialen Klischees im Hinblick auf das Alter. Tanz- und bewegungstherapeutische Arbeit haben oft genug leider beide »Feinde« zum Gegner.
Das eingeschränkte Lebenspotential, die geminderte Leistungsfähigkeit vermittelt vielen alten Menschen das Gefühl, über keine »Bewegungskompetenz« mehr zu verfügen. Vielmehr finden wir eine *»bewegungspassive Imkompetenz«.* Das drückt auf die Motivation und beeinträchtigt die Motivierbarkeit. Tanz- und BewegungstherapeutInnen, die mit alten Menschen arbeiten, müssen diesen Faktoren Rechnung tragen. Sie müssen das Bewegungspotential dieser Menschen unter einer »life span developmental perspective« (Haywood 1989) sehen und darüber hinaus deren Lebenssituation kennen. Sie müssen über ein Wissen verfügen, was die psychosoziale Situation, die kognitiven Fähigkeiten, die Emotionalität, die physischen Möglichkeiten und Einschränkungen im Alter betrifft.

3 ZUR PRAXIS

Die tanz- und bewegungstherapeutische Arbeit kann in folgender Weise eingesetzt werden:
1. *in rekreativer Absicht als aktivierendes Freizeitangebot mit gesundheitsfördernden Effekten;*
2. *in funktionstherapeutischer Absicht als präventives und kuratives Training;*
3. *in psychotherapeutischer Absicht als indikationsspezifische Intervention bei seelischen und psychosomatischen Erkrankungen sowie bei Verhaltensauffälligkeiten und Störungen im sozial-kommunikativen Bereich.*

Diese Dreigliederung entspricht den *Modalitäten* der Integrativen Bewegungs- und Tanztherapie: »erlebniszentriert, übungszentriert, konfliktzentriert« (Petzold 1974k, 1985f, 446).
In allen drei Formen kommen bestimmte Prinzipien zum Tragen:
- Erlebnisaktivierung
- physische Mobilisierung
- soziale Kommunikation,

so daß in jedem der drei Zugangsweisen ein komplexes Vorgehen, wie es den integrativen Ansatz kennzeichnet, gegeben ist. Selbst bei funktionstherapeutischer Ausrichtung wird in der Integrativen Tanz- und Bewegungstherapie jede Intervention immer als eine Arbeit mit dem »Menschen als Ganzem« in seinem »Kontext/Kontinuum« gesehen, als ein Geschehen, das in Kontakt, Begegnung und Beziehung eingebettet ist.
Gerade im Umgang mit alten Menschen erweist sich dies als unverzichtbar.

3.1 Rekreative Tanz- und Bewegungstherapie – erlebnisaktivierende Modalität

Körperliche Bewegung in einer Art und Weise zu betreiben, daß Spannkraft, Elastizität, physische Leistungsfähigkeit und Beweglichkeit erhalten bleiben, ist die wichtigste Möglichkeit, den Alternsprozeß positiv zu beeinflussen und zu verlangsamen (Hollmann 1975). Die verschiedenen Möglichkeiten des Seniorensports (Meusel 1982) bieten hier ein reiches Repertoire.
In der rekreativen Tanz- und Bewegungsarbeit wird Übung in einer Weise angeboten, die Training mit kreativem Bewegungsausdruck und kommunikativen Erfahrungen verbindet. Anknüpfungspunkte bilden »Tanztreffs«, Veranstaltungen wie »Tanzschulen für Senioren« oder Seminare zur »Tanzimprovisation für Senioren«, die im Rahmen der Erwachsenenbildung, aber auch in Institutionen angeboten werden. Von der Motivation her werden das Kommunikationsbedürfnis und die vorhandene Kompetenz, tanzen zu können, angesprochen. Von der werblichen Auslegung her werden mit der »Tanzschule für Senioren« auch Zielgruppen anvisiert, die sich das Tanzen nicht mehr zutrauen oder die in ihrem Erwachsenenleben nie getanzt haben.
Im institutionellen Rahmen geschieht die Motivationsarbeit z. B. durch persönliche Gespräche, durch einen Videofilm, den man im Altenheim zeigt, oder durch eine Kontaktgruppe mit Studentinnen und Studenten der Bewegungstherapie, die eine Tanzvorführung machen und dann die alten Leute einbeziehen (dies ist eine besonders effektive Form, ein solches Tanzangebot einzuführen). Die rekreative Bewegungs- und Tanztherapie mit *gesunden* Menschen setzt demnach ganz ähnlich an wie der »Seniorentanz« (Tutt 1977). Sie greift auf Erfahrungen zurück, z. T. ganz gezielt durch Musik aus der »guten alten Zeit«. Im Unterschied zu einer herkömmlichen Tanzveranstaltung wird jede Übungseinheit mit einem Entspannungs- und Lockerungstraining begonnen. Einfache Übungen zum Dehnen, Recken, Strekken, Gähnen, Ausschütteln tragen dazu bei, daß man ganz locker in den Tanz eintritt. Weiterhin wird durch ausführliche Gesprächsphasen zwischen den Tanzpartnern und in der Gruppe ein kommunikativer Prozeß in

Gang gesetzt, der immer zum Ziel hat, daß die Teilnehmer über die »Gesprächsklischees« hinaus zu einem Austausch kommen, der persönlicher wird, als dies gemeinhin in Heimsituationen der Fall ist, wo viele Bewohner in relativer Distanziertheit *nebeneinander* leben. Erreicht wird dies besonders durch den Austausch über die Bewegungserfahrung, die zu einem »körpernahen Gespräch« führt und eine Dimension von »Zwischenleiblichkeit«, »leiblicher Begegnung« (Marcel 1985) eröffnet. Wie die Sprachklischees, so müssen auch die *Bewegungs-* und *Tanzklischees* aufgelöst werden, um zu freien, kreativen Tanz- und Bewegungsimprovisationen zu kommen.

Dieses Unterfangen ist nicht einfach, weil die alten Bewegungs- und Tanzklischees *»eingefleischt«* sind und neue experimentierende Bewegungsformen mit Unsicherheit und Zurückhaltung aufgenommen werden. Es ist deshalb notwendig, hier wohldosiert vorzugehen, um die Motivation nicht zu beeinträchtigen, weiter an der Tanzgruppe teilzunehmen. Verschiedene Hilfsmittel erweisen sich hier als nützlich, z. B. Verkleidung und Masken. Im Maskenball unter dem »Schutz« einer Larve oder eines Kostüms, das aus einigen Tüchern improvisiert wird, faßt mancher Mut, mit neuen Bewegungsformen zu experimentieren. Musikcollagen, die traditionelle aber auch rhythmisch und musikalisch »exotische« Stücke (z. B. indische, balinesische Musik, rumänischen Kolo u. a.) kombinieren, stimulieren neue Bewegungsmuster. Experimentieren mit Gesang, etwa durch Mitsingen von Liedtexten, zu denen man sich bewegt, Experimentieren mit Rhythmusinstrumenten – ein Teil der Gruppe tanzt, der andere improvisiert am musiktherapeutischen Instrumentarium – all das sind Wege, Tanz- und Bewegungsimprovisationen anzuregen. Die rekreative Arbeit verwandelt sich in kreatives Gestalten. Die Teilnehmer an der Tanzveranstaltung werden zur *Gruppe*, einem kommunikativen Feld, in dem persönlicher Austausch stattfinden kann, Lebenshilfe geboten wird und kreative Entfaltungsmöglichkeiten bereitgestellt werden.

Die Art und Weise, wie hier zu Übungsangeboten musikalische Anregungen und Improvisationssequenzen in die Gesprächs- bzw. Kommunikationsphasen eingebracht werden, hängt vom Alter, dem Gesundheitszustand, der kognitiven Kompetenz und dem institutionellen Rahmen ab. Es ist jedenfalls ein sehr spezifisches Vorgehen erforderlich, denn jede Gruppe ist verschieden. Ist die Faszination an der Tanzimprovisation oder am Experimentieren mit neuen Tanzformen in einer Gruppe erwacht, so finden wir in der Regel ein organisches Wachsen der *»Aktivphasen«*. Unter diesen verstehen wir die Sequenzdauer intensiver körperlicher Bewegung durch den Tanz. Oft ergibt sich ein »Trainingseffekt«, ohne daß dies spezifisch intendiert war und systematisch aufgebaut wurde. Es entsteht so eine Überschneidungszone zur *funktionellen* Behandlung durch Tanz- und Bewe-

gungstherapie. Die Bereiche lassen sich nicht immer scharf abgrenzen. Vielmehr wird man in der Regel bereichsübergreifend arbeiten.
In der funktionsorientierten, übungszentrierten Therapie und in der erlebniszentrierten Arbeit kommt dem Prinzip der *»multiplen Stimulierung«* (Petzold 1988f) besondere Bedeutung zu. Es wird gegen die Situation *»multipler Deprivation«* (Petzold, Bubolz 1976) gestellt, das Faktum, daß alte Menschen häufig einen Entzug an motorischer, sensorisch-perzeptueller, emotionaler, sozialer und kognitiver Stimulierung durch widrige gesellschaftliche Umstände erleiden müssen. Das Resultat ist eine Rückbildung von Funktionen im Sinne der »Inaktivitätsatrophie«. Aktivierende Angebote und Übungsprogramme müssen deshalb alle Bereiche, in denen Deprivationen eingetreten sind, berücksichtigen.
Sportiv oder krankengymnastisch ausgerichtete Angebote, die die emotionale oder sozialkommunikative Situation nicht einbeziehen, greifen in der Regel zu kurz. Das Konzept der *»multiplen Stimulierung«* wird deshalb immer wieder über die rein funktionstherapeutische Arbeit hinaus in den Bereich der *Erlebnisaktivierung* erweitert werden. Die einzelnen Stimulierungsmaßnahmen werden multipel verbunden. Dabei nutzen wir die »Archive« des Leibgedächtnisses.

Beispiel I – Soziale Isolation und physische Inaktivität

Eine übungs- und erlebniszentriert geführte Tanztherapiegruppe mit TeilnehmerInnen eines Altenheims, die, bei guter Gesundheit und geistiger Klarheit, sich weitgehend vom Heimleben zurückgezogen und sozial isoliert hatten sowie physisch inaktiv geworden waren (das Zimmer wird nicht mehr verlassen, keine Spaziergänge), wird wöchentlich mit zwei Sitzungen behandelt. Die Gruppe hat 6 Teilnehmer: 4 Frauen 76 J., 79 J., 80 J., 83 J.; 2 Männer 75 J., 77 J. In der Regel beginnen wir die Sitzungen mit einem gezielten *Stretching*-Programm zum Aufwärmen, zunächst auf dem Stuhl, dann im Stand, dann mit einigen langsamen Bewegungssequenzen *(slow motion)*. Danach wird – wiederum im entspannten Sitz – mit geschlossenen Augen einem Walzer zugehört mit der Instruktion, sich nur ganz leicht zu wiegen, der Melodie »anzuschmiegen« und auf die Empfindungen, Bilder, Gefühle zu achten, die beim Hören der Musik aufkommen. Es sollen auf diese Weise mögliche »Tanzfremdheit«, d. h. alte Erfahrungen von Peinlichkeit, Unbeholfenheit etc. gemindert und *»Tanzlust«* geweckt werden (Fritsch 1988, 15ff.). In der Nachbesprechung werden von allen TeilnehmerInnen positive Erfahrungen, insbesondere kinästhetische Evokationen berichtet: »Ich hab mich ganz leicht und schwebend gefühlt.« – »Ich bin über das Parkett geglitten, wie in meinen besten Tagen.« – »Es ist ein wunderbares

Gefühl im Körper.« Wir dehnen das Erlebnisspektrum noch aus, indem die TeilnehmerInnen gebeten werden, sich auch den Ort vorzustellen, wo sie in dieser Weise getanzt haben. Farben, Gerüche, szenische Erinnerungen kommen als *»komplexe katathyme Imaginationen«* auf. Nach kurzem Austausch im Gespräch mit der Gruppe beginnt die erste *»Aktivphase«:* Bewegung nach der Walzermusik für sich allein. Erst soll eine gewisse Sicherheit mit der Bewegung gewonnen werden, dann wird die Partnersituation angegangen. Wieder kommt das Prinzip der *multiplen Stimulierung* über die Imagination zum Tragen. Die TeilnehmerInnen werden aufgefordert, Erinnerungen aufkommen zu lassen. Es ist deutlich zu sehen, wie die Bewegungen allmählich gelöster, ungezwungener und dabei sicherer werden. In der erneuten Gesprächssequenz wächst das Vertrauensverhältnis in der Gruppe. Man lacht, »schwelgt in Erinnerungen«. Dann wird eine neue *»Aktivphase«* mit einer kleinen Imaginationsübung angeleitet:

> *»Stellen Sie sich vor, Sie haben in ihrer Hand zwischen Daumen und Zeigefinger einen Rosenstil mit einer schönen Rose. Den Stil vorsichtig anfassen, damit Sie sich nicht stechen! Versuchen Sie vor dem inneren Auge ganz deutlich die Rose zu sehen, sie einmal zur Nase führen und den Duft zu riechen. So, die Augen wieder öffnen, aber die Rose in der Hand behalten! Jetzt suchen Sie sich für das Tanzen ein anderes Gruppenmitglied. Sie können dann zueinander hingehen und jeder gibt dem anderen seine Rose als Geschenk.«*

Einige der TeilnehmerInnen machen das ganz galant, andere sind etwas befangen, aber die Partnerwahl gelingt ohne Schwierigkeiten und auch der erste Tanz – wir wählen eine kurze Sequenz – macht den Beteiligten offensichtlich großen Spaß. Es wird eine kleine Ruhepause eingelegt. Man unterhält sich ungezwungen. Dann »zaubert« der Leiter sechs kleine Rosen hervor, die er mitgebracht hat und überreicht sie jedem Gruppenmitglied als »Belohnung«. In der nächsten »Aktivphase« werden die Teilnehmer angeregt, ihre Rose in die Hand zu nehmen, den Duft zu riechen, um ihn zu *tanzen.* Düfte stimulieren das Tanzgeschehen und sie helfen dabei, Tanzklischees aufzubrechen. Als Musik verwenden wir eine einfache Collage, die mit einem langsamen Walzer beginnt, dann eine Passage aus »Solveigs Lied« (E. Grieg) und zum Abschluß wieder den langsamen Walzer. Das Tanzen des Duftes hat eine ausgesprochen anregende Wirkung. Die TeilnehmerInnen sind sehr motiviert und freuen sich auf die nächste Sitzung.

Die rekreative Vorgehensweise mit ihren kreativen Aspekten, mit zahlreichen Bewegungsspielen, themenzentrierten Tanzimprovisationen, kommunikationsfördernden Gruppenaktionen stellt einen Fundus an motivierenden Methoden bereit, der auch in der funktionalen oder klinisch-tanztherapeutischen Arbeit von großem Nutzen ist. Herausgestellt werden muß das kommunikative Moment. Ansätze tänzerischer Gruppenarbeit, die Kohä-

sion aufbauen, nonverbale Kommunikation, die den verbalen Austausch fördert, stellen damit bereit, was vielen alten Menschen fehlt, die an der Vereinsamung und daraus folgend an der Einsamkeit krank werden.
Sie bieten *supportive soziale Netzwerke* in einer Zeit, wo die Netzwerke ausdünnen (Petzold, Petzold 1991).
Insbesondere Qualitäten, die für die innere Zone »sozialer Atome« kennzeichnend sind, nämlich körperliche Nähe und Zuwendung, zwischenleibliche »Interaktion«, wie sie zwischen Eltern und Kindern, Großeltern und Enkeln oder sehr guten Freunden üblich ist, wird durch tanz- und bewegungstherapeutische Gruppen möglich. Hier liegt ein eindeutiger Vorteil gegenüber rein verbal orientierten Gruppenangeboten in der Altenarbeit. Gefördert wird dies durch Übungen zur nonverbalen Kommunikation, durch »tänzerische Dialoge«. Sich im Tanzen, durch den Tanz Botschaften übermitteln, Geschichten erzählen, sich tanzend unterhalten, das sind Möglichkeiten, die von alten Menschen bei guter Einstimmung gerne aufgenommen werden und dazu beitragen, eine Gruppenkohäsion aufzubauen, die auch zu Kontakten außerhalb der spezifischen tanztherapeutischen Situation führt. Das soziale Netzwerk wird dichter.

3.2 Funktionstherapeutische Arbeit – übungszentrierte Modalität

Integrative Tanz- und Bewegungstherapie als funktionstherapeutische Intervention und *Aktivierung* hat zum Ziel, die Prägnanz der Körperschemaerfahrung, das Spüren der »Leibinseln« (Schmitz 1989) zu fördern – z. B. durch Sensory-Awareness-Übungen –, den mimisch-gestischen Ausdruck von Gefühlen zu ermutigen und Vitalität, Elastizität, Spannkraft, Beweglichkeit wiederherzustellen, wo diese gemindert und beeinträchtigt sind. Im Sinne der *»Disuse-Theorie«* kann davon ausgegangen werden, daß Funktionen, die nicht gebraucht werden, sich zurückbilden, solche aber, die gebraucht werden, erhalten bleiben, ja, wenn sie geübt werden, sich entwikkeln. Dies gilt auch besonders im Senium. Hier hat ein funktionales tanztherapeutisches Training für die Arbeit mit alten Menschen Unschätzbares beizutragen. Ob nun auf Methoden der *Laban*- oder *Alexander*schule zurückgegriffen wird, auf Dehn-, Streck- und Entspannungsübungen – etwa der *»relaxativen Organgymnastik«* oder Isodynamik (Berger 1971), ob auf Koordinations- und Haltungsübungen oder solche zur Mobilisierung der Feinmotorik, immer werden durch die Kombination mit tänzerischen Momenten, durch den Einsatz von stimulierender Musik für die alten Menschen die Übungs- und Trainingsteile leichter annehmbar, ja sie gewinnen sogar Spaß dran. Dieses Faktum ist von nicht zu unterschätzender Bedeutung, da die

Akzeptanz von Trainingsmaßnahmen – auch bei vorhandenem Leidensdruck und medizinischer Verordnung – nicht einfach zu gewinnen ist (speziell was die Dauer und Regelmäßigkeit in der Durchführung der Maßnahmen anbelangt). Eine nähere Darstellung dieser funktionsorientierten Arbeit muß entfallen. Einige Beispiele finden sich im Abschnitt 4.1.

3.3 Psychotherapeutisch orientierte Bewegungs- und Tanztherapie in der »life-span developmental perspektive« – konfliktzentriert-aufdeckende Modalität

Die Psychotherapie mit alten Menschen setzt sich mit der Situation auseinander, daß der Abschluß des Lebens in greifbare Nähe getreten ist, der Zukunftshorizont keine Ausdehnung mehr hat, daß aber der Vergangenheitshintergrund eine Lebensstrecke umfaßt, in der die ganze Vielfalt eines über sieben oder acht Dezennien gelebten Lebens uns entgegentritt. Dies war einer der Gründe, warum *Freud* eine psychotherapeutische Behandlung alter Menschen nicht für möglich erachtete. Nicht nur die Menge des angesammelten Materials schien für ihn nicht bearbeitbar, sondern er hielt darüber hinaus den alten Menschen für starr und nicht mehr lernfähig. *Freud* selbst indes war ein gutes Beispiel für geistige Flexibilität und Lernbereitschaft bis ins hohe Alter. Er unterschätzte mit seiner auf die Pathologie gerichteten Theorie- und Konzeptbildung *die verarbeitende Kraft des Lebens* selbst. Das Material in den Lebensgeschichten alter Menschen ist in der Tat umfangreich und komplex, aber es ist auch durch das Leben geordnet – in der Regel jedenfalls. Wo es nicht geordnet ist, wo alte Konflikte aus der Vergangenheit nachwirken oder durch eine bedrückende Gegenwart oder bedrohliche Zukunft wieder aufbrechen, sind Verarbeitungshilfen unerläßlich. Der alte Mensch wird in dieser Situation meistens allein gelassen. Die Alten müssen mit ihren Problemen »selber fertig werden«. In ihrem sich ausdünnenden sozialen Netzwerk gibt es immer weniger Gesprächspartner, durch die in der Alltagssituation Lebensbewältigung geschehen kann, und so verstummen sie allmählich. Sie vereinsamen und »Einsamkeit macht krank«. Wo aber ein solches Verstummen eingetreten ist, alte Menschen die Verbalsprache weitgehend verloren haben, bieten nonverbale Ansätze der Tanztherapie gute Möglichkeiten, einen Zugang zu finden, der einen verarbeitenden Kontakt ermöglicht.

Die konfliktzentrierte tanz- und bewegungstherapeutische Arbeit als Einzelbehandlung oder Gruppentherapie zielt auf Bearbeitung von belastenden biographischen Ereignissen, Konflikt-Lösungs-Hilfen für gegenwärtigen

Lebensstreß und Unterstützung in der Auseinandersetzung mit bedrohlicher Zukunft: Krankheit, Siechtum, Tod. Gerade was Gegenwart und Zukunft des alten Menschen anbelangt, handelt es sich hier zentral um die Bedrohung von *Leiblichkeit*. Der Körper wird hinfällig, bereitet Schmerzen, wird unansehnlich. Man kann sich nicht mehr auf ihn verlassen. Ablehnung, Abspaltung und Vernachlässigung sind die Folge. Oft kommen leibfeindliche Tendenzen aus der vorgängigen Sozialisation auf, schon in der Jugend internalisierte Klischees über den alten Leib, das Verhalten alter Menschen (»Feind von innen«, Petzold 1965, 1979l). Die Menschen fühlen sich als »altes Eisen«. Dies alles behindert die Bewältigung der aktualen Lebenssituation, den Umgang mit unabgeschlossenen Situationen der Vergangenheit.

In der tanztherapeutischen Behandlung alter Menschen, die aufgrund gegebener Indikation – psychosomatische Beschwerden, Angstzustände, Depressionen – eine konfliktzentrierte Ausrichtung anstrebt, versuchen wir zunächst durch übungszentrierte und erlebniszentrierte Vorgehensweise einen Kontakt zwischen dem Therapeuten und dem Patienten herzustellen und einen positiven Bezug zur Leiblichkeit aufzubauen, so daß der eigene Körper als angenehm gespürt werden kann und nicht nur als Ort des Schmerzes und Unbehagens gesehen wird. Sanfte, fließende Bewegungen zur Musik im Raum oder auf dem Stuhl, *»Behaglichkeitstänze«* (mit Dehnen, Recken, Strecken, Gähnen, Räkeln) bieten hier einen guten Ansatz. In diesen Übungen kommen lebensgeschichtliche Themen auf: Trauer über den Verlust körperlicher Vitalität, Furcht vor kommenden weiteren Verlusten, Angst vor dem Tod u. a. Tanztherapeutische Übungen zur »Standfestigkeit« und Sicherheit bieten hier Hilfen:

> *»Stellen Sie sich vor, Sie sind ein großer alter Baum mit einer mächtigen Krone, vielen Ästen, einem breiten Wurzelwerk. Die Beine wachsen wie Wurzeln in die Erde, die Krone – ausgestreckte Arme – ragt weit ins Land. Dieser Baum hat viel gesehen in seiner langen Lebenszeit. Er ist alt geworden. Er hat Äste verloren, hat auch morsche Stellen, aber er ist noch gut gegründet in der Erde. Der Wind spielt in den Zweigen. Es gibt noch viel zu sehen, weit über das Land, und es gibt noch viel zu erinnern, die lange Lebensstrecke, und es gibt noch viel zu überdenken.«*

Eine derartige Übung, pantomimisch ausgeführt, die Arme als Zweige, die der Wind bewegt, führt im nachfolgenden Gespräch regelhaft zu *»Geschichten aus der Lebensgeschichte«* (Petzold, Petzold 1991), die in der therapeutischen *Korrespondenz* aufgenommen werden. Es ist wichtig, daß der Therapeut auf das Gezeigte mit »innerer Resonanz« reagiert, eine mitschwingende Antwort gibt. Diese erfolgt nicht nur verbal, sondern auch nonverbal, z. B. in einem gemeinsamen Schreittanz, in dem ein Stück der Lebensstrecke »abgeschrit-

ten« wird. Die Lebenserfahrungen des Patienten – gute und schlechte Erfahrungen auf dem Lebensweg – werden noch einmal im Tanz gemeinsam durchmessen (mit oder ohne Musik, je nachdem was stimmig ist).
Die konfliktzentriert-aufdeckende Arbeit in Form von Tanz- und Bewegungstherapie mit alten Menschen setzt ein bestimmtes Maß an kognitiver Organisiertheit, Introspektionsfähigkeit und Bereitschaft voraus, vorhandene Probleme und Symptomatiken mit Hilfe von Therapie und Beratungsangeboten zu lösen. Hierfür bedarf es auch der Information. Alte Menschen müssen damit vertraut gemacht werden, daß es diese Möglichkeiten gibt. Wird ein solches Angebot erst einmal aufgenommen, so sind die Chancen einer Be- und Verarbeitung von Problemen, einer Symptomverbesserung oder -beseitigung durch psychotherapeutische Maßnahmen – insbesondere durch den tanz- und bewegungspsychotherapeutischen Zugang – nicht schlechter als in der Behandlung jüngerer Menschen. Hier gilt es, Vorurteile zu revidieren. Es müssen vielmehr die Spezifika einer *Gerontotherapie* gesehen und praktiziert werden. Von diesen seien einige in ihrer tanz- und bewegungstherapeutischen Adaptierung herausgestellt:

3.3.1 NETZWERKTHERAPIE

Die atrophierenden sozialen Netzwerke alter Menschen stellen eines der schwierigsten Probleme in der psychosozialen Intervention und im therapeutischen Umgang dar, denn schwache, ausgedünnte soziale Netzwerke ohne *»supportive Valenz«* bieten wenig an Identitätsattributionen und damit kommt es zu Einbrüchen der *Identität.* Therapeutische Gruppen sind deshalb *»prothetische soziale Netzwerke«,* durch die der alte Mensch wieder emotional bedeutsame Beziehungen gewinnen kann. Diagnostisch arbeiten wir mit der Darstellung des sozialen Netzwerkes bzw. des »sozialen Atoms« über die Bewegung. Der Teilnehmer stellt sich auf die Fläche des Gruppenraumes und imaginiert, daß alle wichtigen Menschen seines sozialen Lebenzusammenhanges um ihn herumstehen. Oft hat er dabei die Augen geschlossen, um die Imagination stärker zur Wirkung kommen zu lassen. Er wendet sich jeder Person zu, beschreibt sie laut für den Therapeuten und die Gruppenteilnehmer. Er nimmt – so die Instruktion – zu jedem eine körperliche Haltung ein, die mimisch-pantomimisch ausdrückt, wie er zu dem Betreffenden steht (zur Enkelin, zum Sohn, zur Schwiegertochter, zur Nachbarin, zum Freund, zum Zivildienstleistenden usw.). Er wird auch aufgefordert, einmal in die eine oder andere Rolle zu schlüpfen, durch den Raum zu gehen und sich z. B. auf die Position des Zivildienstleistenden zu stellen, um ihn zu *verleiblichen,* ihn zu *»skulpturieren«*. Es geschieht also eine Art *Rollentausch,* durch den der Protagonist selbst, dann auch der Therapeut

und die Gruppe sehen, welche Qualität die »wahrgenommenen Beziehungen« haben.
In einem weiteren Schritt können auch Gruppenteilnehmer als Mitspieler die Positionen im sozialen Netzwerk füllen, indem sie die einzelnen Rollen, die sie durch die Präsentation gesehen und kennengelernt haben, übernehmen. Der Protagonist kann dann durch Anweisungen Mimik, Gestik, Haltung »modellieren«. Schließlich wird es möglich, die eine oder andere Beziehung im Tanz zu explorieren. Eine Beziehung tanzen zu lassen, macht für alle Beteiligten die emotionale Qualität des Beziehungsgeschehens deutlich. Aufschlußreich wird dies gerade bei alten Menschen, die schon längere Zeit in der Gruppe sind und wo die Gruppenmitglieder selber Teil des »sozialen Atoms« geworden sind. Dies wird in der Behandlung alter Menschen geradezu intendiert, denn die Gruppen sollen auch Beziehungen im Alltagsleben stiften und über die eigentliche Sitzung hinaus weitergeführt werden im Sinne einer »Selbsthilfegruppe« (Petzold, Petzold 1991). Es lassen sich so über die getanzten Beziehungen des »sozialen Atoms« zuweilen auch Beziehungen in der Gruppe klären.
Insgesamt wird durch eine derartige Arbeit eine Bewußtheit für die Bedeutung sozialer Beziehungen geweckt und es werden Impulse gegeben, soziale Netzwerke zu pflegen und zu entwickeln.

3.3.2 ERINNERUNGSARBEIT

Alte Menschen leben aus der Erinnerung. Sie ermöglicht ihnen Partizipation an Bereichen, die aufgrund der physischen Invalidität nicht mehr aktiv erlebt werden können. Sie stützen die Persönlichkeit ab, wo Identitätserleben nicht mehr ausreichend durch die Attributionen aus der Gegenwart und durch Hoffnung auf eine gute Zukunft gesichert werden kann. *Erinnerungsarbeit* im Alter ist ein natürlicher Vorgang, der durch die Aktivität des Altgedächtnisses und die Abnahme des Kurzzeitgedächtnisses noch gefördert wird. Das *»dwelling on the past«* muß therapeutisch genutzt werden. Die Methode des *Lebenspanoramas* und die *»Life-Review-Technique«* haben diese natürlichen Fähigkeiten des Alters aufgegriffen und therapeutisch fruchtbar gemacht. Die *Erinnerungsarbeit* gewinnt dabei immer eine verarbeitende Qualität, einmal im Sinne einer Bilanzierung des gelebten Lebens, zum anderen in der Auseinandersetzung mit den »Schatten der Vergangenheit«, mit Scheitern, mit Schuld, mit belastenden Lebensereignissen, die »hochgespült« wurden und nicht mehr verdrängt werden können oder die zumindest »aktiviert« wurden und notdürftig unter der Verdrängung bleiben, aber zur Ausbildung von Symptomen führen.
Die therapeutische *Erinnerungsarbeit* muß hier immer wieder eine »aufdek-

kende Qualität« gewinnen, allerdings in einer Form, daß das Aufgedeckte verarbeitbar bleibt. Oftmals sind es *Atmosphären, Stimmungen,* die hochgekommen sind, und deren szenischer Hintergrund noch nicht ganz greifbar ist, die aber das Lebensgefühl verdüstern, zu Depressionen, Überdruß, Mißmut führen. Über das Tanzen, den Bewegungsdruck solcher Stimmungen, kommen wir zu einer Entlastung, denn sie können sich zeigen, werden konkretisiert und damit benennbar, mitteilbar, teilbar. Es kommt damit auch ihr szenischer Hintergrund »ins Bild«. Es werden die Situationen deutlich, aus denen sie gespeist werden. Damit steht die Bearbeitung dieser Vergangenheitsereignisse an. Hier wechseln Gesprächs- und Bewegungssequenzen im Gruppengeschehen. Die *Erinnerungsarbeit* in der Bewegungs- und Tanztherapie bleibt nicht sprachlos, aber sie verrieselt auch nicht in der Rede, denn es handelt sich ja um Ereignisse, die in den »Archiven des Leibes« aufgehoben waren, die verleiblicht worden sind und in Mimik und Gestik, verbitterten Gesichtszügen, resignierter Haltung usw. ihren Niederschlag gefunden haben. Hier müssen die Veränderungen einsetzen.

Tanz- und Bewegungstherapie decken nicht nur auf. Sie sind auch darauf gerichtet, leiblichen Habitus, Haltungen und Verhalten umzuformen. Die abgewandte Haltung eines alten Menschen, der sich zurückgezogen hat, weil er zu oft zurückgestoßen wurde, wird, nachdem ihm in der Bewegungsarbeit der Mechanismus des »Sich-Verschließens« deutlich geworden ist – bis in die abweisende Mimik hinein, bis zu den »eingefleischten« Gesten der Abwertung – *»umgefleischt«*. Es werden Blicke und Gesten der Zuwendung in neuer Weise erfahrbar gemacht, eingeübt, *»eingeleibt«*.

Paartänze, Gruppentänze, in denen solche Themen improvisatorisch ausgedrückt werden – und dieses wird möglich, sind erst einmal die Tanzklischees aufgebrochen – bieten hier hervorragende Möglichkeiten zu neuem Lernen. In ihnen werden auch »alte Erinnerung« aus »besseren Zeiten« vergegenwärtigt. Die »Archive des Leibes« setzen positive Materialien frei, die oft viele Jahre, ja Jahrzehnte verborgen waren, ungenutzt, vergessen, verdrängt.

Erinnerungsarbeit in der Therapie mit alten Menschen ist deshalb keineswegs nur auf das Aufdecken traumatischer Erfahrungen gerichtet, sondern auf den *Wiedergewinn positiven Vergangenheitspotentials* durch »aufdeckendes« Vorgehen. Bewegungs- und Tanzerfahrungen gehören in ganz besonderem Maße zu solchen Höhepunkten der persönlichen Geschichte. Ihre Vergegenwärtigung in der »Erinnerungsarbeit« durch *»komplexe katathyme Imagination«*, d. h. die Evokation visueller Bilder (z. B. das Interieur eines Lokals), akustischer Eindrücke (eine beliebte Tanzmelodie), olfaktorischer Erinnerungen (der Duft eines Parfüms) und kinästhetischer Sensationen (das Körpergefühl, das man einst hatte) »bringen die Vergangenheit zurück«. Im

Tanzerleben wird immer wieder mit Erstaunen von den Teilnehmern berichtet, daß sie plötzlich ihren Körper wieder »gut spüren« können, daß die gleichen Körpergefühle aufkommen, wie sie vor fünfzig oder sechzig Jahren in einer rauschenden Ballnacht den Leib durchflutet haben.
Die gleichen Mechanismen, die der Evokation traumatischer Ereignisse zugrunde liegen, wirken auch beim Aufkommen benigner Szenen und Atmosphären. Diese haben durchaus eine heilende Kraft.

Beispiel II – Depression und sozialer Rückzug

Hulda S., 82 Jahre, nimmt an einer tanz- und bewegungstherapeutischen Gruppe in einem Altenheim teil. Sie ist körperlich oft hinfällig, geistig klar, hat aber wenig Kontakt zu ihren Mitbewohnern und ist häufig in depressiver Stimmung. Ihre einzige Tochter ist vor einigen Jahren verstorben. Ab und an erhält sie Besuch von einer Großnichte, an der sie sehr hängt. Ansonsten ist das soziale Atom schon sehr abgestorben. Auch in der Tanzgruppe – sie wurde von einer Studentin im Rahmen eines Projektes »Studenten und Senioren tanzen« zur Teilnahme motiviert – verhält sie sich zurückhaltend. Ihre geringe physische Belastungsfähigkeit ermöglicht ihr immer nur an wenigen »*Aktivsequenzen*« teilzunehmen. Beim dritten Treffen zeigt sich, daß sie zu *Hans,* einem der Studenten, einen besonderen Kontakt gefunden hat. Die Aktivsequenzen werden häufiger und sie unterhält sich angeregt. Auch im Gruppengespräch wird sie aktiver. Sie erscheint »aufgeräumt« und ihre depressive Mimik ist aufgehellt.
Zum achten Treffen kommt sie nicht mehr und läßt ausrichten, sie wolle an der Gruppe nicht mehr teilnehmen. Es sei ihr zuviel. *Hans,* der Student ist verwundert und betroffen und fragt mich, ob er einen Zimmerbesuchstag machen solle, um *Hulda* wieder in die Gruppe zu holen. Ich beschließe, das selbst in die Hand zu nehmen. Frau S. empfängt mich sehr zurückhaltend. Wir sprechen über die Tanzgruppe. Th. (Therapeut): »Ich hatte den Eindruck, die Gruppe hat ihnen ganz gut getan, und sie haben ja zunehmend länger tanzen können. Besonders mit dem *Hans* ging das doch recht gut.« Frau S. hält einen Moment inne und wird verlegen: »Das ist es ja. Zu gut. Das macht mich ganz verlegen. In meinem Alter ... Deswegen will ich nicht mehr in die Gruppe.« Th.: »Aber Frau S., der *Hans* ist doch ein fescher junger Mann. Auf den mal ein Auge zu werfen, das ist doch keine Frage des Alters. Der ist einfach attraktiv.« – »Da haben sie recht. Aber befremdlich ist das doch. Also ich ... so geht das nicht. Das hat in mir viele Erinnerungen an die Jugendzeit wachgerufen ... und die kommt ja nicht mehr, wie es so schön heißt.« – Th.: »Aber es ist gut, sich zu erinnern und beim Tanzen noch einmal ein bißchen wiederzuerleben. Das geschieht oft. Das ist das Wesen des

Tanzes, auch bei alten Menschen. Er bringt Glücksgefühle mit sich.« Frau S. wird traurig und weint ein bißchen. Th.: »Die Erinnerung kann einem doch niemand nehmen. Und in der Gegenwart bietet die Tanzgruppe doch schöne Möglichkeiten des Kontaktes und die würde ich nutzen.« Frau S. nickt. Zur nächsten Tanzstunde kommt sie wieder. Sie tanzt mit *Hans,* flirtet ein wenig, ist nachdenklich, sitzt mit ihm lange zusammen. Später berichtet mir der Student, sie hätten ein langes Gespräch über das Altwerden geführt, und er habe da viel für sein persönliches Leben gelernt. Frau S. bittet ab und an um ein Einzelgespräch. Im Zentrum steht das »Abschied-*nehmen*« von dieser Welt und das Genießen der Schönheiten der Welt, solange es irgend geht. Wichtig waren für sie die entlastenden Gespräche mit dem Therapeuten, die Ermutigung, für den Kontakt mit dem Studenten offen zu sein, und die Erfahrung, daß die »alten, guten Körpergefühle« in der Erinnerung aufgehoben und nicht verloren waren. »Was man erinnern kann, das hat man nicht verloren«, so Frau S.

In diesem Fallbeispiel war kein tiefgehendes Durcharbeiten erforderlich und dennoch war es wichtig, die biographischen Dimensionen aufzugreifen. Das Thema der Verluste – und zwar nicht nur in retrospektiver Hinsicht (die Unwiederbringlichkeit der Jugend) sondern auch in prospektiver Hinsicht (*antizipatorische Trauer* als allmähliches Abschied-nehmen vom Leben) wurde in der Kombination von erlebnisaktivierendem und konfliktzentriertem Vorgehen in einer Weise bearbeitet, daß die depressiven Stimmungen von Frau S. weitgehend verschwanden.

Beispiel III – Depression, psychosomatische Reaktion

Das nächste Beispiel gibt eine Sequenz aus der Therapie einer 74jährigen Heimbewohnerin wieder, *Klara C.,* die seit 4 Jahren in einem Altenwohnheim lebt. Innerhalb des ersten Jahres war *Klara C.* fast gänzlich »vom Laufen abgekommen«. Sie isolierte sich, ging nur im Zimmer ein paar Schritte und wurde im Rollstuhl zu den Mahlzeiten gefahren. Nach draußen oder in die Gemeinschaftsräume wollte sie nicht. Sie klagte über Schmerzen und Kraftlosigkeit in den Beinen. Neben diesen psychosomatischen Reaktionen litt sie häufig an Depressionen und Suizidphantasien. In eine von Studenten geleitete Projektgruppe ließ sie sich nicht eingliedern.

Durch eine Fokalintervention mit Handpuppen versuche ich eine Aktivierung. Es werden dazu improvisierte Puppen aus einfachen Materialien hergestellt. Wichtig dabei ist die *»Selbst-Puppe«,* eine Puppe, die man von sich selbst macht.

Nachdem in mehreren Sitzungen über Märchenfiguren und die Geschichte vom »Gevatter Tod« eine Auseinandersetzung mit der Todesangst der

Patientin Thema war, kam sie in der nachfolgenden Stunde mit zwei sehr schön gearbeiteten *Selbst-Puppen:* Eine junge Frau mit langen blonden Haaren (sie hatte mit gelber Nähseide sorgfältig eine Perücke geklebt) in einem Ballkleid und eine gepflegte alte Dame in einem dunkelbraunen Samtkleid. »Das war ich«, sagte sie stolz, »mein erster ›großer Ball‹, und hier«, sie weist auf die alte Dame, »der Besuch in der Oper. Fünf Jahre ist das her. Ich bin so gerne in die Oper gegangen. Fünf Jahre ...« – Th.: »Erzählen Sie mir doch ein bißchen von Ihrem Ball.« – »Ich war eine gute Tänzerin. Eine sehr gute Tänzerin. Ich habe gerne getanzt ...« Ich frage Frau C., ob sie eine Walzer-Platte habe. Es gibt Walzermusik. Wir suchen eine Platte aus und legen sie auf. Die Musik erfüllt den kleinen Raum. Ich improvisiere mit einer meiner Therapiepuppen und einem schwarzen Druckknopfflicken einen Tanzpartner – mit ein bißchen Phantasie kann man sich einen Herrn im Frack vorstellen –, und dann lassen wir die beiden Puppen tanzen. Es gelingt uns ein gutes Zusammenspiel, und das ganze sieht sogar elegant aus. Die Musik ist zu Ende. »Da haben wir die Puppen tanzen lassen«, sage ich. – »Ja, dabei kann man fast außer Atem kommen ... und Sie werden es nicht glauben, aber ich habe zwischendurch in meinem Körper diese Leichtigkeit gefühlt, so wie damals beim Tanzen. Ich fühle mich noch ganz beschwingt, bis in die Füße hinein.« Th.: »Ob wir das nicht ausnutzen sollten? Für ein paar Schritt vor's Haus? Es ist schön draußen.« – Frau C. (schelmisch): »Wozu wollen Sie mich verführen, Herr Doktor? Na, versuchen kann ich es ja. Ich weiß nicht ...«

Ich gehe langsam mit Frau C. bis zum Aufzug, dann durch die Eingangshalle bis zur Bank auf dem Hof. Dort pausieren wir. Nach einigen Minuten gehen wir weiter bis zur Bank am Eingang des Parks – etwa 50 Meter. Wir sitzen eine Viertelstunde in der Sonne und unterhalten uns. Ich erkläre, wie Funktionen, die nicht gebraucht werden, sich zurückbilden und wie wichtig es sei, daß sie deshalb ein bißchen mehr Bewegung und Kontakt in ihr Leben bringe. Wir sind zurückgegangen. Diese Erfahrung war für Frau C. ein einschneidendes Ereignis. Sie hatte das Zutrauen in ihre eigenen Möglichkeiten wiedergefunden.

In weiteren Sitzungen arbeiten wir mit der *Selbst-Puppe:* Die Tänzerin, die Witwe am Grab, die erfolgreiche Abteilungsleiterin, die einsame alte Frau in der Wohnung, die junge Mutter, die Großmutter, die Rotkreuzhelferin im Krieg, die fast bewegungsunfähige Greisin im Altersheim, all das waren Stationen, die wir mit der *Selbst-Puppe* durchspielen konnten, in etwa 5 Sitzungen. Danach war die Patientin bereit, an einer der Projektgruppen im Heim teilzunehmen, was sich für ihre körperliche und seelische Befindlichkeit sehr gut auswirkte.

4 MATERIALIEN ZUR PRAXIS*

In folgendem werden zur Illustration der theoretischen Ausführungen und in Ergänzung der Beispiele noch eine Reihe praktischer Arbeitsmöglichkeiten zum erlebnisaktivierenden, rekreativen und zum übungszentrierten, funktionalen Vorgehen in der Integrativen Bewegungs- und Tanztherapie aufgezeigt.

4.1 Das Thema Tasten

Eine Gruppe von alten Menschen sitzt auf Stühlen und Rollstühlen im Kreis. Die Therapeutin hat neben sich einen Beutel mit verschiedenen Gegenständen mit unterschiedlicher Oberflächenstruktur. Sie hat zur Vorbereitung und Sensibilisierung die Handgelenke und Finger der Gruppenmitglieder »tanzen« lassen und dabei nacheinander auch noch Ellenbogen und Schultern einbezogen, weiterhin hat sie die Handflächen sich gegeneinander reiben und die Arme sich häufig streicheln oder rubbeln lassen. Th.: »Ich gebe Ihnen jetzt einen Gegenstand. Wenn Sie ihn bekommen haben, schließen Sie bitte die Augen und tasten ihn ab. Wenn Sie dies getan haben, geben Sie ihn weiter, so daß er durch die ganze Gruppe wandert.« Ein Gegenstand nach dem anderen wandert durch die Gruppe: der Stoffhase, der Kieselstein, das Blütenblatt, der Gummihandschuh, der Apfel ...
Eine mögliche Anweisung ist auch: Th.: »Probieren Sie aus, wie sich die Gegenstände anfühlen. Bevor Sie z. B. diesen Apfel bekommen, überlegen Sie sich: Was vermuten Sie, wie sich der anfühlt? Und dann betasten und begreifen Sie ihn und stellen Sie fest, wie er sich wirklich anfühlt.« Die Atmosphäre ist erwartungsvoll gespannt, alle GruppenteilnehmerInnen sind hochkonzentriert. Manchmal kommt eine lebhafte Erregung auf. Es gibt Kommentare: »Oh wie schön, oh wie furchtbar, oh das habe ich aber ganz anders erwartet ...« Nachdem ein Gegenstand die Runde durchwandert hat, wird er in die Mitte des Sitzkreises gelegt. Danach gibt es zwei Möglichkeiten fortzufahren:

Möglichkeit A

Th.: »Was haben Sie gerne angefaßt? Was war am angenehmsten, was war am unangenehmsten? Erzählen Sie uns das. Schauen Sie sich die Gegenstände, die hier in der Mitte liegen, noch einmal an, Sie können sie auch noch einmal anfassen, tasten und testen, probieren.« In der Gesprächsrunde wird nicht nur deutlich, daß Tasten eine eigene, vom Sehen zu unterscheidende Qualität hat, sondern auch, wie unterschiedlich die Bewertungen durch die einzelnen Perso-

---

* Dieser Abschnitt wurde von *Gabriele Frick-Baer*, ausgebildet in Integrativer Tanz- und Bewegungstherapie, zur Illustration des vorstehenden Textes erstellt.

nen sind, wieviel Spaß es machen und Selbstbewußtsein es geben kann, sich eindeutig für Wertungen zu entscheiden, sich zu »streiten«. Es entsteht ein Klima in der die Individualität, die Einzigartigkeit jeder Persönlichkeit sich entfalten kann. Bei manchen TeilnehmerInnen sind die Entscheidung für das, was sie gerne anfassen und das, was sie ungern anfassen mit Erinnerungen verbunden. Manche sprechen diese Erinnerungen aus, teilen sich der Gruppe mit, bei anderen spürt man es, man sieht ihnen die *innere Bewegung* an. Th.: »Suchen Sie sich einen Gegenstand aus der Sammlung hier in der Mitte heraus, den, der Sie am meisten interessiert. Es mag der sein, den Sie am liebsten angefaßt haben oder der, der Sie am meisten überrascht hat. Sie haben die freie Wahl.« Dann, wenn sich jedes Gruppenmitglied entschieden hat, erfolgt ein »amplifizierendes« Angebot: »Ich mache jetzt Musik an und Sie lassen diesen Gegenstand tanzen, bewegen sich im Sitzen, im Stehen, ganz wie Sie wollen ... Zeigen Sie Ihren Gegenstand den anderen Tanzenden ... Wenn Sie mögen, lassen Sie auch die anderen Ihren Gegenstand berühren, ertasten und bewegen Sie sich miteinander und mit Ihren Gegenständen.« Die Tanzenden berühren den Gegenstand und werden von dem, was dieser Gegenstand auslöst, berührt. Im Tanz wird die besondere Qualität des Erlebens, die die Berührung des Gegenstandes ausgelöst hat, assimiliert und erfährt ständige Entwicklung und Veränderung noch einmal im Kontakt mit den anderen. Der Tanz verändert sich, die Bewegung verändert sich, der Kontakt zu den anderen GruppenteilnehmerInnen wird spielerisch erweitert.

Möglichkeit B

Th.: »Schauen Sie sich selbst an und suchen Sie sich ein Stück Ihrer Kleidung aus. Schließen Sie die Augen und ertasten Sie dieses Stück. Und jetzt nehmen Sie ein anderes Stück, z. B. einen Knopf oder ein anderes Stoffmaterial, und tasten und berühren Sie es. Lassen Sie dabei die Augen geschlossen, spüren Sie durch Ihre Finger den Kontakt. Und nun berühren Sie Ihr eigenes Haar. Betasten Sie dann mit der einen Hand die Oberfläche Ihrer anderen Hand ...«
Dem folgt eine Austauschrunde, in der viele Überraschungen mitgeteilt werden: »Ich mag den Stoff meines Kleides gar nicht, das habe ich noch nie gemerkt.« – »Meine Hand fühlt sich ganz anders an, als ich gedacht hatte« ... Th.: »Ich mache jetzt Musik an. Tanzen Sie im Sitzen, Stehen, und geben Sie sich im Tanzen selbst die Hand, nehmen Sie die Berührung Ihrer Hände in den Tanz auf.« Th.: »Und nun geben Sie, während Sie weiter tanzen, anderen aus der Gruppe die Hand, reichen Sie sich die Hand, berühren Sie sich und spüren Sie die Hand des anderen. Tanzen Sie dabei weiter. Dann trennen Sie sich, wenden Sie sich einem anderen Partner zu, geben diesem die Hand und tanzen einen Moment zusammen, bis Sie sich wieder trennen ...«

4.2 Themenzentrierte tanztherapeutische Arbeit

Im folgenden wird ein Beispiel themenzentrierter tanztherapeutischer Arbeit beschrieben. Das Thema der Gruppenstunde ist: »Meine Idole«. Wie andere Themen dient das Thema »Idole« dazu, vorhandene Lebensressourcen wiederzuentdecken, zu aktivieren und damit zu Potentialen von Interaktion zu machen. Auch hier kehren die häufigsten Komponenten themenzentrierter tanztherapeutischer Arbeit wieder:

- Erinnern
- Identifizieren
- Ausdruck
- Austausch.

Die Mittel, die den alten Menschen in ihrem Prozeß hilfreich sein können sind: Imagination, Beschreibung, Darstellung, Tanz. Th.: »Ich werde Ihnen heute eine Frage stellen, die Ihnen vielleicht etwas ungewöhnlich vorkommt. Die Frage lautet: Wer ist Ihr Idol?« Manchmal reicht die Frage nach dem Idol, manchmal muß die Frage erläutert werden: »Wen bewundern Sie? Wen finden Sie ›toll‹? Von wem könnten Sie sagen, ich möchte ein bißchen so sein wie er oder sie?«
In der Regel fällt den meisten TeilnehmerInnen sehr spontan ein Idol ein. Diejenigen, die damit Schwierigkeiten haben, z. B. Verwirrte, können manchmal überraschenderweise ein Idol benennen, wenn Sie die Namen der Idole von anderen GruppenteilnehmerInnen gehört haben.
Th.: »Nennen Sie uns in der Gruppe den Namen Ihres Idols.« Verschiedene Namen werden genannt: Die Liste reicht von *Rudolf Schock* bis *Roy Black,* und *Zarah Leander* bis *Hans Albers,* von *Marlene Dietrich* bis *Kaiser Wilhelm II,* von *Ilse Werner* bis zur eigenen Mutter. Manche beginnen sofort zu erzählen, man sieht die kleinen Veränderungen in den Augen, in der Haltung oder Bewegung, hört sie in der Stimme.
Die Therapeutin fragt: »Beschreiben Sie eine Situation, ein Bild, eine Filmszene, in der Sie Ihr Idol vor sich sehen. Beschreiben Sie uns und zeigen Sie uns: Wie war die Haltung Ihres Idols, die charakteristische Bewegung, die Stimme, wie hat Ihr Idol geguckt?« Die GruppenteilnehmerInnen »kramen« in ihrem Gedächtnis, wundern sich, wie mühelos Ihnen etwas einfällt, wie präsent viele Erinnerungen sind oder werden. Sie zeigen »den Blick« von *Hans Albers,* die große väterliche *Geste von Rudolf Schock,* das kecke Pfeifen von *Ilse Werner* ... internalisierte Leibsignale werden wach, aktivieren die gegenwärtige Leiblichkeit. Die Therapeutin und andere GruppenteilnehmerInnen fragen nach: »Was bewundern Sie an diesem Idol? Was ist Ihnen an dieser Person wichtig?«
So erzählen sie, mit den Idolen werden die eigenen Ideale und Träume sichtbar, Familienstrukturen und vorhandene familiäre Wunschvorstellungen werden präsent. Beim Austausch wird immer wieder nachgefragt: »Wie war das genau? Was hat Ihnen an *Kaiser Wilhelm II* so imponiert? Was ist denn Ihr Lieblingslied von *Roy Black*?«

Th.: »Und nun zeigen Sie uns allein nacheinander nochmal eine charakteristische Bewegung und Körperhaltung Ihres Idols.« Danach folgt der Tanz: »Tanzen Sie zu dieser Musik, als wären Sie Ihr Idol, nehmen Sie dessen Haltung an, wie Sie sie sich vorstellen; fordern Sie Ihren Partner/Ihre Partnerin zum Tanz auf, entscheiden Sie sich, mit wem Sie tanzen möchten.«
So tanzt dann der in jeder Gruppe vielfach vertretene *Rudolf Schock* mit *Marlene Dietrich, Zarah Leander* fordert *Kaiser Wilhelm* auf. Das Klima im Raum verändert sich, es bekommt etwas prickelnd lebendiges. Es wird der Traum vom Lieblingssohn, der Traum der selbstbewußten Liebhaberin getanzt. Die alten Menschen tanzen und es gibt viel »inneren Tanz«.

4.3 Verwirrung und Raumerfahrung

Bei alten Menschen mit Verwirrtheitszuständen ist zu beobachten, daß die innere Verwirrung immer auch eine räumliche Dimension hat.
Eine Patientin mit halbseitiger Teillähmung klammert in ihrer Bewegung eine Seite aus. Eine andere Patientin bewegt sich immer im Kreis. Ein alter Mann bewegt und tanzt nur geduckt, ein anderer in einer Schräglage nach rechts.
Verwirrung ist immer vielschichtig. Sie bedeutet nicht nur Gedächtnisverlust. Zu der inneren Verwirrung auf der kognitiven Ebene und zu der räumlichen Desorientierung kommt eine dritte Ebene, ein dritter Aspekt von Verwirrung: die Verwirrung des eigenen Körpererlebens.
Beispiel: Frau F., 78 Jahre, mittelschwer verwirrt, nimmt an einer Gruppe in einem Altenheim teil. Die Therapeutin sagt: »Bewegen Sie leicht Ihren linken Fuß, spielen Sie mit ihm hin und her.« Frau F. blickt fragend um sich, sie bringt die Orientierung »linker Fuß« mit ihrem eigenen linken Fuß nicht in Verbindung. Sie sieht, daß andere GruppenteilnehmerInnen ihren linken Fuß bewegen, sie versucht zu imitieren. Dabei ist der Imitationsprozeß interessant: Sie bewegt erst beide Beine, dann nur das linke Bein. Dabei bewegt sich der Kopf mit. Der Versuch, die Bewegung des linken Beines auf die Bewegung des linken Fußes zu reduzieren, mißlingt – hauptsächlich bewegt sich das linke Knie und nimmt in der Bewegung den linken Fuß mit.
Einige besondere Aspekte der Arbeit mit Verwirrten seien noch aufgeführt:
– Musik und Tanz wecken Erinnerungen, auch Körpererinnerungen und aktivieren/bekräftigen damit oft das Körperbewußtsein und die Koordination der Bewegung. Wir haben oft festgestellt, daß verwirrte alte Menschen mit geringem Körperbewußtsein und geringer motorischer Koordinationsfähigkeit in der Lage sind, in einem geschützten Setting zu bekannter Musik einen Foxtrott zu tanzen. Die dabei wieder-erlebten körperlichen und räumlichen Koordinations- und Orientierungsfähigkeiten bieten Ansatzpunkte und Ressourcen zur weiteren Arbeit.

– Gezielte, übungszentrierte tanztherapeutische Interaktion (mit der rechten Schulter tanzen, mit den Füßen rollen ...) können die Körperorientierung reaktivieren, zumindest vermögen sie vorhandene Potentiale zu aktivieren, zu erweitern, sichtbar, erlebbar und für den Lebensalltag nutzbar machen. Bei solchen übungszentrierten Interaktionen sind Imagination, Rhythmus und Musik hilfreich. Der gezielte Übergang in Kontaktübungen und räumliche Bewegung kann die in den Übungen gewonnenen Potentiale ausbauen und verfestigen. Dabei werden die verschiedenen Ebenen der Desorientierung mit wechselndem Fokus angesprochen.

– Bei manchen verwirrten alten Menschen ist der innere Orientierungsrahmen (rechts, links, oben, unten) verschoben. Wenn für Herrn N. eine – von außen gesehen – halblinke Orientierung vom inneren Erleben her »vorne« bedeutet, dann wird er sich auch immer nach halblinks bewegen, wenn er nach vorne gehen möchte. Es hat wenig Sinn (quasi gewaltsam) mit Training, Lob und Strafe gegen den »verzogenen« inneren Orientierungsrahmen anzukämpfen. Was Sinn macht ist, die Verwirrung ernst zu nehmen, Vergleichsmöglichkeiten zu geben, den verwirrten alten Menschen bei seinem Verwirrungsmuster abzuholen, es – soweit es möglich ist – zu schmelzen, umzuformen, zu »readjustieren«, Variationen in das Bezugsmuster einzufügen.

Dafür ist ein zentrales methodisches Moment das ständige Feed-back der Klienten untereinander und zwischen TherapeutIn und KlientIn. Gerade im Tanz und tänzerischen Kontakt kann dieses Feed-back ernsthaft und dennoch spielerisch erfahren werden. Der Tanz und seine Formen können ein hilfreicher Bezugsrahmen für die Überprüfung und Korrektur von Orientierungsmustern sein.

– Herr N. hat seine halbseitige Lähmung auf der rechten Seite, d. h. sein Blick und seine Körperorientierung sind auf die linke Seite beschränkt. Im Krankenhaus wurde sein Nachttisch auf die rechte Seite gestellt, um ihn »zu zwingen«, die rechte Seite zu benutzen, sich nach rechts hin zu orientieren.

Unsere bewegungs- bzw. tanztherapeutische Intervention holt ihn von da ab, wo er ist: Wir sprechen ihn von links an, fassen ihn von links her an, sehen ihn von links her an. Wir »holen ihn links ab«, gehen mit seinen Bewegungen mit, mit den Richtungen seines Körpers. Dabei ist der Walzer wichtig, um im Kreis umherzudrehen, um sich hin und her zu schwingen. In der Bewegung, in die Bewegungsrichtungen von Herrn N. werden Variationen eingebaut, wird tänzerisch und spielerisch ein Einbeziehen der rechten Seite erprobt. Dabei beachten wir die Grenzen der Beweglichkeit und Bewegungskompetenz. Wir spielen mit diesen Grenzen, geben Herrn N. Sicherheit, innerhalb seiner Bewegungsgrenzen zu bleiben und sie dennoch gleichzeitig zu erweitern.

4.4 Inneres Tanzen

Tanztherapie verknüpft die äußere Beweglichkeit mit der inneren Beweglichkeit, das »äußere« Tanzen mit dem »inneren« Tanzen.
Die Tanztherapeutin legt eine Platte mit fremd anmutender Musik auf (eine auf das erste Hören hin ungefällige, japanische Flötenmusik »Die vier Jahreszeiten von Kyoto«).
Th.: »Konzentrieren Sie sich auf diese Musik, lassen Sie sie in sich wirken. Wenn Sie mögen, schließen Sie die Augen. Lassen Sie in sich Bilder zu dieser Musik entstehen, in welcher Jahreszeit könnte diese Musik gespielt werden? An welchem Ort könnten Sie diese Musik hören? Mit welchen Menschen? ... (Und später:) Welche Bewegungen entstehen in Ihnen, wenn Sie dieser Musik zuhören, sie in sich erklingen lassen? Stellen Sie sich vor, Sie tanzen zu dieser Musik in Ihrem Innern, in Ihrem Bild, Ihrer Landschaft, Sie lassen sich von der Musik in Ihren Bewegungen leiten ... Lassen Sie diese Bewegung, die Sie in Ihrem Innern spüren, langsam nach außen dringen, bewegen Sie Ihre Hände, Ihren Oberkörper, wenn Sie mögen Ihren Kopf, wenn Sie mögen Ihr Becken, Ihre Beine. Wenn Sie Ihren Tanz für sich sicher haben, öffnen Sie, wenn noch nicht geschehen, langsam Ihre Augen ... und suchen sich einen Partner oder eine Partnerin, dem oder der Sie für einen Moment Ihren Tanz zeigen.«

4.5 Kontakt und Nacherleben

Beispiel:
Herr A. kann sich nur noch in seinem Rollstuhl fortbewegen. Er wirkt sehr kraftlos, seine Haltung, seine Bewegungen sind ohne Dynamik. Es wird ein Walzer gespielt. Herr A. und die Therapeutin sitzen sich gegenüber, fassen sich gegenseitig an den Händen an, schwingen zum Takt des Walzers. Allmählich faßt Herr A. kräftiger zu, packt dann ganz fest die Hände der Therapeutin, schwingt kraftvoll und dynamisch. Dabei beginnt er heftig zu weinen, während er mit der Musik mitsingt. Auf die Frage der Therapeutin, ob ihn das an eine Situation von früher erinnert, erzählt er ihr von seiner Frau, wie gerne er mit ihr getanzt habe ... Das Weinen ist nicht verkrampft, sondern lösend. Herr A. bedankt sich immer wieder durch Händedruck und Worte für den Kontakt, für den Tanz.
Ein solches Beispiel ist typisch. Immer wieder rufen Musik, Tanz und Kontakt Erinnerungen wach, geben die Möglichkeit, mit Gefühlen und Erlebnissen in Berührung zu kommen. Dies kann bei jeder übungszentrierten Einheit geschehen, auch wenn der Fokus nicht auf erlebnis- oder konfliktzentrierter Arbeit liegt. Gerade Musik und Tanz schaffen und ermöglichen Kontakt, Kontakt zu anderen GruppenteilnehmerInnen und zur Therapeutin, Kontakt auch mit der eigenen Geschichte und dem eigenen Erleben. Vielfach bedarf solches Nacherleben gar keiner weiteren Worte, vielfach ist es einfach gut so, wie es ist. Manchmal

gibt es den Anstoß zu weiterer Arbeit, zu weiterem Austausch, zu weiterem Kontakt.

4.6 Rituale

Ein Grundsatz der erlebnisaktivierenden Arbeit ist es, auf Rituale Wert zu legen. Die Erfahrungen zeigen: Je mehr Öffentlichkeit und unsicheres Entdecken und Ertasten angeboten und ermöglicht werden, desto fester, sicherer und beschützender müssen die Rahmenbedingungen sein. Dazu zählt, daß Tanz als Anfangs- und Abschlußritual bei der Gruppenarbeit eingesetzt wird.

Als Anfang verwenden wir einen funktionalen Einstieg:

Alle GruppenteilnehmerInnen stehen (wenn sie das nicht können, sitzen sie auf dem Stuhl oder Rollstuhl), eine Hand liegt auf dem Bauch, sie spüren, wie ihr Atem den Bauch und die Hand bewegt. Es kehrt innere Ruhe ein, allmählich entsteht aus dieser Ruhe ein Schwingen, das sich langsam verstärkt. Die Therapeutin legt Musik auf. Am besten bewährt hat sich ein langsamer Walzer, gespielt von einer Bigband, nicht zu ernsthaft, eher singend. Aus dem Singen entsteht ein schwingender, wiegender Anfangstanz.

Dieses Eingangsritual nach immer der gleichen Tanzmusik setzt einen Anfang, markiert den Übergang von Alltag in die geschützte Gruppensituation. Es führt jede/n TeilnehmerIn auf sich, seinen/ihren Atem, seinen/ihren Körper zurück und eröffnet gleichzeitig den Kontakt zu der Gruppe.

Kennzeichnend für jeden Gruppenabschluß (und somit ritualisiert) ist, daß ein Tanz steht, der sich zu einem freien Tanz entwickelt, in dem verschiedene Elemente und Erfahrungen der Einheit aufgegriffen und gestaltet werden. Beim Abschlußritual verwenden wir wechselnde Musik (Walzer, Tango, Cha-cha-cha, Foxtrott, Menuett, Kleine Nachtmusik ...).

LITERATUR

Beks, C., Drewes, A., Identiteit en de deelname aan aktiviteiten door bejaarden, Beweging & Hulpverlening 4 (1989) 323–338.

Berger, A., Relaxative Organgymnastik und psychologische Gruppenarbeit im System einer »totalen Gymnastik« nach Prof. H. Petzold, Atem und Mensch 3 (1971) 8–13; 4, 13–19.

Bernard, M., Le corps, Editions Universitaires, Paris 1972; dtsch. Der menschliche Körper und seine gesellschaftliche Bedeutung, Bad Homburg v. d. H. 1980.

Butler, R. N., Lebensrückschau, Integrative Therapie 2/3 (1980) 141–156.

Douglas, M., Ritual, Tabu und Körpersymbolik, Suhrkamp, Frankfurt 1984.

Ekmann, P., Gesichtsausdruck und Gefühl, Junfermann, Paderborn 1988.

Fersh, D. E., Dance/Movement therapy: A holistic approach to working with the elderly, American Journal of Dance therapy 3, Junfermann, Paderborn 1989.

Fritsch, U., Tanz, Bewegungskultur, Gesellschaft, AFRA Verlag, Frankfurt 1988.

Garnet, E. D., A movement therapy for older people, in: Mason, K. C., Dance Therapy, AAHPER, Washington 1977.

Hanna, Th., Human aging and physical activity, Somatics 4 (1982) 16–20.

Haywood, K., Life-span motor development, Human Kinetics, Champain, Ill. 1986.

Hollmann, W., Die biologische Bedeutung von Training und Sport für den älteren Menschen, Praxis der Leibesübung 16 (1975) 37–40.

Kemper, J., Was heißt altern?, Psychotherapie mit alten Menschen, Pfeiffer, München 1988.

Keupp, H., Roehrle, B., Soziale Netzwerke, Campus, Frankfurt 1986.

Lehr, U., Interventionsgerontologie, Steinkopff, Darmstadt 1979a.

Lehr, U., Psychologie des Alterns, Steinkopff, Darmstadt 1979c.

Marcel, G., Leibliche Begegnung, in: A. Kraus (Hrsg.), Leib, Geist, Geschichte, Hüthig, Heidelberg 1978, S. 47–73 und in: Petzold, H., Leiblichkeit, Philosophie, gesellschaftliche und therapeutische Perspektiven, Junfermann, Paderborn, 1985, 15–47.

Marshall, V. W., A sociology of aging and dying, Brooks/Cole, Monteray 1980.

Meusel, H., Sport, Spiel, Gymnastik in der zweiten Lebenshälfte, Limpert, Bad Homburg 1982.

Petzold, H. G., Géragogie – nouvelle approche de l'éducation pour la viellesse et dans la viellesse. Publications de L'Institut St. Denis 1 (1965) 1–16; dtsch. in: Petzold (1985a) 11–30.

Petzold, H. G., Integrative Bewegungstherapie. In: Petzold (Hrsg.), Psychotherapie und Körperdynamik, Junfermann, Paderborn, 1992; 6. Aufl. Klotz, Frankfurt 1980.

Petzold, H. G., Integrative Geragogik – Gestaltmethoden in der Bildungsarbeit mit alten Menschen 1977e. In: Petzold, Brown, 214–246; repr. (1985a) 31–68.

Petzold, H. G., Psychodrama, Therapeutisches Theater und Gestalt als Methoden der Interventionsgerontologie und der Alterspsychotherapie, 1979b. In: Petzold/Bubolz (1979) 147–260.

Petzold, H. G., Die Rolle des Therapeuten und die therapeutische Beziehung in der Integrativen Therapie 1980g. In: Petzold, H. G., Die Rolle des Therapeuten und die therapeutische Beziehung, Junfermann, Paderborn 1980f, 223–290.

Petzold, H. G., Leibzeit, Integrative Therapie 2/3 (1981h) 167–178; auch in: Kamper, D., Wulf, Ch., Die Wiederkehr des Körpers, Suhrkamp, Frankfurt 1982, 68–81.

Petzold, H. G., Puppenspiel in der therapeutischen und geragogischen Arbeit mit alten Menschen, Integrative Therapie 1/2 (1982h) 74–122; auch in Petzold (1985a) 294–337.

Petzold, H. G., Poesie- und Bibliotherapie mit Alten und Sterbenden, Integrative Therapie 4 (1982j); auch in Petzold (1985a) 338–382.

Petzold, H. G., Mit alten Menschen arbeiten, Pfeiffer, München 1985a.

Petzold, H. G., Die Rolle der Gruppe in der therapeutischen Arbeit mit alten Menschen – Konzepte zu einer »Integrativen Intervention« 1985e. In: Petzold, (1985a) 409–446.

Petzold, H. G., Bewegung ist Leben – körperliche Gesundheit, Wohlbefinden und Lebensfreude im Alter durch Integrative Bewegungstherapie, Tanztherapie und Isodynamik 1985f. In: Petzold (1985a) 428–466.

Petzold, H. G., Integrative Bewegungs- und Leibtherapie. Ausgewählte Werke, 2 Bde., Junfermann, Paderborn 1988n.

Petzold, H. G., Berger, A., Integrative Bewegungstherapie und Bewegungserziehung in der Arbeit mit alten Menschen. Integrative Therapie 3/4 (1978) 249–271; erweitert in: Petzold/Bubolz (1979) 379–426.

Petzold, H. G., Brown, G. I., Gestaltpädagogik, Pfeiffer, München 1977.

Petzold, H. G., Bubolz, E. (Hrsg.), Bildungsarbeit mit alten Menschen. Klett, Stuttgart 1976.

Petzold, H. G., Bubolz, E., Psychotherapie mit alten Menschen, Junfermann, Paderborn 1979.

Petzold, H., Petzold, Ch., Lebenswelten alter Menschen, Vinzentz Verlag, Hannover 1991.

Petzold, H., Schobert, R., Selbsthilfe und Psychosomatik, Junfermann, Paderborn 1991.

Petzold, H. G., Stöckler, M. (Hrsg.), Aktivierung und Lebenshilfen für alte Menschen. Aufgaben und Möglichkeiten des Helfers, Junfermann, Paderborn 1988.

Prokop, L., Bachl, N., Alterssportmedizin, Springer, Wien 1984.

Samuels, A., Dance Therapy for geriatric patients. Proceedings of the 8th annual conference of the American Dance Therapy Association, American Dance Therapy Association, Maryland 1973, 27–30.

Schmitz, H., Leib und Gefühl. Materialien zu einer philosophischen Therapeutik, Junfermann, Paderborn 1989.

Schwaner, B., Seniorensport, Pohl-Verlag, Celle 1978.

Singer, R. (Hrsg.), Alterssport. Versuch einer Bestandsaufnahme, Hofmann, Schorndorf 1981.

Spacapan, S., Oskamp, St., The social psychology of aging, Sage, London 1989.

Spiegel-Rösing, I., Petzold, H. G., Die Begleitung Sterbender, Theorie und Praxis der Thanatotherapie, Junfermann, Paderborn 1984.

Thomae, H., Alternsstile und Alternsschicksale, Huber, Bern 1983.

Tiemersma, D., Bodyschema and body image. An interdisciplinary and philosophical Study, Swets & Zeitlinger, Amsterdam/Lisse 1989.

Tutt, I., Seniorentanz, Kuratorium Deutsche Altershilfe, Köln 1977.

Unruh, D. R., Invisible life. Social worlds of the aged, Sage Publications, Beverly Hills 1983.

Weakland, J. H., Herr, J. J., Beratung älterer Menschen und ihrer Familien. Die Praxis der angewandten Gerontologie, Huber, Bern 1986.

Weiss, R. S., Loneliness: The experience of emotional and social isolation, MIT-Press, Cambridge, Mass. 1973.

12
Hirnleistungstraining

B. Fischer

Die sprunghafte Zunahme der älteren Bevölkerung erfordert eine neue Denkweise in Gerontologie und Geriatrie.
Eine frühe Intervention ist zur Verhütung von geistigen Defiziten und zur Kompetenzwiederherstellung, zur Kompetenzerhaltung, zur Kompetenzerhöhung im hohen und höchsten Lebensalter notwendig. Hierzu sind umfassende Maßnahmen geboten, die neben dem therapeutischen Blickwinkel den subjektorientierten, den holistisch-therapieorientierten, den funktionsorientierten und den präventions- und kompetenzorientierten Blickwinkel erforderlich machen (Abb. 1, 1a). Die Voraussetzung für die Kompetenz ist eine gute geistige Leistungsfähigkeit. Sie zu erhalten vermittelt ein Hirnleistungstraining, dessen formale Kriterien in dem vorliegenden Beitrag aufgeführt werden.

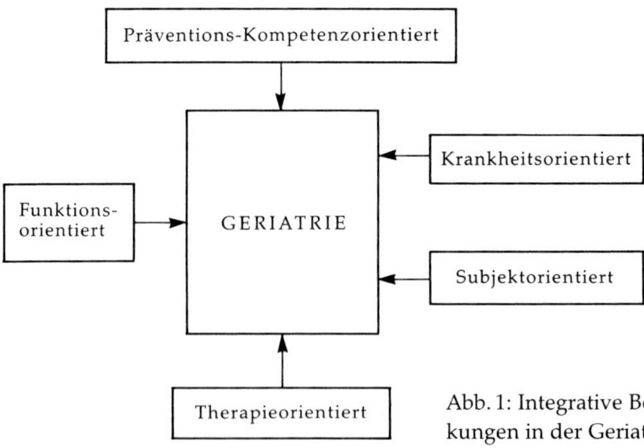

Abb. 1: Integrative Betrachtung der Erkrankungen in der Geriatrie.

Abb. 1 a: **Geriatrie, was ist das?**

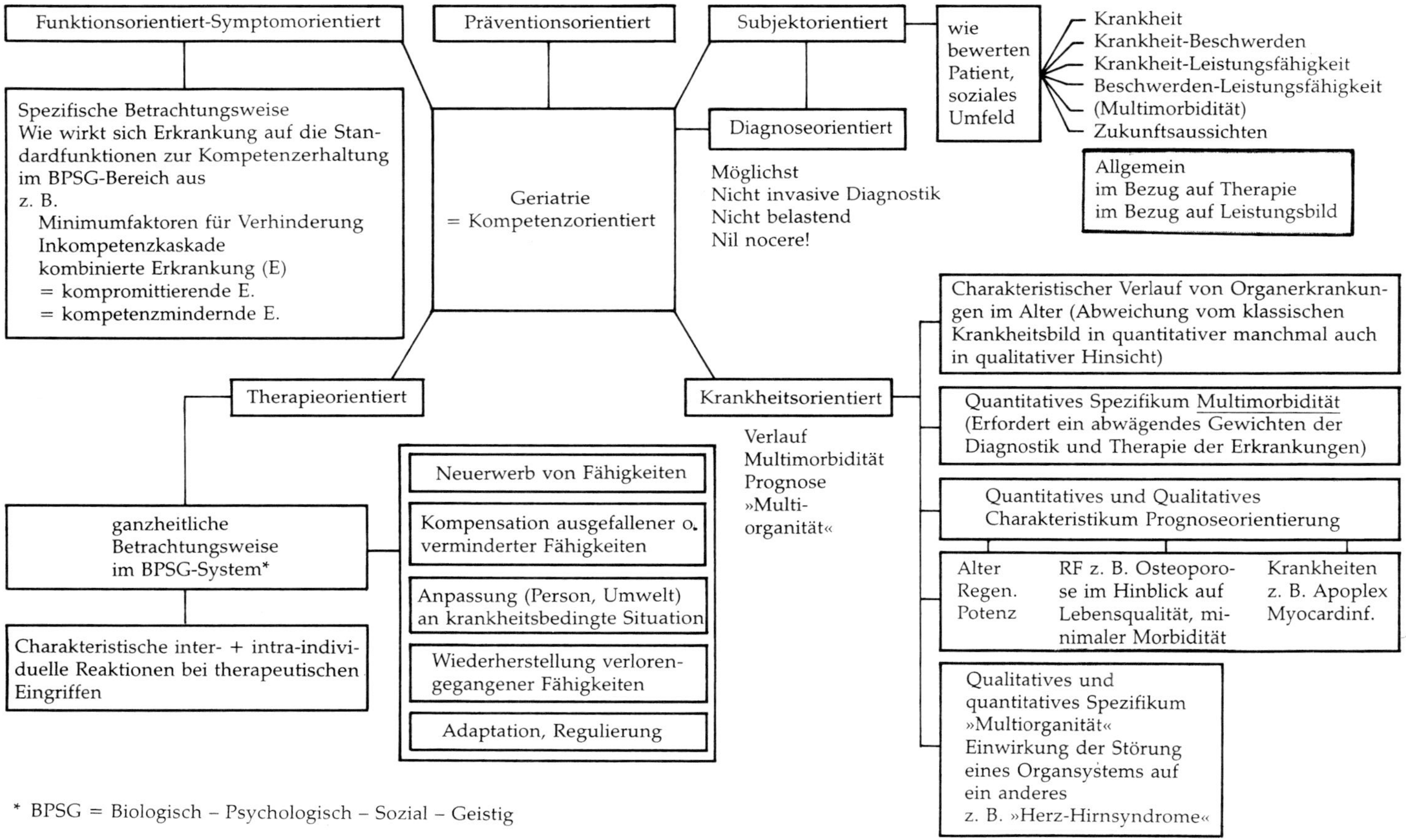

* BPSG = Biologisch – Psychologisch – Sozial – Geistig

1 GEDÄCHTNISSTÖRUNGEN IM ALTER

Neben den sonstigen physischen und psychischen Veränderungen im Alter zeigen insbesondere die des Gedächtnisses signifikante Abstufungen. Die weite Verbreitung von Gedächtnisstörungen geht aus einer Fallstudie hervor (Lowenthal, 1967), wonach die Hälfte der »normalen« über 60jährigen über Gedächtnisprobleme berichtete. Sogar bei über 55jährigen Personen gaben 15% an, Gedächtnisstörungen zu haben. Von diesen 15% sagte jedoch nur ⅕, daß diese Probleme mit zunehmender Häufigkeit auftraten (Cutler, 1988).

Auch auf das Selbstwertgefühl haben zunehmende Gedächtnisstörungen einen negativen Einfluß.

Wenn wir uns die Lebensweise von 100jährigen ansehen, zeigt sich (Heitzer, 1987):

Sie waren mäßige Esser,
sie führten ein einfaches, arbeitsreiches Leben,
sie bewegten sich maßvoll,
sie hatten einen geregelten Schlaf,
sie rauchten wenig,
sie tranken regelmäßig und wenig,
sie wurden gut mit Streß fertig,
d. h.: Sie waren gleichermaßen geistig und körperlich aktiv.

In der 10er-Regel von Fischer werden diese Minimum-Faktoren in Tabelle 1 noch einmal pointiert dargestellt.

Tab. 1: 10 JAHRE LÄNGER LEBEN – 10ER REGEL

- 10 Treppen gehen, ohne abzusetzen
- 10 × 5 kg heben
- 10 × bücken
- 10 × kriechen
- 10 × Hocke
- 10 × für 4 Sekunden alle Gelenke durchbewegen
- 10 Min. schnell gehen
- 10 Bekannte haben
- 10 Min. geistig trainieren
- 10 Ziele, Wünsche haben für das Leben, die ich mir erfüllen möchte

2 GANZHEITLICHE THERAPIE BEI GEDÄCHTNISSTÖRUNGEN

Die therapeutische Aufgabe besteht darin, die vorhandenen, biologischen, psychologischen, sozialen und geistigen Gesamtfähigkeiten zu erhalten und zu erhöhen. Weiterhin ist eine Minimierung der Anzahl der vorhandenen biologischen, psychologischen und sozialen Störungen anzustreben. Diese verschiedenen Störungsebenen sind in einem ganzheitlichen Therapiekonzept gleichgewichtig zu berücksichtigen (Abb. 2). Im speziellen unterscheiden sich zwei sich ergänzende Therapieformen:
1. Basistherapie,
2. Cerebrale Aktivierungstherapie.

2.1 Basistherapie

Stichwortartig werden die Möglichkeiten der Basistherapie erläutert:
- Bekämpfung der psychologischen, sozialen, ökologischen, epochalen und finanziellen Voralterungsrisiken.
- Reduktion besonderer Belastungssituationen, z. B. Einsamkeit, Rollenverlust, soziale Diskriminierung.
- Reduktion medizinisch reduzierbarer Risiken inklusive Ausschaltung von Medikamenten, die die geistige Leistungsfähigkeit negativ beeinflussen können.
- Therapie medizinischer Erkrankungen.
- Therapie psychiatrischer Begleitsymptome.
- Spezielle psychiatrische, nicht-medikamentöse Therapiemaßnahmen.

2.2 Cerebrale Aktivierungstherapie

Diese besteht aus vier Komponenten:
- Arzneimitteltherapie (A)
  (Wirksame Medikamente sind z. B. Codergocrinmesilat, Piracetam, Piritinol, Nimodipin, Gingko biloba, Pentoxifyllin, getrocknetes Dialysekonzentrat aus deproteinisiertem angedautem Kälberblut, Meclofenoxat).
- Bewegungstherapie, physikalische Therapiemaßnahmen (B)
- Cerebrale Trainingstherapie (C)
- Diättherapie (D).

Diese 4 Komponenten (A B C D-Therapie) sind bei der Behandlung von Gedächtnisstörungen parallel anzuwenden. Das Ziel dieser Therapie in Kombination mit der Basistherapie ist eine Leistungsnormalisierung, möglicherweise auch eine Leistungserhöhung der mentalen Fähigkeiten. Das intellektuelle Ausgangsniveau des prämorbiden Zustandes wird als thera-

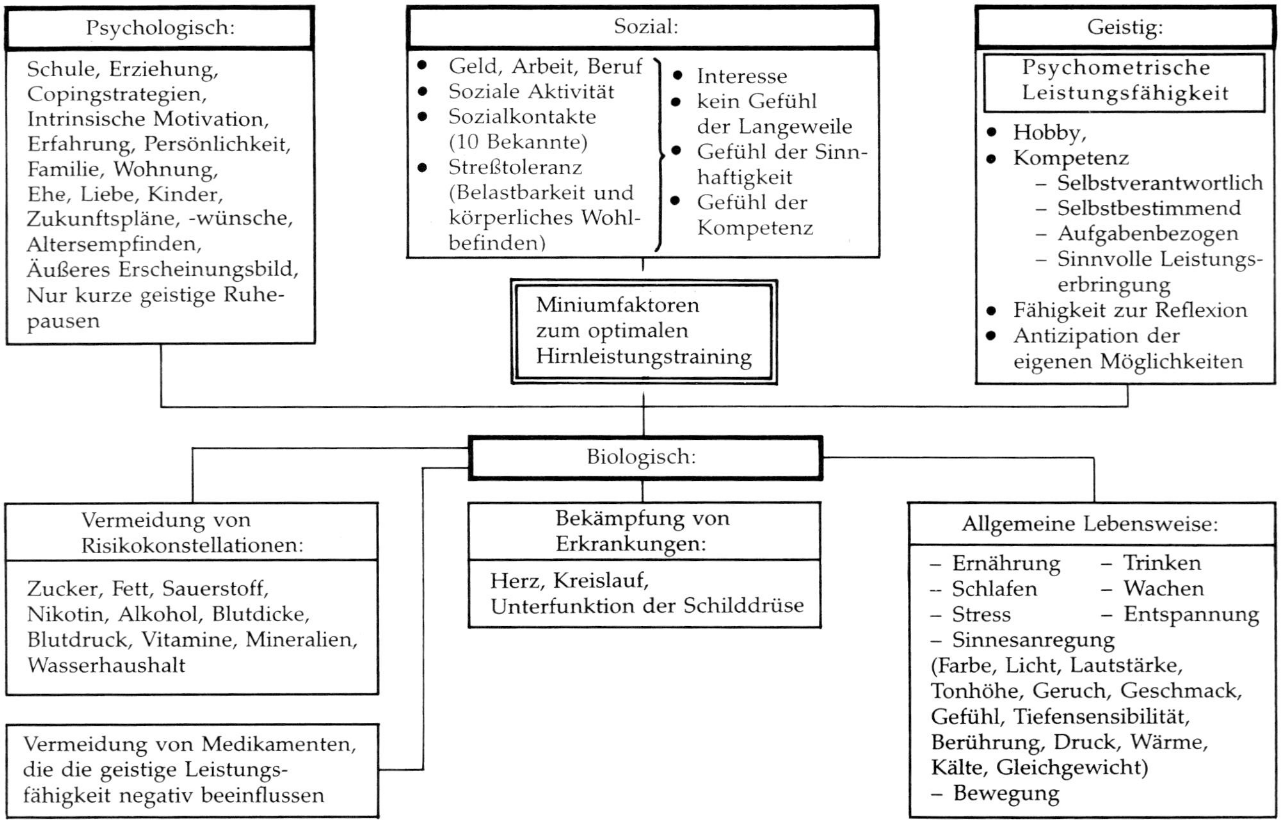

Abb. 2: Minimumfaktoren zum optimalen Hirnleistungstraining.

peutisches Ziel angestrebt. Die Leistungsnormalisierung der geistig-seelischen Abläufe soll im Sinne der ganzheitlichen Therapie eine Kompetenzwiederherstellung, eine Kompetenzerhaltung oder Kompetenzerweiterung bewirken. Die parallele oder kurz hintereinander angewandte A B C D-Therapie kann nicht einzelne Komponenten auslassen.
Die multidimensionale ABCD-Therapie ist bei Gedächtnisstörungen die Therapie der Zukunft.
Nachfolgend wird die Therapie C näher beschrieben.

2.3 Cerebrale Trainingstherapie

2.3.1 VERHALTEN DES THERAPEUTEN

Um möglichst intensiv Vorbeugung und Therapie betreiben zu können, ist es notwendig, daß in allen medizinischen Berufssparten künftig Kenntnisse über Hirntrainingsmaßnahmen vermittelt werden. Den Therapeuten sollte bekannt sein, wie beispielsweise Gehirntraining und körperliches Training miteinander verzahnt sind (Fischer, 1986, Lehrl, 1986). Sie müssen über die Faktoren Intelligenz in der Jugend, im Erwachsenenalter, in dem hier besonders im Vordergrund stehenden 3. Lebensalter informiert sein. Sie müssen wissen, in welchem Rahmen sie bei Gesunden oder Kranken dieses geistige Leistungstraining einsetzen, daß z. B. bereits eine 25-Watt-Belastung eine Erhöhung der geistigen Leistungsfähigkeit bewirkt (Abb. 3).

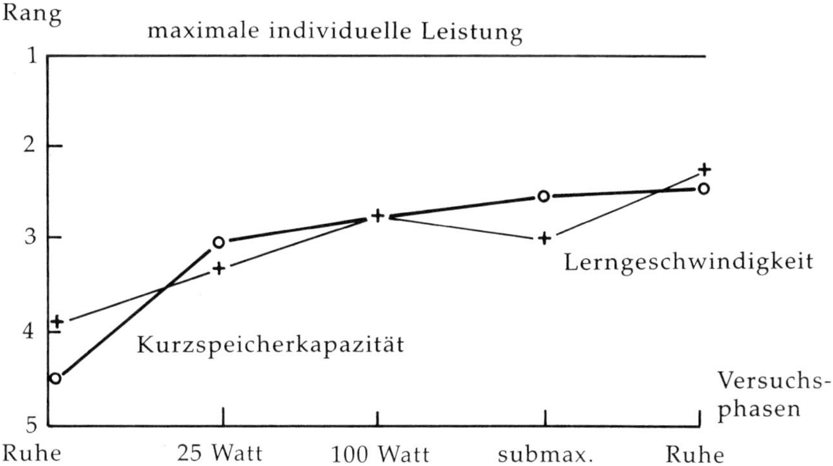

Abb. 3: Mittlere Rangsumme der Leistungsfähigkeit bei verschiedenen Untersuchungsbedingungen (Rangstufe 5 = niedrigste Leistungsstufe. (aus Lehrl et al., 1986).

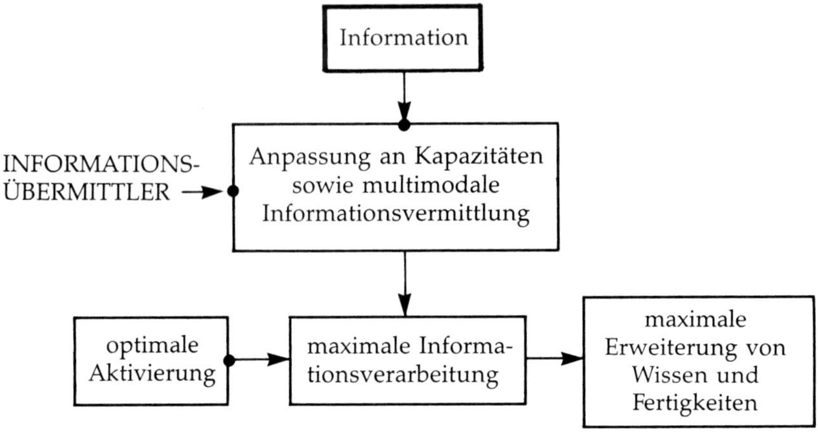

Abb. 4: Ansatzpunkte für die Sicherung der maximalen akuten Informationsverarbeitung und -speicherung.

Weiterhin ist folgendes zu bedenken:
Alle medizinischen Fachkräfte reden zu viel, zu schnell, zu unverständlich. Sie haben medizinische Ausdrücke internalisiert und möchten ihr Wissen an den Patienten weitergeben. Da der Patient jedoch Laie ist, sind die Begriffe, mit denen eine Verhaltensänderung erreicht werden soll, für ihn häufig unverständlich. Somit gilt als eine der zentralen Forderungen: Wenn Informationen an den Patienten oder Klienten übermittelt werden, muß sich der Therapeut deren informationspsychologischen Kapazitäten anpassen (Abb. 4). Dieses Therapeutenverhalten kann nur durch einen Intensivkurs vermittelt werden.

2.3.2 WAS IST UND WAS SOLL GEHIRN-TRAINING?*

Gehirn-Training, im folgenden als »Gehirn-Jogging« bezeichnet, wurde seit 1981 mit dem Ziel entwickelt, die Leistungsfähigkeit von Geist und Gedächtnis maximal zu nützen. Bei der Entwicklung wurde darauf geachtet, daß es leicht in Beruf, Alltag und Freizeit durchführbar und daß es für die meisten Lebenssituationen sinnvoll ist. Dadurch ist sein Nutzen nicht so begrenzt wie der von vielen der vorgeschlagenen Lernstrategien (Mnemotechniken), beispielsweise Eselsbrücken bilden, Superlernen oder Sprachinformation in Bilder umsetzen. Gehirn-Jogging ist letztlich eine Methode zur optimalen Aktivierung der geistigen Leistungsfähigkeit. Um eine hohe Wirkung bei

* mit freundlicher Genehmigung des Vless-Verlags, Ebersberg, modifiziert.

geringem Zeiteinsatz zu erhalten, setzt man an den drei wichtigsten Basiskapazitäten der Informationsverarbeitung von Sprache und Zahlen an.
Die Trainingsmaßnahmen im Rahmen des Gehirn-Joggings bestehen darin, einen optimalen Aktivationszustand herzustellen. Was das bedeutet, geht aus dem Aktivationsmodell hervor (Abb. 5). Damit ist Gehirn-Jogging auch eine Voraussetzung für wirksames Kompetenz-Training, bei welchem Verhaltensweisen, Fertigkeiten und Wissen für den Alltag geübt werden.
Die psychische Leistungsfähigkeit steht mit dem allgemeinen Aktivationsniveau, auch als »allgemeines nervöses Erregungsniveau« bezeichnet, in einer umgekehrt-u-förmigen Beziehung. Geht man vom niedrigen Aktivationsniveau (Tiefschlaf, Schläfrigkeit) aus, ergibt sich der folgende Zusammenhang: mit zunehmender Aktiviertheit erhöht sich die psychische Leistungsfähigkeit. Das heißt, die geistige Leistungsfähigkeit (Intelligenz, Gedächtnis, Konzentrationsfähigkeit) steigt. Sie erreicht ihr Maximum im mittleren Aktivationszustand (= optimales Aktivationsniveau). Auf einem noch höheren Niveau der allgemeinen nervösen Erregung verringert sich die geistige Leistungsfähigkeit wieder.

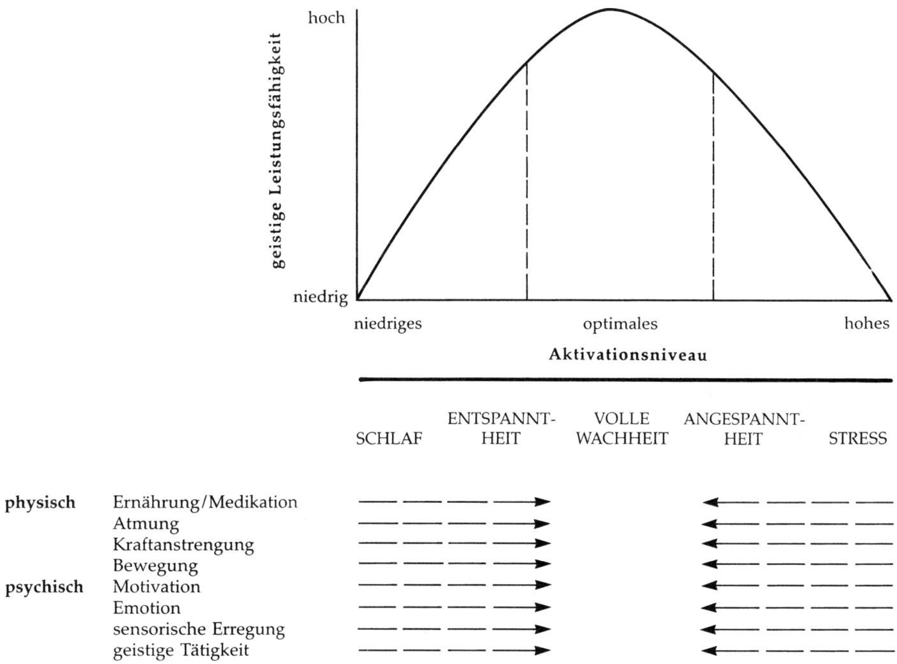

Abb. 5: Oben: Geistige Leistungsfähigkeit und Aktionsniveau. Unten: Physische und psychische Ebenen, über die man das Aktionsniveau verschieben kann.

Der »Eustreß«, ein Zustand, in dem sich Manager oft erst richtig wohlfühlen, liegt ein wenig rechts vom optimalen Aktivationsniveau. Diesen Zustand kennzeichnet eine fast maximale geistige Leistungsfähigkeit bei gleichzeitiger Fähigkeit zu handeln. Die Handlungsfähigkeit ist um so mehr reduziert, je weiter links man sich entlang des Aktivationsmodells befindet.
Beim »Disstreß« ist das Aktivationsniveau gegenüber dem Eustreß noch erhöht. In diesem Zustand fühlt man sich unwohl, zerschlagen, nicht mehr Herr seiner selbst. Die geistige Leistungsfähigkeit liegt deutlich unter dem Maximum. Man sollte versuchen, so rasch wie möglich wieder aus dieser Situation herauszukommen.

2.3.3 WIE FÜHRT MAN GEHIRN-TRAINING DURCH?

Sich optimal aktivieren!
Welche konkreten Maßnahmen man ergreift, hängt vom Ausgangszustand ab: Ausgehend vom entspannten Zustand benötigt man eine Aktivierung, im angespannten, übernervösen Zustand eine Entspannung. In vielen Fällen gelingt es innerhalb weniger Sekunden oder weniger Minuten, sich auf das optimale Aktivationsniveau einzustellen.
Im einzelnen sind sowohl

körperliche (= physische) als auch **psychische Maßnahmen**

zur Erhaltung und Steigerung der geistigen Leistungsfähigkeit zu berücksichtigen. Wenn die körperlichen Voraussetzungen nicht gegeben sind, werden die psychischen Maßnahmen immer relativ unwirksam bleiben.

Das sparsame Training

Auf dem geistigen Gebiet gibt es verschiedene Möglichkeiten, sich wirksam zu trainieren. Schon Beruf und Alltag bieten einige Möglichkeiten. Hier sollte man bereits die wichtigsten geistigen Leistungsgrößen üben. Das sind die Basisgrößen (= Grundgrößen) der Informationsverarbeitung. Sie spielen bei allen komplexen geistigen Leistungen in Beruf, Alltag und Freizeit mit.
Welche sind die Grundgrößen? Informationspsychologen haben drei Größen erkannt:
- Informationsverarbeitungsgeschwindigkeit (Schnelligkeit, etwas zu erkennen und darauf zu reagieren).
- Unmittelbares Behalten (etwas kurz geistig gegenwärtig halten; auch als »Gegenwartsdauer« bezeichnet).
- Mittelbares Behalten (etwas im Gedächtnis behalten und sich wieder daran erinnern, auch »Basis-Lerngeschwindigkeit«).

Das knappste Training ist das Basistraining. Schon mehr in den Alltag eingepaßt ist das Aufbautraining. Teilweise werden Übungseinheiten für den Tag angeboten, die alle Grundgrößen nebeneinander fordern.

Das Basistraining: Dabei werden die informationspsychologischen Grundgrößen durch inhaltlose Buchstaben- und Zahlenaufgaben geübt. Deren Bewältigung setzt kein Wissen voraus. Die Aufgaben dienen der reinen geistigen Aktivierung.

Übung der *Informationsverarbeitungsgeschwindigkeit:* Gleiche Ziffern in Anordnung des darüberstehenden Musters rasch durchstreichen (Die ersten zutreffenden Ziffern sind jeweils als Beispiel angestrichen).

~~0 0~~	0	0	~~0 0 0~~	0 0
	0	0		0
5 4	2 9	0 2	3 5 8	8 5 9
~~3 3~~	2 7	6 0	1 7 3	2 8 2
2 6	7 1	8 6	5 7 1	6 9 1
5 5	8 2	5 0	~~4 4 4~~	7 4 7
0 1	2 3	8 5	1 1 1	6 7 1
6 6	4 1	5 8	0 5 8	0 5 0

Übung der *Gegenwartsdauer:* Erst rechts mit der Hand abdecken. Linke Seite etwa 5 Sekunden lang anschauen:

4 7 2 1 8	– ? – – –
	Welche Ziffer stand an der Stelle von '?'?
U M K D L	– – ? – –
9 5 7 1 0 4	– – – – ? –

Übung des *Mittelbaren Behaltens:*

Etwa 10 Sekunden lang einprägen: BIL KOR ZAM VES

Nun im Kopf von 51 immer 3 abziehen, bis man auf 0 ist:

51 48 45 0

Jetzt die Silben durchstreichen, die man vorher eingeprägt hatte:

TUK KOR TIB LIB VES SEC MAZ RIK BIL HOR ZAM TID POR

Überprüfen Sie die Richtigkeit

Das Aufbautraining: Die Übungen sind bereits in die Alltagserfordernisse eingepaßt. Sie sind mit Bedeutungen und Wissen verbunden. Übungsbeispiel:

Training der *Informationsverarbeitungsgeschwindigkeit* durch Wortsuchspiel: In jeder Buchstabenzeile ist das vorne angegebene Wort versteckt. Es kann vorwärts oder rückwärts geschrieben sein. Finden Sie es so schnell wie möglich, und unterstreichen Sie es!

	Beispiel:
GEHIRN	GTUNDOMNDEUTGEHIRNNMSWAVSLOLG
JOGGING	HUNGGTRBIENDLRGNIGGOJNMUIONJOGI
MUNTER	HGNIMBRTMUNTERDIOLDGERCSGBCHER
GESUND	MUNDGERUNDKFERGESUNDKLEUNDERS
AKTIV	AKTIEUNSERAKIONNERTUNAKTIVKLEVRE
PERSON	NOTANDATULNOSREPMERSONMEPERAN

Beispiel für das kombinierte Training von *Informationsverarbeitungsgeschwindigkeit* und *Gegenwartsdauer* durch Buchstabenpuzzle:
Aus einer Buchstabenreihe werden die Buchstaben nach den angegebenen Positionen zu einem Wort zusammengefügt.
Diese Aufgaben nur im Kopf durchführen!

Nehmen Sie der Reihe nach die Buchstaben mit der Position 3 4 8 9

		Lösungsbeispiel
Buchstabenreihe:	K R A U T S A L A T	A U L A
Position	1 2 3 4 5 6 7 8 9 10	3 4 8 9

Nehmen Sie der Reihe nach die Buchstaben mit der
Position 1 4 8 10 (aus dem Kopf) Lösung 1 → ....

Nehmen Sie der Reihe nach die Buchstaben mit der
Position 6 7 9 10 (aus dem Kopf) Lösung 2 → ....

Lösung: Buchstabenpuzzle – Lösung 1: KULT, Lösung 2: SAAT

Beispiel für die Kombination von *Informationsverarbeitungsgeschwindigkeit* mit *mittelbarem Behalten:* Anagramme:

Bringen Sie Zeile für Zeile die Buchstaben in die richtige Reihenfolge. Sie erhalten eine wichtige Aussage zum Gehirn-Jogging.

EID	....
GTNULBURCUHIRNHD	....
TEHÖRH	....
IHCS	....
IBE	....
RED	....
UCHRDÜFRHNGU	....
ONV	....
RNBEAGEHNCEFUA	....

Lösung: DIE HIRNDURCHBLUTUNG ERHÖHT SICH BEI DER DURCHFÜHRUNG VON RECHENAUFGABEN

Die Übungseinheit: Sie besteht aus einer Kombination von Aufgabentypen, die während eines Lösungsganges bewältigt werden sollen, z. B. am Morgen.
Hier können zur Abrundung beispielsweise Entspannungsübungen, Gymnastik, Aufwärmaufgaben oder Bilderaufgaben hinzukommen. Vom Anwendungszweck hängt ab, wie das Gehirn-Jogging eingekleidet wird. Der harte Kern, d. h., das eigentliche Gehirn-Jogging besteht aber in der optimalen geistigen Aktivierung in Beruf und Alltag.

2.3.4 WIE, WANN UND WIE OFT SOLL MAN ÜBEN?

Gehirn-Jogging dient den meisten als Anreger.
Es soll Geist und Gedächtnis auf Schwung bringen und dabei den Hirnstoffwechsel und die Hirndurchblutung steigern. Somit gibt es die Initialzündung für den Tag. Es wärmt den Motor, sprich das Gehirn, als Werkzeug von Geist und Gedächtnis vor. Übende berichten oft, wie es ihnen im Kopf heiß wird. Von da ab läuft alles leichter: die Planung des Tages, Termine, Treffen mit Angehörigen, das Durchdenken der Wege zu Behörden, zum Einkaufen, so daß man mit wenig Aufwand viel schafft. Man fühlt sich dabei auch in der richtigen Stimmung anzupacken. Selbst der Körper läßt sich leichter dirigieren. Das Aufstehen vom Stuhl, Sessel, Bett bereitet keine Schwierigkeiten mehr. Man wird von den Zielen, den Terminen, den Orten, wo etwas zu besorgen ist, angezogen.

Wer schon entspannt oder nicht genügend in Schwung ist, kann mit Gehirn-Jogging unmittelbar beginnen. Wichtig ist dabei, geistige Tätigkeiten mit mittelmäßiger Anstrengung und Auslastung der drei informationspsychologischen Basisgrößen zu bevorzugen.
Wer sich gestreßt fühlt, braucht erst eine Entspannung.
Alles, was zur Abnahme des Aktivationsniveaus führt, kann dazu verhelfen. Neben beruhigenden Nahrungsstoffen kommen Minderungen der Sinnesanregungen (Abdunkeln, Geräusche beseitigen, Erwärmung des Körpers usw.) in Frage, ebenso Entspannungsmaßnahmen wie Autogenes Training oder Anhören von Barockmusik.
Geist und Gedächtnis soll man täglich trainieren.
Untersuchungen zeigen, daß Kurzspeicherkapazität, Intelligenz und Konzentration bei mangelnder geistiger Tätigkeit schon innerhalb von fünf Tagen erheblich gesunken sind. Der kritische Punkt ist für viele Menschen, sich regelmäßig zu Aufgaben aufzuraffen, obwohl sie, wenn man dransitzt, Spaß machen. Die Übungen sind in den Tagesablauf einzuplanen und als selbstverständlich hinzunehmen wie Zähneputzen.
Der günstigste Zeitpunkt ist morgens, noch vor dem Frühstück. Besonders ist an die Zeit unmittelbar nach dem Aufwachen (auf Schwung kommen) und nach dem Mittagessen (ebenfalls) zu denken. Oft genügen dazu 5 bis 10 Minuten.

2.3.5 BEI WEM WIRKT ES? WER IST BESONDERS GEFÄHRDET?

Zur Vorbeugung, d. h. um einen Abfall des bereits erreichten geistigen Leistungsniveaus zu verhindern, ist Gehirn-Jogging immer anzuraten. Besonders dringlich ist es, wenn man deutlich unter seinen maximalen geistigen Leistungsmöglichkeiten liegt oder wenn man gar unter das früher schon erreichte Niveau abgefallen ist. Inwieweit dies zutrifft, ist im Einzelfall nicht immer leicht zu erkennen. Untersuchungen an verschiedenen Personengruppen zeigen aber, daß der Intelligenzquotient (IQ) und Gedächtnisquotient beim Durchschnitt der Jugendlichen und Erwachsenen noch um über 10 Punkte steigerungsfähig sind.
Es ergeben sich Hinweise darauf, daß man deutlich unterhalb seiner Grenzen der geistigen Leistungsfähigkeit liegt, wenn:
1) oft Langeweile oder oft Streß auftreten oder in der Vergangenheit aufgetreten sind,
2) Erkrankungen oder Risikofaktoren (Bluthochdruck; nicht eingestellter Zucker u. ä.) vorliegen, die die Hirnfunktionen beeinflussen,
3) Orientierungsstörungen vorliegen,

4) die Denkfähigkeit relativ ausgeprägt ist, während man über verhältnismäßig wenig Wissen verfügt (dies kann der Psychologe durch einen Vergleich der Leistungen in Tests für kristallisierte und flüssige Intelligenz feststellen),
5) ein Training der geistigen Leistungsfähigkeit durchgeführt wurde und die Prüfung zeigt, daß es genützt hat.

Bedeutsam für die Geriatrie sind vor allem die Punkte 1 bis 3.

Die besonders gefährdenden Situationen und gefährdeten Personengruppen, für die ein vermehrtes Training anzuraten ist, sind daher:

- Krankenhausaufenthalt, Bettlägerigkeit, Bewegungseinschränkung: Testungen an Patienten beim Aufenthalt in Akutkrankenhäusern zeigten, daß der Intelligenzquotient nach fünf Tagen durchschnittlich bereits um fünf IQ-Punkte abgenommen hatte, nach drei Wochen um etwa 20 Punkte. Die Aufmerksamkeits- und Konzentrationsleistungen sowie Kurzspeicherkapazität hatten sich ebenfalls entsprechend verringert.
  Auch bei Patienten, die eigentlich »nur wegen eines Hüftbruches« im Krankenhaus lagen, stellten sich nach kurzer Zeit depressive Stimmungen und – noch stärker – geistige Leistungseinbußen ein.
- Faulenzerurlaub (zwei Drittel der Bevölkerung haben während der Freizeit Langeweile; diese leitet den geistigen Abbau ein).
- Häufiges Dösen, z. B. vor dem laufenden Fernsehgerät.
- Personen mit Hirnleistungsstörungen (Alzheimer-Demenz, Multiinfarkt-Demenz).
- Personen mit Parkinson-Erkrankung.

2.3.6 WIE LANGE WIRKT ES? WORAUF WIRKT ES NOCH?

Unabhängig davon, ob jemand trainiert oder im Alltag geistig optimal ausgelastet ist, gilt: sobald die optimale Aktivierung aufhört, ist damit zu rechnen, daß nach wenigen Tagen die geistige Leistungsfähigkeit absinkt.

Nach den bisher vorliegenden Untersuchungen kann man annehmen, daß Gehirn-Jogging noch nach einem halben Jahr wirkt. Wichtig ist aber nicht nur die direkte Wirkung auf die geistige Leistungsfähigkeit, sondern auch seine Anregung, sich im Beruf und Alltag mehr zu engagieren, sich der Umwelt stärker zu öffnen. Das wirkt wiederum auf die geistige Leistungsfähigkeit zurück; es hält fit.

Zusätzlich sind eine Steigerung des Selbstvertrauens, höhere Zufriedenheit, bessere Gesundheit und sogar eine längere Lebensdauer zu erwarten.

Gehirn-Jogging ist letztlich eine Methode zur optimalen Aktivierung der geistigen Leistungsfähigkeit. Um eine hohe Wirkung bei geringem Zeitan-

satz zu erhalten, setzt man an den drei wichtigsten oben erwähnten Basiskapazitäten der Informationsverarbeitung an.
Das Training der automatischen Informationsverarbeitung (nonverbal) findet bei speziellen Situationen oder Erkrankungen Berücksichtigung. Dies ist zum Beispiel der Fall beim Erlernen von Musik, beim Erkennen von Gesichtern, beim Durchführen von Handlungsabfolgen usw. Die Methode kann gleichermaßen bei gesunden Personen und bei Personen mit einer Einschränkung der geistigen Leistungsfähigkeit (z. B. *beginnender* Morbus Alzheimer) durchgeführt werden.

LITERATUR

Bickel, H., Schreiter, U.: Häufigkeit von Demenzen: epidemiologische Daten. Münch. med. Wschr. 129 (1987) 42, 43–53.

Blessed, G.: Clinical Aspects of the Senile Dementias. In: Roberts, P. J. (Hrsg.): Biochemistry of Dementia. John Wiley & Sons Ltd., Chichester New York Brisbane Toronta 1980, 1–14.

Casler, L.: A simple verbal procedure for reducing the rates of psychosomatic enfeeblement and death in an aged population. Death Studies 9 (1985), 295–307.

Cooper, B., Bickel, H.: Prävalenz und Inzidenz von Demenzerkrankungen in der Altenbevölkerung. Ergebnisse einer populationsbezogenen Längsschnittstudie in Mannheim. Nervenarzt (1989) 60, 472–482.

Cutler, S. J., Grams, A. E.: Correlates of Self-Reported Everday Memory Problems. J. Gerontol. 43 (1988) 3, 582–90.

Fischer, B., Fischer, U.: Gehirn-Jogging für Ältere. In: Böhlau, V., Hrsg. Altern: körperliches und geistiges Training – medizinische Therapie. Schattauer: Stuttgart–New York, 1984.

Fischer, B., Lehrl, S.: Umfassende Therapie diffuser Hirnfunktionsstörungen in der Frühgeriatrie. In: Hirnleistungsstörungen – pharmakologische Grundlagen und therapeutische Ansätze. Wissenschaftliches Parallelprogramm im Rahmen des 34. Deutschen Kongresses für ärztliche Fortbildung – Berlin, 28. Mai bis 1. Juni 1985. Dr. Willmar Schwabe: Karlsruhe, 1986.

Fischer, B., Weidenhammer, W., Lehrl, S.: Über den Zusammenhang zwischen körperlicher und geistiger Leistungsfähigkeit im Alter. Geriatrics-pregeriatrics-rehabilitation 2 (1986), 55–71.

Fooken, I.: Überleben im hohen Alter – Ein Vergleich »kurz-« und »langlebiger« Probanden der Bonner gerontologischen Längsschnittstudie (BOLSA). Z. Gerontol. 17 (1984) 6, 354.

Haas, S.: Die Alzheimer'sche Erkrankung. Häufigkeit, Ursachen, Krankheitsbild, therapeutische Möglichkeiten. Die Schwester/Der Pfleger 30 (1991) 1, 28.

Heitzer, M.: Entwicklung und Vermittlung von Prototypen gesunden Verhaltens: In: Laaser, U., Sassen, G., Nurza, G. et al. (Hrsg.): Prävention und Gesundheitserziehung. Springer-Verlag, Berlin, New York, 1987, 9.

Kreutzer, C., Steinhagen-Thiessen, E.: Physiologische und pathophysiologische Aspekte. Münch. med. Wschr. 131 (1989) 3, 35–38.

Lehrl, S., Fischer, B.: Steigerung der geistigen Leistungsfähigkeit im Alter. Nervenheilkunde (1986) 5, 173–181.

Lehrl, S., Fischer, B.: Selber denken macht fit. Grundlagen und Anleitung zum Gehirn-Jogging. Vless: Ebersberg, 1986.

Lehrl, S., Fischer, B.: Wie läßt sich die Informationsübermittlung des Arztes an den Patienten verbessern? Ärztezeitschr. Naturheilverf. 23 (1982) 8, 413–423.

Lehrl, S., Fischer, B., Eissenhauer, W., Abraham, H.: Gehirn-Jogging. Fortschr. Med. 101 (1983), 26, 1217–1218, 1259–1260.

Lehrl, S., Hilmer, W., Mohr, W. et al.: Steigt die geistige Leistungsfähigkeit unter körperlicher Belastung? Geriatrics-pregeriatrics-rehabilitation 2 (1986), 95–108.

Lowenthal, M. F., Berkmann, P. L., Buehler, J. A., Pierce, R. C., Robinson, B. C., Trier, M. L.: Aging and Mental Disorder in San Francisco. Jossey Bass: San Francisco, 1967.

N. N.: Expertengespräch: Der ältere Kranke und seine Behandlung. Beilage 97 zu MMW (1989) 51/52, 8.

N. N.: Leben und Weg. Magazin für Körperbehinderte. 30 (1990) 3, 3.

Olbrich, E.: Kompetenz im Alter. Z. Gerontol. 20 (1987), 319–330.

Rudinger, G., Lantermann, E. D.: Soziale Bedingungen der Intelligenz im Alter. Z. Gerontol. 1980, 13, 433–44.

Schaie, K. C., Willis, S. L.: Can decline in Adult intellectual functioning be reversed? Developm. Psychol. 1986, 22, 223–32.

Schlösser, E.: Gedächtnistraining im Rahmen der Rehabilitation von Gehirngeschädigten. In: Fischer, B., Lehrl, S., (Hrsg.) Gehirn-Jogging. Narr: Tübingen, 1983.

Schubnell, H.: Durchschnittliches Lebensalter der Menschen im Verlauf der Geschichte. Naturwissenschaft und Medizin, Bd. IV, Mannheim 1967.

13
Die Geriatrische Tagesklinik
H. Werner

1 DIE GERIATRISCHE TAGESKLINIK

(TKL) ist eine teilstationäre Einrichtung, die zwischen ambulanter und vollstationärer Versorgung angesiedelt ist. Sie steht unter ärztlicher Leitung und bietet aufgrund räumlicher, personeller und organisatorischer Gegebenheiten medizinische Diagnostik und Therapie an, die dem professionellen Niveau einer Klinik entspricht. Hier werden ältere Patienten tagsüber aufgenommen und nach einem auf den individuellen Krankheitsfall abgestimmten Plan durch das Tagesklinikteam untersucht und behandelt. Abends und am Wochenende kehren sie in ihre häusliche Umgebung und in die vertrauten familiären und sozialen Bindungen zurück.
Die tagesklinische Behandlung vermeidet die mit einem vollstationären Aufenthalt verbundene Ganztagsbetreuung, die gerade bei alten Patienten oft zu Unselbständigkeit, Abhängigkeit und Verlust eigener Leistungsfähigkeit (Anziehen, Essen, Körperpflege, Umhergehen) führt.
Tabelle 1 zeigt die Zielsetzung tagesklinischer Behandlung im Alter.

Tabelle 1: Zielsetzung tagesklinischer Behandlung im Alter
Aufnahme in vollstationäre Behandlung möglichst vermeiden
Behandlungsdauer in der Akutklinik abkürzen
Das physische, psychische und soziale Wohlbefinden des alten Patienten wiederherstellen, erhalten und fördern

1.1 Konzeption

Die Geriatrische TKL benötigt bestimmte äußere Rahmenbedingungen, um medizinisch sinnvoll und wirtschaftlich arbeiten zu können.
1. Die Aufnahme in den Bettenbedarfsplan eines Bundeslandes ist die

Voraussetzung für die Finanzierung durch die öffentlichen Krankenversicherungen.

2. Die Finanzierung erfolgt über einen Pflegesatz nach §4 der Bundespflegesatzverordnung durch die Krankenversicherungsträger, der für jeden Behandlungstag und Patienten gezahlt wird.

3. Das Einzugsgebiet der TKL sollte ein dichtbesiedeltes städtisches Wohngebiet sein, um zu lange Anfahrtszeiten zur TKL zu vermeiden und um eine ausreichende Belegung zu gewährleisten.

4. Die Räumlichkeiten müssen einerseits genügend Platz für die Patienten bieten und auf der anderen Seite ausreichende Flächen für die vielfältigen therapeutischen Aktivitäten bereithalten. Grundsätzlich ist es möglich, bereits vorhandene Räumlichkeiten so umzugestalten, daß sie den Erfordernissen einer Geriatrischen TKL gerecht werden.

5. Der ökonomisch und medizinisch vernünftige Betrieb einer Geriatrischen TKL ist nur möglich, wenn diese räumlich und organisatorisch eng an ein gut ausgestattetes Krankenhaus angebunden ist. Der schnelle und unkomplizierte Zugang zu allen zentral angebotenen Dienstleistungen, Ver- und Entsorgungseinrichtungen, zu zentralen Diagnostik- und Therapieeinrichtungen sowie zu den Konsiliardiensten anderer Fachrichtungen muß jederzeit gesichert sein. Tabelle 2 zeigt die Beziehungen zwischen Krankenhaus und Geriatrischer TKL am Beispiel des Krankenhauses Höchst in Frankfurt am Main.

Tabelle 2: Verbindungen der TKL zum Krankenhaus

Ver- und Entsorgung	Konsiliardienste	Funktionseinrichtungen	Weitere Dienste
Verwaltung	Anästhesie	Radiotherapie	Sozialfürsorge
Apotheke	Chirurgie	Röntgen	Seelsorge
Küche	Gynäkologie	Endoskopie	Ernährungsberatung
Wäscherei	Augen	Sonographie	Orthopädie-Werkstatt
Sterilisation	HNO	Herz/Lungenfunktion	Geschäfte
Material	Neurologie	Labor	
Reparatur	Psychiatrie	Bäderabteilung	
Hol- und Bringedienste	Orthopädie		
	Haut		
	Urologie		
	Pathologie		

6. Das TKL-Team besteht aus Ärzten, Krankenschwestern und -pflegern, Physiotherapeuten, Ergotherapeuten, Sprachtherapeuten und Sozialarbei-

tern. Dazu kommen noch Schreibkräfte, Küchenhilfen und die Fahrer der Transportbusse. Alle genannten Berufsgruppen arbeiten sehr eng zusammen. Diese interdisziplinäre Kooperation ist eine wichtige Voraussetzung für die erfolgreiche Arbeit der Tagesklinik.
Tabelle 3 zeigt das Leistungsangebot der Geriatrischen TKL, das sich aus den genannten äußeren Bedingungen ergibt.

Tabelle 3: Leistungsangebot der Geriatrischen Tagesklinik
Medizinische Diagnostik und Therapie
Pflegerische Betreuung, Diätberatung
Physiotherapie, Ergotherapie, Sprachtherapie
Soziale Hilfe
Beratung und Entlastung von Angehörigen
Versorgung mit Hilfsmitteln

1.2 Aufnahmevoraussetzungen

TKL-Patienten müssen zumindest eingeschränkt gehfähig sein. Es können allerdings auch Rollstuhlfahrer aufgenommen werden, soweit es die Transportkapazität erlaubt.
Weiterhin muß ein Minimum an häuslicher Versorgung bzw. Selbstversorgung gegeben sein, wobei dem alten Patienten Hilfsangebote wie ambulante Krankenpflege, Essen auf Rädern, Hilfe durch Zivildienstleistende (ZDL) gemacht werden.
In der Geriatrischen TKL werden Patienten ab dem 50. Lebensjahr aufgenommen.

1.3 Einweisung

Die Patienten werden der TKL entweder direkt vom niedergelassenen Arzt zugewiesen, oder sie werden aus den Abteilungen des angeschlossenen Krankenhauses in die TKL verlegt. Einweisungen aus Einrichtungen der Altenpflege oder aus anderen Krankenhäusern sind ebenfalls möglich.

1.4 Transport

Die TKL-Patienten werden morgens zu Hause abgeholt und abends wieder nach Hause gebracht. Dies ist nur möglich mit Hilfe eines gut organisierten und funktionierenden Transportsystems. Bewährt haben sich Kleinbusse, die von Hilfsorganisationen gestellt und von ZDL gefahren werden. Ohne ein gut funktionierendes Transportsystem ist die tagesklinische Arbeit unmöglich.

1.5 Tagesablauf

Der typische Tagesablauf in einer Geriatrischen TKL ist in Tabelle 4 dargestellt.

Tabelle 4: Tagesablauf in der TKL

7.30	Arbeitsbeginn
7.30– 9.00	Ankunft der Patienten
8.00–10.00	Medizinische und pflegerische Maßnahmen
10.00–11.00	Visite
8.00–11.30	Einzel- und Gruppentherapie
11.30–12.30	Mittagessen
12.30–14.00	Ruhepause für Patienten
13.30–14.00	Teambesprechung
14.00–16.00	Untersuchungen, Verwaltungsarbeit, Therapie
15.00–15.30	Kaffeetrinken der Patienten
15.30–17.00	Abfahrt der Patienten

2 INDIKATION ZU TAGESKLINISCHER BEHANDLUNG

Nach den Erfahrungen der Geriatrischen TKL in Frankfurt/Höchst lassen sich die TKL-Patienten 4 Gruppen zuordnen.

1. Patienten mit körperlichen und/oder psychischen Erkrankungen, die nicht bettlägerig sind und die Dienste des Krankenhauses benötigen.
2. Patienten, die aufgrund einer bestimmten Symptomenkonstellation eine besondere Diagnostik oder Therapie brauchen.
3. Patienten, die aus der Akutklinik entlassen werden sollen und die noch weiterhin intensiver ärztlicher, pflegerischer, physio- oder ergotherapeutischer Betreuung zur endgültigen Rehabilitation bedürfen.
4. Patienten, die zum Zeitpunkt der Entlassung noch stark verunsichert sind und Angst davor haben, allein zu Hause zu sein. Diesen alten Menschen muß in der TKL das notwendige Selbstvertrauen für das Leben in der eigenen Umgebung vermittelt werden.

3 DIE KRANKHEITSBILDER

der TKL-Patienten umfassen nicht nur Erkrankungen auf dem Gebiet der Inneren Medizin. Bedingt durch die Multimorbidität im Alter werden auch Patienten mit Erkrankungen aus anderen medizinischen Fachgebieten wie

Tabelle 5: Behandlungsbedürftige Erkrankungen bei 284 TKL Patienten (%)			
Hypertonie	51	Parkinson	4
Kor. Herzkrankheit	36	Arzneimittel-NW	4
Herzinsuffizienz	34	Tumoren	8
Rhythmusstörungen	14	Endokrinol. Erkr.	7
Zerebrale Insulte	19	Weitere Erkr.	8
Periphere AVK	12		
Diabetes mellitus	42		
Nierenerkrankungen	13		
Abdom. Erkrankungen	27		
Knochen/Gelenkerkr.	36		
Frakturen/Gelenkop.	9		
Lungenerkrankungen	19		
Demenz	6		
Depressionen	5		

Chirurgie, Orthopädie, Urologie, Ophthalmologie, Neurologie und Psychiatrie aufgenommen und behandelt. Die Tagesklinikärzte sind daher auch häufig auf die konsiliarische Beratung ihrer Kollegen aus den anderen Fachgebieten angewiesen. Umgekehrt ist die TKL eine interdisziplinäre Institution, die älteren Patienten aus allen Fachabteilungen eines Krankenhauses bzw. Patienten der niedergelassenen Kollegen aller Fachrichtungen zur Verfügung steht. Dieses fachübergreifende und fachintegrierende Konzept ist ein typisches Merkmal der Geriatrischen TKL.
Tabelle 5 zeigt die Häufigkeit behandlungsbedürftiger Krankheiten bei 284 Patienten der TKL am Krankenhaus Höchst.
Einige Krankheitsbilder können in der TKL wesentlich effektiver und medizinisch sinnvoller behandelt werden als im vollstationären Bereich. Dazu gehört die chronische periphere arterielle Verschlußkrankheit, bei der das Gehtraining eine der wesentlichsten Therapieformen darstellt.
Die Hypertonie und der Diabetes mellitus können in der TKL unter Bedingungen eingestellt werden, die der täglichen Lebensweise des Patienten erheblich mehr angenähert sind als auf der Station. Die Aktivitäten des täglichen Lebens können bei Schlaganfallpatienten wirklichkeitsnah eingeübt werden. Patienten nach Herzinfarkt oder mit Herzinsuffizienz können in bezug auf ihre Belastbarkeit in der TKL viel realistischer beurteilt werden.
Die Tabellen 6 und 7 geben einen Überblick über die therapeutischen Schwerpunkte der Geriatrischen TKL.

Tabelle 6: Rehabilitationsmaßnahmen bei
Zerebralen ischämischen Erkrankungen
Koronarer Herzkrankheit
Peripherer arterieller Verschlußkrankheit
Erkrankungen des Respirationstraktes
Altersdepression, Demenz
Chronisch entzündlichen und degenerativen Gelenkerkrankungen
Zustand nach Frakturen, Amputationen, Gelenkersatz

Tabelle 7: Überwachung der medikamentösen und diätetischen Therapie bei

Herzinsuffizienz	Chronischen Lebererkrankungen
Herzrhythmusstörungen	Chronischer Niereninsuffizienz
Hypertonie	Diabetes mellitus
Malignen Erkrankungen	

4 DIE REHABILITATIVEN MASSNAHMEN

erstrecken sich auf Physiotherapie, Ergotherapie, Sprachtherapie, pflegerische und ärztliche Behandlung sowie soziale Hilfen. Der ältere Patient soll ein Höchstmaß an physischer, psychischer und sozialer Kompetenz gewinnen, die ihm ein Weiterleben in seiner gewohnten Umgebung erlaubt.
In anderen Fällen kann diese Kompetenz durch akut auftretende Erkrankungen gefährdet sein. Dann gilt es, Selbständigkeit und Funktionsfähigkeit durch eine Erhaltungstherapie zu unterstützen.
Diesem Ziel dient auch die Durchführung und Überwachung schwieriger diätetischer, medikamentöser und pflegerischer Therapiemaßnahmen. Angehörige der alten Patienten werden nach Möglichkeit in die Therapie mit einbezogen und erhalten Rat und praktische Hilfestellung je nach Bedarf durch die Mitglieder des TKL-Teams.
Es muß beachtet werden, daß sich in der TKL ältere Patienten mit zum Teil sehr schweren Erkrankungen befinden. Man muß daher mit Notfällen rechnen und auf diese vorbereitet sein. Alle technischen Hilfsmittel (Intubation, Defibrillation usw.) und selbstverständlich die fachliche Kompetenz muß zur Verfügung stehen, um im Bedarfsfall schnell und effektiv eingreifen zu können.

14
Krankengymnastik in der Geriatrischen Tagesklinik

M. Matheja

1 DIE PATIENTEN

Es handelt sich um:

a) Patienten, die keine stationäre Behandlung in der Akutklinik mehr benötigen und für die der große Vorteil einer tagesklinischen Therapie darin besteht, nach den gleichen Grundsätzen weiter behandelt zu werden, ohne daß ein Stillstand der bisher angewandten Therapie in Kauf genommen werden muß. Hierbei handelt es sich vorwiegend um Patienten, deren Erkrankungen zu längerfristigen Einschränkungen ihrer Funktionen führen.

b) Patienten, die direkt von ihrem Hausarzt in die Tagesklinik eingewiesen werden. Bei dieser Gruppe von Patienten liegen meist nur Einfachschädigungen vor, die oftmals allein durch die konservative krankengymnastische Therapie behoben werden können, wodurch die Patienten wieder gut auf das Alltagsleben vorbereitet werden.

2 DIE ARBEIT IN DER TAGESKLINIK

Soweit der einzelne Patient für die krankengymnastische Therapie vorgesehen ist, erhält der Therapeut zunächst durch eine sorgfältige Anamnese, erhoben von dem aufnehmenden Arzt der Tagesklinik, einen genauen Überblick über die Beschwerden des Patienten. Da beim geriatrischen Patienten meist mehrere Diagnosen vorliegen, entscheidet somit der Arzt vorweg, welche Schwerpunkte in der Therapie zu setzen sind.
Da die Teamarbeit in der Tagesklinik von großer Bedeutung ist, nimmt das

therapeutische Team, bestehend aus Krankengymnasten, Ergotherapeuten, Masseur und Logopäde vor dem jeweiligen Behandlungsbeginn Rücksprache mit dem Arzt. Es ist unbedingt darauf zu achten, daß der geriatrische Patient durch die Vielzahl der unterschiedlichen Therapien, die in der Klinik möglich sind, nicht überfordert wird. Es müssen dem Patienten daher zwischen den einzelnen Behandlungseinheiten ausreichende Erholungspausen zur Verfügung stehen, um physische und psychische Überforderungen zu vermeiden. Von großer Bedeutung ist es deshalb, während der Gesamtbehandlung Prioritäten zu setzen, um nicht ohne Rücksicht auf die älteren Patienten ein starres Gesamtbehandlungsprogramm durchzusetzen. Darum bedarf es der genauen Absprache der einzelnen Schritte der Gesamtbehandlung im Team der Klinik. Jeder Therapeut muß die schnelle Ermüdbarkeit und geringe Belastbarkeit geriatrischer Patienten einkalkulieren und bereit sein, seinen jeweiligen Teil der Gesamtbehandlung den gegebenen Umständen jederzeit anzupassen.

Handelt es sich um Patienten, die aus dem Akutkrankenhaus in die Tagesklinik eingewiesen werden, ist es für den Krankengymnasten selbstverständlich, sich vor der ersten Behandlung mit den Kollegen, die für die stationäre Therapie verantwortlich waren, in Verbindung zu setzen, um genügend Informationen über den bisherigen Behandlungsverlauf einzuholen. Somit kann dem Patienten eine optimale, übergangslose Nachbehandlung gewährleistet werden.

Zu beachten ist auch, den geriatrischen Patienten wegen seiner oft geringen Konzentrationsfähigkeit, Antriebslosigkeit und nur geringen Eigenaktivität nicht zu bevormunden, sondern ihn erwachsenengerecht zu behandeln.

Im Gegensatz zu jüngeren Patienten, die relativ schnell wieder Eigeninitiative ergreifen, ist es bei geriatrischen Patienten die besondere Aufgabe des Krankengymnasten, stets zu motivieren, Erlerntes selbständig anzuwenden. Da einige Patienten altersbedingt nur noch zu kleinen Fortschritten in der Lage sind, müssen sie immer wieder von neuem für die jeweils nächste Therapie gewonnen werden.

Erkennen und Eingehen auf die einzelnen Probleme der Patienten, Erarbeiten von Bewegungsabläufen mit vor allem patientengerechten, das heißt altersgerechten Anforderungen und das Erkennen und Bewerten auch nur sehr geringer Fortschritte sollten den Krankengymnasten in der Tagesklinik genügen, um mit geriatrischen Patienten motiviert arbeiten zu können. Das gesamte Team der Tagesklinik, vor allem aber die Therapeuten, haben es weitgehend selbst in der Hand, das Behandlungsziel, das sich Arzt und Patient vorgenommen haben zu erreichen. Arbeiten alle mit großer Geduld und Motivation miteinander, werden auch in der geriatrischen Tagesklinik immer wieder positive Erlebnisse für alle Beteiligten daraus hervorgehen.

Der zeitliche Tagesablauf der Krankengymnastik-Behandlungen in der Tagesklinik:

7.30– 9.00	Einzeltherapie	12.30–13.30	Einzeltherapie
9.00– 9.30	Atemgymnastikgruppe	13.30–14.00	Teambesprechung
9.30–10.30	Einzeltherapie	14.00–14.30	Koronar-Gymnastikgruppe
10.30–11.00	Allg. Gymnastikgruppe	14.30–16.00	Einzeltherapie
11.00–12.00	Einzeltherapie		

3 ZIELSETZUNG DER KRANKENGYMNASTIK

Von großer Bedeutung ist die Wiedergewinnung einer äußeren und inneren Elastizität, die dem geriatrischen Patienten helfen soll, den Anforderungen des Alltags – wieder – gewachsen zu sein und mit seinem Leben möglichst selbständig fertig zu werden. Mit den unterschiedlichsten krankengymnastischen und physikalischen Therapien können daher nicht nur Schmerzen gelindert, sondern insbesondere Alltagsfunktionen verbessert werden.
Im Rahmen der altersbedingten Möglichkeiten ohne große Beanspruchung von Herz und Kreislauf werden angestrebt:

1. Die noch vorhandene Bewegungsfähigkeit zu erhalten oder, soweit möglich, allmählich auf das jeweils optimale Bewegungsausmaß der Gelenke zu erweitern.
2. Allgemeine Kräftigung der Muskulatur durch ein Wechselspiel von An- und Entspannung, auch zur Stabilisierung der Haltung.
3. Der zunehmenden Versteifung und Verkürzung von Muskeln und Sehnen vorzubeugen über behutsames Dehnen der Muskulatur und ihrer sehnigen Ansätze.
4. Anregung von Atem- und Kreislauffunktion.
5. Schulung der Reaktionsbereitschaft und der Konzentrationsfähigkeit.
6. Verbesserung des Gleichgewichtsgefühls, des Koordinationsvermögens und damit des Gangbildes.

4 BEHANDLUNGSMASSNAHMEN

Im Mittelpunkt stehen beim geriatrischen Patienten in der Tagesklinik die aktiven Behandlungsmaßnahmen, die passiven Therapien sind dagegen lediglich als begleitend anzusehen.
Gerade in der Behandlung des älteren Menschen wird ein Höchstmaß an differenzierter, allerfeinster Handhabung der Techniken vom Krankengymnasten verlangt.

4.1 An aktiven Behandlungsmaßnahmen

kommen in Betracht:

a) Kräftigungsübungen der Muskulatur
b) Lockerungs- und Dehnübungen
c) Kontrakturbehandlung
d) Gruppengymnastik
e) Gymnastik im Bewegungsbad
f) Ergotherapie.
Ergotherapeutische Behandlungsmöglichkeiten, die neben der physikalischen und krankengymnastischen Therapie einen wichtigen Platz in der Rehabilitation einnehmen, dürfen in ihrer Bedeutung gerade in der geriatrischen Tagesklinik nicht unterschätzt werden.

4.2 An passiven Behandlungsmaßnahmen

kommen in Betracht:

a) Massage (klassische und Bindegewebsmassage, Lymphdrainage)
b) Hydro-Balneotherapie (Fango, Stangerbad und Unterwassermassage)
c) Kryotherapie
d) Elektrotherapie
Zur Behandlung bewährt haben sich in der Tagesklinik:
- Galvanisation
- Diadynamik
- Ultraschall
- Elektrogymnastik.

Deren Vorteile liegen in:
- der kurzen Behandlungsdauer
- der schnell eintretenden analgetischen, hyperämisierenden und stimulierenden Wirkung
- der guten Verträglichkeit.

Allerdings muß auch bei dieser Form der Therapie auf die individuelle Reaktion geachtet werden. Zudem müssen die unterschiedlichsten Verfahren genauestens ausgeführt werden und zwar immer unter subtiler Anpassung des elektrischen Reizes bezogen auf das Krankheitsbild und Behandlungsstadium.

5 KRANKENGYMNASTISCHE TECHNIKEN

Gezielte Übungsmöglichkeiten und spezielle krankengymnastische Techniken sind ohne weiteres auch auf den geriatrischen Patienten zu übertragen, wie zum Beispiel:

- *PNF*, um allgemein Kraft, Ausdauer, Koordination und Entspannung gezielter Muskelgruppen anzusprechen, vor allem unter Berücksichtigung koordinativer Leistung
- *Stemmführung nach Brunkow*, um ein Training der Ganzkörpermuskulatur über isometrische Arbeit zu erreichen
- *Bobath-Therapie* zur Behandlung von hemiplegischen Patienten
- *Manuelle Therapie* als schonenste und erfolgreichste Kontrakturbehandlung mit Traktion, parallelem Gleiten und Dehnen, sobald der Arzt nach Röntgenkontrolle keine Einwände anzeigt.

Um die Patienten für eine dieser Techniken zu gewinnen, bedarf es eines großen Einfühlungsvermögens seitens des Krankengymnasten. Vielfach müssen daneben zusätzliche Wege probiert werden, um einer unnötigen Resignation des Patienten vorzubeugen. Eine Motivationssteigerung läßt sich am ehesten durch Schmerzfreiheit und für den Patienten klar erkennbare Erleichterung von Alltagsbewegungen erreichen.

6 HÄUFIGSTE KRANKHEITSBILDER

6.1 Orthopädische Krankheitsbilder

a) Chronisch degenerative Veränderungen

Alle Formen von chronisch degenerativen Veränderungen der Knochen, der Gelenke und der Muskulatur.

b) Chronisch entzündliche Gelenkerkrankungen

z. B. Erkrankungen des rheumatischen Formenkreises.

c) Konservative Behandlung vor Gelenkersatzoperationen der unteren Extremität

Patienten, die auf Gelenkersatzoperationen warten, werden in der Tagesklinik durch die folgenden krankengymnastischen Therapien vorbereitet:

- Schulung des entlastenden Gehens
- Aktivierung der Armmuskulatur, um die Stützfunktion zu schulen
- Kräftigung der betroffenen insuffizienten Muskulatur
- Entspannung kontrakter Muskulatur.

Diese Patientengruppe kehrt meist postoperativ zur allgemeinen Rehabilitation in die Tagesklinik zurück.

d) Postoperativer Behandlungsbedarf nach künstlichem Hüft- und Kniegelenkersatz

Die hiervon betroffene Patientengruppe verläßt circa zwei bis drei Wochen postoperativ die Akutklinik, um in der Tagesklinik durch gezielte Maßnahmen weitestgehend rehabilitiert zu werden. Je nach Prothesentyp wird der Patient an zwei Unterarmgehstützen gehend, entlastend oder teilbelastend, in der Tagesklinik aufgenommen.

Krankengymnastische Maßnahmen zur Mobilisation sind:

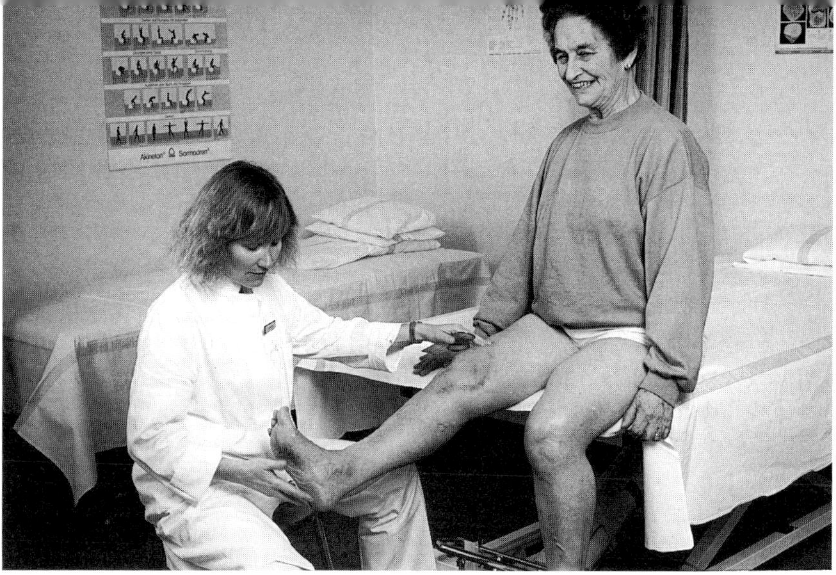

Abb. 1: Spannungsübungen für den M.quadriceps mit einer Patientin bei Zustand nach Totalendoprothese rechtes Kniegelenk.

- Statische Muskelarbeit-Entspannung
- Bewegungsübungen
- Gangschule und Treppengehen
- Bewegungsbad.

Ist die entlastende Behandlungsphase abgeschlossen, der Patient jedoch noch nicht in die ambulante Therapie entlassen, so werden die krankengymnastischen Maßnahmen nach erneuter Röntgenkontrolle und gutem Sitz der Prothese intensiviert. (Abb. 1)

Abb. 2: Gangschule im Freien bei unterschiedlicher Bodenbeschaffenheit.

Durch eine gezielte Gangschule, Gleichgewichts- und Stabilisationsübungen soll der geriatrische Patient wieder ein möglichst unauffälliges Gangbild sowie vor allem seine Sicherheit zurückgewinnen. (Abb. 2)
Darf der Patient schließlich sein operiertes Bein wieder vollständig belasten, ist das Ziel ein rhythmisches Gangbild unter Zuhilfenahme von höchstens einer Gehstütze. Bei der Art der Stütze sollte es sich, wenn nötig, um einen einfachen Handstock handeln, da eine einzelne Unterarmstütze zu einem asymmetrischen Haltungsbild führt.

e) Patienten nach Bandscheibenoperationen

Zielsetzung bei dieser Patientengruppe ist:
- Kräftigung der gesamten Rumpfmuskulatur
- Schulung funktioneller Bewegungsabläufe mit stabilisierter Wirbelsäule.

Erreicht und gesteigert werden kann dies durch:
- Statisches und dynamisches Muskeltraining
- Stemmübungen nach Brunkow
- Bücktraining
- Gangschule.

6.2 Chirurgische Krankheitsbilder

Es kommen in der TKL hauptsächlich vor:

a) Patienten mit Schenkelhalsfrakturen, meist versorgt mit Totalendoprothesen oder dynamischer Hüftschraube, die regelmäßig eine sofortige Mobilisation unter voller Belastung erlauben
b) Patienten mit Ober- und Unterschenkelfrakturen
c) Patienten mit subkapitaler Humerusfraktur
d) Patienten mit distaler Radiusfraktur
e) Patienten mit Bandverletzungen
f) Patienten mit Amputationen (meist der unteren Extremität).
   Falls diesen Patienten noch keine Prothese angepaßt wurde, werden sie in der Tagesklinik damit versorgt.
   Krankengymnastische Maßnahmen zur Rehabilitation sind:
   - Gezielte Stumpfgymnastik zur Muskelkräftigung und zur Beweglicherhaltung der noch vorhandenen Gelenke
   - Kontrakturbehandlung
   - Eventuell Narbenmassage
   - Gangschule mit Prothese
   - Kräftigung der Arm-, Schultergürtel- und Rückenmuskulatur.

   Von ebenso großer Bedeutung ist die Behandlung des erhalten gebliebenen Beines, da es in Zukunft verstärkt in Anspruch genommen wird.

6.3 Internistische Krankheitsbilder

a) Ein Großteil der internistisch erkrankten geriatrischen Patienten, die in der Tagesklinik krankengymnastisch behandelt werden, haben einen *apoplektischen Insult* erlitten, meist mit dem Resultat einer Hemiparese. Da diese Patienten regelmäßig schon in der Lage sind, sich bedingt selbständig fortzubewegen, ist deren Motivation wie die des Therapeuten weitaus größer als auf der Akutstation. Daher möchten die Patienten einen Fortschritt nach dem anderen erleben. Es ist in diesen Fällen auch Aufgabe des Therapeuten, dem Patienten behutsam nahezubringen, daß das Ziel der Behandlung nicht immer die vollständige Wiederherstellung sein kann.
Die Hemiplegiepatienten werden sowohl aus krankengymnastischer als auch aus ergotherapeutischer Sicht nach dem Bobath-Prinzip behandelt.
Ziele und Schwerpunkte bei diesem Krankheitsbild sind in der Tagesklinik:

- Erlangen der Selbständigkeit und Sicherheit durch gezieltes Einüben von Alltagsbewegungen, zum Beispiel das Drehen im Bett durch Übungen auf der Behandlungsbank, Aufsetzen an die Bettkante, Stützübungen, Wechsel zwischen Sitz und Stand
- Gleichgewichtsschulung und Rumpfkontrolle sowohl im Sitzen als auch im Stand (Abb. 3)
- Gangschule, nach Möglichkeit ohne Gehhilfen, damit der Patient ein symmetrisches Gangbild mit gleichmäßiger Belastung beider Beine erlernt. Dies ist natürlich nur möglich, wenn der Patient im Akutkrankenhaus nicht an die Gehhilfe gewöhnt wurde.

In der Tagesklinik findet die krankengymnastische Therapie nicht auf der Matte, sondern auf einer breiten Bobath-Liege (Vojta-Tisch) statt. Durch die

Abb. 3: Schulung der Gleichgewichtsreaktion bei einem Patienten mit Zustand nach apoplektischem Insult.

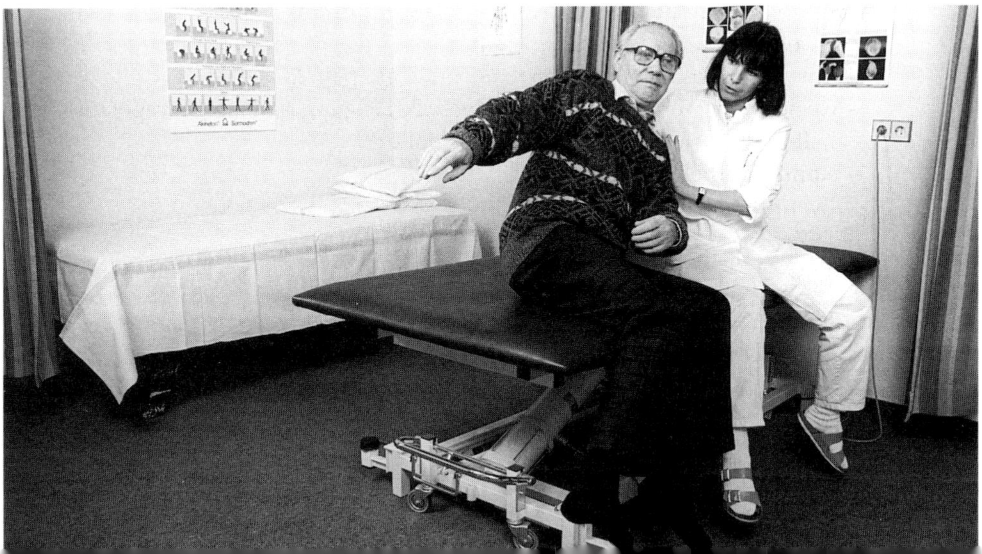

größere Breite dieser Behandlungsbank wird dem geriatrischen Patienten ein erhöhtes Maß an Sicherheit vermittelt. Das für den geriatrischen Patienten, bedingt durch arthrotische Veränderungen, meist mit Unbehaglichkeit, Schmerzen in den Gelenken und Schwindelattacken verbundene Hinlegen auf die Gymnastikmatte wird so vermieden.

b) Krankengymnastisch behandelt werden außerdem Patienten mit *Durchblutungsstörungen der Beine,* sowohl *venös* als auch *arteriell* bedingt. Ärztlich angeordnete Therapie ist hier meist die Bewegungstherapie.
Für den *venös* erkrankten Patienten bedeutet diese eine Aktivierung der Muskelpumpe, um den Rücktransport des Blutes in den Beinen zu verbessern durch:
- Fußbewegungen in Rückenlage unter Mitbewegung der Kniegelenke
- Treppensteigen und gezieltes Gehen mit besonderer Aufmerksamkeit auf das Fußabrollen mit zwischengeschalteten Pausen
- weitere krankengymnastische Techniken, wie zum Beispiel isometrische Spannungsübungen oder Bewegungsmuster in Form von Komplexbewegungen.

Für den *peripher arteriell* erkrankten Patienten bedeutet die Bewegungstherapie eine Anregung des Kollateralkreislaufes. Da die meisten dieser Patienten nur über eine verminderte Gehleistung verfügen, gelten als therapeutische Ziele die Erhaltung und Verbesserung der momentanen Gehleistung.

Abb. 4: Patient mit Arterieller Verschlußkrankheit beider Beine beim Laufbandtraining.

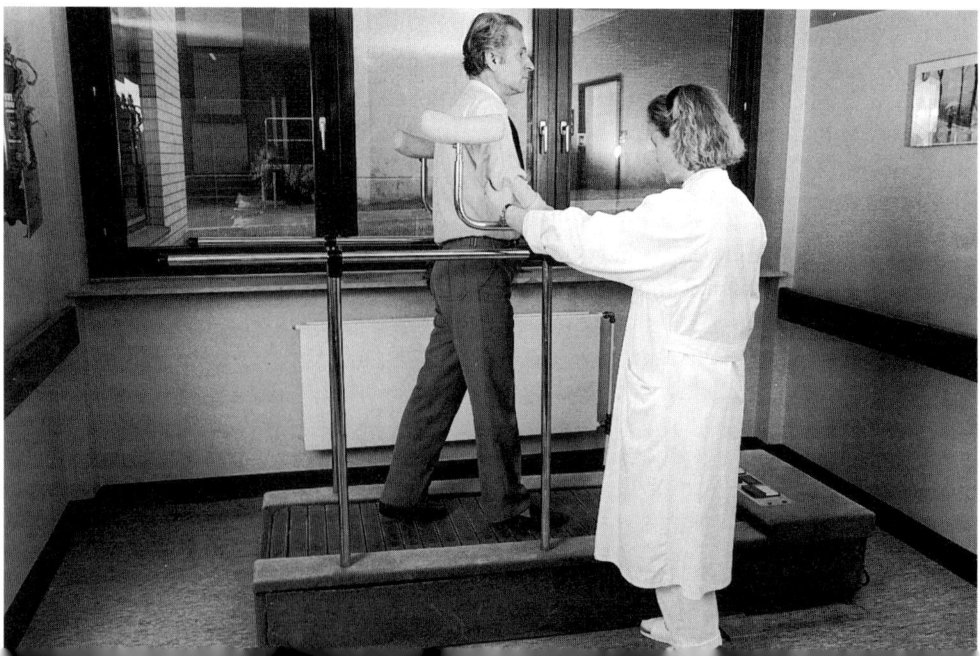

Die krankengymnastische Therapie versucht dies über ein gezieltes Gefäßtraining, je nach Lokalisation des Gefäßverschlusses durch:
- Ratschowsche Rollübungen (s. auch S. 181)
- Gehtraining mit Ergänzung durch das Laufbandergometer. (Abb. 4)

Beim Training auf dem Laufbandergometer ist es, wie auch beim üblichen Gehtraining wichtig, daß der Patient seine Schmerzgrenze nicht übergeht. Das Laufbandergometer wird allerdings in der Tagesklinik nicht nur zur Therapie eingesetzt, sondern ermittelt darüber hinaus für den behandelnden Arzt auch exakt die jeweilige Gehleistung des Patienten.

c) Ein Großteil der Patienten der Tagesklinik leidet an *Atemwegserkrankungen,* z. B.
- Asthma bronchiale
- Chronische Bronchitis
- Lungenemphysem
- Pneumonie.

Je nach Krankheitsbild und krankengymnastischem Befund wird für den Patienten in der Tagesklinik zur Atemerleichterung eine speziell auf ihn und seinen jeweiligen Zustand abgestimmte Atemtherapie zusammengestellt. Dabei ist die Atemtherapie lediglich als unterstützende Maßnahme zur medikamentösen Behandlung anzusehen, die nur bei leichter und mittelschwerer Atemnot eingesetzt wird.

Krankengymnastische Maßnahmen sind (s. auch S. 196):
- Manuelle Techniken am Thorax
- Kombinierte Ein- und Ausatemtechniken
- Husten- und Abhusttechniken
- Atemerleichternde Körperstellungen
- Anleitung zur Eigenwahrnehmung der Atembewegungen.

Solange keine wesentliche Besserung eintritt, wird der Patient nach ärztlicher Anordnung in der Einzeltherapie behandelt. Stabilisiert sich der Zustand des Patienten, wird er nach Absprache mit dem Arzt in der Atemgymnastikgruppe weiterbehandelt. Die aufwendigere Einzeltherapie ist dann abgeschlossen und wird auf eine aktivierende Gruppentherapie reduziert.

d) Patienten mit *Herz- und Kreislauf-Erkrankungen* werden, wenn es der momentane Zustand erlaubt, in der Koronargruppe der Tagesklinik rehabilitiert (s. auch S. 191).

6.4 Neurologische Krankheitsbilder

Am häufigsten behandelt werden Patienten mit Zustand:

a) bei Morbus Parkinson

b) bei Polyneuropathie

c) bei Encephalomyelitis disseminata
d) bei Fazialisparese
e) bei Hirntumoren
f) nach operativ entfernten Hirntumoren

Bei all diesen Krankheitsbildern ist es auch hier das Ziel, durch die unterschiedlichsten krankengymnastischen Therapien:

- Funktionen zu erhalten und zu verbessern
- Erreichen weitgehender Selbständigkeit im täglichen Leben.

7 GRUPPENGYMNASTIK

Die aktivierende Gruppentherapie wird dann angewandt, wenn sich der Zustand des Patienten durch die Einzeltherapie stabilisiert hat, eine Einzeltherapie von vornherein nicht erforderlich war, wenn eine Besserung in der Einzeltherapie nicht zu erwarten ist oder auch dann, wenn die Kooperation des Patienten ungenügend ist.

1. Als Gruppengymnastik finden statt:
   Atemgymnastikgruppe
   Koronargymnastikgruppe
   Allgemeine Gymnastikgruppe
   »Isometrie-Gymnastikgruppe«
   Bewegungsbad
2. Zur Durchführung sämtlicher Gruppentherapien gilt:

- Regelmäßiger Beginn täglich zur festgelegten gleichen Uhrzeit
- Heller, freundlicher, gut zu belüftender Raum, wenn möglich mit Aufzug erreichbar
- Tragen von bequemer, nicht beengender Kleidung und bequemem Schuhwerk, um ausreichende Bewegungsfreiheit zu gewährleisten (extra Anschaffung von Sportbekleidung ist jedoch nicht erforderlich)
- Beschränkung der Teilnehmerzahl auf maximal 15 Patienten
- Beschränkung der Übungszeit auf maximal 30 Minuten
- Sitz auf dem Vierbeinhocker als entlastende Ausgangsstellung (bei sehr betagten Patienten Verwendung eines Stuhles ohne Armlehnen)
- Stirnkreisaufstellung, damit der Therapeut die Gruppe insgesamt überblicken und Zwischenfälle sofort erkennen kann
- Ausreichende Abstände zwischen den Teilnehmern
- Genaue Demonstration der einzelnen Übungen, klare und bestimmte Tempoangaben durch den Therapeuten
- Vermeidung zu schnellen Wechsels der Einzelübungen, um den geriatrischen Patienten nicht zusätzlich zu belasten.

Die Anforderungen an den eine Gruppe leitenden Krankengymnasten sind nicht gering einzuschätzen. Er muß die Fähigkeit besitzen, die Gruppe ständig zu kontrollieren, zu führen und zu motivieren.

7.1 Die Atemgymnastikgruppe

Bei dieser sog. »Hockergymnastik« sollen Atem- und Brustkorbbewegungen therapeutische Atemreize setzen, um durch Ventilationssteigerung zu einer besseren Belüftung der Lungen beizutragen. Im Gegensatz zur Einzeltherapie besteht in der Atemgymnastikgruppe verstärkt die Möglichkeit, die Atmungsfähigkeit der Patienten durch Beweglichmachung des Brustkorbes zu steigern. Der beim älteren Menschen stark fixierte Thorax soll durch weiche, sowohl passive wie aktive Atem-Brustkorbbewegungen und deren lockernde und dehnende Wirkung weitestmöglich aus seiner Starre befreit werden. Das Ausatmen soll betont geübt werden, weil dieses durch die beim älteren Menschen geringer ausgeprägte Elastizität des Brustkorbes meist erschwert ist. Von Bedeutung hierbei ist insbesondere, daß den Patienten diese Zusammenhänge immer wieder vor Augen geführt werden.
Einzelne Therapieformen sind:

- Lockere Armschwünge (langsames Einschleichen lassen bis zu großzügigen Bewegungsabläufen)
- Rumpfdrehbewegungen
- Rumpfbeugebewegungen
- Seitneigebewegungen.

Zu beachten sind:

- Einschalten von reichlichen Pausen, um genügend Zeit zum Nachatmen zu geben, das sich von selbst einstellt und ein tieferes Durchatmen gewährleistet
- Nicht zu früher Einsatz von Handgeräten vor Sicherstellung, daß alle Teilnehmer der Gruppe die Prinzipien von Lockerung, Dehnung und gezieltem Atmen vollständig verstanden haben
- Kein Einsatz von Musik oder sonstiger rhythmischer Unterstützung zur Vermeidung von Ablenkung und Störung
- Keine Atemkommandos und Aufzwingen eines Atemrhythmus, damit die Patienten sich auf ihren eigenen Atemrhythmus konzentrieren und sich diesen bewußt machen können.

7.2 Die Koronargymnastikgruppe (s. auch S. 191)

Damit in dieser Gruppe für die Patienten keine Gefährdung entsteht, ist es Voraussetzung für diese Bewegungstherapie, daß der behandelnde Arzt auf Grund der Kenntnis des einzelnen Patienten, all seiner Befunde sowie der Schwere der zugrundeliegenden Erkrankung, der individuellen Belastbarkeit und der momentanen Beschwerden, seine Zustimmung erteilt.
Erkrankungen, die für diese Gruppe indiziert sind sind:
- Hypertonie
- Herzrhythmusstörungen
- Angina pectoris
- Herzklappenerkrankung ohne Zeichen einer Herzinsuffizienz
- Zustand bei Herzinsuffizienz NYHA I–II
- Zustand nach Herzinfarkt
- Zustand nach Bypass- oder Klappenersatzoperation.

Die Bewegungstherapie in der Koronargruppe ist lediglich als Unterstützung neben der medikamentösen und operativen Behandlung zu sehen. Da Schonung, vor allem beim geriatrischen Patienten einen schnellen Abbau der körperlichen Belastbarkeit verursacht, spielt gerade diese Gruppe in der Tagesklinik eine besondere Rolle. Bei regelmäßigem Training, das täglich zwischen 20 und 30 Minuten dauert, kann man auch beim älteren Menschen die Belastbarkeit deutlich steigern.
Ziel der Koronargruppe ist:
- Abbau von Angst vor körperlicher Belastung
- Physische und psychische Stabilisation
- Vermitteln von Freude an körperlicher Bewegung und damit am Leben
- Steigerung der Bewegungsmotivation durch die anderen Teilnehmer.

Der Ablauf der Koronargruppe gestaltet sich wie folgt:

Zunächst sollte der Patient das selbständige Pulsen von Ruhepuls, Belastungspuls und Regenerationspuls erlernen (gegebenenfalls Übernahme durch den Therapeuten). Der Patient muß darauf hingewiesen werden, starke Erschöpfung, Schwindelgefühle, Übelkeit, Atemnot oder sonstige Belastungsbeschwerden während der Therapie sofort mitzuteilen. In diesen Fällen muß die Therapie augenblicklich unterbrochen werden. Überängstliche Patienten, die darauf bedacht sind eine übertriebene Schonhaltung einzunehmen, können durch wohldosierte Bewegungsübungen, auch durch andere Gruppenteilnehmer, entängstigt werden. Zusätzliche Unterstützung dieser Patientengruppe hat seitens des Therapeuten über anerkennende Ansprache und Ermutigung zu erfolgen. Die Bewegungsübungen finden vorwiegend in der Vertikalen statt. Es werden ausschließlich dynamische Übungen ausgewählt, die eine unkontrollierte Belastung des Herzens

vermeiden und die natürliche Atmung unterstützen. Die Gymnastik sollte ausgerichtet sein an der Entspannung und Beweglichkeit und einer gut dosierten, leichten Muskelkräftigung der Patienten. Jede Übung sollte mehrmals mit ruhigem, rhythmischen Bewegungsfluß wiederholt werden.
Zur Steigerung der Therapie werden Handgeräte verwendet, z. B.:
- Luftballons
- Tennisringe
- Kleine Stäbe
- Leichte Bälle (Softbälle).

Zu vermeiden sind:
- Alle Übungen mit hohem Krafteinsatz
- Alle statischen Übungen und starke Belastungen der Arme (vor allem des Musculus pectoralis)
- Große Umlagerungen
- Preßatmung
- Spiele mit Wettkampfcharakter.

7.3 Die allgemeine Gymnastikgruppe

Indiziert ist diese Gruppe für Patienten:
- mit Diabetis mellitus
- mit Adipositas
- mit leichter Polyarthrose
- die zur Diagnostik in die Tagesklinik eingewiesen werden (zum Beispiel bei Tumorsuche).

Auch für Patienten, deren akute Beschwerden bei krankengymnastischer Einzeltherapie abgeklungen sind, ist diese Gruppe sinnvoll.
Rücksicht genommen werden muß in dieser Gruppe auf die:
- geringe Belastbarkeit
- schnelle Ermüdbarkeit
- leichtere Verletzbarkeit
- beeinträchtigte Koordinationsfähigkeit
- verlangsamten Reaktionen.

Damit sind alle Kraft- und Schnellkraftübungen sowie Hüpfen und Springen auf jeden Fall kontraindiziert.
Da die altersmäßigen Behinderungen kleinerer und größerer Art individuell sehr unterschiedlich sind, muß das Übungsprogramm so weit gefächert sein, daß es die Belastbarkeit jedes einzelnen Patienten berücksichtigt.

Ziele der allgemeinen Gymnastikgruppe:

Im physischen Bereich

- Verbesserung oder Erhaltung der Beweglichkeit zur Wahrung der Selbständigkeit und der Unabhängigkeit
- Verbesserung oder Körperhaltung, vor allem durch muskelkräftigende Übungen
- Verbesserung des Stoffwechsels, der Atmung und der Herz- und Kreislauftätigkeit
- Verringerung von Schmerzen am Halte-, Stütz- und Gehapparat.

Im psychischen Bereich

- Steigerung des Wohlbefindens durch kleine Erfolgserlebnisse und durch Freude an der regelmäßig durchgeführten Bewegung
- Steigerung des Selbstbewußtseins, Abbau von Hemmungen, Verschlossenheit und Ungeduld
- Erhöhung des Wohlbefindens durch soziale Kontakte
- Anregung zur gegenseitigen Hilfe
- Entwicklung des Gefühls der Mitverantwortlichkeit für die anderen Gruppenteilnehmer.

Weitere Ziele sind

- Verbesserung der Reaktion, Koordination und Konzentration
- Förderung der Anpassungsfähigkeit an neue Situationen.

Bei der allgemeinen Gymnastikgruppe sollte zum einen darauf geachtet werden, daß der gesamte Körper der Patienten durch Übungen des Rumpfes und der Extremitäten beansprucht wird, zum anderen, daß ein dynamischer Bewegungsablauf mit anfangs langsamem Tempo und wenig Krafteinsatz, später forciertem Tempo, beziehungsweise gesteigertem Krafteinsatz, beides zum Ende hin langsam ausklingend, entsteht und schließlich darauf, daß es zu einem ständigen Wechsel von An- und Entspannung kommt.
Weniger Wert sollte der Krankengymnast auf exakt ausgeführte Übungen legen, als auf einen ständigen Bewegungsablauf und auf die selbständig aktive Mitarbeit der einzelnen Gruppenteilnehmer.
Um Abwechslung und Freude in diese Gruppe zu bringen und auch die Intensität der Bewegungen zu steigern, sollten altersentsprechende Handgeräte, wie zum Beispiel Tücher, Luftballons, Softbälle, kleine und große Gymnastikbälle und -stäbe, Sandsäckchen, Tennisbälle und -ringe, Keulen oder Gymnastikreifen verwendet werden.
Auch kann der Einsatz von Musik zu Hilfe genommen werden. Hierbei halten sich jedoch die Vor- und Nachteile die Waage.

Vorteile des Musikeinsatzes sind:
- Steigerung der Motivation
- Anpassung der Bewegung an den Rhythmus
- Leichteres Durchhalten bei längeren Bewegungsabläufen.

Nachteile des Musikeinsatzes sind:
- Schwierigkeiten beim Verstehen der Übungsangabe, vor allem bei Schwerhörigkeit
- Ungenauere Bewegungsausführungen
- Überforderung der Leistungsfähigkeit von einzelnen Patienten.

Zur Steigerung von gegenseitiger Rücksichtnahme und Toleranz haben sich schließlich insbesondere Partnerübungen in der Gruppe bewährt.
Reaktions-, Konzentrations- und Koordinationstraining ergeben sich in der Gruppe von selbst, je nach ausgewählter Übungszusammenstellung und Art und Weise der Durchführung.
Als günstiger Abschluß in der allgemeinen Gymnastikgruppe bieten sich Spiele an. Dabei sollte darauf geachtet werden, daß diese immer so ausgerichtet sind, daß alle Patienten der Gruppe sich hieran auch beteiligen können. (Abb. 5)
Ungeeignet für die geriatrischen Patienten in der allgemeinen Gymnastikgruppe sind:
- Isometrische Spannungsübungen, bei denen es leicht zu Druckerhöhungen durch Pressen kommen kann. Der Therapeut kann, im Gegensatz zur

Abb. 5: Hockergymnastik in der »allgemeinen Gymnastikgruppe«.

Abb. 6: Erlernen von Brunkowschen Stemmübungen in der »Isometrie-Gruppe«.

Einzeltherapie, nicht jeden Patienten vollständig unter Kontrolle haben.
- Kraftübungen, da es durch Veränderung des Kalkgehaltes mit zunehmendem Lebensalter zu Knochenabbau und Formveränderungen der Knochen kommen kann und dadurch eine erhöhte Frakturgefahr besteht.

7.4 Die »Isometrie-Gruppe«

Indikationen hierfür sind:
- Degenerative Wirbelsäulenerkrankungen
- Osteoporose
- Wirbelsäulensyndrome (hauptsächlich Lumbalsyndrom)
- Zustand nach Bandscheibenoperation.

Zielsetzung dieser Gruppentherapie ist die Kräftigung der gesamten Rumpfmuskulatur, um mit Hilfe von statischem Muskeltraining durch Brunkowsche Stemmübungen ein aktives »Muskelkorsett« aufzutrainieren. (Abb. 6)

Je nach körperlicher Verfassung der Patienten findet diese Gruppentherapie entweder auf der Matte oder auf dem Hocker statt.

7.5 Das Bewegungsbad

Die Tagesklinik Ffm.-Höchst selbst verfügt über kein eigenes Bewegungsbad. Die Patienten der Tagesklinik haben jedoch dreimal wöchentlich die Möglichkeit das Bewegungsbad im Gebäude der Zentralen Physikalischen Therapieabteilung zu nutzen.
Sofern ärztlicherseits angeordnet, kommen in Betracht Patienten:
- mit künstlichem Gelenkersatz (Zustand bei Totalendoprothese von Hüft- oder Kniegelenk)
- mit arthrotischen Gelenkveränderungen
- mit degenerativen Wirbelsäulenveränderungen
- nach Bandscheibenoperationen
- mit Diabetes mellitus.

Bei Bewegungsübungen in gut temperiertem Wasser wird der Gesamtorganismus durch thermische und mechanische Faktoren positiv beeinflußt. Durch die Auftriebskraft des Wassers werden dabei die Bewegungen erleichtert. Dadurch können altersentsprechende Übungen zur Entspannung der Muskulatur und Verbesserung des Stoffwechsels weitaus leichter ausgeführt werden als außerhalb des Wassers. (Abb. 7)

Abb. 7: Wassergymnastik für Patienten mit Hüft- und Kniegelenkprothesen.

15
Ergotherapie in der Geriatrie
Das therapeutische Team

E. Idel-Krause

1 ERGOTHERAPIE

In diesem Beitrag werden spezielle Behandlungsverfahren und Zielsetzungen der Ergotherapie, die sich in der Geriatrie bewährt haben, vorgestellt.
Das Geriatrische Krankenhaus Elbroich in Düsseldorf hat 84 Betten im stationären Bereich und versorgt 24 Patienten in der Tagesklinik (teilstationär). In der Ergotherapie arbeiten zur Zeit insgesamt 6 Ergotherapeuten, 2 Schüler im ergotherapeutischen Praktikum und evtl. 1–2 Vorpraktikanten. Der größte Teil der Mitarbeiter hat an Bobath-Kursen teilgenommen, verfügt über Erfahrungen in der Feldenkrais-Methode und besucht laufend fachspezifische Fortbildungen.

1.1 BEHANDLUNGSZIELE

Die Ergotherapie geht von einer ganzheitlichen Sichtweise aus, die neben der Behandlung der motorischen Funktionsstörungen des Körpers ebenso die geistig-psychischen sowie die emotionalen und sozialen Auswirkungen einer Erkrankung beinhaltet. Die Therapie hat zum Ziel, den Patienten mit individuellen Behandlungsverfahren in die Lage zu versetzen, ein weitgehend selbständiges, selbstbestimmtes Leben zu führen. Die Bewältigung des praktischen Alltags ist ein Therapieschwerpunkt. Patienten mit folgenden Erkrankungen werden behandelt:
- Apoplexie
- Parkinson-Syndrom
- Multiple Sklerose
- Rheumatoide Arthritis

- Frakturen und Endoprothesenimplantationen
- Psychoorganisches Syndrom (POS).

Die häufig anzutreffende Multimorbidität des alten Menschen bedeutet auch für den Ergotherapeuten eine große Herausforderung.

1.2 BEHANDLUNGSPLANUNG

Zu Beginn der Behandlung wird ein umfassender Befund erstellt, aufgrund dessen Ziele und Methoden der Therapie aufeinander abgestimmt werden. Hierfür stehen spezifische Tests zur Verfügung.
Diese beinhalten die Überprüfung der:

- Motorik
- Sensibilität
- Schreibfähigkeit
- Hirnleistung
- Activities of Daily Living (ADL).

Diese Tests vermitteln ein konkretes Bild der vorhandenen Störungen und gewährleisten beim Abschluß der Therapie eine realistische Erfolgskontrolle.
Überwiegend wird in Einzeltherapie gearbeitet. Finden sich jedoch mehrere Patienten mit ähnlichen Störungsbildern, die eine gezielte Einzeltherapie nicht zwingend erfordern oder liegen soziokommunikative Gründe vor, bietet sich die Gruppentherapie an. Deren Vorteil liegt darin, daß insbesondere psychisch labile Patienten in der Gruppe durch soziale Kontakte und Motivation der Mitpatienten gestärkt werden. Ein weiterer Vorteil der Gruppenarbeit liegt darin, daß in einer Gruppe ca. 6 Patienten behandelt werden können, die Behandlungskapazität sich also entsprechend erhöht.
Zur Zeit verfügt unsere Abteilung über:

- 2 Handwerksgruppen zum Verbessern der Feinkoordination und der Sensibilität
- 2 Konzentrationsgruppen mit unterschiedlichen Anforderungen
- 1 Schreibgruppe
- 1 Parkinsongruppe.

1.3 ALLGEMEINE THERAPIEANSÄTZE

1.3.1 Geistig-funktionelles Training

Häufige Folgen nach Hirnschädigung sind Konzentrations- und Gedächtnisstörungen, welche auch der Patient selbst als verunsichernd erlebt. Zahlreiche Programme und Übungen können geistig aktivieren und Blockaden lösen. Dazu zählen besonders Übungen zur Stärkung von: Konzentration, Langzeit-, Kurzzeit- und Ultrakurzzeitgedächtnis sowie logisch-kausales Denken, Wortfindung und Wahrnehmung. Die Therapie soll Spaß machen, abwechslungsreich sein und die Vorstellungskraft anregen; keinesfalls darf sie Leistungsdruck erzeugen. So werden beispielsweise Wörter zerlegt und aus den Buchstaben neue Wörter gebildet, Sprichwörter gesucht, Gerüche und Geräusche geraten oder die Orientierung im Haus und auf der Station geübt. Ein äußerst komplexes Gebiet betrifft die rechts- bzw. linkshemisphärisch typische Störung nach Hirnschädigung.

Im folgenden soll ansatzweise auf diese neuropsychologischen Störungen eingegangen werden, um exemplarisch die ergotherapeutische Behandlung zu verdeutlichen.

Vereinfacht dargestellt übernimmt die rechte Gehirnhälfte das Erfassen von Gesamtzusammenhängen einer Sache, einer Situation oder eines Raumes. Die linke Hemisphäre steuert die Details bei und ist verantwortlich für die Planung und Produktion von Handlungsfolgen. Beispielsweise kann ein Rollstuhlfahrer mit einer Linkshirnschädigung Schwierigkeiten mit der folgerichtigen Handhabung des Rollstuhls haben. Dagegen fällt ein Patient mit rechtshirniger Störung eher auf durch Anfahren von Möbeln oder Türen, meistens an seiner linken Seite. Die linke Raum- und Körperseite wird ignoriert.

Um einem rechtshirnbetroffenen Patienten wieder einen Zugang zum Raumaufbau zu verschaffen, beginnen die Übungen mit dem einfachen Zergliedern einer geometrischen Form. Später wird vom Ganzen ausgehend auf einem Grundriß aus Papier die Anordnung einzelner Möbelstücke eines Zimmers schrittweise erarbeitet.

Damit ein linkshirngeschädigter Patient wieder lernt, bestimmte Handlungsabläufe reihenfolgerichtig auszuführen, werden ihm aufzubauende Ordnungsreihen angeboten. Zum Beispiel lernt er Stäbe verschiedener Längen oder Kreise unterschiedlicher Größe in richtiger Abstufung anzuordnen. Mehrdimensional, also anspruchsvoller, ist die Aufgabe, z. B. Schrauben einmal nach Länge und andererseits nach Dicke anzuordnen. Ergänzt wird dies durch alltagspraktische Tätigkeiten wie Kaffeekochen oder ein Rührei zu braten.

1.3.2 Motorisch-funktionelles Training

Leitsätze sind hier:

- dem Patienten die Therapie transparent machen, um ihn als Partner und Ko-Therapeuten zu gewinnen,
- die Anforderungen an den Patienten anpassen. Die Therapie soll ihm Mut machen und sein Vertrauen in die eigenen Fähigkeiten aufbauen.

(Die Therapie von Patienten mit Hemiplegie beruht auf den Grundlagen des Bobath-Konzeptes)

Behandlungsziele vom Rumpf ausgehend	**Methoden**
Bewältigung der Schwerkraft; Gleichgewichtsreaktionen; Körpersymmetrie und Aufrichtung; Wiederaufbau physiologischer Rumpfmuskulatur; schmerzfreie Schulterbeweglichkeit. (Rumpfarbeit ist immer im Dienst der Funktionen zu sehen)	Tonushemmung und Fazilitation im Liegen und im Sitzen; Greifen aus verschiedenen Richtungen mit Rumpfrotation und Hüftflexion; Schultermobilisation.
Den Körper wieder physisch wie geistig-psychisch als Einheit erleben; Entspannung; Schmerzlinderung und Zurücknahme motorischer Beeinträchtigungen, z. B. von Paresen, Einschränkungen der Gelenke, Tremor und Akinese.	Dies erfährt der Patient im Liegen (Richtung Feldenkrais-Methode).
Verbesserung der Gesichtsmotorik.	Mit Tonushemmung und Fazilitation; Einüben eines Programmes zur Verstärkung der Mimik bei Parkinson-Syndrom.
Abbau von Hemianopsie (und Hemineglect).	Bei Such- und Zuordnungsaufgaben auf großem Arbeitsfeld werden sowohl Gesichts- als auch Blickfeld einbezogen. Dabei werden motorische wie geistige Leistungen gefordert.

Behandlungsziele mit Schwerpunkt Obere Extremitäten	**Methoden**
Aufbau physiologischer Muskelaktivität sowie physiologischer Bewegung (geschieht zu Beginn mit Unterstützung und Führung des Therapeuten).	Aufbau der Ellbogenextension und Armabduktion im Liegen oder Sitz, dann mit der paretischen Hand verschiedene Regionen des eigenen Körpers berühren. Von den Patienten besonders bevorzugt werden alltagspraktische Tätig-

	keiten wie: Rollen, Kippen, Halten von Glas oder Flasche; Wasser aus Flasche in Glas füllen und trinken; Zeitung bzw. Handtuch falten; Gegenstände aufheben; Brille aus Etui nehmen und aufsetzen; Nase putzen.
Aufbau von Greiffunktionen	Vergrößerte Gesellschaftsspiele, Stapelturm, Stangenbaum; Form und Größe der Stecker werden so gewählt, daß gewünschte Hand- und Fingerstellungen hervorgerufen werden. Das Anreichen des Materials geschieht aus verschiedenen Richtungen und Ebenen, um gewünschte Bewegungsabläufe herauszufordern, z. B. Armextension in Verbindung mit Rumpfrotation.
Verbesserung der Koordination Hand/Hand, Hand/Augen und der Feinkoordination.	Alternierendes Greifen mit Reifen und Stäben, Ballspiele, Gesellschaftsspiele. Arbeiten mit Peddigrohr, Makramee, Ton, Wolle, Papier und Schere. Steckspiele, Kartenspiele, Geschicklichkeitsspiele.
Gelenkmobilisation, Vermeiden von Fehlstellungen der Gelenke (insbesondere bei rheumatoider Arthritis).	Übungen für Rheumatiker, auch mit Silikonknete; Arbeiten mit Ton; Gelenkschutzmaßnahmen.
Verbesserung der taktilen und propriozeptiven Perzeption.	Sinnesstimulation mit Therapiematerial, das z. B. mit Reis, Hülsenfrüchten, Sand, Kordel, Textilien beklebt ist; Arbeiten mit Ton unterschiedlicher Körnung oder mit verschiedenen Garnen; Wahrnehmung durch Eigenarbeit fördern mit Pinsel, Bürste, unterschiedlich temperiertem Wasser; über das Führen der Hände des Patienten die Sinneswahrnehmung stärken, die wieder-

	um die motorischen Fähigkeiten und die Handlungsplanung beeinflußt (nach Affolter).
Verbesserung der Schreibfähigkeit.	Ausbau von Fähigkeiten der paretischen Hand; Umlernen von der betroffenen dominanten Hand auf die andere; Erproben und Einsatz von Schreibhilfen, Griffadaptationen, leichtgängigen Stiften; Entgegenwirken der Mikrographie bei Parkinson-Syndrom.
Motivation des Patienten, Übungen zur Mobilitätserhaltung auch nach der Entlassung selbständig weiterzuführen.	Rechtzeitiges (weit vor der Entlassung!) Vertrautmachen und gründliches Einüben von Heimprogrammen für Patienten mit rheumatoider Arthritis, spastischen Hemiparesen und Parkinson-Syndrom.
Behandlungsziele mit Schwerpunkt Untere Extremitäten	**Methoden**
Verbesserung der Stehfähigkeit.	Gewichtsverlagerung im Stand; vergrößerte Brettspiele, Ballspiele, Kegeln im Stand; Aktivitäten des täglichen Lebens im Stand, angepaßt an die Zeit vor der Erkrankung.
Verbesserung der Gehfähigkeit.	Bei Hemiplegikern nach den Prinzipien des Bobath-Konzeptes, bei Parkinson-Patienten Gehen mit Kommando oder rhythmischer Unterstützung, Hindernisse übersteigen, Passieren von Engpässen.
Selbständiger Transfer.	Wird geübt durch tägliches Umsetzen Rollstuhl – Stuhl, evtl. Rollstuhl – Toilette.

Der Übersichtlichkeit halber wurden hier gewisse Funktionen den Körperteilen zugeordnet. In der Praxis jedoch werden verschiedene Tätigkeiten untereinander kombiniert. Der Patient übt z. B. Greifen im Stand (Abb. 1).

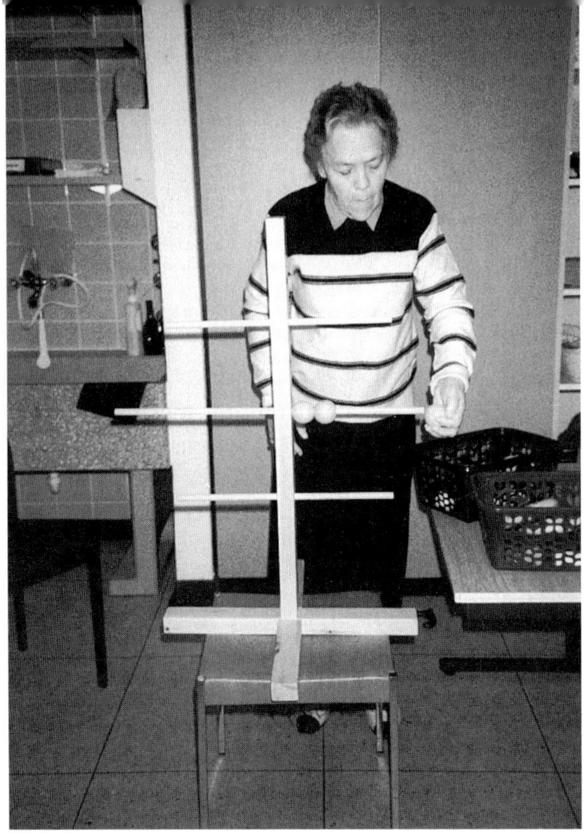

Abb. 1: Greifen im Stand – Patientin mit linksseitiger Hemiplegie

Wie aus der Darstellung der motorisch-funktionellen Therapie hervorgeht, ist die Ergotherapie eine wichtige Ergänzung und Unterstützung für die Arbeit der Krankengymnastik.

1.3.3 Selbsthilfetraining

Das Ziel, dem Patienten eine weitgehende Unabhängigkeit von fremder Hilfe zu geben, wird durch Einübungen alltagspraktischer Tätigkeiten angestrebt.

Körperpflege

Der Patient soll möglichst früh aktiviert und dazu motiviert werden. Wir ermutigen ihn daher bereits in der Liegephase, bei seiner Körperpflege selbst mitzuwirken. Die pflegerische Hilfe wird mit zunehmender Selbständigkeit schrittweise verringert.

Hilfen für Patienten mit Parkinson-Syndrom sind u. a.:
- Große Verschlüsse von Kosmetika
- Elektrogeräte zum Rasieren und Zähneputzen.

Hilfen bei Einschränkungen in Hüft- bzw. Schultergelenken sind:
- »Verlängerung der Arme« mit Hilfe eines Kochlöffels oder einer Bürste mit Stiel.

Kleiden

Folge eines apoplektischen Insultes kann die sogenannte Ankleideapraxie sein, die sich auf die Selbständigkeit störender auswirkt als motorische Defizite. Ursache ist die neuropsychologische Grundstörung.
Bloßes wiederholendes Üben des Kleidens wäre wegen der damit verbundenen Frustration eine Überforderung des Patienten. Einerseits muß der Patient erst wieder die Orientierung über seine Kleidungsstücke gewinnen, d. h. neu lernen, wie sie in bezug zu seinem Körper liegen. Andererseits hat er beim Ankleiden reihenfolgerichtiges Handeln zu vollbringen. In beiden Fällen bietet sich als eine von mehreren Methoden das Führen der Hände nach Affolter an.
Die geeigneten Hilfen richten sich nach dem jeweiligen Krankheitsbild. Hier einige Beispiele:

Bei *Parkinson-Syndrom:*

weite Kleidung; große, leicht gängige Verschlüsse; Schuhe mit Ledersohlen.

Bei *Rheuma:*

weite Kleidung, die gelenkschonend zu handhaben ist, Hilfsmittel wie z. B. Knöpfhilfe; wichtig ist auch das Vermitteln von Tricks.

Bei *Einschränkungen im Hüftgelenk:*
Hilfsmittel, z. B. Strumpfanzieher, langer Schuhlöffel; »Helfende Hand«.

Essen und Trinken

Erfahrungsgemäß wird die Selbständigkeit beim Essen und Trinken unter den alltagspraktischen Tätigkeiten zuerst wiedergewonnen.
Geeignete Hilfen können sein:
- Hilfsmittel, z. B. rutschfeste Unterlage; Bestecke mit Griffverdickungen; »Einhänderbrett«; Randerhöhungen an Tellern.
- Tips, z. B. schwere Gebrauchsgegenstände bei Ataxie zu benutzen. Oder, um beispielsweise die Auswirkungen eines Tremors zu umgehen, eine Tasse nur halb zu füllen.

Abb. 2: Verwendung von Hilfsmitteln in der Küche – Patientin mit linksseitiger Hemiplegie.

Haushalts- bzw. Küchenaktivitäten

Das Küchen- bzw. Haushaltstraining verfolgt die Ziele:
- Wiedererlangen verlorener Funktionen
- Erproben von Hilfsmitteln, wie z. B. Schälmesser und Küchenbrett für einhändige Benutzung; Umgang mit Elektrogeräten (Abb. 2)
- Erlernen gelenkschonender Arbeitsweisen
- Vermitteln von Tricks, z. B. einhändiges Eiertrennen
- Wiedererlernen von planvoller Vorgehensweise
- Einüben von Handlungsfolgen, z. B. beim Rühreibraten oder beim Kaffeekochen
- Transportieren von Gegenständen beim Gehen mit zwei Unterarmgehstützen: Teewagen als Transportmittel oder Umhängetasche
- Selbständige Kleiderpflege z. B. Knopf annähen; Nähen, Waschen, Bügeln
- Lernen, wieder sicher mit Geld umzugehen, zu telefonieren, Umgang mit dem Notrufsystem.

Umgang mit dem Rollstuhl

Das selbständige Rollstuhlfahren bedeutet für den Patienten, ohne Fremdhilfe mobil zu sein. Dabei fördert die selbständige Handhabung der Zubehörteile auch noch
- Transfer ohne Hilfe— Planvolles Handeln
- Konzentration- und Gedächtnisleistung.

Das Anpassen des Rollstuhls an die Körpermaße des Patienten wird vom Ergotherapeuten vorgenommen.

1.3.4 Vorbereitung auf die häusliche Situation

Hilfsmittelversorgung

Wenn die Entlassung des Patienten abzusehen ist, etwa im letzten Drittel seines stationären Krankenhausaufenthaltes, werden mit den Angehörigen gemeinsam die Hilfsmittel für den Sanitärbereich erprobt und entsprechend ausgewählt.
Gängige Hilfsmittel sind: Badewannenbrett, Badewannensitz, Badelifter, rutschfeste Badematte, Duschhocker, Duschklappsitz, Toilettensitzerhöhung, verschiedene Sicherheitsgriffe.
Rollstühle und Toilettenstühle werden in Zusammenarbeit mit dem behandelnden Krankengymnasten ausgesucht.

Unterstützung der Angehörigen

Um Patienten und deren Angehörigen den Übergang nach Hause zu erleichtern, sollten Angehörige die Therapie besuchsweise kennenlernen. Sie erfahren hierbei den verständnisvollen Umgang mit ihrem nun körperlich behinderten Partner, der teilweise auch psychisch und mental angegriffen ist.

Aktive Freizeitgestaltung

Freude am Erfolg und ein gestärktes Selbstwertgefühl vermitteln das Ausüben eines vertrauten oder eines in der Therapie neu entdeckten Hobbys.

Empfehlungen bei der Entlassung

Mit der Entlassung darf kein abruptes Ende jeder Behandlung verbunden sein. Gezielt geben wir dem Patienten Empfehlungen, insbesondere im Hinblick auf ambulante Ergotherapie, auf Selbsthilfegruppen oder auch auf Altenclubs.
Erfolgreiche Behandlung bedeutet nicht in jedem Fall vollständige Wiederherstellung. Wenn auch der Patient mit der Einwirkung der Ergotherapie nicht gänzlich geheilt werden kann, so wird ihm doch immer die Möglichkeit geboten, in befriedigender Weise mit seiner Behinderung zurechtzukommen.

2 TEAMARBEIT IN DER REHABILITATION ALTER MENSCHEN

2.1 Vorteile der Teamarbeit

Teamarbeit erweist sich dann als notwendig, wenn unterschiedliche Fachkräfte ein gemeinsames Ziel verfolgen.

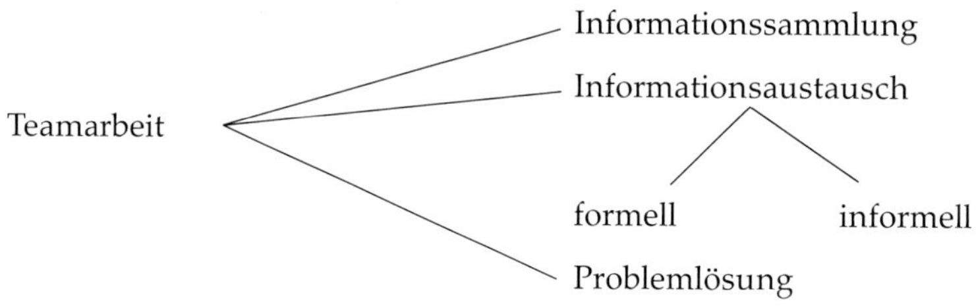

Die maßgeblichen Vorteile der Teamarbeit liegen in folgendem:
- Informationen aller Fachkräfte werden gesammelt und können rasch weitergegeben werden.
- Kritische Denkanstöße aus anderen Berufsgruppen ermöglichen eine umfassendere Betrachtung.
- Probleme werden früh erkannt.
- Jeder der Spezialisten kann mit seiner Erfahrung zur Problemlösung beitragen.
- Die Teammitglieder können ihre Arbeit systematisch organisieren.
- Teamarbeit fördert soziale Kontakte.

2.2 Ziele

Oberstes Ziel ist es, die krankheitsbedingten Leiden des Patienten soweit wie möglich zu lindern.
Der Patient, der infolge seiner Erkrankung physisch wie psychisch beeinträchtigt ist, soll als Person respektiert werden. Seinem Wunsch entsprechend, wird eine Rehabilitation angestrebt, die seine körperlichen, geistigen und sozialen Möglichkeiten berücksichtigt.
Der Patient wird von der Aufnahme bis zum Tag der Entlassung vom therapeutischen Team begleitet.

2.3 An der Kooperation beteiligte Berufsgruppen

In einem Krankenhaus, in dem überwiegend alte Menschen behandelt werden, sollte allen Mitarbeitern die besondere Problematik dieser Menschen bewußt sein. Sie sollten hierfür eine besondere Sensibilität entwickelt haben. Dies gilt auch für Personen, die nicht unmittelbar mit dem Patienten zusammenarbeiten, z. B. aus Verwaltung, Empfang, Bibliothek etc. Diesen Mitarbeitern muß ebenfalls bewußt sein, daß zu den speziellen Erkrankungen zusätzlich altersbedingte Beeinträchtigungen, wie Verlangsamung, Unsicherheit, Hör- und Sehprobleme auftreten können, die sich verunsichernd auf den alten Menschen auswirken.

2.4 Das therapeutische Team

Das therapeutische Team setzt sich aus folgenden Berufsgruppen zusammen:

- Ärzte (Chef- bzw. Oberarzt als Teamleiter)
- Pflegedienst
- Therapie: Mitarbeiter der Bäderabteilung
  Ergotherapie
  Krankengymnastik
  Sprachtherapie
- Sozialarbeiter
- Seelsorger
- u. U. auch Psychologen.

In regelmäßig stattfindenden Teambesprechungen wird gemeinsam eine individuelle, d. h. patientenorientierte Behandlungsstrategie entwickelt und das Rehabilitationsziel gesetzt. Hierbei wird insbesondere auf den Verlauf der Behandlung eingegangen.

Unter Berücksichtigung der Therapieauswirkungen auf den Patienten wird die Behandlungsmethode jeweils modifiziert. Es werden ebenso Überlegungen angestellt und Maßnahmen getroffen, die für den Patienten nach Abschluß der Behandlung und Entlassung aus dem Krankenhaus relevant werden, wie z. B. soziale Versorgung und Hilfsmittelbeschaffung. Wenn spezielle Probleme der Wohnsituation vom Krankenhaus nicht zu lösen sind, können, wie im Rahmen eines laufenden Projektes in Düsseldorf der Fall, Mitarbeiter der Abteilung für Körperbehinderte des Gesundheitsamtes hinzugezogen werden. Sie gewährleisten außerdem eine weitergehende Betreuung nach der Entlassung.

Praktiziert werden aber auch andere Lösungen: So begutachten in manchen Kliniken angestellte mobile Ergotherapeuten die häuslichen Gegebenheiten unter fachlichen Gesichtspunkten und geben Empfehlungen zur Weiterbehandlung.

Der Erfolg der Rehabilitation hängt im wesentlichen davon ab, daß zum einen ein möglichst optimaler Austausch zwischen den Teammitgliedern stattfindet, zum anderen der Patient selbst die volle Bereitschaft zu Mitarbeit zeigt.

Letztere kann u. a. maßgeblich von Angehörigen unterstützt werden.

Im Sinne einer ganzheitlichen Behandlung alter Menschen ist Teamarbeit unbedingt notwendig und sollte in jeder geriatrischen Einrichtung praktiziert werden.

LITERATUR

Davies, P. M.: Hemiplegie, Anleitung zu einer umfassenden Behandlung von Patienten mit Hemiplegie. Springer Verlag, Verlin, Heidelberg 1986.

Eggers, O.: Ergotherapie bei Hemiplegie, Konzepte zur Behandlung von Funktionsstörungen erwachsener Hemiplegiker. 2. Aufl., Springer Verlag, Berlin, Heidelberg, New York 1982.

Lauer, W.: Das therapeutische Team im Krankenhaus, Lambertus Verlag.

Poeck, K. et al.: Klinische Neuropsychologie. Thieme Verlag, Stuttgart 1982.

Wais, M.: Neuropsychologie für Ergotherapeuten, Grundlagen und Behandlung. Verlag Modernes Lernen, Dortmund 1987.

Sachregister